박정호
지음

AI융합교육의 이해와 실제

Understanding and Practice of AI Convergence Education

도서출판 홍릉

저자소개

박정호

진주교육대학교 컴퓨터교육과 교수
2013 Tufts Univ. CEEO. Research Scholar
한국교원대학교 컴퓨터교육 박사
서울교육대학교 초등교육 학사

AI융합교육의 이해와 실제

인　쇄: 2025년 8월 24일 초판 1쇄
발　행: 2025년 8월 29일 초판 1쇄

저　자: 박정호
발행인: 송 준
발행처: 도서출판 홍릉
주　소: 01093 서울시 강북구 인수봉로 50길 10
등　록: 1976년 10월 21일 제5-66호

전　화: 02-999-2274~5, 903-7037
팩　스: 02-905-6729
e-mail: hongpub@hongpub.co.kr
http://www.hongpub.co.kr
ISBN: 979-11-5600-986-3(93000)

정　가: 29,000원

이 저서는 2022년 대한민국 교육부와 한국연구재단의 지원을 받아 수행된 연구임 (NRF-2022S1A6A4043156)

머리말

인공지능이 일상이 된 지금, 우리는 디지털 기술과 함께 살아가고 있습니다.
학교 교육도 이러한 흐름 속에서 지속적인 교육 혁신을 요구받고 있으며, 교실 안에서도 인공지능에 대한 이해와 활용 능력은 더 이상 선택이 아닌 필수 역량으로 자리 잡았습니다. 특히 미래 사회를 살아갈 학생들에게 인공지능에 대한 올바른 지식과 태도를 길러주는 것은 교사의 중요한 책무 중 하나가 되었습니다.

이러한 시대적 흐름 속에서 이 책 『AI융합 교육의 이해와 실제』는 AI에 대한 이론적 이해뿐 아니라, 다양한 실제 적용 사례를 바탕으로 교원들이 교육 현장에서 AI융합 수업을 실천할 수 있도록 돕고자 기획되었습니다. AI의 개념, 원리, 사회적 영향, 교육적 접근 방식 등을 균형 있게 담아, 현장 교사들이 직접 활용 가능한 수업 자료와 활동 예시도 풍부하게 수록하였습니다.
이 교재는 정보 교과뿐 아니라 다양한 교과와 융합 가능한 AI교육의 사례들을 담고 있어, 모든 교과 교사들에게 활용 가능한 실천적 도구가 될 수 있습니다. 특히 AI 교육을 처음 접하는 교원에게는 친절한 입문서로, 이미 실천 중인 교원에게는 수업의 깊이를 더해줄 확장서로 기능하기를 기대합니다.
또한 이 책은 AI 기술이 가져올 미래의 사회 변화, 직업 세계의 재편, 윤리적 문제까지 폭넓게 다루고 있어, 학생들과 함께 생각하고 토론할 수 있는 소재로도 충분한 가치를 가집니다. 나아가 AI 기술을 활용하는 것을 넘어, 그 작동 원리를 이해하고 비판적으로 성찰하는 능력을 키우는 데 본 교재가 의미 있는 디딤돌이 되기를 희망합니다.

끝으로, 이 책이 세상에 나올 수 있도록 다양한 교육현장 사례들을 나눠주신 대학원 선생님들에게 깊은 감사의 말씀을 드립니다. 여러 선생님들의 경험과 통찰은 이 교재가 더욱 현장 중심적이고 실용적인 내용으로 채워지는 데 큰 힘이 되었습니다.
이 책이 교실에서 살아 숨 쉬는 도구로 활용되기를 바라며, AI융합 교육의 발전과 확산을 위한 밑거름이 되기를 진심으로 소망합니다.

현장의 모든 교원 여러분께 감사와 응원의 마음을 전합니다.

2025년 여름

저자 드림

차례

CHAPTER 08 생성형 AI 교육 사례

CHAPTER 09 피지컬 AI교육 사례

CHAPTER 10 인공지능 융합 교육

CHAPTER 11

인공지능과 TPACK

CHAPTER 12

인공지능 융합수업

Chapter 1

인공지능 사회

SECTION 1 제4차산업혁명과 인공지능

1. 제4차산업혁명시대의 특징

가. 제4차산업혁명

2016년 1월 다보스 포럼에서 제4차산업혁명이라는 화두가 세상에 던져졌습니다. 세계경제포럼(WEF) 회장 클라우스 슈밥은 제4차산업혁명을 '제3차산업혁명을 기반으로 디지털, 바이오와 물리학 사이의 모든 경계를 허무는 융합 기술 혁명'으로 정의하고 정치·경제·사회의 새로운 패러다임으로 제시하였습니다. 정보처리 측면에서 수동적으로 온라인에 입력해야 했던 제3차산업혁명과 달리 제4차산업혁명은 온·오프라인의 정보를 자동으로 처리하여 개인별 맞춤형 형태로 제공한다는 측면에서 큰 차이를 갖습니다.

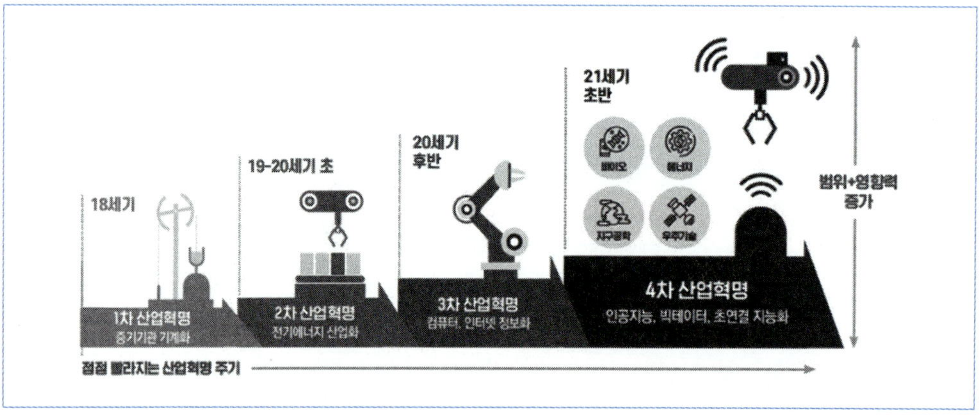

그림 1-1 산업혁명의 역사[1)]

나. 제4차산업혁명 시대의 주요 특징

제3차산업혁명은 증기와 전기 및 정보가 이끌었다면 제4차산업혁명은 인공지능(AI), 로봇공학, 나노, 바이오 등의 테크놀로지가 이끌고 있습니다. 이전의 산업혁명보다 훨씬 크게 와

---

1) https://www.daejeon.go.kr/drh/DrhContentsHtmlView.do?menuSeq=6700

닿는 것은 뉴 테크놀로지들이 과학, 사회, 경제, 문화 등의 사회 전 영역에 급속히 융합되면서, 인류가 전혀 경험하지 못한 빠른 속도로 생활 전반을 변화시키고 있기 때문입니다. 그럼 제4차산업혁명 시대의 주요 특징을 일자리 변화, 초지능화, 초연결, 공유사회·경제의 네 가지 측면에서 살펴보겠습니다.

1) 일자리 변화[2)]

제4차산업혁명으로 인한 미래사회의 가장 큰 변화는 일자리, 즉 직업일 것입니다. 제4차산업혁명의 핵심 기술들은 직장 내 업무 처리방식을 변화시키고, 사물인터넷, 인공지능, 빅 데이터 등 제4차산업혁명과 관련된 일자리는 점점 늘어날 것입니다. 신기술의 개발과 서로 다른 분야 및 기술 간의 융합으로 새로운 직업도 많이 생겨날 것입니다.

반면 기계화, 자동화, 지능화로 인해 지금의 일자리 중 상당 부분이 사라질 가능성도 있습니다. 주로 단순·반복적이거나 숙련도가 떨어지는 직업입니다. 미래에는 인간의 영역으로 남게 될 일자리를 예측하고, 인간만의 고유한 능력을 기르는 것이 중요할 것입니다.

표 1-1 직업구조 변화의 유형

신기술에 따른 새로운 직업[3)]	기존 직업의 역할 강화
사물인터넷 전문가 인공지능 전문가 가상현실/증강현실 전문가 등	IT 보안 전문가 소프트웨어 개발자 로봇 개발자 등
직무의 전문화/세분화	**직무 또는 분야 간 융 · 복합**
데이터 분석가 → 데이터 엔지니어, 데이터 사이언티스트, 빅데이터 시각화 전문가 등	핀테크 전문가 (금융 + IT) 의료정보 분석사 (의료 + 빅데이터 + IT) 공유플랫폼 운영자 (경영기획/마케팅 + IT)

2) 초지능화[4)]

초지능화는 기존의 지능화 기술에 빅 데이터, 인공지능, 로봇 기술 등의 새로운 기술이 추가되어 더욱 높은 수준의 자동화를 가능하게 한 것을 말합니다. 예를 들어, 인공지능이 빅 데이터를 분석하여 새로운 아이디어를 제공하는 등의 사람이 수행할 수 없는 복잡한 분석 작

2) 대한민국 정책브리핑(www.korea.kr)

3) https://www.donggu.kr/board.es?mid=d10205000000&bid=0264&tag=&act=view&list_no=5791

4) https://www.smartgeoexpo.kr/fairBbs.do?selAction=view&FAIRMENU_IDX=6160&BOARD_IDX=34583&hl=KOR

업을 처리할 수 있게 되었습니다. 또한, 사물인터넷을 통해 다양한 제품이 연결되어 실시간으로 데이터를 수집하고 분석할 수 있게 됨으로써, 새로운 산업이 발달하고, 기술을 개발할 수 있게 되었습니다.

그러나 인공지능이 모든 인지 영역에서 인간의 지능을 능가한다면, 그것은 인간의 통제와 이해를 넘어서는 결정과 행동을 할 수 있음을 의미합니다. 또한, 인간이 인공지능에 지나치게 의존하면, 이는 비판적 사고 능력과 의사 결정 능력의 상실로 이어질 수 있습니다. 따라서 우리는 인공지능을 적극적으로 활용하면서도 인류의 정체성을 잃지 않도록 주의해야합니다.

3) 초연결

미래는 국경을 넘어 모든 것이 서로 연결되는 초연결사회가 될 것입니다. 초연결사회에서 정보와 데이터는 끊임없이 생성, 공유, 분석되며, 이는 소통, 협업, 혁신의 새로운 기회로 이어집니다. VR, AR 기술의 발달은 직접 가보지 않아도 현실보다 생생한 간접 체험을 가능하게 합니다.

또한 사람들은 소셜 미디어 플랫폼을 통해 물리적 위치와 관계없이 실시간으로 서로 연결할 수 있습니다. 예를 들어, 재택업무, 원격교육, 원격진료 등이 일상화되면서, 집에서도 편리하게 쇼핑을 하거나 진료를 받을 수 있으며, 학교에 가지 않고 온라인으로 원격학습을 할 수 있는 등 공간의 제약이 거의 사라질 것입니다.

4) 공유사회·경제

제4차산업혁명으로 인해 미래사회는 접속과 공유를 기반으로 하는 공유사회가 될 것입니다. '소유'의 개념을 중심으로 하는 기존의 사회경제 기본질서는 점차 '접속'과 '공유'의 개념으로 대체되고 있습니다. 여행지에서 숙소를 예약, 결제하는 대신, 에어비앤비와 같은 숙박공유 서비스를 이용하거나, 차를 구매하는 대신 소카와 같은 차량 공유 서비스를 이용해 일정 기간 차를 대여하는 것이 그 사례입니다.

이제 물건을 소유하는 방식은 점점 사라지고 필요한 때에 일시적으로 빌려 사용할 수 있는, 이른바 공유경제가 보편화될 것입니다. 공유경제는 돈과 자원을 절약하는 데 도움이 되며, 교통 혼잡을 줄이고, 새로운 일자리 창출을 가능하게 합니다.

2. 인공지능의 발전과 사회변화

가. 인공지능의 발전과 사회변화[5)]

현대의 인공지능은 딥러닝의 발전으로 세 번째 황금기를 맞이하며, 급속도로 발전하고 있습니다. 인공지능은 단순한 신기술이 아닌 제4차산업혁명을 촉발하는 핵심 동력으로써 산업구조, 사회 및 제도의 변화를 일으키고 있습니다.

1) 생산성 향상

인공지능 기술의 발전은 제조업 및 서비스업에 자동화, 지능화를 촉진시켜 생산성과 품질의 향상을 가져옵니다. 인공지능은 인간의 단순한 반복 업무를 대신합니다. 아마존의 창고 정리 자동화 시스템은 물류 시스템의 효율성을 크게 재고함과 동시에 획기적인 비용 절약을 가져온 대표적인 사례입니다.

인간과 인공지능의 상호 보완적인 협력은 인간을 보다 판단, 창의, 감성이 필요한 영역에 집중하게 함으로써 관련한 서비스의 질적 향상을 꾀할 수 있습니다. 인공지능 변호사가 인간 대신 사전 조사 업무를 맡아 처리해줌으로써 인간 변호사가 보다 의뢰인에게 집중할 수 있는 시간을 확보해주는 예시를 생각해 볼 수 있습니다.

그림 1-2 아마존의 창고용 완전 자율이동 로봇 프로테우스(Proteus)[6)]

그림 1-3 인간 변호사와 협력하는 인공지능 변호사[7)]

5) 김윤정 외(2022), 인공지능 기술 발전이 가져올 미래 사회 변화, R&D InI

6) 아마존 https://www.amazon.com

7) https://news.nate.com/view/20210129n20651

2) 일자리 변화

대부분의 연구기관이나 전문가들은 인공지능의 발달로 인해 인간의 지적·육체적 업무 대체가 일어날 것이고, 단순 반복적 업무나 매뉴얼에 기반한 업무의 상당 부분이 대체될 것이라고 예측합니다. 특히 매뉴얼에 기반한 텔레마케터, 콜센터 상담원 등의 직종이나 운송업자나 노동 생산직 등이 고위험군으로 인식되었습니다. 이는 증가하고 있는 근로자 임금에 비해 로봇의 가격이 연평균 10% 이상 지속적으로 하락하고 있어 인간의 노동력을 인공지능으로 대체하려는 시도가 증가하고 있기 때문입니다. 특히 인공지능으로 인한 전문 서비스 직종의 대체는 기존의 산업화·자동화와 달리 고도의 정신노동을 대체한다는 점에서 단순·육체노동직의 대체와 달리 파급범위가 광범위할 것으로 예상됩니다.

3) 삶의 질 향상[8)]

인공지능 기술의 발전은 지능형 서비스의 제공으로 이어지고, 이는 곧 삶의 질 향상을 가져옵니다. 대표적인 사례로 인공지능 도우미 로봇 기술의 발전을 생각해 볼 수 있습니다. 이는 다가올 초고령화 사회에 복지 업무를 담당할 인력 문제를 해결할 수 있으며, 인간이 수행하기 힘든 업무를 대체하거나 보완할 수 있습니다. 또한 인간은 실시간 모니터링이나 개인 맞춤형 서비스를 통해 보다 양질의 서비스를 제공받게 될 것입니다. 인공지능 기술이 사물 인터넷과 연결하여 사람의 행동을 학습하거나 생활환경 등을 모니터링하면서 더욱 쾌적하고 편리한 환경을 조성할 수 있을 것이라 전망합니다.

대중화된 인공지능 서비스 중 카메라에 번역하고자 하는 텍스트를 비추면 원하는 언어로 실시간 번역해주는 어플은 여행자들 사이에 언어 장벽을 없애주어 여행에 편의를 더해주고 있습니다. 이처럼 인공지능 기술의 발전은 일부 소수에게만 한정된 혜택이 아니라 국민 전반의 삶의 질 향상과 편의성 증대를 가능하게 합니다.

8) 과학기술정보통신부(2018), I-Korea 4.0 실현을 위한 인공지능 R&D 전략(2018.05)

그림 1-4 쇼핑 도우미 AI 로봇[9)]

그림 1-5 AI 통번역 서비스 파파고[10)]

4) 윤리 문제

인공지능 기술을 자칫 잘못 활용할 경우 심각한 사회·윤리적인 문제를 야기할 수 있습니다. 예를 들어 자율주행 자동차가 주행 중 사전에 프로그램 되지 않은 상황에 직면하게 되면 사고를 유발할 수 있습니다. 비슷한 예로 백화점 등에서 보안을 담당하는 로봇이 오작동하여 사상자가 발생할 수도 있습니다. 따라서 이런 문제가 발생했을 때 책임 소재에 대한 사회적 합의가 필요합니다.

이외에 인공지능 기술은 악의적 범죄에 활용될 수도 있습니다. 지능형 제품과 서비스는 모두 개인화된 서비스를 제공하는 것이 주요 기능 중 하나이므로 양질의 개인정보 확보가 서비스의 질적 만족도에 큰 영향을 미칩니다. 이는 자칫 개인정보 유출뿐만 아니라 개인정보를 이용한 범죄로 이어질 수 있어 우려가 큽니다. 또한 딥페이크 기술의 발전은 가짜 뉴스나 영상을 만들어 정치·경제적으로 악용될 수도 있습니다. 최근에는 보이스피싱에도 인공지능 기술이 활용되어 금전적인 손해를 입는 피해자들이 발생하였습니다.

이처럼 가까운 미래 사회에는 인공지능 기술의 발전으로 인간이 수행하기 힘들거나 위험한 일들을 인공지능이 대신해 줌으로써 인간이 편리하게 생활할 수 있을 뿐만 아니라 삶의 질 향상에도 도움이 되며, 생산성 증대로 인한 산업 발전의 속도 역시 가속화될 것입니다. 그런 반면 이를 악용하거나 오용하는 사례 역시 증가할 수 있는바, 이에 대한 대처 역시 분명하게 해야 할 것입니다.

---

9) https://www.etnews.com/20180509000306

10) https://www.aitimes.kr/news/articleView.html?idxno=13218

나. 인공지능 시대의 생활과 직업 세계[11)]

인공지능을 대표로 하는 지능정보 기술의 발달로 제4차산업혁명 시대를 맞이함에 따라 직업의 세계에도 큰 변화를 예고하고 있습니다.

한국직업능력개발원의 '인공지능이 바꾸는 직업의 세계' 자료에 따르면 사무업무나 관리업무와 관련된 직업은 인공지능의 등장에 따라 크게 쇠퇴할 직업으로 예상되는 반면 컴퓨터, 수학, 공학 등과 관련된 직업은 일자리 증가를 전망하고 있습니다. 그러나 컴퓨터와 수학을 강조한다고 해서 앞으로 나타날 직업들이 컴퓨터, 인터넷 등과 같은 정보기술 분야에 한정된다는 의미는 아닙니다. 은행이나 증권회사와 같은 금융 분야, 백화점이나 대형 마트와 같은 유통 분야에서도 앞으로 컴퓨터와 수학과 관련된 지식을 더욱 중요하게 사용할 것으로 전망하고 있기 때문입니다. 이렇게 인공지능 시대를 맞아 직업의 세계는 어떻게 변하고 있을지 아래에서 자세하게 살펴보겠습니다.

1) 인공지능을 연구하고 개발하는 직업

인공지능을 연구하고 개발하는 직업은 인공지능 시대를 주도하는 직업입니다. 인공지능을 연구하고 개발하는 직업을 로봇공학 전문가 또는 인공지능 전문가로 볼 수 있는데 보다 세부적으로 나눈 인공지능 전문가는 다음 <표 1-2>과 같습니다.

표 1-2 예시

직업	내용
인공지능 연구원	지능형 컴퓨터 시스템을 만들기 위한 기술을 연구한다.
지능로봇 개발자	인간처럼 생각하고 행동하는 로봇을 설계하고 만드는 일을 한다.
개인로봇 전문가	사람들을 편리하게 생활할 수 있도록 도와주는 로봇을 개발하는 일을 한다.
로봇 감성 인식 기술자	사람의 생각이나 감정을 로봇이 인식할 수 있는 기술을 개발한다. 이러한 기술을 통하여 로봇이 사람의 의도를 정확하게 알고 행동하도록 한다.
로봇동작 생성 연구원	로봇이 움직이고 이동할 수 있도록 로봇동작을 연구하고 개발 한다.

11) 한상근(2021), 인공지능 시대 직업세계의 변화와 진로 설계, 한국직업능력개발원

2) 자동화 위험이 높은 상위 20대 직업

영국 옥스퍼드대학교 연구팀은 로봇과 인공지능의 발전에 따라 미국의 일자리가 어떻게 변할지 연구하였습니다. 그 결과 미국의 702개 직업을 대상으로 한 연구에서 향후 20년 내에 일자리의 47%가 로봇이나 인공지능에 의해 위협받을 것이라는 전망이 나왔습니다. 자동화 위험이 높은 상위 20개 직업으로는 텔레마케터, 시계 수선공, 스포츠 심판, 모델, 상점 계산원, 전화 교환원, 자동차 엔지니어 등이 나타났습니다.[12] 기계화나 자동화될 가능성이 높은 직업, 사람보다 인공지능이 더 정교하게 판단하고 처리할 수 있는 직업들은 인공지능이나 로봇으로 대체될 가능성이 높은 것으로 조사되었습니다.

자동화 위험이 높은 상위 20대 직업			자동화 위험이 낮은 하위 20대 직업		
분류코드	직업명	대체확률	분류코드	직업명	대체확률
5302	통신서비스 판매원	0.990	2440	영양사	0.004
5303	텔레마케터	0.990	2411	전문 의사	0.004
5304	인터넷 판매원	0.990	2591	장학관 · 연구관 및 교육 관련 전문가	0.004
8922	사진인화 및 현상기 조작원	0.990	1312	교육 관리자	0.007
2714	관세사	0.985	1331	보건의료관련 관리자	0.007
3125	무역 사무원	0.985	2521	중고등학교 교사	0.008
3142	전산 자료 입력원 및 사무 보조원	0.980	2545	학습지 및 방문 교사	0.009
3132	경리 사무원	0.970	2221	컴퓨터시스템 설계 및 분석가	0.011
5220	상품 대여원	0.970	2523	특수교육 교사	0.012
8212	표백 및 염색 관련 조작원	0.970	2420	약사 및 한약사	0.012
8222	신발제조기 조작원 및 조립원	0.970	1390	기타 전문서비스 관리자	0.014
8324	고무 및 플라스틱 제품 조립원	0.970	2542	컴퓨터 강사	0.014
8912	가구조립원	0.970	2489	기타 종교관련 종사자	0.017
8919	기타 목재 및 종이 관련 기계조작원	0.970	2481	성직자	0.017
9991	구두 미화원	0.970	2321	화학공학 기술자 및 연구원	0.017
3201	출납창구 사무원	0.965	2392	섬유공학 기술자 및 연구원	0.017
3126	운송 사무원	0.960	2393	가스에너지 기술자 및 연구원	0.017
8211	섬유제조 기계조작원	0.960	1311	연구 관리자	0.018
2712	회계사	0.957	2311	건축가 및 건축공학 기술자	0.018
2713	세무사	0.957	2341	환경공학 기술자 및 연구원	0.018

그림 1-6 자동화 위험이 높은 직업과 낮은 직업 상위 20개[13]

12) 한상근 외(2016), 인공지능이 바꾸는 직업의 세계, http://webzine.ncyok.or.kr/bbs/board.php?bo_table=b1&wr_id=4

13) 김건우(2018), 인공지능에 의한 일자리 위험 진단, LG경제연구원

3) 자동화 위험이 낮은 상위 20대 직업

레크레이션 치료사, 영양사, 외과, 내과의사, 심리학자, 초등학교 교사 등은 인공지능이나 로봇에 의해 대체될 가능성이 매우 낮은 것으로 전망되었습니다. 이들 직업은 직접 고객을 상대하고 고객의 상태를 정확하게 진단하여 판단해야 하는 특성을 가지고 있습니다. 또한 창의적인 업무를 실행하는 직업들, 인공지능 시대를 맞아 과학기술을 주도하는 직업들 역시 일자리를 빼앗길 확률이 적었습니다. 무대나 전시 디자이너, 큐레이터, 음악 감독, 작곡가, 사진 작가, 패션 디자이너, 컴퓨터 시스템 분석가, 생명과학자, 우주항공 엔지니어, 재료공학자 등이 인공지능 시대에 자동화 위험이 낮은 직업군에 해당합니다.

SECTION

2 생활 속 인공지능

1. 생활 속 인공지능

가. 스포츠에 적용된 인공지능

2022년 카타르 월드컵은 오프사이드 판정에 처음으로 인공지능 심판을 도입하였습니다. 축구 경기에서 가장 민감한 판정 중 하나인 오프사이드는 순식간에 공격팀 선수와 수비팀 선수의 위치를 정확히 파악해야 하는 어려움 때문에 월드컵 등 국제대회에서 논쟁에 휘말리는 경우가 많습니다. 국제축구연맹(FIFA)이 개발한 '반자동 오프사이드 판독 기술'(SAOT)은 경기장에 설치된 12대의 카메라와 축구공의 관성측정센서 등을 통해 정확한 데이터를 수집한 뒤 이를 AI가 분석해 오프사이드 여부를 판단합니다.

이외에도 웨어러블 재활기기, 선수들의 데이터를 바탕으로 경기 전략을 세우는 AI 선수 코칭, 프로 야구 경기를 중계하는 AI 스포츠 캐스터 등 스포츠 분야에 다양한 인공지능 기술이 활발히 사용되고 있습니다.

그림 1-7 오프사이드 판정 AI 심판[14)]

14) https://www.seoul.co.kr/news/newsView.php?id=20221123027013

나. 자율주행 자동차에 적용되는 인공지능

자율주행 자동차 분야에서 테슬라는 앞선 기술력을 보여주고 있습니다. 테슬라는 어떻게 효율적으로 '안전성'을 높여 자율주행 자동차 시장을 선도하는 기업이 될 수 있었을까요? 테슬라 자동차는 내비게이션과 같은 기본적인 위치 기반 서비스뿐만 아니라, 국가와 지역별로 나타나는 운전자들의 특성이나, 시간대별로 도로에서 나타나는 사람과 차들의 이동 경로의 특징들과 같은 수많은 데이터를 상황별, 맞춤식으로 수집합니다. 이렇게 다양하고도 많은 데이터를 학습한 인공지능은 사고가 발생하는 다양한 패턴을 분석하여 상황에 직면했을 때 사고가 발생하지 않도록 대처할 수 있습니다. 휘발유를 먹고 달리는 자동차보다 데이터를 먹고 달리는 자동차에 대한 선호도가 상승할 수밖에 없는 이유입니다.

다. 생명공학과 신약 개발에 사용되는 인공지능

AI가 제약업계의 판도를 바꿀 것이라는 예상은 지난 몇 년 동안 기정사실이 되었습니다. 딥마인드(DeepMind)가 만든 **알파폴드(AlphaFold)**는 2016년 이세돌을 꺾고 세상을 놀라게 한 알파고의 다음 Alpha 시리즈입니다. 알파폴드는 **단백질 구조를 예측**할 수 있는 AI로, 연구자들이 질병의 발병 원리와 치료를 위한 신약 개발 방법을 파악하는 데 기여하였습니다. 알파폴드가 학습한 2억개 이상의 단백질 구조는 지구상 알려진 거의 모든 단백질의 구조를 예측할 수 있게 해줍니다. 이로 인해 생물학자들과 제약회사들은 마치 인터넷 검색처럼 쉽게 새로운 단백질 구조를 찾아볼 수 있게 되었습니다.

라. 대화하고, 소설 쓰고, 그림 그리는 인공지능

2022년 2월 미국의 OpenAI는 대화하는 인공지능 챗봇 **'챗GPT'**를 공개했습니다. 챗GPT는 GPT-4.0 언어 기술을 사용합니다. GPT(Generative Pre-trained Transformer)는 어떤 텍스트가 주어졌을 때 다음 텍스트가 무엇인지 예측하며 글을 만드는 모델입니다. 네이버나 구글 검색 창에 특정 단어를 입력하면 해당 단어와 연관된 단어가 검색 창에 뜨는 것이 대표적인 GPT 기술이 사용된 예입니다.[15)]

지금까지 출시된 이루다 2.0, 람다 2 등과 달리 챗GPT가 주목 받는 이유는 기존 AI챗봇과 기능적·기술적으로 차이가 있기 때문입니다. 인간과 챗봇이 한 번 대화를 오고갈 때마다 맥

15) https://contents.premium.naver.com/3mit/wony/contents/230108112903807vr

락이 달라지는 기존 챗봇과는 달리, 이전 대화까지 기억하도록 프로그래밍 된 챗GPT는 맥락을 파악하여 마치 사람과 이야기하는 것처럼 대화할 수 있습니다. 또한, 인간이 전제가 잘못된 질문을 하면 이를 지적하고, 반대로 인간이 답을 잘못했다고 하면 이를 인정하기도 합니다. 심지어 영화 시나리오, 시, 소설, 강의 리포트와 같은 글을 쓸 수도 있습니다.[16]

지금까지 예술 분야는 창의성이 필요한 분야로 간주되어 인간의 고유한 영역으로 인식되어 왔습니다. 하지만 텍스트를 입력하면 맞춤 이미지를 만들어주는 그림 인공지능 **'달리(DALL-E)'**와 같이 인공지능 화가, 인공지능 작곡가, 인공지능 소설가가 빠른 속도로 발전하고 있습니다.

그림 1-8 인공지능이 만들어낸 그림[17]

그림 1-9 Chat GPT[18]

16) https://zdnet.co.kr/view/?no=20221227142248

17) https://www.hankyung.com/life/article/2022092670121

18) https://www.aitimes.com/news/articleView.html?idxno=142220

과제

1. 챗GPT와 대화하여 필요한 정보를 얻어보시오

ex) 부산 여행 코스 추천해 줘.

ex) 한국의 저출산과 고령화의 원인을 초등학생 수준으로 설명해 줘.

ex) If를 사용하여 100 이하의 소수를 출력하는 코드를 작성해 줘. (Python)

2. 챗GPT와 대화하여 기사, 소설, 이메일, 시, 시나리오 등을 작성하시오.

ex) 신데렐라와 백설공주가 함께 등장하는 이야기를 작성해 줘.

ex) 겨울을 주제로 10줄 이하의 시를 써 줘.

ex) 나는 초등학교 교사야. 학부모에게 소풍을 설명하는 안내장을 만들어 줘.

3. 구글이 정보를 보여주는 것에서 그쳤다면, 챗GPT는 정보를 순식간에 정제된 텍스트로 만들어줍니다. 챗GPT가 구글을 대체할 수 있을지에 대한 자신의 생각을 서술하시오.

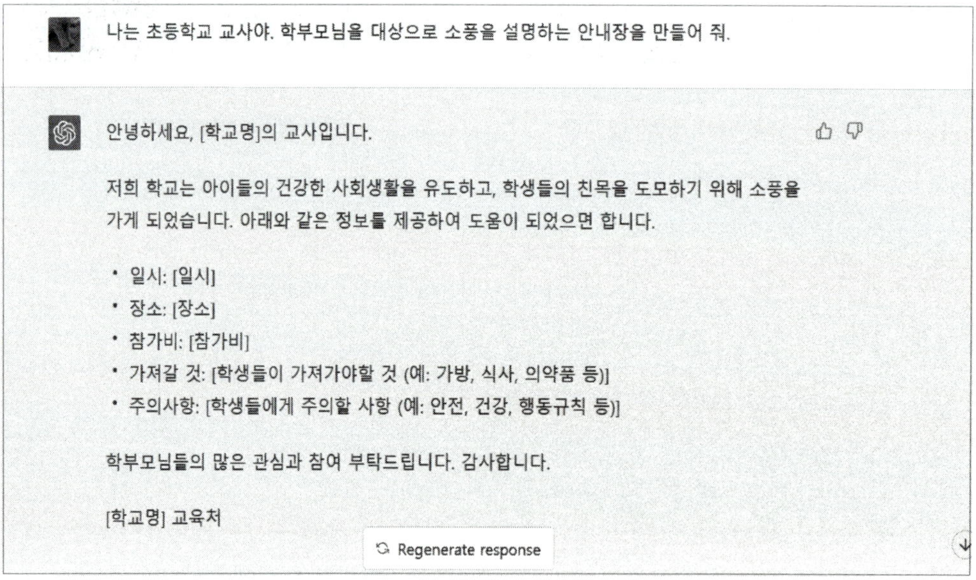

마. SNS 속 인공지능

유튜브나 넷플릭스에 들어가면 회원님을 위한 추천영상이라는 것을 볼 수 있으며, 그 영상이 자신의 최근 관심사와 일치하여 놀란 경우가 있었을 것입니다. 2016년 머신러닝을 도입하면서 영상추천 알고리즘의 대표적인 예시인 **유튜브 알고리즘**이 현재의 개인화된 영상추천까지 가능하게 되었습니다. 유튜브는 사용자의 데이터베이스를 형성하기 위해 주로 영상 시청 기록, 검색 기록, 댓글, 영상 링크 공유, 영상 업로드와 같은 데이터들을 수집하여 사용자가 관심을 가지고, 좋아할 만한 영상들을 추천합니다.[19)]

한편, 메타는 **인스타그램의 탐색 탭**에 광고를 뜨게 하고 있습니다. 탐색 탭이란 인스타그램 사용자가 자신이 원하는 정보를 검색했을 때 사용자의 행동 패턴과 선호하는 콘텐츠를 분석해, 사용자가 좋아할 만한 게시글을 소개하는 페이지를 말합니다. 인스타그램은 이곳에 광고를 삽입하여 사용자들이 인스타를 사용하는 동안 자연스럽게 광고에 노출되도록 하고 있습니다.[20)]

바. 교육에 적용되는 인공지능

초등학교 교육 현장에서 영어 과목에 AI를 도입하여 활용하고 있습니다. EBS의 대표 캐릭터인 '펭수'를 활용한 **'AI 펭톡'**은 **학습 도우미 혹은 동기유발 도구**입니다. AI를 활용하여 단순히 컴퓨터에서 흘러나오는 시각적 효과와 음성을 넘어서서 더욱 입체적이고 학습효율이 높은 교구로 자리매김하여 AI를 활용하여 학생들은 더 수준 높고 다채로운 수업을 들을 수 있게 되었습니다.[21)]

교육부는 'AI 펭톡'뿐만 아니라 '책열매'와 '똑똑 수학탐험대'와 같은 인공지능 학습 튜터링 시스템도 개발 및 제공하여 초등학생들이 스스로 자신의 학습 수준을 진단하고, 이를 토대로 즐거운 배움을 이어나갈 수 있도록 지원하고 있습니다.

---

19) 유소엽, 정옥란. (2014). 소셜 카테고리 기반 유튜브 추천 시스템. 한국정보과학회 학술발표논문집, (), 138-140.

20) https://www.hankyung.com/international/article/202210055435i

21) 이삭, 류순태, 전재호, 홍선호. (2022). 초등영어교육에서 AI펭톡의 역할 및 활용 방안. 한국초등교육, 33(2), 35-50. Lee Sak, Sun Tae Ryu, Jeon Jaeho, Hong Sun-ho. (2022). The Role and Application of AI PengTalk in Elementary English Education. Korean journal of elementary education, 33(2), 35-50

SECTION 3

인공지능의 개념과 역사

1. 인공지능의 개념과 역사

가. 인공지능의 개념과 특징[22)]

인공지능(AI, Artificial Intelligence)이란 인간이 가지고 있는 지적 능력을 컴퓨터에서 구현하는 다양한 기술이나 소프트웨어, 컴퓨터 시스템 등을 통틀어 일컫는 말입니다. 인공지능은 '지능'이라 불리는 **학습, 추론, 언어 이해 능력 등에 대한 원리를 찾고, 이를 컴퓨터에서 프로그래밍으로 구현해내는 것**을 의미합니다. 예를 들어 자율주행 자동차는 지능을 가진 인간의 행동과 유사하게 도로를 따라 이동하며, 교통 신호를 준수하고, 보행자를 보호하는 행동을 하며 주어진 목적지까지 이동합니다. 이러한 측면에서 자율주행 자동차의 행동은 인공지능이라 부르기에 충분합니다.[23)] 이처럼 인공지능은 인간의 지적 능력, 즉 지능을 구현한 기술이기 때문에 사람의 지능이 가진 "문제 해결 능력", "학습", "인식", "범용성" 등과 같은 특징 또한 가지고 있습니다.

1) 문제 해결 능력

인간의 문제 해결 능력이란 불확실성과 복잡도가 변하는 상황에서 달성 가능한 목표를 설정하고, 계획을 세워 실행 및 전략을 수정해가는 과정이며, 인간이 가진 고유한 능력 중 하나입니다. 인간의 지능을 구현한 인공지능 역시 수식을 계산하거나 사진 속 대상을 판단하며, 바둑의 규칙을 이해하고 다음 수를 결정하는 것 등과 같은 문제 해결을 위한 지능적인 행동을 수행합니다.

2) 학습

인간은 경험을 통해 학습이 가능하지만 기계인 인공지능은 데이터를 통해 학습이 가능합니

22) 김현철(2019), 정보적 사고에서 인공지능까지, 한빛 아카데미

23) [누구나 쉽게 배우는 인공지능 스타트] 박동규

다. 과거에는 인공지능을 구현하기 위해 사람이 직접 모든 프로그램을 작성했지만 문제가 복잡해질 경우 사람이 모든 경우의 수를 고려해 프로그램을 작성하는 것이 불가능했습니다. 이를 해결하기 위해 입력과 출력의 데이터가 주어지면 그 속에서 패턴을 찾아내 규칙을 자동으로 파악하는 모델인 '머신러닝', '딥러닝'을 만들었고, 이를 활용해 문제 해결이 가능해졌습니다.

3) 인식

인식이란 사물을 분별하고 판단하는 것을 의미합니다. 인간의 대표적인 지능적 행위로서 눈, 코, 귀 등과 같은 다양한 감각기관을 통해 세상의 정보와 의미를 인식합니다. 인공지능도 이와 유사하게 인간의 감각기관과 같은 역할을 하는 센서를 통해 물리적 세상의 데이터를 인식합니다. 인공 시각, 컴퓨터 비전, 음성 인식 등의 분야로 세분화되어 발전하고 있으며 최근 딥러닝의 비약적인 발전으로 큰 성과를 이루고 있습니다.

4) 범용성

인간이 경험을 통해 학습하고 이를 응용해 다양한 분야의 문제들도 해결해 가는 것처럼 인공지능도 만들어진 '머신러닝'과 '딥러닝' 모델을 수정하여 다른 분야의 문제 해결에 활용합니다.

나. 인공지능의 역사[24)]

인공지능에 대한 연구는 우리의 생각보다 훨씬 오래전부터 시작되었습니다. 1940년대부터 시작된 인공적인 두뇌의 가능성에 대한 논의가 인공지능의 시작이라 할 수 있습니다.

1) 인공지능의 탄생 : 1943~1956년

1940년대 후반과 1950년대 초반에 이르러 수학, 철학, 공학, 경제 등 다양한 영역의 학자들에게서 인공적인 두뇌의 가능성에 대한 논의가 시작되었습니다.

1950년 엘런 튜링이 기계가 인간과 얼마나 비슷하게 대화할 수 있는지를 기준으로 기계 지능을 판별하는 튜링 테스트(Turing Test)를 제안했습니다. 튜링 테스트는 인공지능과 대화해 그 반응을 인간과 구분하기 힘들다면 기계 역시 인간과 마찬가지로 지능적이라는 판별하는 것입니다.

---

24) 추형석(2016), 인공지능의 역사와 성공 요인, 소프트웨어정책연구소

2) 태동기 : 1956~1974년

디지털 컴퓨터를 접하게 된 1950년대 중반부터 과학자들은 생각하는 기계(thinking machine)를 만들기 위한 다양한 접근을 시도하였습니다. 1956년 미국 다트머스 대학의 존 매카시 교수가 개최한 다트머스 회의에서 10명의 과학자가 모여 인공지능 개념을 정의하면서 인공지능(Artificial Intelligence: AI)이라는 용어가 처음으로 사용되었습니다. 당시의 인공지능 연구의 주요 대상은 추론과 탐색이었으며, 이들이 개발한 프로그램을 통해 대수학 문제를 풀거나 기하학의 정리를 증명할 수 있었습니다. 사람들은 이와 같은 기계의 지능적 행동을 보고 사람들은 완전한 지능을 갖춘 기계가 20년 안에 탄생할 것이라 예측하였습니다.

1958년 프랑크 로젠블럿이 인간의 뇌신경을 묘사한 인공 신경 뉴런인 '**퍼셉트론(Perceptron)**'을 제시하였습니다. 퍼셉트론은 실제 뇌를 구성하는 신경 세포 뉴런의 동작과 유사하게 다수의 입력으로부터 하나의 결과를 내보내는 알고리즘을 의미합니다.

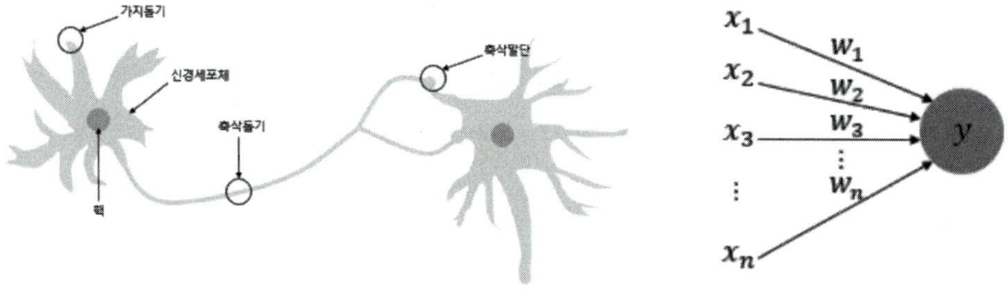

그림 1-10 퍼셉트론의 원리 이해

이러한 퍼셉트론의 등장에 1969년 민스키와 페퍼트가 '퍼셉트론즈'라는 책을 출간하면서 퍼셉트론의 한계를 증명합니다. 퍼셉트론에 사각형 카드의 두 지점을 제시했을 때, 그 두 지점의 색이 검은색이거나 흰색이면 퍼셉트론은 패턴 인식이 가능했습니다. 그러나 '두 지점의 색이 다른가?'라는 쉬운 질문에는 퍼셉트론이 대답하지 못했습니다. 이는 경우에 따라 퍼셉트론이 간단한 패턴도 인식할 수 없음을 의미했습니다. 이러한 문제로 퍼셉트론을 기반으로 한 수많은 인공지능 연구가 끊기게 되고, 인공지능은 세간의 관심에서 점점 멀어져 갔습니다.

3) 첫 번째 암흑기 : 1974~1980년

이렇게 큰 기대를 모았던 인공지능 연구가 기대했던 결과를 보여주지 못하자 대규모 투자가 중지되고, 기존 연구 프로젝트들이 취소되면서 인공지능 연구는 위기를 맞이하게 됩니다. 이 시기에 많이 연구된 부분은 바로 전문가 시스템(expert system)입니다. 전문가 시스템이란 전문가의 지식을 논리적인 규칙으로 생성하여 특정 영역에 대해 사람의 질문에 답할 수 있는 인공지능 시스템을 의미합니다. 인공지능이 인간의 언어를 이해하고 번역하는 것을 어렵게 생각하는 이유는 인간의 언어가 가진 모호성과 다의성 때문입니다. 따라서 방대한 인간의 경험을 지능으로 구현하려는 시도보다 추론하는 엔진을 통해 제한적이고 깊이 있는 전문가의 지식과 경험, 노하우를 제공하려는 시도가 바로 이 기술의 핵심 아이디어입니다.[25)]

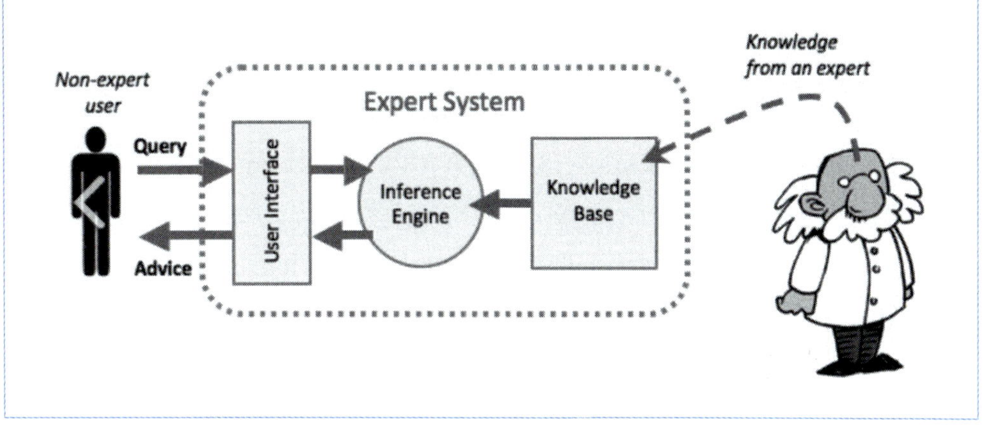

그림 1-11 전문가 시스템의 원리[26)]

4) 발전기 : 1980~1987년

인공지능에 대한 관심이 줄어들었지만 묵묵히 연구를 진행하던 연구자들이 있었습니다. 1986년 딥러닝의 아버지라 불리는 제프리 힌튼은 다층 퍼셉트론과 역전파 알고리즘을 통해 XOR 문제를 해결하며 신경망의 부활을 알렸습니다. 입력층과 출력층 사이에 존재하는 중간층을 숨어있는 층이라해서 은닉층이라고도 합니다. 입력층과 출력층 사이에 여러 개의 은닉층이 있는 인공 신경망을 심층 신경망이라고 부르며 심층 신경망을 학습하기 위해 고안된 특별한 알고리즘을 '딥러닝'이라고 합니다.

사라진 단층 퍼셉트론 모델이 다층 퍼셉트론으로 발전하여 다층 퍼셉트론에 쓰이는 역전파 알고리즘이 패턴인식을 통한 문자, 인식, 영상 등의 인식 개선에 크게 기여하였습니다.

25) [누구나 쉽게 배우는 인공지능 스타트] 박동규

26) 이미지 출처 https://m.blog.naver.com/qbxlvnf11/221279485674

5) 두 번째 암흑기 : 1987~1993년

다층 신경망의 제한적인 성능과 느린 컴퓨터의 속도로 복잡한 계산이 필요한 신경망 연구가 정체에 빠지게 되었습니다. 적층을 해서 신경망을 늘려도 컴퓨터가 이를 처리할 수 있는 성능이 되지 못해 문제를 해결할 수 없었습니다. 이에 따라 인공지능 연구 기금이 대폭 축소되고, 미국의 경우 300개 이상의 상업용 인공지능 관련 회사가 사라지는 두 번째 암흑기를 맞이하게 됩니다.

6) 안정기 : 1993~2011년

1990년대 후반에 들어서면서 검색엔진을 통해 이전과는 비교할 수 없을 정도로 방대한 데이터의 수집이 가능해지고, 이를 처리할 수 있는 빅데이터 기술의 발전으로 인공지능 시스템의 성능도 눈부시게 발전하게 됩니다. 1997년 IBM의 딥블루(Deep Blue)는 체스 세계 챔피언이었던 가리 카스파로프를 6번의 대국 끝에 승리하였습니다. 인간이 보통 10수 앞을 내다본다면 딥블루는 12수까지 계산이 가능했기 때문입니다.

2004년 제프리 힌튼 교수가 딥러닝 기반의 학습 알고리즘을 제안하면서 아주 많은 층을 적층할 수 있게 되었고 이로 인해 성능의 향상은 불가능하리라 여겨졌던 비지도 학습 방법을 가능하게 하였습니다. 딥러닝 알고리즘은 음성인식, 영상이해, 기계 번역 등에 적용되며 인간의 수준을 뛰어넘는 결과물을 내놓게 됩니다. 2011년 IBM의 왓슨은 TV 퀴즈쇼에서 인간 우승자들을 대상으로 한 대결에서 승리하게 됩니다.

7) 부흥기 : 2011~현재

2012년 구글이 심층신경망(DNN)을 구현하면서 고양이 영상인식에 성공하게 됩니다. 2014년 페이스북은 '딥페이스'라는 얼굴인식 알고리즘을 개발해 97%의 성능으로 사람의 얼굴을 구분할 수 있게 됩니다. 2016년 구글 딥마인드의 알파고(AlphaGo)가 이세돌 9단과의 바둑 대결에서 승리합니다. 알파고는 지도학습과 비지도학습을 동시에 사용했으며 비지도학습의 한 종류인 강화학습 기술로 혼자 대국을 두며 학습할 수 있었습니다. 딥블루가 체스에서 우승한 것과 유사하게 보일 수 있으나 딥블루는 규칙에 따라 행동하기 때문에 체스 말고는 다른 일을 할 수 없습니다. 하지만 알파고는 사람처럼 학습을 통해 배울 수 있는 능력이 있기 때문에 딥러닝 알고리즘을 사용해 바둑뿐만 아니라 다른 분야에서도 적용이 가능하다는 점에서 응용의 범위가 무궁무진합니다.

Chapter 2

인공지능의 이해

SECTION 1

인식(Recognition)

1. 인공지능의 인식

가. 인공지능 인식 기술의 종류와 사례

사람은 눈을 통해 보고, 코를 통해 냄새를 맡으며, 입을 통해 맛을 봅니다. 이렇게 눈, 코, 입, 귀, 손으로 대표되는 기관을 통해 시각, 후각, 미각, 청각, 촉각 5개의 감각 세포들이 외부로부터 다양한 자극을 수용합니다. 그리고 이렇게 감각 세포들을 통해 받아들인 자극을 처리함으로써 주변 상황을 인지 또는 인식합니다.

사람이 감각 기관을 통해 외부의 자극을 받아들이는 것처럼, 기계는 센서를 통해 다양한 외부의 신호를 받아들입니다. 적외선 센서나 조도 센서와 같은 여러 가지 센서로 거리를 측정하거나 빛의 양을 측정하여 다양한 물리적 정보를 받아들이고, 기계가 이해할 수 있도록 처리합니다.

감각을 통해 얻은 정보로 알게 된 것을 **"인지(Cognition)"**라고 합니다. 즉, 인지는 감각으로부터 쌓은 경험지식을 바탕으로 무엇인가를 알게 된 상태를 의미합니다. 예를 들어 피구공이 날아오는 것을 눈을 통해 보게 되면 과거에 피구공에 맞아 아팠던 경험을 바탕으로 "인지"하게 됩니다. 이렇게 경험을 통해 알게 된 것을 인지라고 하고, 이를 바탕으로 공을 피해야겠다고 판단하게 되는 것을 **"인식(Recognition)"**이라고 합니다. 인식은 사물이나 관념 등을 명확하게 구별하거나 식별하는 것을 의미합니다. 감각을 통해 쌓아 온 경험인 인지를 통해 판단하여 인식의 과정을 거친다고 이해할 수 있습니다.

다음으로 여러 가지 인식 기술에 대해 알아보겠습니다.

1) 문자인식(Text Recognition)

문자인식이란 사용자가 손으로 쓰거나 인쇄된 문자를 컴퓨터가 인식하여 어떤 문자인지를 판별하는 기술을 의미합니다. 문자인식 기술은 사람이 직접 손으로 쓴 필기체를 인식하거나 우편 번호를 인식하는 등 다양한 분야에서 활용되고 있습니다. 특히 최근 많은 업무들이 온라인을 통해 이루어짐에 따라 금융서비스의 상당 부분이 비대면으로 이루어지고 있으며, 이때 기존의 대면방식으로 이루어지던 각종 계약 등도 전자 서명 방식으로 활발하게 이루어짐에 따라 문자인식 기술이 널리 활용되고 있습니다. 실생활에서는 스마트폰에 개인정보를 등록하기 위해 신분증을 카메라로 촬영하면 컴퓨터가 신분증 속의 있는 문자들을 인식하여 자동으로 등록해주는 문자인식 기능을 사용할 수 있습니다.

2) 얼굴인식(Face Recognition)

얼굴인식이란 디지털 이미지를 통해 사람의 얼굴을 자동으로 식별할 수 있는 기술을 의미합니다. 해당 기술은 우리에게 매우 익숙하게 자리 잡고 있습니다. 예를 들어 스마트폰의 잠금을 얼굴인식 기술로 해제하거나, 스마트폰으로 결제를 할 때 얼굴인식 기술을 사용합니다. 이러한 얼굴인식 기술은 공공 부문에서도 빠르게 도입되었습니다. 미국의 경우 애틀랜타 공항에서 얼굴인식 기술을 사용해 비행기 탑승 준비를 빠르게 마칠 수 있도록 하고 있습니다. 또한 국내의 대기업에서도 본사 출입문에 얼굴인식 출입 시스템을 활용하고 있습니다.

3) 음성인식

음성인식이란 기계가 인간의 말을 이해할 수 있도록 돕는 기술을 말합니다. 음성-텍스트 변환(Speech-to-text)이라고도 부르는 음성인식은 사람이 말하는 음성 언어를 컴퓨터가 해석하여 그 내용을 텍스트 형식으로 전환해주는 기술이라고 볼 수 있습니다. 이는 일반적으로 목소리 인식(Voice Recognition)과 혼동되어 사용되고 있으나 음성인식이 구어체 형식의 음성을 텍스트 형식으로 변환하는데 집중하는 반면, 목소리 인식은 단지 개별 사용자의 목소리를 식별하는 데만 집중합니다. 이러한 음성인식 기술은 음성인식 받아쓰기 소프트웨어는 물론 번역 도구와 음성인식 스마트 스피커 등의 근간을 이루는 핵심기술입니다.[27)]

4) 이미지 인식(Image Recognition)

이미지 인식이란 이미지의 정보를 식별하는 기술로써 '컴퓨터 비전(Computer Vision)' 분야에서 오랫동안 연구된 기술입니다. 컴퓨터 비전 기술은 컴퓨터 과학의 중요한 분야로 인간 눈의 기능을 기계가 수행할 수 있도록 카메라로부터 영상 이미지를 취득하고 알고리즘

27) 구글 AI의 모든 것 : A에서 Z까지, https://atozofai.withgoogle.com/intl/ko/speech-recognition/, 음성인식

을 통하여 분석하고 판별하는 기술입니다.[28] 이미지 인식은 단순히 이미지 속 사물을 인식하는 것을 넘어 자율주행을 위한 무인자동차 개발 시스템, 사람의 얼굴을 인식하는 안면인식 시스템, 의료 진단을 위한 엑스레이 사진 분석 등 다양한 산업 분야에서 두루 사용되고 있습니다.

나. 다양한 인식 기술의 원리

1) 문자인식 기술의 원리[29]

문자인식의 과정은 크게 4단계로 이루어집니다. **1단계 '전처리'** 과정은 배경과 문자를 구분하는 단계를 의미합니다. 배경을 제외하고 문자만을 인식하는 과정인 전처리 단계를 통해 문자 인식률을 크게 개선할 수 있습니다. **2단계 '세그먼테이션'**은 개별 문자의 정보를 획득하는 단계입니다. 예를 들어 아래 그림에서 '부르는게 값'이라는 문자를 '부/르/는/게/값'으로 개별적으로 분리하여 정보를 획득하는 과정입니다. **3단계 '특징 추출'**은 문자를 구별할 수 있는 특징과 필터를 새롭게 정의하는 단계입니다. 특징 추출 단계가 생략될 수도 있지만 기본적으로 문자 인식률 개선에 한계가 있기 때문에 특징 추출 단계를 거치는 것이 문자인식의 정확도를 높일 수 있습니다. 마지막 **4단계 '분류'**는 앞의 과정을 거쳐 최종적으로 개별 문자를 분류하는 단계입니다.

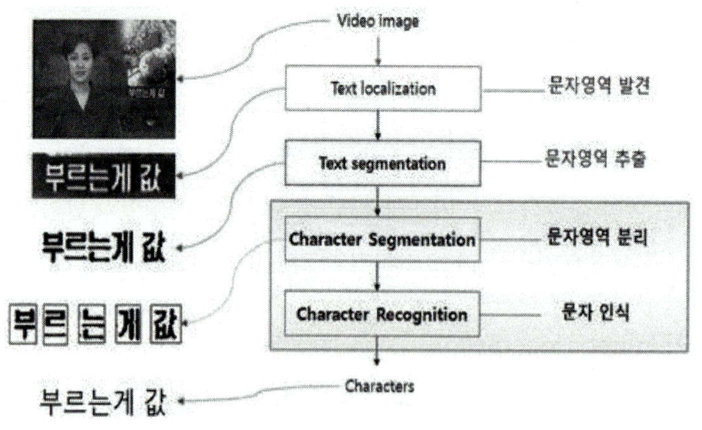

그림 2-1 문자인식기술의 원리[30]

28) 박동규(2022), 누구나 쉽게 배우는 인공지능 스타트 307p, 인피니티북스

29) 성상하(2020), 딥러닝을 활용한 이미지 내 한글 텍스트 인식 알고리즘 개선에 관한 연구, 한국교육학술정보원

30) https://postfiles.pstatic.net/20100715_260/hkkwag_1279181022035n9nRc_jpg/%EB%8F%99%EC%98%81%EC%

2) 얼굴인식 기술의 원리

얼굴인식의 과정도 크게 4단계로 이루어집니다. **1단계 '감지하기(Detection)'**는 이미지에서 얼굴이 어디 있는지 찾는 단계입니다. 배경이나 옷 등 얼굴과 상관없는 부분을 무시하고 얼굴 부분에 초점을 맞추는 단계라 할 수 있습니다. **2단계 '정렬하기(Alignment)'**는 눈, 코, 입술, 턱선 등 얼굴의 각 특징적인 부분을 찾아내고 표시하는 단계입니다. 여기서 표시한 부분은 그 사람만의 고유한 데이터로 다른 사람과 구별하는 역할을 합니다. **3단계 '일반화하기(Normalization)'**는 가지고 있는 데이터와 비교하기 위해 이미지를 비슷한 구도로 바꾸는 작업을 하는 단계입니다. 예를 들어 고개가 기울여진 상태로 찍힌 이미지라면 미리 데이터에 저장된 정면을 보는 이미지와 비교할 수 있도록 정면을 바라보는 구도로 바꿔줍니다. 마지막 **4단계 '인식하기(Recognition)'**는 이미지에서 찾아낸 특징적인 부분을 알고리즘을 거쳐 숫자 형태로 바꾸고 이를 데이터베이스의 값과 비교하여 어떤 사람의 얼굴인지 확률로 계산합니다.

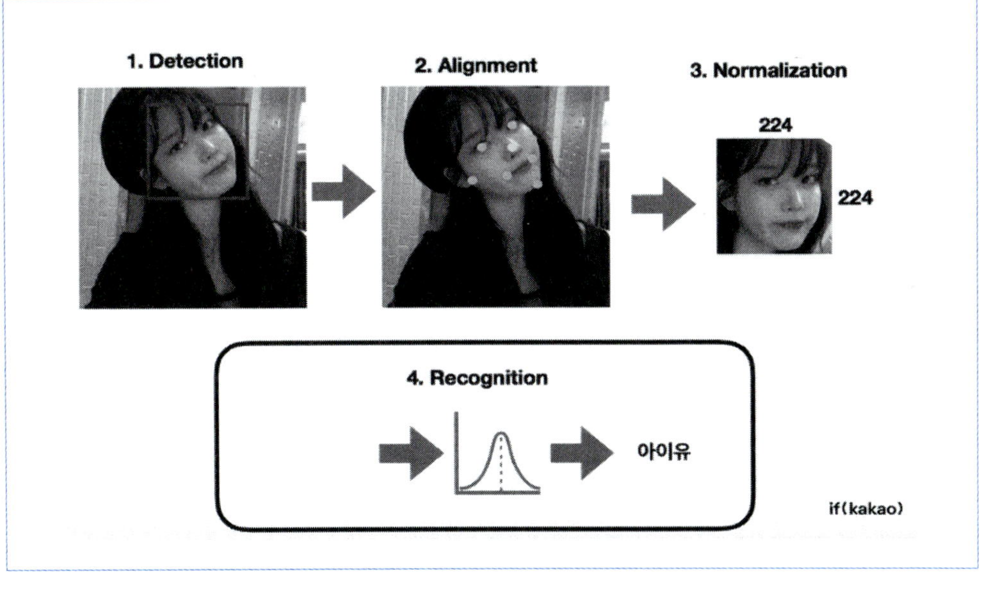

그림 2-2 얼굴인식기술의 원리[31]

83%81_%EC%83%89%EC%9D%B8%EC%97%90%EC%84%9C%EC%9D%98_%EB%AC%B8%EC%9E%90%EC%9D%B8%EC%8B%9D_hkkwag.jpg?type=w2

31) https://t1.daumcdn.net/thumb/R720x0/?fname=http://t1.daumcdn.net/brunch/service/user/1oU7/image/Qo_wEQREyjF54YUvfxeWJyQQqBQ

3) 음성인식 기술의 원리[32)]

자연어처리(NLP : Natural Language Processing)는 기계가 인간이 일상에서 사용하는 언어를 이해하고 해석하여 처리할 수 있도록 하는 일을 말합니다. 보통의 글은 문장으로, 문장은 단어들로, 단어는 형태소로 이루어집니다. 자연어처리는 거꾸로 단어를 이해하여 문장을 이해하고, 나아가 글 전체 내용을 파악해 갑니다. 자연어처리 과정을 살펴보면 자연어로 이루어진 문장을 입력받으면 형태소 분석, 구문 분석, 의미 분석, 화용 분석의 단계를 거치게 됩니다. **형태소 분석**이란 자연어처리의 가장 기본적인 분석 작업으로 단어의 형태소를 인식하고 불규칙한 활용, 축약, 탈락 현상이 일어나는 경우 원형을 복원하는 작업을 의미합니다. 개별 단어들은 구성요소로 분석되고, 구두점과 같은 기호들은 단어와 분리되는 단계입니다. '안녕하세요.'라는 단어가 있을 때 형태소는 [안녕]. [하], [세요]로 나눌 수 있습니다. 해당 언어에서 [안녕]을 통해 문장의 뜻을 알아내고, [하]는 어근, [세요]는 높임말이자 의문문으로 볼 수 있습니다.[33)]

구문 분석(Parse)은 주어진 문장에서 단어들의 역할을 파악해 문장을 계층적인 트리 구조로 변환하는 일을 말합니다. 구체적으로 문장을 주어, 동사, 목적어로 분류하여 이해하는 것을 계층 분류의 예로 들 수 있습니다. 단어의 역할을 파악하는 것은 의미 이해에 필수적인 작업입니다. 흔히 문장을 파싱(Parsing)한다고 표현하는데, 트리 형태로 만들어진 결과를 파스트리(Parse tree)라고 합니다. 다음 그림은 파스 트리의 예시입니다. 'John hit the ball'을 주어, 동사, 목적어의 계층으로 분류할 수 있습니다.

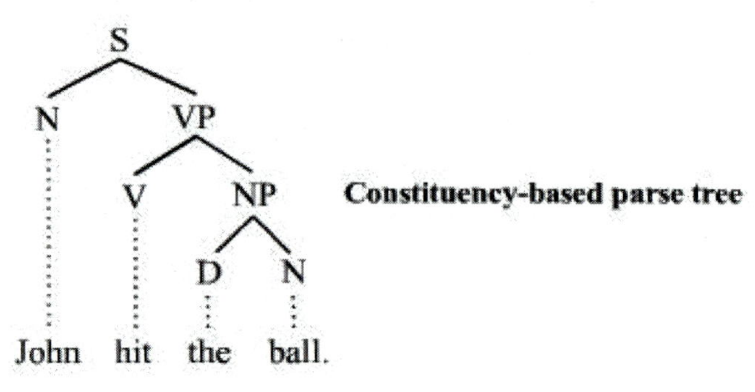

그림 2-3 파스 트리 (Parse tree)[34)]

32) IBM, https://www.ibm.com/kr-ko/cloud/learn/speech-recognition#toc---FCr7KIhR, 음성인식 기술의 원리

33) 한선관,류미영,김태령(2021), AI사고를 위한 인공지능 교육, 성안당, 189p

의미 분석은 앞 단계의 결과를 해석하여 문장의 의미를 파악하는 작업입니다. 이를 위해 각각의 의미에 대한 지식 표현이 필요합니다. 자연어에는 같은 단어이지만 뜻이 다른 동음이의어가 많으므로, 문장을 이해할 때 단어가 그 문장에서 어떤 의미로 쓰였는지를 파악해야 합니다. 특정 문장에 등장하는 단어가 어떤 의미인지 판별하는 작업을 '단어 의미 중의성 해소'라고 합니다.

화용 분석은 전체 문장에서 입력된 문장이 어떤 의미를 가지는지 분석하는 것을 말합니다. 즉, 특수한 상황에서 언어의 의미를 분석하여 도출해내는 것입니다. 예를 들어 교실에서 학생이 "히터를 틀어서 덥지 않니?"라는 말은 덥냐고 물어보는 말이 아니라 히터를 끄자는 의미입니다. 이러한 문장을 분석하기 위해서 고려해야 할 사항은 일반화(Generality, 다양한 문장을 분석), 구별성(Selectivity, 올바른 문장과 비문을 구별), 이해성(Understandability, 이해하기 쉽도록 간단히)이 있습니다.

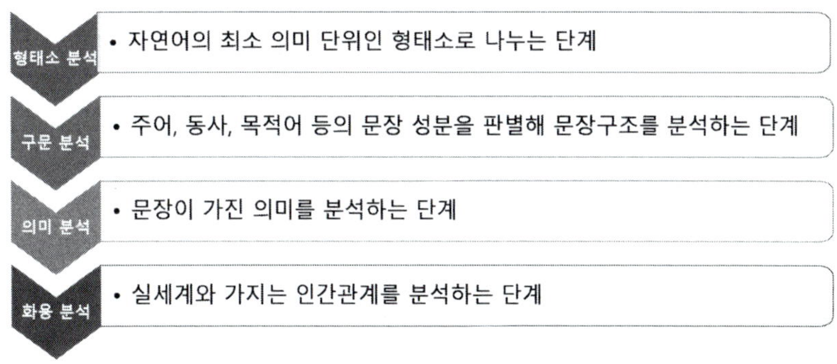

그림 2-4 자연어처리 분석단계

4) 이미지 인식 기술[35]

인공지능의 이미지 인식은 기계가 마치 사람처럼 사진이나 동영상으로부터 사물을 인식하거나 장면을 이해하는 것입니다. 이러한 이미지 인식 기술은 컴퓨터 비전(Computer Vision) 기술 중 하나로 크게 3가지의 일을 처리합니다. 첫 번째는 이미지 내 특정 사물을 분류하는 **이미지 분류(Image Classification)**, 두 번째는 여러 사물을 동시에 찾아내는 **이미지 검출(Image Detection)**, 세 번째는 이미지 속 사물들을 픽셀 단위로 식별하여 분별할 수 있는 **이**

34) https://upload.wikimedia.org/wikipedia/commons/5/54/Parse_tree_1.jpg

35) 이주열(2020), 인공지능 이미지 인식 기술 동향, LG CNS AI 빅데이터연구소

미지 분할(Image Segmentation)입니다.

이미지 분류는 입력받은 이미지를 지정된 여러 개의 클래스(또는 카테고리) 중 하나로 분류하는 일을 의미합니다. 기계가 사진 속 동물이 강아지나 고양이인지 분류한다거나 공장에서 AI가 카메라로 찍은 벨트 컨베이어의 제품 사진을 보고 양호한 상태인지 아닌지를 판별하는 업무 등에 사용할 수 있습니다. **이미지 검출**은 입력받은 이미지에서 특정 개체가 어디에 위치하는지 픽셀의 (x, y) 좌표 값을 찾는 일을 의미합니다. 대부분의 스마트폰에는 인물 사진을 찍을 때 자동으로 인물의 얼굴 부근에 네모 박스를 찾아 포커싱하는 기능이 있습니다. 이 경우 얼굴을 탐지하는 기능이 탑재돼 있다고 볼 수 있습니다. 이미지 검출이 네모 박스로 개체의 좌표를 찾아준다면 **이미지 분할**은 조금 더 정밀하게 픽셀 단위로 영역을 구별하는 일을 의미합니다. 경계를 잘 찾아야 하는 작업인 만큼 이미지 검출보다 기계가 수행하기 어려운 부분이라 할 수 있습니다.

SECTION

2 표현과 추론(Expression and Inference)

1. 인공지능의 표현과 추론

가. 지식의 표현과 탐색 방법

인간의 지능을 기계로 구현하기 위해서는 문제 해결에 사용되는 인간의 지식을 컴퓨터로 표현할 수 있어야 합니다. 지식이란 인간의 지적 활동과 경험에 의해 획득된 의미를 나타내는 데이터의 집합체입니다. 컴퓨터에 인간의 지식을 저장하고 구조화하기 위해서는 지식베이스와 지식의 표현 방법들이 필요합니다.

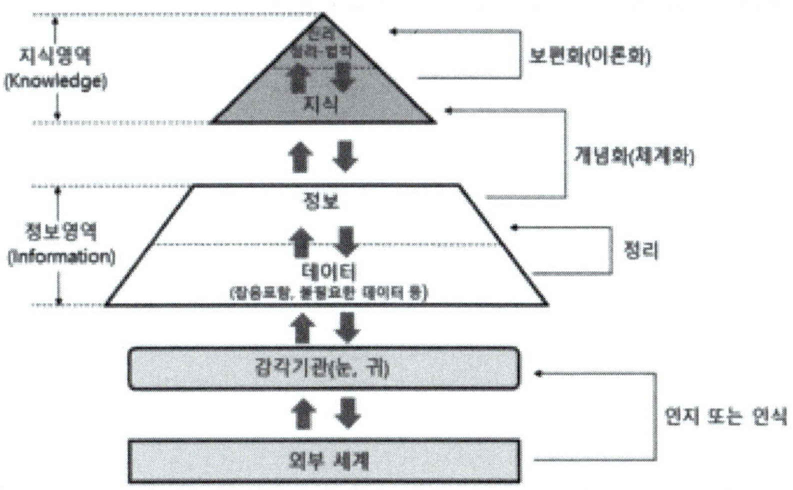

그림 2-5 데이터, 정보, 지식의 관계[36)]

'데이터'는 정보를 작성하기 위해 필요한 자료를 말합니다.[37)] 즉, 외부 세계에서 우리의 감각 기관을 통해 인지 또는 인식된 자료를 의미하고, 어떠한 목적 혹은 의미를 갖지 않은 원천

36) AI4SCHOOL, http://ai4school.org/?page_id=2449, 기계학습의 정의

37) 두산백과 두피디아 terms. naver.com

의 상태입니다. 이러한 데이터를 정제하고 가공하여 정리한 결과물이 '정보'입니다. 정보는 데이터들이 모여 의미를 지니기 시작하는 단계이며, 데이터가 새로운 가치를 창출하는 지점이기도 합니다.[38] '지식 베이스'는 개념화 또는 체계화된 정보가 '지식'으로서 특정한 문제 분야에 쉽게 접근할 수 있는 형태로 컴퓨터 내에 구조화시킨 것입니다. 흔히 '지식 기반 시스템'이라고 하는 것은 방대한 양의 특정 분야 지식을 축적하고 있는 지식 베이스에 기초한 추론으로, 문제를 풀게 하거나 판단 작업을 자동화하여 복잡한 문제를 해결하는 시스템을 '지식 기반 시스템'이라고 합니다.

이처럼 정보가 지식이 되려면 적절한 구조, 즉 지식 베이스가 필요합니다. 인공지능을 활용하기 위해서는 컴퓨터와 사람이 모두 이해할 수 있는 형태의 지식이 필요하며 이러한 형태의 지식을 '기계 지식'이라 부릅니다. 그리고 이를 표현하는 것을 '지식 표현'이라고 합니다. 지식을 표현하는 방법에는 크게 4가지가 있습니다. 논리를 이용한 지식 표현 방법, 규칙에 의한 지식 표현 방법, 시맨틱 네트(Semantic Net)를 이용한 지식 표현, 프레임을 이용한 지식 표현 방법입니다.[39]

나. 다양한 추론 방법의 이해

앞장에서 논의한 대로 지식 표현은 문제 해결을 위한 지식을 컴퓨터에서 실행가능한 형태로 나타내야 하기 때문에 정확한 표현이 필요합니다. 또한 효율적인 추론이 가능하도록 표현해야 하고, 새로운 지식의 획득 및 효율적인 수정과 삭제가 가능하도록 표현되어야 합니다. 이를 지식 표현 방법의 적합성, 추론의 적합성 및 효율성, 새로운 지식 획득 능력이라고 합니다. 이러한 지식 표현의 특징을 잘 생각하며 다음의 여러 가지 지식 표현 방법을 살펴보겠습니다.

1) 논리에 의한 지식 표현

인공지능은 연구 초기부터 명제 논리와 술어 논리 등 기호 논리학에 기반하여 인간의 지식을 표현하고 추론하는 방법을 연구하였습니다. 논리는 문장을 기호로 표현하고, 조작을 통해 참 또는 거짓을 판정하는 것입니다. 명제란 하나의 판단을 포함하는 문장이나 정보를 말합니다. 명제는 참 또는 거짓의 진리값을 가지게 되며 기호로 나타냅니다. 따라서 명제 논리

---

38) 한선관, 류미영, 김태령(2021), AI사고를 위한 인공지능 교육, 성안당

39) 해시넷위키, http://wiki.hash.kr/index.php/지식표현

는 참 또는 거짓 중에서 하나의 값을 갖는 지식 표현이라 할 수 있습니다.

이에 반해 술어 논리는 문장의 참과 거짓만을 따지는 것이 아니라 문장의 문법적 구조와 의미도 포함하는 논리적인 지식 표현 방법으로서 명제 논리를 확장한 개념입니다. 즉, 명제의 내용을 다루기 위해 변수, 함수 등을 도입하고 참 또는 거짓이 결정되도록 명제 논리를 확장한 것으로 볼 수 있습니다. 술어 논리는 명제 논리보다 객체 상호간의 관계를 잘 표현할 수 있어 더욱 상세하고 정확한 형태로 지식을 표현 및 전달할 수 있습니다.

이렇듯 명제 논리와 술어 논리 등에 기반한 논리에 의한 지식 표현은 다른 지식 표현 방법보다 비교적 선언적인 표현이기 때문에 프로그램을 기능별로 분할할 수 있는 정도로 모듈성이 뛰어나고 지식의 가독성이 우수하다고 볼 수 있습니다. 또한 수정이나 확장이 쉽고, 인간의 사고 과정과 유사하다는 측면에서 추론 과정의 정확성과 완전성을 보장합니다. 하지만 현실 세계의 지식을 반드시 참, 거짓과 같이 명확하게 정의하기 어려워 지식 표현이 부자연스럽고, 불확실성이나 신념 등이 다수 내포되어 있어 이를 단순히 논리의 틀에서 다루는 데에는 한계가 있습니다.

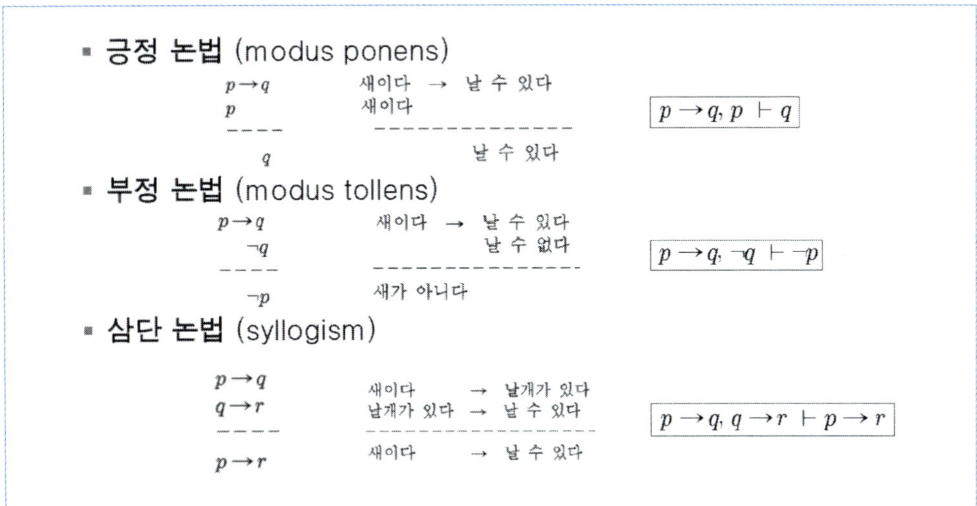

그림 2-6 명제논리[40)]

40) https://blog.kakaocdn.net/dn/cVICbj/btqyStA5KJP/OzSvyl8G2CWFpONAVJsdE0/img.png

2) 규칙에 의한 지식 표현

규칙에 의한 지식 표현은 가장 널리 알려진 지식 표현 방법 중 하나입니다. 인공지능에서 사용되는 지식은 지식 창고에 규칙을 지닌 문장(Sentence with rules)들로 구성되어 있습니다.[41] 이는 IF(조건) 문장과 THEN(결론) 문장으로 연결된 형태를 취하며 IF 구문의 조건이 만족되거나 발생한 상태이면 THEN 구문이 수행되거나 논리적으로 참이 되는 형태를 가집니다. 이를 생성 규칙(Production Rule)이라고도 합니다. 예를 들어 'If (A and B) then (C)'를 '(A,B) → (C)'로 표현할 수 있습니다. 개개의 규칙은 독립적으로 추가하거나 삭제, 변경이 가능합니다. 규칙에 의한 추론은 지식이 균일한 방법으로 표현되어 표현이 자연스럽고 이해하기 쉽지만 대형 시스템에서는 제어 흐름이 불명확해질 수 있고 융통성이 적으며 구조화되어 있지 않다는 단점이 있습니다. 규칙에 의한 추론은 다음 <표 2-1>와 같이 나눌 수 있습니다.

표 2-1 규칙에 의한 추론

구분	내용
전방향 추론	현재의 상황이나 사실의 집합으로부터 목표 상태 또는 원하는 결론을 얻기 위한 과정
후방향 추론	목표나 결론이 현재 상태 또는 알려진 사실들로부터 유도해 낼 수 있는가를 알아내기 위해 결론부와 조건부 방향으로 진행하는 추론 방식

3) 시맨틱 네트를 이용한 지식 표현

시맨틱 네트 또는 의미망은 노드(node)와 링크(link)로 구성된 네트워크로써 지식을 관계적으로 표현하는 방법입니다. 네트워크의 노드는 객체, 개념, 또는 사건을 나타냅니다. 링크는 노드 사이의 관계 또는 속성을 나타내는 것으로 노트와 링크는 모두 기호로 표시되어 있습니다. 링크들은 물건의 속성이나 소유 관계(has, is_a), 부분과 전체 관계(part_of), 그리고 기타 다양한 인과 관계를 표현하기 위해 정의될 수 있습니다.

41) 한선관, 류미령, 김태영(2021), AI사고를 위한 인공지능 교육, 143p 성안당

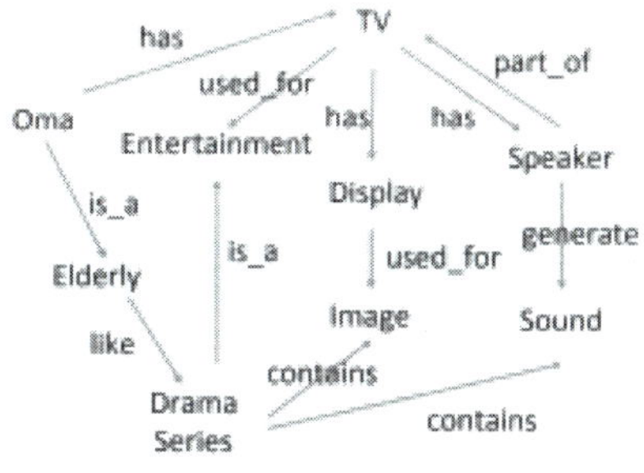

그림 2-7 시맨틱 네트 지식 표현 구조[42)]

시맨틱 네트는 지식 사이의 관계를 나타낼 수 있기 때문에 규칙 기반의 지식 표현이 가지는 단점을 보완할 수 있습니다. 또한 지식 사이의 관계를 효율적으로 표현할 수 있고 다중 관계에 대한 표현도 가능합니다.

4) 프레임을 이용한 지식 표현

1974년 Minsky가 인간의 기억과 인지 과정을 모델화하기 위하여 제안한 지식 표현 방법입니다. 프레임을 이용한 지식 표현은 전형적인 상황이나 행동의 기술, 객체 사이의 계층적 관계 기술에 적합한 구조적 지식 표현 방법이라 할 수 있습니다. 지식을 서로 관계있는 것끼리 분류하고, 상하관계에 따라 구성하는 방법으로써 프레임은 슬롯(Slot)과 그 슬롯에 저장된 값인 필러(Filler)를 한 쌍으로 구성하여 지식을 표현합니다. 예를 들어 프레임의 이름을 '책'이라고 한다면 슬롯에는 '책의 제목', '책의 저자', '책을 발행한 연도' 등이 만들어질 수 있습니다. 또한 각각의 슬롯에 대한 값인 필러에는 '인공지능의 이해', '홍길동', '2023'이 될 수 있습니다. 이를 정리하면 아래와 같습니다.

표 2-2 프레임을 이용한 지식 표현 예시

책 (프레임 이름)			
슬롯(Slot)	책의 제목	필러(Filler)	인공지능의 이해
	책의 저자		홍길동
	책을 발행한 연도		2023

42) 장병탁(2017), 장교수의 딥러닝, 도서출판 홍릉

이상의 내용을 바탕으로 여러 가지 지식 표현 방법의 장단점을 정리한 것은 다음 <표 2-3> 과 같습니다.

표 2-3 **지식 표현 방법의 장단점 비교**

구분	내용
논리에 의한 지식 표현	장점 : 인간의 사고 과정과 유사하며 추론 과정의 완성성이 보장됨 단점 : 제어 지식의 표현이 불가능
규칙에 의한 지식 표현	장점 : 지식 표현의 방법이 자연스럽고 경제적이며 연상 추적이 용이 단점 : 지식의 수정이 곤란하며 논리적인 결합이나 인과 관계 표현이 어려움
시맨틱 네트를 이용한 지식 표현	장점 : 구조적 지식과 통합적 지식의 표현이 용이하며 지식 표현이 경제적임 단점 : 지식의 수정이 곤란하며 추론 방법 개발이 부담됨
프레임을 이용한 지식 표현	장점 : 지식의 모듈화 및 표현이 용이하며 변경, 추가, 삭제가 가능 단점 : 지식의 제어가 곤란하며 지식의 전체 구조 파악이 어려움

SECTION 3

기계학습과 상호작용

1. 인공지능의 기계학습

가. 기계학습의 개념

우리가 익숙하게 알고 있는 머신러닝 즉, 기계학습(Machine Learning)이란 학습을 통해 스스로 규칙을 만들어나가는 알고리즘을 총칭합니다. 기계학습은 인공지능을 만들기 위해 기계를 학습시키는 다양한 방법에 관한 학문으로 '로봇공학', '제어계측공학'과 같이 인공지능 분야 학문 중 하나입니다. 이는 기존 컴퓨터 시스템이 미리 정해 놓은 알고리즘에 따라 작동하는 것과는 달리 기계 스스로 패턴 및 추론을 거쳐 일을 처리할 수 있는 알고리즘 및 통계 모델과 관련된 연구 분야입니다. 기계학습에 기반한 알고리즘은 예측 또는 결정하기 위한 '훈련 데이터'를 기반으로 수학적인 모델을 구축한다는 점에서 기존의 프로그래밍과는 차별화됩니다. 즉, 기계에 많은 데이터를 주고, 이를 처리할 수 있는 최소한의 모델을 부여한 뒤 일정 시간 훈련시킵니다. 기계는 스스로 학습하고 데이터, 모델, 훈련 시간이 더해져 자신이 학습한 지식을 다른 영역에서도 적용 가능하게 발전합니다.

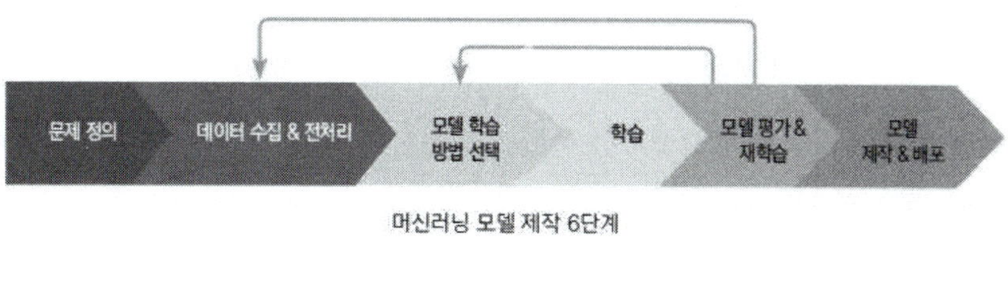

그림 2-8 기계학습의 과정[43)]

43) https://post-phinf.pstatic.net/MjAyMjA0MTFfMjc3/MDAxNjQ5NjQ1OTU4MDY2.Bx2L0HZ0dbCtMM1I_OOhXyeNn6hkBa3e06cKzSaiUN8g.MYvkIeB6gkAtYdRWQUWpFXBcazOz4viHNKao2S1dWFQg.JPEG/6.JPG?type=w1200

이러한 기계학습은 다양한 분야에서 활용되고 있습니다. 예를 들어 의료 분야에서는 웨어러블 센서 등을 활용해 상당한 양의 건강 데이터가 생성되었고, 기계학습 프로그램을 통해 이러한 데이터를 분석하여 의사의 실시간 진단 및 치료를 지원할 수 있습니다. 또한 소비자의 소비 흐름을 데이터로 수집하여 맞춤형 상품 추천 서비스를 제공하고, 기상 데이터를 분석하여 날씨를 예측하는 등의 기계학습 적용 사례를 찾아볼 수 있습니다.

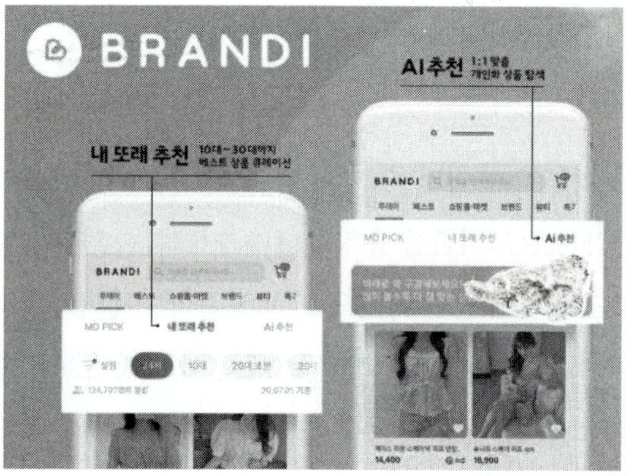

그림 2-9 브랜디 맞춤형 상품 추천 서비스[44]

나. 지도학습의 이해와 적용 사례

기계학습의 알고리즘은 크게 지도학습(Supervised learning), 비지도학습(Unsupervised learning), 강화학습(Reinforcement learning)으로 나누어 살펴볼 수 있습니다. 그중에서 지도학습은 기계 학습 중 컴퓨터가 입력값과 그에 따른 출력값이 있는 데이터를 이용하여 주어진 입력에 맞는 출력을 찾는 학습방법입니다.[45] 즉, 데이터나 레이블의 형태로 사람이 미리 레이블(label)을 지정한 데이터를 제공하는 학습을 의미합니다. 이런 지도학습을 통해 인공지능은 '분류'와 '예측'과 같은 일을 할 수 있습니다. 예를 들어 개 이미지 데이터와 고양이 이미지 데이터를 각각 개와 고양이라는 레이블을 붙여 학습시키면 학습하지 않은 개 또는 고양이 이미지 데이터를 테스트했을 때 그것이 개인지, 고양이인지를 판단해 '분류'할 수 있습니다. 즉, 레이블이 있는 데이터로부터 모델을 만들어 새로운 데이터의 레이블을 예측하는

44) https://www.ktnews.com/news/photo/202007/115894_71032_442.jpg

45) https://terms.naver.com/list.naver?categoryId=42346

것을 지도학습의 '분류(Classification)'라고 합니다.

또한 9, 10, 11살 각각의 몸무게에 대한 사실을 바탕으로 12살의 무게를 예상하는 일, 즉 과거와 현재의 데이터값을 토대로 미래의 값(숫자)을 예상하거나 주어진 데이터의 특징을 토대로 연속된 값을 예상하는 '예측(회귀)'을 할 수 있습니다. 이처럼 지도학습을 통해 라벨이 있는 데이터로 인공지능을 학습시켜 새로운 데이터가 들어왔을 때 어떤 레이블(혹은 값)을 가질지 판단해 '분류'하거나 '예측'하는 일을 할 수 있습니다.

지도학습의 장점은 단순성과 설계 용이성입니다. 이는 제한된 결과 집합을 예측하거나 데이터를 범주로 나눌 때, 다른 두 기계학습 알고리즘의 결과를 결합할 때 매우 유용합니다. 그러나 엄청난 양의 데이터 집합에 일일이 결괏값을 지정하는 작업, 즉 데이터의 이름표인 레이블(label)을 지정하는 일은 시간과 비용이 많이 걸리는 매우 어려운 작업입니다.

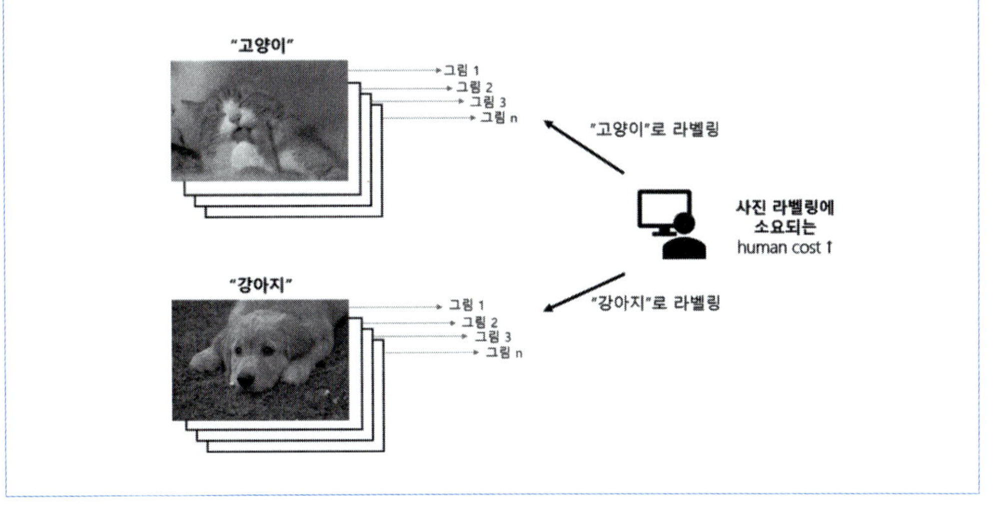

그림 2-10 지도학습[46]

다. 비지도학습의 이해와 적용 사례

비지도학습은 연습 데이터와 관련된 결괏값을 미리 지정하지 않는 방법입니다. 데이터에 대한 명시적인 정답인 레이블 없이 데이터의 형태로 학습을 진행합니다. 즉, 무질서해 보이

46) https://images.velog.io/images/deep_lini/post/05ddbed0-680e-4d0c-8c07-34bc1d019934/%E1%84%89%E1%85%B3%E1%84%8F%E1%85%B3%E1%84%85%E1%85%B5%E1%86%AB%E1%84%89%E1%85%A3%E1%86%BA%202022-02-23%2014.28.15.png

는 데이터 안에서 데이터 간의 관계를 중심으로 범주를 설정합니다.[47] 따라서 문제 해결과 관련된 데이터를 입력하면 기계가 스스로 데이터의 특징을 탐색한 후, 비슷한 특징의 데이터들끼리 몇 개의 그룹으로 묶고, 새로운 데이터를 입력했을 때 그 데이터가 어떤 그룹에 속하는지 알려줍니다. 예를 들어 레이블을 붙이지 않은 이미지 데이터를 학습시키면 인공지능은 각 이미지 데이터의 특징을 스스로 탐색해 이를 A와 B, 2개의 그룹으로 분류합니다. 그리고 학습시키지 않은 새로운 이미지 데이터를 입력하면 그 데이터의 특징을 바탕으로 이것을 A 또는 B 그룹으로 판단해 분류할 수 있습니다.

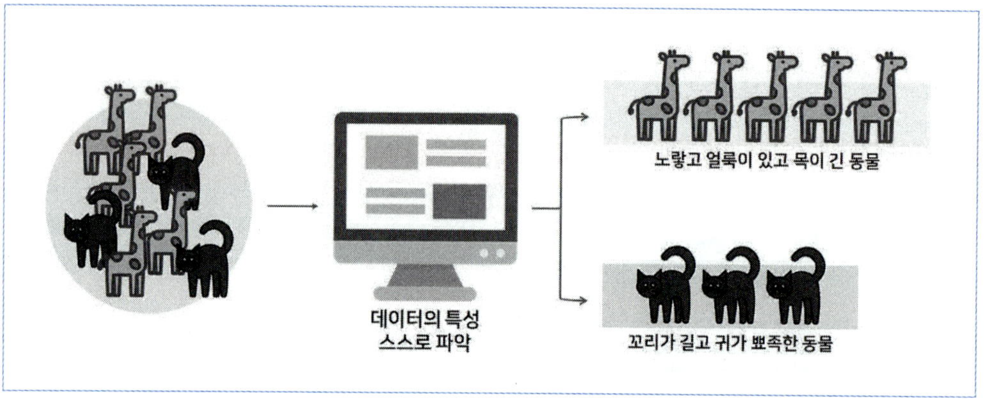

그림 2-11 비지도학습[48]

이렇게 비슷한 속성으로 묶어주는 것을 '군집화', '군집'이라고 하는데 군집은 지도학습의 분류나 예측처럼 레이블을 정해주지 않기 때문에 같은 데이터여도 학습을 시킬 때마다 다른 결과가 나타날 수 있습니다. 이처럼 분류는 정해진 레이블이 있는 데이터로 학습할 때 사용하며, 군집은 레이블이 없는 데이터로 학습할 때 사용합니다. 군집은 데이터 자체에 집중하는 방법으로 데이터의 구조와 특징, 데이터 간 관계를 살펴보는데 적합한 방식이라 할 수 있습니다.

라. 강화학습의 이해와 적용 사례

지도학습과 비지도학습이 데이터가 주어진 정적인 상태에서 학습을 진행했다면 강화학습

47) 한선관, 류미영, 김태령(2021), AI사고를 위한 인공지능 교육, 성안당

48) https://post-phinf.pstatic.net/MjAxODA4MDJfODUg/MDAxNTMzMTg1NTYyNDQ4.MICqwzMvZwjUoWy1F7nI6hzmYmQ52cHE9cdsdTYfDsog.5jJNBCxVGCuhMPlig_woMyWd0M7Ac91IrVc5rRGUR1Eg.JPEG/3%EB%B9%84%EC%A7%80%EB%8F%84%ED%95%99%EC%8A%B5.jpg?type=w1200

은 특정 목적에 대해 사용자를 대신하여 작업을 수행하는[49] 에이전트가 주어진 환경에 대해 행동을 취하고, 알고리즘의 행동에 의해 보상을 얻으면서 학습을 진행합니다. 알고리즘이 거쳐야 하는 여러 단계에 보상 값이 연결된 방법으로써 모델의 목표는 가능한 많은 보상 점수를 축적하여 최종 목표에 도달하는 것입니다. 즉, 강화를 스스로 하는 인공지능으로서 행동의 주체인 에이전트(Agent)가 상태(State)를 인식하고 가능한 선택적인 행동(Action) 중 최대 보상이 수반되는 행동을 선택하는 방법을 의미합니다. 일종의 동적인 상태에서 데이터를 수집하는 과정까지 포함하는 알고리즘이라 볼 수 있습니다.

주로 인공지능과 관련된 게임이나 자율주행 자동차 분야 등에서 활용되고 있습니다. 우리에게 잘 알려진 딥마인드사의 알파고 또한 강화학습의 한 예 입니다. 여러 번의 바둑 게임을 시뮬레이션으로 두면서 게임에게 이길 경우 +1의 양의 보상을 받고, 게임에서 질 경우 -1의 음의 보상을 받으면서 학습해 갑니다. 이렇게 에이전트인 알파고가 바둑에서 '높은 점수'를 받는 방향으로 학습하였듯이, 자율주행 자동차는 '안전' 또는 '최단 시간 이동' 등의 보상을 향해 학습하며 보다 안전하고 효율적인 길을 찾아 주행을 실현할 수 있습니다.

앞에서 기계학습을 방법에 따라 세 가지로 나누어 보았습니다. 요컨대 지도학습은 데이터와 정답이 주어진 것을 학습하여 모델을 생성합니다. 비지도학습은 정답 없이 데이터만 주어져 해당 데이터로부터 의미 있는 패턴을 학습합니다. 강화학습은 행위 주체인 에이전트가 보상이 최대가 되는 방향으로 학습을 수행합니다.

2. 인공지능의 상호작용

가. 데이터 기반의 기계-사람의 자연스러운 소통 방법

인공지능이 발전하면서 인간은 기계와의 소통을 위해 지속적으로 연구해 오고 있습니다. 인간과 기계 모두 자연스러운 소통을 위해서는 하나의 감각을 사용하는 것 보다 여러 가지 감각을 동시에 사용하여 처리하는 것이 효과적일 것입니다. 따라서 영상, 텍스트, 음성 등 데이터를 기반으로 일을 처리하는 기계와 인간의 상호작용이 자연스럽게 이루어지기 위해

49) 컴퓨터인터넷IT용어대사전 https://terms.naver.com/list.naver?categoryId=42344

서는 단일 모달(Modal)을 기반으로 하는 것보다 멀티 모달을 사용해 통합적 맥락을 인식, 표현하는 것이 자연스러운 상호작용을 이끌어 낼 수 있습니다.

모달(Modal)은 모달리티(Modality)의 파생으로 '양식', '양상'의 뜻을 가집니다. 멀티모달 AI란 시각, 청각, 감각 등의 다양한 모달리티를 동시에 받아들이고 사고하는 AI 모델을 뜻합니다. 즉, 텍스트를 비롯해 음성, 제스처, 사람의 시선이나 표정 등 여러 가지 종류의 데이터를 AI가 받아들이고 사고할 수 있는 시스템입니다. 기존의 AI가 텍스트를 기반으로 새로운 콘텐츠를 만들던 것에서 벗어나 이미지, 영상, 생체 신호 등을 토대로 새로운 콘텐츠를 생성해내는 것을 의미합니다. 즉, 인간이 사물을 받아들이는 다양한 방식과 동일하게 학습하는 AI의 한 종류라고 볼 수 있습니다.[50)]

인간은 살아가는데 필요한 정보를 얻기 위해 5개의 감각기관으로부터 수집되는 데이터를 바탕으로 학습합니다. 이러한 인간의 인지적 학습법을 모방하여 다양한 형태의 데이터로 학습하는 방법을 멀티모달 러닝(Multimodal Learning)이라고 합니다. 신경망을 통해 인공지능을 만드는 머신러닝의 한 종류인 멀티모달 딥러닝 및 이미징 기술은 기계와 인간의 원활한 상호작용을 위한 AI 서비스에 활용되는 기술입니다. 영상 데이터 기반 AI 서비스는 영상과 이미지에 존재하는 대상의 종류와 특징들을 추출하는데 활용됩니다.

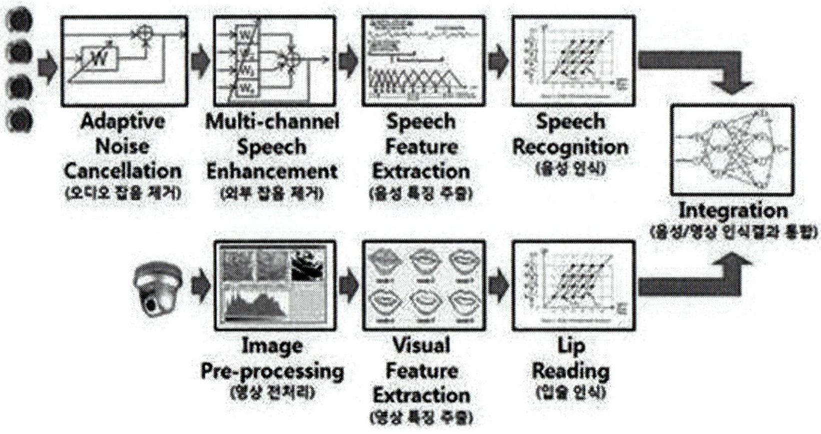

그림 2-12 시청각 정보처리 과정[51)]

50) https://www.samsungsds.com/kr/insights/multi-modal-ai.html

51) https://iiplab.cafe24.com/img_res/res_01.jpg

예를 들어 구글렌즈는 사용자가 검색하고 싶은 이미지를 촬영하면 이를 검색해 알려주는 서비스로 기존의 텍스트로 검색하던 방식에서 벗어나 이미지를 토대로 검색한 결과를 알려주는 멀티모달 기술이 적용된 것입니다. 네이버 스마트렌즈 또한 멀티모달 AI인 옴니서치를 적용하여 이미지를 통해 검색한 결과를 얻을 수 있습니다. 또 다른 예로 오픈 AI의 '달리(DALLE)2'가 있습니다. 사용자가 어떤 키워드를 텍스트로 입력하면 이와 관련된 이미지를 만들어 줍니다. '요리를 하는 고양이' 등과 같이 기존에 없던 새로운 이미지를 보여달라고 하면 달리는 해당 이미지를 만들어 보여줍니다. 이러한 결과가 가능한 이유가 바로 인공지능이 텍스트와 이미지에 대한 데이터를 모두 사고할 수 있기 때문입니다.

나. 언어 및 감정 분석을 위한 방법

기계인 인공지능이 어떻게 사람의 말을 이해하고 나아가 사람의 말속에 담긴 감정까지 이해할 수 있는지 생각해 봅시다. 자연어(Natural Language)란 인간이 일상생활에서 사용하는 언어를 의미합니다. 자연어 처리(Natural Language Processing)란 인간이 사용하는 언어인 자연어의 의미를 분석하여 컴퓨터가 쉽게 처리하는 것을 뜻합니다. 자연어 처리는 음성인식, 내용 요약, 번역, 사용자의 감정 분석, 텍스트 분류 작업, 질의응답 시스템 등 다양한 분야에서 활용되고 있습니다.

자연어를 분석하기 위해서는 우리가 사용하는 언어의 구조를 이해하는 것이 선행되어야 합니다. 글은 문장으로, 문장은 단어들로, 단어는 형태소로 이루어지는 반면 자연어 처리는 거꾸로 단어를 이해하고 나아가 글 전체 내용을 파악해 갑니다. 즉, 작은 단위에서 큰 단위로 나아가 글의 전반적인 내용을 이해합니다. 자연어 처리의 과정은 크게 4단계로 이루어집니다.[52] 첫 번째 단계는 인간의 언어인 자연어가 컴퓨터가 이해할 수 있는 입력 텍스트로 들어오는 과정입니다. 두 번째 단계는 입력된 텍스트에 대한 전처리 과정입니다. 전처리 과정에서는 먼저 '토큰화'가 이루어집니다. 토큰화는 텍스트와 같은 해당 데이터를 사용하고자 하는 용도에 맞게 의미 있는 단위로 나누는 작업을 뜻합니다. 토큰화가 이루어진 뒤 불용어, 즉 분석에 큰 의미가 없는 단어를 삭제하는 작업인 '불용어 제거'가 이루어집니다. 불용어가 제거되면 단어로부터 어간을 추출하는 작업인 '어간 추출'이 이루어지고, 마지막으로 중복을 최소화하여 데이터를 구조화하는 '정규화'를 실시합니다. 세 번째 단계는 전처리가 끝난 단어들을 임베딩합니다. 임베딩이란 사람의 언어인 '단어'를 기계가 이해할 수 있는 숫자의

52) 이창기(2019), 강원대학교 IT대학, 딥러닝 기반의 자연어처리 최근 연구 동향

나열인 '벡터'로 바꾼 결과 또는 그 과정 전체를 의미합니다. 네 번째 단계는 컴퓨터가 이해할 수 있는 데이터가 완성되었기 때문에 모델이나 모형을 적용해 데이터에 대한 분류 및 예측 작업을 수행합니다. 이때 데이터의 유형에 따라 분류와 예측에 대한 결과가 달라질 수 있습니다.

과제

1. 인공지능의 4가지 특징을 바탕으로 인공지능의 개념을 정의하시오.

2. 인공지능의 발전이 사회에 미치는 영향을 4가지 측면에서 제시하고, 인공지능 시대에 직업 세계는 어떻게 변화할지 서술하시오.

3. 인공지능의 원리(인식, 표현과 추론, 기계학습, 상호작용)에 대해 각각 설명하고, 우리 생활 속에서 이러한 인공지능의 원리가 반영된 사례를 3가지 이상 찾아 기술하시오.

Chapter 3

인공지능 교육의 이해

SECTION 1

교육의 필요성

1. 인공지능 교육의 필요성

인공지능(AI, Artificial Intelligence)교육을 왜 해야 할까요? 2022년 새해 EBS에서 역사학자 유발하라리 교수와 엔지니어 앤드류 응 교수를 내세운 시사 프로그램[53]이 방송되었습니다. 역사학자와 AI 엔지니어 이 두 석학이 어떤 공통점이 있을까 싶지만, 그 이야기 중심에는 AI가 있습니다. 두 학자는 미래에 대해서 상반된 이야기를 했습니다. 특히 두 학자 모두 AI가 미래사회에 존재함을 전제로 미래사회에 관해 이야기하고 있었습니다. 유발하라리는 AI의 급격한 발달은 인간이 무용 계급화(Useless Class: 인공지능이 기존의 경제구조를 파괴하고 노동력을 대체해 수많은 사람이 쓸모없어지는 것)되며 정치적, 사회적, 국제적 큰 혼란을 불러올 수도 있는 세계의 위협으로 AI를 바라보았습니다. 이에 반해 앤드류 응은 AI를 사람을 돕는 지능적인 기계로서 기후 문제, 식량문제, 자원문제 등의 국제적인 문제들을 해결하는 미래를 더 살기 좋은 곳으로 만들 맞춤형 기술로 바라보았습니다.

유명한 석학이 바라보는 미래에는 긍정적이든 부정적이든 그 중심에는 AI가 있습니다. 우리가 마주할 미래는 우리가 원하든 원치 않든 사회 전반에 AI의 영향이 미칠 것입니다. 우리 곁에 이미 있고 앞으로 더욱 진화할 AI를 교사들은 어떻게 마주해야 할까요? 수동적으로 AI를 받아들이며 시대의 흐름에 끌려가는 교육을 하는 것이 아니라 **능동적으로 시대를 이끌어가는 인재를 육성하는 교육을 하기 위해서 인공지능교육은 필수 불가결한 요소입니다.** 그러므로 우리 교사들은 인공지능을 알고 미래를 살아갈 학생들에게 이를 반드시 가르쳐주어야만 합니다.

가. 인공지능은 어디까지 왔을까?

현재 우리 곁에 와 있는 인공지능 기술은 이미 사회 전반에 걸쳐있고, 확대되고, 정교화되고 있습니다. 인공지능이 산업과 사회, 교육에 어떠한 변화를 불러오고 있는지 사례와 함께 알아봅시다.

53) EBS 위대한 수업, 엔지니어 앤드류 응의 AI, 신년특집 유발 하라리에게 듣는다

1) AI가 가지고 온 산업의 변화

뉴스나 인터넷 기사 등을 조금만 찾아봐도 AI가 산업 전반에 많은 변화를 가져오고 있다는 것은 모두가 알고 있을 것입니다. 산업 전반에 인공지능, 사물인터넷(IoT), 가상현실(VR), 증강현실(AR), 클라우드 시스템 등 첨단기술을 도입한 스마트공장을 통해 설계와 개발, 제조, 유통, 물류 등 생산과정에 자동화 공정을 확대하고 있고 정부에서도 적극적으로 도입을 지원하고 있습니다.[54)]

한국직업능력연구원 「인공지능 시대의 전문직 직업연구」에 따르면 전문 직종인 의사, 자산 운용가, 기자 직군에 인공지능의 도입으로 인하여 업무 중 단순 업무에서부터 데이터 수집과 분석까지 이미 인공지능이 대체하고 있고, 투자지표 산출, 기사 초안 작성 등의 업무도 인공지능이 수행하고 있습니다. 지금은 신뢰성이 부족하다고 우려하지만[55)] 가까운 미래에는 AI 의사가 병을 진단하고 처방을 내리는 시대도 올 것입니다. 이러한 변화는 앞서 언급한 직군뿐만 아니라 서비스업, 제조업, 농업, 어업, 요식업 등 산업 전반에 걸쳐 나타나고 있습니다.

그림 3-1 'AI의사' 왓슨[56)]

그림 3-2 농업 머신러닝 적용[57)]

2) AI가 가지고 온 사회의 변화

인공지능이 하는 헬스케어의 시대가 오고 있습니다. 10회에 30만원이 훌쩍 넘는 가격의 PT(Personal Training)도 조만간 사라질 날이 얼마 남지 않은 것 같습니다. 3D카메라와 사

54) Ai타임즈, "스마트공장, AI로 더 똑똑해지자"...정부, 공장에 인공지능 도입 지원 | 2022.01.17.

55) 중앙일보, AI가 인간 의사 없앤다? 코로나 진단 맡겼더니 '충격 결과' | 2021.09.21.

56) https://www.joongang.co.kr/article/25008581#home

57) https://www.aitimes.kr/news/articleView.html?idxno=21631

물 인식기능을 결합한 'AI 코치'[58]가 인간 코치를 대체해가고 있습니다. 또한 20만원이 훌쩍 넘는 금액에 수많은 센서를 몸에 붙여야 했던 수면 분석을 '수면 진단 AI'[59]를 통해 숨소리를 분석하여 선진국병이라고 불리는 수면장애도 AI가 관리해주고 있습니다.

그리고 테슬라, 루시드모터스, 현대기아차 등 수많은 자동차 업체들이 앞다투어 자율주행 3단계 이상의 자율주행 자동차를 선보이고 있으며, 국토부에서도 2022년 안에 레벨3 자율주행을 상용화하겠다고 발표[60]하였고, 이어 2022년 6월 레벨4 자율주행 택시의 시범운행이 시작되고 12월에는 자율주행 버스의 시범운행이 시작되었습니다. 자율주행에 대한 윤리적인 문제와 법적인 제도가 제대로 정립되지 않아 아직은 갈 길이 멀긴 하지만 AI 기술은 이미 레벨5에 가까운 수준으로 발전했음을 느낄 수 있고, 머지않은 미래에 영화 마이너리티리포트에 나오는 자율주행 셔틀을 타는 날이 올 것 같습니다.

3) AI가 가지고 온 교육의 변화

교육계에서는 국내외 공교육, 사교육을 막론하여 지능형 교수 시스템(ITS, Intelligent Tutoring System) 기술을 통해 각 학생에게 본인 수준에 맞는 학습 콘텐츠를 제공하고, 교사에게 학생의 학습 과정과 결과에 대한 정보를 제공해주는 서비스가 발전하고 있습니다. 데이터센터를 포함한 플랫폼을 중심으로 LMS(Learning Management System)를 통해 학생의 학습을 관리해주고 소통하며 학생의 학습패턴, 학습 수준, 학습량 등의 데이터를 취합하고 분석합니다. 분석한 내용을 토대로 학생들에게 개별화, 맞춤형 문제와 피드백을 제공해주고, 대시보드(dashboard)를 통해 시각적인 결과를 제공해 학생들이 학습에 대해 성찰할 수 있도록 합니다.

국내·외 공교육 플랫폼으로 한국 교육부의 '똑똑! 수학탐험대', 부산의 '노리AI스쿨수학', 경남의 '아이톡톡', 미국의 'Khan Academy' 등이 있고 국내 사교육에도 천재교육의 '밀크티', 비상교육의 '온리원' 등 플랫폼 기반의 인공지능 기반 학습 서비스를 제공하고 있습니다.[61]

---

58) 한국경제, 옷가게 많던 강남 지하철 역안에 '6070 헬스센터' 열었더니 [방준식의 레저 스타트업] | 2022.09.17.

59) 조선비즈, [인터뷰] 아마존도 반한 '수면 진단 AI' …"오직 기술력으로 승부했죠" | 2022.10.15.

60) 동아일보, 올해 부분자율… 2027년 완전자율주행 시대 연다 | 2022.09.20.

61) 김세영·조미경(2022), "개별화 맞춤형 수학 학습을 지원하는 AI 기반 플랫폼 분석"

SECTION

2 교육의 개요

1. 인공지능 교육의 개요

세계 각국은 경쟁적으로 인공지능 개발을 위한 국가 차원의 마스터 플랜과 대규모 투자 계획을 발표하고 있고, 우리나라 역시 2019년 12월 17일 'AI 국가전략'을 발표하였습니다. 교육계에서도 교육부 업무 보고를 통해 '초·중·고 AI 교육 기반 조성', 'AI 교육 종합 방안 수립' 등을 발표하며 인공지능 시대를 대비한 교육정책을 추진하고 있습니다.

그렇다면 인공지능이 우리 사회 전반에 녹아들고 있는 미래의 학교 현장에서 인공지능 교육은 어떤 모습으로 다가올까요? 2022 개정 정보과 교육과정 시안의 교과 역량에서 언급된 인공지능 소양을 기르기 위한 인공지능 교육을 '교육에서의 인공지능(AIED)', '인공지능 활용 교육', '인공지능 기반 교육' 등 다양한 이름으로 부르고 있습니다.

우리가 2022 개정 교육과정에서 만나게 될 인공지능 교육을 어떻게 구분할 수 있을까요? 한선관(2020)은 인공지능 교육을 **이해교육, 활용교육, 가치교육**으로 나누고 각 유형의 교육들이 독립적이기보다는 상호보완적, 통합적으로 구성되어 적용되어야 효과적이라고 하였습니다.[62]

표 3-1 AI 교육의 유형

유형	특징과 개념
AI 이해교육	AI 내용학에 관련된 내용으로 AI의 용어, 지식, 개념, 원리, 법칙, 알고리즘 등의 이론과 실습을 통해 AI의 지식과 기능을 갖추는 데 중점을 둔다.
AI 활용교육	자신 또는 생활에서 주어진 문제를 해결하기 위해 AI를 활용하는 내용과 방법을 다룬다. 이론적 지식의 형성보다는 산업융합, 교과융합, 교육정책 활용 등 AI활용 능력과 AI기술의 개발, 융합적 서비스와 창의적 아이디어 산출 등의 기능적이고 실용적인 내용을 중점적으로 다룬다.
AI 가치교육	AI에 의해 나타나는 사회적 영향과 윤리적 이슈를 다룬다. 개인의 삶과 직업, 사회적인 변화와 윤리적 영향 그리고 인류가 처하게 될 이슈를 태도와 실천의 관점을 중점으로 다룬다.

62) 한선관(2020.7.), "인공지능과 교육, 무엇을 준비해야 하는가?", 교육정책포럼

또한, 교육에서의 인공지능은 다음과 같이 두 관점으로 나누어 볼 수 있습니다. 'AI' 기술을 교육 방법이나 교육 환경에 '적용'하는 **도구로서의 AI**, 'AI'가 교육의 '내용'이 되는 **내용으로서의 AI** 입니다.

교육에서의 AI(AIED)는 종전까지 첨단 에듀테크 기술을 교육에 도입하는 것에서 더 나아가, AI가 학습의 과정과 방법을 깊이 있고 정교화된 방식으로 이해하는 데 강력한 도구로 활용되는 것을 의미합니다.[63] 이는 아래의 표와 같이 'AI와 함께하는 학습(Learning with AI)'과 'AI에 대한 학습(Learning about AI)'으로 분류됩니다. (Holmes et al., 2019).

표 3-2 AI 교육의 유형

유형	특징과 개념
AI와 함께하는 학습 (Learning with AI)	• 시스템 측면의 AI, 학생 측면에서의 AI, 교사 측면에서의 AI로 분류되며, 교육 환경, 교사, 학생을 지원하는 역할로서의 AI를 의미 • AI 및 다양한 테크놀로지를 교육에 활용하는 것으로, AI를 직접적인 학습도구나 학습 환경으로 활용하거나, 교수(敎授)의 도구로 활용하거나, 나아가 학습자 모니터링 도구나 평가 및 채점 도구로 활용하는 접근
AI에 대한 학습 (Learning about AI)	• 유 · 청소년을 대상으로, 기술자를 대상으로, 관리자급 인력을 대상으로 AI를 가르치는 것으로 구분하여 학습 대상자를 달리한 '교육 내용으로서의 AI • AI에 대한 이해를 바탕으로 AI 알고리즘을 설계, 개발, 활용하는 능력을 함양하기 위해 AI를 교육의 내용으로 가르치는 접근

교육에서의 인공지능에 대한 접근은 인공지능이 수업의 목적이 되냐 도구가 되냐의 차이일 뿐 교육 현장에서의 인공지능 교육은 'AI와 함께하는 학습'과 'AI에 대한 학습' 두 접근 방법 모두를 포괄한다고 볼 수 있습니다.

초·중등 교육에서의 인공지능 교육은 '인공지능에 대한 교육'과 '인공지능 활용 교육'을 포괄하는 개념으로 아래 그림과 같이 정리할 수 있습니다.

63) (Luckin, Holmes, Griffiths, Forcier, 2016).

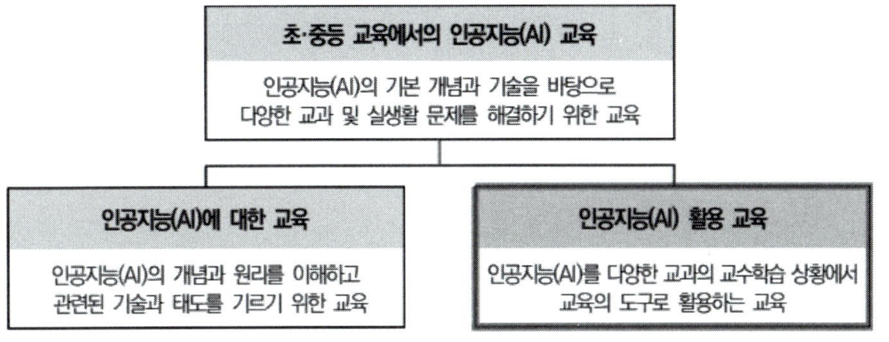

그림 3-3 인공지능(AI) 교육에 대한 개념적 정의에 대한 인식

초·중등 교육에서의 인공지능(AI) 교육은 '교육에서의 AI(AIED)'나 'AI 기반 교육(AIBE)'과 유사하게 '내용으로서의 AI'와 '도구로서의 AI'를 모두 포괄한 광의의 개념으로 볼 수 있습니다.

인공지능(AI)에 대한 교육은 '내용으로서의 AI'를 강조하여, 교육을 통해 AI 기술에 대한 지식과 활용 능력을 기르며, AI 기술의 사회 적용에 따라 발생하는 AI 관련 윤리 의식을 고취하는 데 관심을 두는 개념입니다.

인공지능(AI) 활용 교육은 '도구로서의 AI'를 강조하여, AI 기술을 교육 상황에 활용하여 교육의 질을 제고하는 데 관심을 두는 개념입니다.[64]

---

64) 학교 교육에서 인공지능의 개념 및 활용, 한국교육과정평가원

SECTION

3 국내외 교육 동향

1. 국내외 인공지능 교육의 동향

가. 국외 AI 교육 동향

1) 미국의 인공지능 교육[65)]

미국의 인공지능 교육은 주로 전문가 단체와 대학이 중심이 되어 활발하게 이루어지는 것이 큰 특징입니다. 즉, 미국은 MIT, CMU, 스탠포드 대학 등 민간 주도로 인공지능 관련 연구와 교육적 활용을 적극적으로 진행해왔으나, 최근에는 정부 차원에서도 이를 확대하기 위한 노력을 하고 있습니다.

대표적으로 인공지능발전협회(AAAI)와 컴퓨터과학교사협회(CSTA)는 유·초·중등학생을 대상으로하는 국가 수준의 AI 교육과정, AI4K12를 개발하고 있습니다. AI4K12는 '유·초·중등교육을 위한 AI(AI for K-12)'를 의미합니다. 교육과정은 크게 유치원~2학년, 3~5학년, 6~8학년 그리고 9~12학년 대상의 네 가지 집단을 대상으로 개발하고 있으며, 4차 산업사회의 일원으로서 반드시 알아야 하는 AI 관련 지식과 수행할 수 있어야 하는 AI 활용 능력에 대한 내용을 포함합니다. 동시에 해당 교육과정을 구현하는 교사를 위한 교육자료를 개발하고 AI 교육자료 개발자 간의 논의를 활성화할 수 있는 커뮤니티도 운영하고 있습니다(Touretzky et al., 2019).

교사의 전문성 개발을 위해 현직 및 예비 교사들에게 기존의 STEM에서 컴퓨터과학 교육을 강조하여 역량 강화에 힘쓰고 있습니다. 또한 AI를 교육 내용뿐만 아니라 교사로서의 역할 수행을 위한 교수학습 지원 기술로써의 활용 방안에 대해서도 활발히 논의하고 있습니다.

구체적으로 살펴보면 'AI4K12 이니셔티브' 협력체를 구성하여 인공지능 교육 내용을 5가지 영역(Big ideas)으로 구분했습니다. 5가지 영역은 표현과 추론, 인식, 학습, 상호작용, 사

65) 교육정책네트워크 정보센터, 미국의 인공지능(AI) 융합교육 현황, 미국의 AI, 빅데이터 활용 등 미래사회 대응 관련 교원역량 강화 방안

회적 영향입니다. 아래는 AI4K12 5가지 영역과 K-12 AI 교육지침서입니다.

빅아이디어 및 개념		K-2(유,초1-2)	3-5(초3-5)	6-8(초6,중1-2)
1. 인식	컴퓨터는 센서를 이용해 세상을 인식	•컴퓨터, 로봇 및 지능형 기기의 센서를 식별 •Alexa 또는 Siri와 같은 지능형 AI와 상호 작용	•센서 입력을 아날로그 또는 디지털 신호로 변환하는 방법을 설명 •컴퓨터 인식의 한계를 설명 •인식을 사용하여 응용 프로그램 구축(스크래치활용)	•센서 한계가 컴퓨터 인식에 미치는 영향을 설명 •인식이 여러 센서뿐만 아니라 여러 알고리즘을 사용할 수 있음을 설명 •다양한 센서를 활용하여 프로그램 만들어보기(스크래치활용)
2. 표현 및 추론	에이전트는 세상에 대한 표현을 만들고 이를 추론에 사용	•사물 모델을 구성하고 모델링되는 것과 비교 •의사결정 트리 활용	•트리 구조를 사용하여 동물 분류시스템 설계 •AI의 표현을 통하여 추론 과정 알아보기	•지역 사회의 특정 장소에 대한 그래프 모델 작성 및 지도에서 최단 경로 설계 •트리 구조를 사용하여 동물 분류시스템 설계
3. 학습	컴퓨터는 데이터를 통해 학습	•'unplugged'활동으로 데이터의 패턴 학습 •이미지 인식 도구 사용하기	•지도 학습, 비지도 학습 및 강화 학습의 세 가지 다른 머신러닝 접근 방식을 설명하고 비교 •모델을 학습시켜 대화형 머신러닝 프로젝트를 수정 •알고리즘과 머신러닝에서 편향이 일어나는 방법 알기	•훈련 데이터에서 일어나는 편향을 식별 및 해결하기 •간단한 신경망 훈련 수동 시뮬레이션
4. 상호 작용	지능형 에이전트가 인간과 자연스럽게 상호작용하기 위해서는 많은 종류의 지식이 필요	•이야기에서 긍정적이고 부정적인 의미를 가진 단어를 식별. •얼굴 표정을 인식하고 적절한 감정(기쁨, 슬픔, 분노)으로 분류하고 왜 그렇게 분류되는지 설명 •표정의 감정을 인식하는 소프트웨어 실험	•의사소통을 이해하기 위해 여러 입력(음색, 표정, 자세 등)을 어떻게 결합하는지 파악. •AI가 인간을 능가하는 몇 가지 과제와 그렇지 않은 과제 설명	•간단한 챗봇 구축 •모호한 언어들의 예제 찾아보기 •지능에 대하여 추론하고, 에이전트가 지능적인지 그렇지 않은지 식별
5. 사회적 영향	AI은 긍정적이고 부정적인 방식으로 사회에 영향을 미칠 수 있음	•일상에서 자주 접하는 AI 알아보기 •AI를 사용하는 것이 좋은지 나쁜지 이야기 나누기	•편향이 행동과 의사결정에 끼치는 영향 알아보기 •AI가 포용적으로 설계될 수 있는 방안에 대해 이야기 나누기	•AI가 의사결정 시 존재하는 잠재적인 편향 설명하기 •AI 시스템 설계 시 상충관계를 알아보고 시스템에서 의도치 않는 결과를 가질 수 있는 방안 알기

그림 3-4 미국 K-12 'AI 교육지침서'[66)]

미국은 교육과정에서 인공지능의 원리와 기법, 사회에 미치는 영향 등 다양한 측면에서 인공지능 교육의 지침을 마련하였습니다.

66) 남미주·김정효·황은경(2021), 중국 초등학교 인공지능(AI) 교육과정과 교과서 분석

2) 영국의 인공지능 교육[67)]

영국 국가 교육과정의 가장 큰 특징은 초등에서부터 중등까지 컴퓨터 활용 교과에 코딩 수업을 의무화하고 있다는 것입니다. 국가 교육과정을 통해 컴퓨터 프로그래밍이 강조되고 있는 것에 비해, AI 융합 교육 관련 내용이 직접적으로 언급되거나 논의가 활발히 진행되고 있지는 않습니다. 영국에서는 주로 AI를 교원의 업무 부담을 경감하기 위한 수업전개나 교육 보조 도구로 적용하는 방안이 논의되고 있는 것이 특징입니다.[68)]

Key Stage 1 (초등1,2학년)	Key Stage 2 (초등3~6학년)
•알고리즘이 무엇인지, 디지털장치의 프로그램으로 어떻게 구현되는지, 그리고 프로그램이 정확하고 모호하지 않은 지시를 따르며 실행되는지 이해한다. •간단한 프로그램 만들기 및 디버그 •논리적인 추론을 사용하여 간단한 프로그램의 행동을 예측하다. •디지털 컨텐츠를 생성, 정리, 저장, 조작 및 검색하기 위해 기술을 의도적으로 사용 •학교 밖에서 정보 기술의 공통적인 사용을 인식한다. •개인 정보를 비공개로 하면서 안전하고 정중하게 기술을 사용; 인터넷 또는 기타 온라인 기술에서 컨텐츠나 접촉에 대한 우려가 있을 때 도움과 지원을 받으려면 어디로 가야 하는지 식별	•물리적 시스템을 제어하거나 시뮬레이션하는 등 특정 목표를 달성하는 설계, 쓰기 및 디버그 프로그램; 문제를 작은 부분으로 분해하여 해결 •프로그램에서 시퀀스, 선택 및 반복 사용; 변수 및 다양한 형태의 입출력 작업 •논리 추론을 사용하여 몇 가지 간단한 알고리즘이 어떻게 작동하는지 설명하고 알고리즘과 프로그램의 오류를 감지하고 수정한다. •인터넷을 포함한 컴퓨터 네트워크를 이해하고, 어떻게 그들이 월드 와이드 웹과 같은 서비스를 제공할 수 있는지, 그리고 그들이 통신과 협업을 위해 제공하는 기회를 이해한다. •검색 기술을 효과적으로 사용하고, 결과가 어떻게 선택되고 순위가 매겨지는지 이해하며, 디지털 콘텐츠를 평가할 때 통찰력이 있다. •데이터 및 정보의 수집, 분석, 평가 및 표시를 포함하여 주어진 목표를 달성하는 다양한 프로그램, 시스템 및 콘텐츠를 설계하고 생성하기 위해 다양한 디지털 장치의 다양한 소프트웨어(인터넷 서비스 포함) 선택, 사용 및 결합 •안전하고, 존중되고, 책임감 있게 기술을 사용하고, 허용 가능한/비공식적인 행동을 인식하고, 콘텐츠 및 접촉에 대한 우려를 보고하는 다양한 방법을 식별한다.

그림 3-5 영국 컴퓨팅 프로그램 국가 교육과정[69)]

하지만 AI 부문에서 기존의 강점을 기반으로 2021년 'AI 국가전략'을 통해 향후 10년간 AI 분야 초강대국 지위 유지를 목표로 하고 있으며[70)], 2025년까지 AI 박사 인력 1,000명과 컴퓨터과학 교사 8,000명을 양성을 계획하며, AI 교육 관련 기반을 조성하고 있습니다. 교육과정 표를 통해 알 수 있듯, 영국의 컴퓨팅 교육과정은 주로 학생의 코딩과 컴퓨터 프로그래밍 능력을 함양하는 데 초점이 맞춰져 있습니다. 학생들은 체계화된 컴퓨터 프로그래밍 교

67) 교육정책네트워크 정보센터, 영국의 인공지능(AI) 융합교육 현황과 시사점, 영국의 AI, 빅데이터 활용 등 미래사회 대응 관련 교원역량 강화 방안

68) https://edpolicy.kedi.re.kr/frt/boardView.do?strCurMenuId=10091&pageIndex=1&pageCondition=10&nTbBoardArticleSeq=830277

69) 남미주·김정효·황은경(2021), 중국 초등학교 인공지능(AI) 교육과정과 교과서 분석

70) S&T GPS "영국, AI 국가전략 발표…장기전략으로 AI 초강대국 유지 목표" | 2021.09.01.

육과정을 통해서 AI의 기초가 되는 프로그램 개발의 본질적인 원리를 이해할 수 있고 AI를 보다 친숙하게 접할 수 있습니다.

또한 학생들은 저학년에서 고학년으로 올라가면서 간단한 코딩 프로그램인 스크래치(Scratch)부터 회로 설계 키트인 마이크로비트(micro:bit), 프로그래밍 도구인 파이선(Physon)까지 실질적이고, 전문적인 컴퓨터 프로그래밍 도구를 사용하여 컴퓨터 프로그래밍을 배우고 실습합니다. 무엇보다 학생이 흥미와 관심을 잃지 않도록 게임이나 퀴즈를 제작하거나 현실에서 겪을 수 있는 문제를 처리하는 프로그램을 제작하는 등의 실제적인 프로젝트 활동을 수반하는 것이 특징입니다.

3) 중국의 인공지능 교육[71)]

중국은 세계에서 가장 적극적으로 AI 교육과정을 도입하고 있는 나라입니다. 중국은 2017년 '차세대 AI 개발 계획'을 통해 2030년 AI 분야 세계 1위 국가 부상을 목표로 매년 AI 관련 정책을 쏟아내고 있으며 AI 교육과정 도입을 적극적으로 추진하고 있습니다. 특히 '차세대 AI 개발 계획'에서 AI 기본 이론은 빅데이터 지능이론, 매체 간 이식 알고리즘 이론, 증강현실 지능이론, 다중 지능이론, 자율적 협동 제어 및 최적화 의사결정 이론, 고급 머신러닝 이론, 두뇌와 같은 지능형 컴퓨팅 이론, 양자 지능형 컴퓨팅 이론이며, 이를 토대로 수업을 개발해야 한다고 명시하고 있습니다. 이를 바탕으로 중국은 초·중·고등학교를 연계한 교육과정을 구축하였으며 모든 학교급에 AI 교육과정 적용을 요구하고 있습니다. 또한 각 학교급에서 학습하는 내용이 유기적으로 연결되도록 교육내용을 구성하였으며, 모든 교과에 AI 내용이 반영되도록 함으로써 교과 간 융합 또한 도모하였습니다. 2018년 세계 최초 AI 교과서를 발간하였고, 지역별로 다양한 교재가 출간되고 있으며 교사에게 요구되는 기능과 지식의 수준이 높습니다.

중국은 지역별로 다양한 교재를 출간하여 사용하고 있습니다. 통계에 따르면 2018년 기준 중국 각 지역에 출시된 초·중·고등학교 AI 관련 교재는 10여 종에 이릅니다.(谢昱·陈映晓, 2019), 그러나 교육환경의 미비, 교육 콘텐츠 부족, 교사에게 요구되는 높은 기능적 지식 등의 한계로 지도가 원활하지는 못한 상황입니다.

중국은 아직 디지털 기반 조성이 미흡하지만, 글로벌 AI 생태계 구축을 위해서 정부와 민간

71) 남미주·김정효·황은경 (2021), 중국 초등학교 인공지능(AI) 교육과정과 교과서 분석

에서 큰 노력을 기울이고 있어 앞으로의 모습이 기대되는 나라입니다.

활동주제 (活动主题)	간단한 설명
1.나는 정보사회의 "원주민"	컴퓨터의 외부부품 이해, 마우스 사용 배우기, 컴퓨터를 사용하여 음악 듣기, 영화 보기, 수업자료 사용 등의 학습을 경험한다. 정보 및 정보처리 도구에 대해 이해하고, 초보적인 컴퓨터 기초지식 및 조작에 대해 파악한다. 나아가 생활 속에서 정보와 정보기술의 중요성을 인식하고 정보에 대한 기초적인 인식을 구축한다.
2."작은 타자전문가" 도전대회	키보드 지식과 기본 운지법 익히기, 키보드 입력방법 학습하기를 통해 미래 정보기술 학습의 좋은 기반을 마련하고 디지털 학습이 주는 즐거움을 체험한다.
3.나는 컴퓨터 화가	그림 그리기 소프트웨어 사용법을 배우고, 마우스를 이용해 주변의 아름다운 생활을 그림으로 묘사하며, 능숙하게 마우스 조작하는 기술을 파악하여 이후 정보기술 학습에 좋은 기초를 다진다. 동시에 상호협력 및 공동의 작업을 완성하는 인식을 형성한다.
4.네트워크 정보 식별	웹 브라우저를 시작하고, 웹 싸이트를 열람하며, 검색을 통해 자신이 필요한 정보를 검색하고 획득한다. 이를 기반으로 필요한 웹페이지(를) 저장하는 방법에 대해 학습한다. 인터넷에서 정보를 검색하는 능력을 익히고, 진실과 허위 정보를 분별하는 능력을 향상시킨다.
5.효과적인 컴퓨터 문서 관리	파일 보기에 대한 기본 조작 방법을 파악하기; 새로운 폴더 생성하기, 복사, 이동, 파일 삭제 등; 공유 문서폴더를 만들어 온라인에서 파일을 공유하며 문서파일이 정보관리에서의 중요성을 체험한다
6.프리젠테이션 성과	프레젠테이션 구조의 이해, 슬라이드 삽입, 슬라이드 복사, 슬라이드 이동, 슬라이드 삭제 및 이동, 슬라이드에 텍스트 및 아트 텍스트, 이미지 삽입 등을 학습 한다; 간단한 애니메이션 효과를 설정하고, 프레젠테이션에 대한 하이퍼링크 연결 및 동작 설정, 저장, 미리보기, 인쇄 등을 설정한다. 정보에 대한 인식을 높이고, 디지털 도구를 이용하여 작품 디자인 및 창의적 능력을 배양한다.
7.정보교류 및 보안	전자메일 가입을 통해 메일 송수신하기, 전자메일 함 요구에 따라 관리하기, 스팸메일의 위험성에 대해 이해하기; 메신저 통신 도구 사용에 대해 배우고, 온라인 블로그 가입 및 개인 블로그 게시하기; 컴퓨터 바이러스에 대해 이해하고, 바이러스 검사 및 제거 방법을 배운다. 규범적이고 건전한 교류의 습관을 형성하고 안전인식을 수립한다.
8.나의 전자신문	텍스트 입력 및 저장, 단락 정렬 방식 및 텍스트 형식 및 간격 설정, 예술적 헤드라인 만들기, 문서에 그림 삽입, 온라인 자료 라이브러리 사용, 텍스트 테두리, 배경, 그림자 등 효과 추가하기, 도형 그리기, 문장 머리말과 쪽수, 각주 추가하기, 삽입된 표를 이용하여 합산, 평균, 최대치 구하며 이를 통해 전자신문 작품을 발표 및 교류한다. 워드 소프트웨어의 용도와 사용방법을 이해하고, 표를 사용해 정보가 나타내는 특징을 느끼고, 초보적으로 데이터 처리의 기본 능력과 인식을 형성한다.

그림 3-5 중국 초등 3~6학년의 설계 및 제작 활동(정보기술) 권장 주제 및 설명[72)]

위에서 언급한 국가 외에 독일에서는 1988년부터 민관협동으로 AI 연구소를 설립하여 MINT교육(수학, 정보, 자연과학, 기술교육)을 실시하고 있습니다. 대부분의 주에서 5~6학년을 대상으로 미디어 교육을 의무적으로 시행하고, 7~8학년을 대상으로 정보과학 기초과정을, 이후 학년부터는 정보과학 심화과정을 선택과목으로 교육하고 있습니다. 이 중 정보과학 심화과정에서 인공지능 관련 교육을 일부 시행하고 있습니다.[73)]

대부분 국가에서는 AI를 미래의 국가나 개인에게 중요한 요인으로 판단하여 교육에 적용하고 있습니다. 교육의 방법은 다양하지만, AI 윤리와 책무성을 언급하고 AI 교육을 중요한 것

72) 남미주·김정효·황은경(2021), 중국 초등학교 인공지능(AI) 교육과정과 교과서 분석

73) https://url.kr/yq1uxs

으로 인식하는 경향성은 동일하다고 볼 수 있습니다.

나. 국내 AI 교육 동향

국내에서는 20세기 IT 혁명을 거쳐 21세기 디지털 혁명의 시대에 대비하고 혁신을 선도하는 국가로 나아가기 위해 **대한민국 디지털 전략**을 수립 및 진행하고 있습니다. 하지만 미국과 유럽 국가에서는 이미 인공지능 교육이 교육과정에 포함되는 반면 우리는 아직 전체 학생들에게 적용하지 않고 있습니다. 이를 타개하기 위해서 다양한 정책들이 나오고 있습니다. 최근에 AI 선도학교, AI 융합 교육 대학원, SW 또는 AI 캠프 등 AI와 관련된 말들이 교육 현장에서 자주 언급되고 있습니다. 국내 AI 교육을 살펴보기 위해서 먼저 대한민국 디지털 전략을 정리된 도표를 통해 살펴보겠습니다.

디지털 시대로의 전환은 사회 전체에 영향을 미칩니다. 현재대로라면 신기술·신사업 분야의 인재 부족 현상과 디지털 역량의 격차 발생하고 디지털 기술 활용 교육 요구가 생깁니다. 따라서 정부에서는 100만 디지털 인재 양성과 디지털 교육체제 대전환의 방향으로 정책을 추진하고 있습니다.

100만 인재 양성에서 주목해야 할 것은 유·초·중등 SW·AI 교육 확대입니다. 교육의 확대는 교사의 역량을 바탕으로 이루어집니다. 따라서 학생들의 교육 시수 확대와 교사의 역량 강화를 위한 다양한 정책을 시행합니다. 2025년부터는 초·중학교 정보 교과 시수가 확대되며 학교에서 자율적으로 시수를 늘릴 수 있도록 기제를 마련하고 있습니다. 또한 일정 규모 이상 학교에 정보교육 담당 교원 배치를 목표로 하고 있습니다.

디지털 교육체제로의 대전환은 국내 교육계가 지금부터 어느 방향으로 나아가야 하는지를 잘 보여주고 있습니다. 따라서 모든 교원의 디지털 전문성을 향상하고 이를 활용하여 교육의 변화를 이루어내고 이를 뒷받침하기 위한 교육환경을 조성하고 지원해야 합니다.

SECTION

4 2022 개정교육과정과 인공지능 교육

실과

실과(기술·가정) 교육과정 설계는 교과 교육과정의 개정 방향인 '삶과 연계한 학습', '학습 과정에 대한 성찰'을 지향하고 있다. 또한 '생태전환교육', '민주시민교육', '디지털·AI 소양 함양교육'이라는 주제가 실과(기술·가정)의 목표, 내용 체계, 성취기준의 각 내용에서 다루어지도록 하였다. 초·중학교 공통 교육과정으로서 실과(기술·가정)의 내용 영역은 '인간 발달과 주도적 삶', '생활환경과 지속가능한 선택', '기술적 문제해결과 혁신', '지속가능한 기술과 융합', '디지털 사회와 인공지능'으로 구성되어 있다.

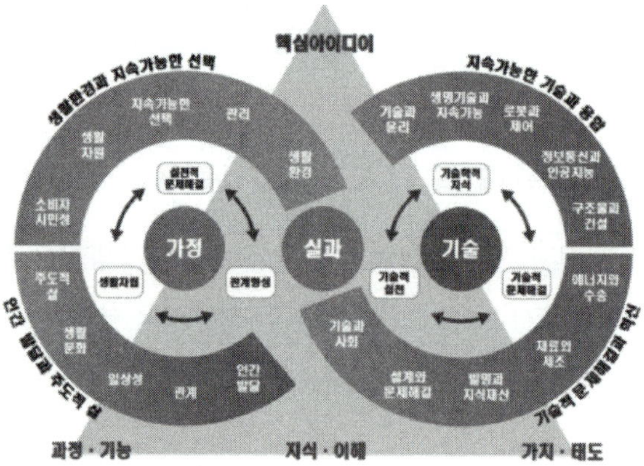

그림 3-6 실과(기술·가정) 교육과정의 영역별 핵심 개념 및 교과 역량

1. 성격 및 목표

가. 성격

실과(기술·가정)의 '인간 발달과 주도적 삶', '생활환경과 지속가능한 선택' 영역은 개인과 가족이 일상생활에서 가족은 물론 친구 및 이웃을 비롯한 다양한 수준의 생활환경과 건강한 관계를 형성하여 삶을 주도해 가는데 필요한 생활역량 함양을 지향한다. 최근의 예측 불가능한 사회 및 생태환경의 변화가 '좋은 삶'의 기초가 되는 일상생활을 위협하였지만, 오히려 자립적 생활인으로의 자기 관리와 매일의 일상을 공유하는 가족 및 생활환경과 건강한 관계 형성이 인간 삶의 행복의 기초임을 성찰하도록 했다. 이에 학습자가 자기와 타인에 대한 이해를 바탕으로 삶에서 발생하는 다양한 실천적 문제를 해결하며, 자립적 생활역량과 건강한 관계형성 역량을 함양하게 한다. 이를 위해 학습 과정에서 일상적인 의식주 생활 및 소비 생활을 통해 가족, 친구, 이웃과의 건강하고 친밀한 관계 형성, 실천적 문제해결 과정을 통한 건강한 발달 과정 경험 및 의식주 와 소비를 위한 생활자원을 관리하는데 필요한 실제 경험을 제공한다. 특히 매일의 일상생활에서 지속적인 선택을 통해 축적되는 삶을 영위하고, 그 결과가 학습자의 삶은 물론 가족과 친구, 이웃 및 공동체, 나아가 생태환경과의 관계에서 지속가능한 공존을 지향하도록 성찰할 수 있는 실천적 경험을 강조하여 제공한다.

또한 실과(기술·가정)의 '기술적 문제해결과 혁신', '지속가능한 기술과 융합' 영역은 인간의 혁신적인 활동과 관련된 기술에 대한 지식과 이해, 사고 과정과 기능, 추구하는 가치와 태도를 형성하여 기술적 소양을 갖추게 하고, 그 과정에서 기술적 문제해결에 대한 사고 발현 및 계발 역량 함량을 지향하고 있다. 또한, 기술학의 내용 요소에 해당하는 기술과 사회, 재료와 제조, 구조물과 건설, 에너지와 수송, 자동화와 정보통신, 생명과 의료 분야, 식량자원 등에 대한 지식을 설계, 생산, 유지, 평가하는 학습과정 및 기술적 문제해결과정의 경험을 제공한다. 기술 분야의 학습 경험은 학습 과정과 결과로 내재화하는 가치와 외현적으로 지향하고 성취하고자 하는 가치를 제공한다. 또한 '기술'은 학문 구조 측면에서 '기술학적 지식', 교육 목표 측면에서 '기술적 소양', 교육의 방법 측면에서 '기술적 문제해결', 그리고 진로 교육의 측면에서 '기술 진로 탐색'의 성격을 가진다. 아울러 실과의 '디지털 사회와 인공지능' 영역은 중학교 1~3학년 정보 교과와 연계되어 변화하는 세상을 인식하고 컴퓨팅 사고를 바탕으로 인공지능을 활용한 실생활 문제 해결 역량 함양을 지향한다.

나. 목표

실과(기술·가정)에서는 교과 지식, 수행 역량, 가치 및 태도를 함양하여 생활 속 문제를 탐구하고 문제 해결의 결과가 개인과 사회에 미치는 영향을 인식하여, 가정생활, 기술 및 정보 소양을 바탕으로 주도적인 삶을 영위할 수 있도록 한다.

1. 자기 및 타인 이해의 건강한 발달과 상호 존중 및 돌봄의 태도를 바탕으로 긍정적인 자아 정체성과 대인 관계를 형성하며, 개인의 발달과 삶의 요구를 충족시킬 수 있는 건강한 의식주 생활을 주도적으로 영위하기 위해 필요한 자립적 생활역량을 함양한다.
2. 변화하는 생활환경에서 개인과 가족의 삶에 적용할 수 있는 지식, 수행 능력, 태도를 기르고, 생활 자원을 삶의 요구와 필요에 맞게 합리적으로 활용하며, 공동체와 생태환경을 고려한 책임 있는 행동을 통해 나와 가족, 공동체 삶의 질을 향상시키는 생활 역량을 기른다.
3. 기술의 개념과 특성, 기술적 문제 해결, 발명에 대한 이해를 통하여 기술에 대한 올바른 가치를 인식하고 협력적 태도를 바탕으로 창의적이고 혁신적인 기술적 실천을 통해 기술 소양을 기른다.
4. 재료와 제조, 구조물과 건설, 에너지와 수송, 로봇과 제어, 인공지능과 정보통신, 생명과 의료, 식량자원 분야와 관련된 기술적 문제 해결 능력을 기르며, 융합적 사고와 체험을 바탕으로 기술의 세계와 활동을 바르게 이해하고 진로를 탐색한다.

2. 내용 체계 및 성취기준

가. 내용 체계

1) 인간 발달과 주도적 삶(생략)

2) 생활환경과 지속가능한 선택(생략)

3) 기술적 문제해결과 혁신(생략)

4) 지속가능한 기술과 융합

<table>
<tr><td>핵심
아이디어</td><td colspan="2">· 건설기술은 쾌적하고 편리하며 안전한 생활을 위한 다양한 설계와 시공 및 유지관리 방법을 적용하고 있으며, 다른 산업의 수행을 위한 기반 요소로서 가치를 가진다.
· 로봇은 기계요소, 전기전자 등의 하드웨어와 이를 제어하는 소프트웨어로 구성되며, 여러 가지 기술과 지식이 적용된 첨단 융합기술의 산물로서 사회 각 분야에 활용된다.
· 정보통신 기술의 발달은 시공간 극복을 통해 정보와 문화의 교류 및 세계화에 기여해왔으며, 다양한 기술과 융합하여 인간을 새로운 영역으로 이끈다.
· 생명기술은 다양한 기술과 융합하여 발달하고 있으며, 식량자원의 활용과 농업의 순환체험은 지속가능한 미래생활을 위한 기초가 된다.</td></tr>
<tr><td rowspan="3">구분
범주</td><td colspan="2">내용 요소</td></tr>
<tr><td>초등학교</td><td>중학교</td></tr>
<tr><td>5~6학년</td><td>1~3학년</td></tr>
<tr><td>지식 · 이해</td><td>· 건설기술의 개념과 친환경 구조물
· 디지털 기술의 특징과 디지털 콘텐츠의 종류
· 로봇의 개념과 작동 원리
· 로봇 융합기술의 이해
· 생활 속 동식물의 이해
· 동식물 자원의 분류
· 동식물 자원의 친환경 농업
· 미래생활과 연관된 농업활동
· 농업과 농촌의 다원적인 역할</td><td>· 건축 구조물과 사회기반시설
· 구조물의 계획, 설계, 시공 및 유지관리
· 전기전자 부품과 회로
· 정보통신과 인공지능 기술
· 기계요소와 운동
· 로봇과 제어
· 생명기술과 지속가능
· 기술의 융합과 미래</td></tr>
<tr><td>과정 · 기능</td><td>· 생활 속 건설 구조물 탐색과 체험하기
· 디지털 콘텐츠의 제작과 공유하기
· 간단한 로봇의 조립과 작동시키기
· 로봇의 동작에 코딩 프로그램 적용하기
· 융합적 사고하기
· 동식물과 관련된 생명기술 탐색하기
· 동식물을 기르고 가꾸기
· 생활 속 농업활동 체험하기</td><td>· 시공 및 제작하기
· 도구의 선택과 이용하기
· 부품 활용과 회로 구성하기
· 기술적 문제 해결하기
· 기술 사례 조사 및 활용하기
· 융합적 사고하기
· 다양한 기술 비교 분석하기
· 미래 기술 예측하기</td></tr>
<tr><td>가치 · 태도</td><td>· 건설기술에 대한 가치 인식
· 로봇에 대한 관심과 흥미
· 건전한 사이버 공간의 활용 태도
· 동식물에 대한 생태존중감을 갖는 태도
· 지속가능한 농업의 순환성과 중요성 인식
· 농업에 대한 관심과 흥미
· 농산업에 대한 올바른 진로관을 갖는 태도</td><td>· 기술에 대한 가치와 중요성 인식
· 기술적 문제 해결에 대한 관심, 공감, 도전
· 창조적 활동에 대한 자신감
· 융합기술의 중요성과 가치 인식
· 진로 탐색과 자아실현
· 생명 존중과 윤리적 태도
· 기술 활동에 안전을 고려하는 태도</td></tr>
</table>

(5) 디지털 사회와 인공지능

핵심 아이디어	· 프로그래밍은 디지털 사회에서 발생하는 다양한 문제를 해결하는 데 도움을 준다. · 컴퓨터로 처리할 수 있는 데이터는 디지털 데이터이며, 문제 해결을 위한 명령은 명확한 절차가 필요하다. · 인공지능은 인간의 지능을 모방하여 만든 프로그램 시스템으로 생활 속의 다양한 분야에 영향을 미친다.
구분 / 범주	내용 요소
	초등학교
	5~6학년
지식 · 이해	· 컴퓨터의 개념 · 문제 찾기와 문제 해결 절차 · 컴퓨터에게 명령하는 방법 · 데이터의 종류와 표현 · 생활 속 인공지능
과정 · 기능	· 생활 속에서 활용되는 컴퓨터의 사례 탐색하기 · 일상생활의 문제를 해결하기 위한 알고리즘 구상하기 · 문제를 해결하는 기초적인 프로그래밍하기 · 데이터 간에 공통되는 유형이나 형태 탐색하기 · 인공지능이 만들어지는 과정 탐색하기
가치 · 태도	· 생활 속에서 컴퓨터를 활용해 해결 가능한 문제를 탐색해 보려는 자세 · 프로그래밍을 통해 만든 산출물을 타인과 공유하고 협력하려는 자세 · 생활 속의 여러 가지 데이터가 갖는 의미를 파악하는 자세 · 인공지능이 사회에 미치는 영향을 파악하는 자세

※ '(5) 디지털 사회와 인공지능' 영역은 실과 내 '정보 교육'을 위한 17차시에 해당하는 내용이며, 중학교 1~3학년 정보 교과와 연계되어 있음.

나. 성취기준

1) 인간 발달과 주도적 삶(생략)

2) 생활환경과 지속가능한 선택(생략)

3) 기술적 문제해결과 혁신(생략)

4) 지속가능한 기술과 융합

[6실04-01] 생략
[6실04-02] 생활 속 디지털 기술의 중요성을 이해하고, 디지털 기기와 디지털 콘텐츠 저작 도구를 사용하여 발표 자료를 만들어 보면서 디지털 기기의 활용 능력을 기른다.
[6실04-03] 제작한 발표 자료를 사이버 공간에 공유하고, 건전한 정보기기의 활용을 실천한다.
[6실04-04] 로봇의 개념과 구조를 이해하고, 생활 속 로봇 기능을 체험하여 로봇의 중요성을 인식한다.
[6실04-05] 로봇의 종류와 활용 사례를 통해 작동 원리를 이해하고, 로봇에 대한 관심과 흥미를 가진다.
[6실04-06] 로봇의 융합 기술을 이해하고, 간단한 로봇을 만들어 코딩과 프로그램을 적용하여 동작시키는 체험을 통해 융합 기술의 가치를 인식하다.

------ 이하 생략 ------

가) 성취기준 해설

- [6실04-03] 이 성취기준은 활동으로 만든 발표 자료를 사이버 공간에 공유하는 방법에 대한 이해를 바탕으로 자료를 공유할 때 개인 정보 및 저작권 보호의 중요성을 인식하고 실천하도록 설정하였다. 여기에서는 정보윤리를 지키는 방법에 관해 사례나 구체적인 방법을 제시하도록 한다.
- [6실04-06] 이 성취기준은 로봇에 다양한 정보기술이 융합되는 사례를 탐색하여 로봇과 융합된 다양한 제품 개발에 대해 알고, 로봇의 다양한 센서와 동작을 위하여 블록 기반 프로그램으로 제어할 수 있는 활동을 하도록 하였다. 여기에서는 '디지털 사회와 인공지능'에서 학습한 블록 기반의 교육용 프로그래밍 도구를 활용하여 움직이는 간단한 인공지능형 로봇을 제작하여 구동시켜 보면서 로봇의 작동 원리를 학습하도록 한다.

나) 성취기준 적용 시 고려 사항

- 일상생활과 연결되어 있는 건설, 정보 기술의 가치를 인식시키고, 지속가능성과 융합적 사고에 기초하여 체험 과정에서 나타나는 문제를 해결하도록 한다.
- 로봇의 개념과 구조, 작동 원리를 이해하고 앞으로의 발달 사례를 예측하고 블록기반 코딩 프로그램의 적용을 통한 로봇 작동 체험과 인공지능을 연계하여 미래의 로봇에 대한 흥미와 관심이 유발되도록 한다.

5) 디지털 사회와 인공지능

[6실05-01] 컴퓨터를 활용한 생활 속 문제해결 사례를 탐색하고 일상생활 속 문제를 해결하기 위한 알고리즘을 다양한 방법으로 표현한다.
[6실05-02] 컴퓨터에게 명령하는 방법을 체험하고, 주어진 문제를 해결하는 프로그램을 작성한다.
[6실05-03] 실생활의 문제를 해결하는 프로그램을 협력하여 작성하고, 산출물을 타인과 공유한다.
[6실05-04] 디지털 데이터와 아날로그 데이터의 특징을 이해하고, 인공지능에 활용할 수 있는 데이터의 유형이나 형태를 탐색한다.
[6실05-05] 인공지능이 만들어지는 과정을 체험하고, 인공지능이 사회에 미치는 영향을 탐색한다.

가) 성취기준 해설

- [6실05-01] 이 성취기준은 컴퓨터의 개념을 이해하고 다양한 문제 상황에서 컴퓨터가 활용되는 사례 탐색을 통해 그 가치와 활용 방법을 알 수 있어야 한다. 일상생활에서 컴퓨터를 활용해 해결할 수 있는 문제를 탐색하고, 문제 상황에 제시된 요소들을 분석해 문제의 현재 상태와 목표 상태를 정의한다. 언플러그드 활동 등을 통한 문제 해결 과정을 알고리즘으로 작성하기 위해 자연어, 의사코드(pseudocode), 순서도 등으로 문제 해결 과정을 표현하도록 한다.

- [6실05-04] 이 성취기준은 놀이·체험을 중심으로 생활 주변에서 접할 수 있는 디지털 및 아날로그 데이터를 찾아 각각의 특징을 비교하는 과정을 통해 데이터의 의미를 이해하고, 인공지능에 활용할 수 있는 숫자, 글자, 소리, 이미지 데이터의 유형이나 형태를 탐색할 수 있도록 한다.

- [6실05-05] 이 성취기준은 기계학습이 적용된 간단한 인공지능 도구의 체험을 통해 기계학습의 기본 원리를 이해하고 인공지능으로 인한 사회의 발전과 직업의 변화를 이해하여 인공지능이 사회에 미치는 영향을 탐색할 수 있어야 한다.

나) 성취기준 적용 시 고려 사항

- 다양한 디지털 기기를 실제로 활용하며 생활 속 컴퓨터의 활용 사례를 탐색하도록 한다.

- 우리 일상을 돕고 문제를 해결하기 위해 컴퓨터를 활용한 사례를 탐색하여 발표하도록 한다.

- 특정 프로그래밍 언어의 기능을 익히는데 치중하지 않도록 유의하고 알고리즘을 토

대로 프로그래밍을 작성하는 활동을 통해 프로그래밍의 기본 원리를 익히도록 한다.

- 단순한 프로그래밍 산출물 평가를 지양하고 프로그래밍 과정을 통한 컴퓨팅사고력의 향상 정도를 측정할 수 있도록 한다.
- 다양한 사례로 데이터의 의미를 파악하는 활동을 통해 디지털 소양을 함양하도록 한다.
- 인공지능 기술을 단순히 체험하는 것을 넘어 인공지능의 기계 학습 과정을 이해할 수 있도록 지도하여 학생들이 인공지능 소양을 함양할 수 있도록 한다.

[부록] 학교자율시간 등을 활용한 초등 '정보 교육' 내용

※ 다음은 초등 실과 교과 내 '정보 교육' 중 '(5) 디지털 사회와 인공지능' 영역과 연계하여, 학교가 학생의 필요에 따라 학교자율시간 등에서 초등 '정보 교육'을 확대 편성 · 운영할 때 활용함.

[성취기준]

[06자율-1] 생활 속에서 컴퓨터가 활용되는 사례를 찾아보는 활동을 경험한다.
[06자율-2] 놀이를 통해 알고리즘의 다양한 사례를 체험하는 활동을 수행한다.
[06자율-3] 프로그래밍으로 해결된 사례를 찾아보고, 나에게 필요한 프로그램을 만드는 과정을 수행한다.
[06자율-4] 공유된 타인의 프로그램을 탐색해 보고 수정하는 활동을 수행한다.
[06자율-5] 생활 속에서 접하는 다양한 데이터가 서로 다른 의미를 갖고 있음을 파악하는 활동을 경험한다.
[06자율-6] 인공지능이 데이터의 공통되는 부분을 찾아 분류하는 과정을 체험한다.
[06자율-7] 사례를 중심으로 인공지능을 올바르게 사용하는 방법을 토론하고 실천하는 활동을 수행한다.

[성취기준 해설]

- [06자율-2] [6실05-01]과 연계하여, 생활 속 문제를 해결하는 알고리즘의 다양한 사례를 이야기로 제시하거나 신체를 움직이고, 다양한 도구 및 학습지를 활용하여 알고리즘을 이해하며 필요성을 설명할 수 있어야 한다.
- [06자율-3] [6실05-02]와 연계하여, 우리 주변의 가까운 곳에서 프로그래밍으로 해결된 문제를 찾아 간단한 프로그램을 작성하며 자료의 입·출력, 변수를 이용하는 경험을 하고 순차, 반복, 선택 과정을 이해할 수 있어야 한다.

- [06자율-5] [6실05-04]와 연계하여, 생활 속에는 많은 데이터가 있으며, 그 데이터들은 각각 사용되는 목적이 다르고 목적에 따라 다양한 의미를 갖고 있다는 것을 활동을 통해 이해할 수 있어야 한다.
- [06자율-6] [6실05-04]와 연계하여, 인공지능이 우리에게 추천하는 다양한 내용, 즉, 인터넷동영상 플랫폼에서 추천, 서점에서 내가 좋아하는 책 종류 추천 등을 할 때, 인공지능은 어떤 기준을 갖고 내가 선호하는 것을 알아서 추천하는 지 등의 과정을 체험해서 인공지능의 분류 과정을 내면화 할 수 있어야 한다.

[성취기준 적용 시 고려사항]

- <교수학습> 컴퓨팅 사고력을 함양하기 위해 언플러그드, 문제기반학습, 프로젝트학습, 디자인기반학습 등 각 영역의 핵심아이디어를 습득하는데 적절한 교수·학습 방법을 각 성취기준에서 달성하고자 하는 내용을 고려하여 활용한다.
- 알고리즘을 체험하고 표현하는 활동 다양한 형태의 데이터를 조작하는 활동 등에서 놀이 중심 언플러그드 활동을 실시하여 교수·학습에 흥미와 재미를 갖도록 한다.
- 컴퓨터와 관련된 학습 목표를 효과적으로 달성하기 위해 학급 내에서 개인차를 고려한 소집단을 구성하여 교수 학습을 전개할 수 있다.
- 토의 및 토론, 역할 놀이, 실천 선언 등을 통해 인공지능 활용의 올바른 가치와 태도를 기를 수 있도록 한다.
- 모둠별 협력 활동을 통해 생활 속 문제를 해결할 수 있는 기초적인 프로그램을 작성함으로써 문제해결력을 함양할 수 있도록 한다.
- <평가> 컴퓨터로 해결 가능한 과제를 제시하고 문제해결을 위한 절차를 글이나 그림 등으로 적합하게 표현했는지 평가한다.
- 성취기준을 분석하고 재구성하여 관찰평가, 서술형평가, 수행평가 등을 활용하며, 자기평가, 동료평가 등과 같은 다면적 평가를 실행하여, 학생 성장에 기여할 수 있는 디지털 평가 포트폴리오를 계획한다.
- 교수·학습 과정에서 다양한 디지털 플랫폼을 활용하여 산출물을 만드는 과정과 결과물을 종합적으로 평가한다.

정보

1. 교육과정 설계의 개요

정보 교과 교육과정은 그 범위를 확장해 가고 있는 학문적 정체성과 디지털 대전환 시대의 국가・사회적 요구사항 반영, 미래 사회 변화에 적극적으로 대응할 수 있는 역량을 강화하기 위한 방향으로 설계하였다. 2022 개정 교육과정 총론 주요사항에서 제시된 핵심역량 중 '지식정보처리', '창의적 사고', '협력적 소통', '공동체 역량'과 연계하여 '컴퓨팅 사고력', '디지털 문화 소양', '인공지능(AI) 소양'을 정보 교과의 역량으로 설정하였고, 하위 역량을 상위 역량이 포괄하는 형태로 구성하였다.

컴퓨팅을 활용한 문제 해결을 전제로 문제를 발견, 분석하여 실생활과 다양한 학문 분야의 문제를 해결하기 위한 새로운 방법론을 제시할 수 있는 능력인 '컴퓨팅 사고력', 그리고 인간과 인공지능의 공존을 모색하는 사람 중심의 인공지능 윤리의식과 데이터에 대한 이해를 기반으로 인공지능을 통해 문제를 해결할 수 있는 능력인 '인공지능 소양'은 총론의 '지식정보처리', '창의적 사고' 역량과 연계된다. 디지털 사회의 구성원으로서의 윤리의식과 시민성을 갖추고 디지털 기술을 기반으로 의사 소통하고 협업할 수 있는 능력인 '디지털 문화 소양'은 '인공지능 소양'과 더불어 총론의 '협력적 소통', '공동체 역량'과 직접 연계된 역량이다.

정보 교과의 구성 체계를 통해 정보 교과의 목표를 달성하고, 교과 역량을 함양하게 하는 선순환의 구조를 고려하였다. 즉, '디지털 세상의 데이터와 정보를 다루는 컴퓨팅 시스템에 대한 이해를 기반으로 데이터를 처리하는 능력을 기르는 것', '컴퓨팅을 활용한 문제 해결을 위해 문제를 발견, 이해하여 다양한 해법을 설계하고 프로그램을 통해 구현해 가는 자동화의 중요성을 이해하고 실천하는 태도를 기르는 것', 그리고 '디지털 세상을 살아가기 위한 윤리를 실천하며, 인공지능으로 인한 세상의 변화를 이해하고 인공지능을 통해 해결 가능한 문제를 탐색하고 해결하기 위한 능력과 태도를 갖추는 것'의 목표를 통해 교과의 역량이 발현될 수 있도록 구성 체계를 제시하였다.

성격 및 목표에서는 정보과의 필요성과 역할, 학문적 정체성을 바탕으로 과목에서 추구하는 목표를 구체화하였다. 내용 체계, 성취기준에서는 교과 목표를 달성하기 위한 주요 내용을 구성하였고, 교수·학습, 평가에서도 내용 체계에 기반한 성취기준을 달성하는 데 도움이 되는 교수·학습 및 평가의 원칙과 구체적 방법을 제시하였다.

정보 교과의 영역은 '컴퓨팅 시스템', '데이터', '알고리즘과 프로그래밍', '인공지능', '디지털 문화'로, 5개의 영역은 교과의 핵심역량과 목표를 달성하기 위한 형태로 제시되었다. 초등학교 5~6학년 실과(정보)는 '디지털 사회와 인공지능' 영역으로 구성되었고, 중학교 정보와 연계성을 갖도록 하였다. '컴퓨팅 시스템'을 구성하는 기본적인 요소에 대한 이해와 인공지능의 기초가 되는 '데이터'에 대한 문해력 형성을 기반으로 '알고리즘과 프로그래밍', '인공지능'을 통해 문제를 해결하도록 한다. 그리고 이러한 전 과정에서 '디지털 문화'를 누리는 사회의 구성원으로서 갖추어야 할 지식·이해, 과정·기능, 가치·태도가 함양될 수 있도록 하였다. 즉, 영역들이 병렬적으로 연계되면서도 각 영역을 통해 추구하는 능력이나 목표 역량은 차별성을 두어 구성하였다.

정보 교과의 '핵심 아이디어'는 교과의 역량을 고려해서 구성한 영역의 목표를 달성하고, 학습자가 깊이 있는 학습을 통해 습득, 일반화하여 학습의 전이를 도모할 수 있는 내용을 선정하였다. 선정된 내용은 지식으로서의 중요성, 사회적인 가치 및 유용성 등을 판단하였다. 마지막으로 학습자가 습득한 지식이나 기능이 사회적으로 어떤 전이 효과를 발생시킬 수 있는지 등, 미래지향적인 관점을 포괄할 수 있도록 구성하였다.

정보 교과의 내용 체계 중 '지식 · 이해'는 교과 지식 중 핵심이 되는 내용을 선정하였고, '과정 · 기능'은 절차적 지식이 중요하게 고려되는 교과의 특성을 고려하였다. 즉, '지식 · 이해'와 더불어 깊이 있는 학습을 지원할 수 있는 탐구적 성향의 절차적 지식을 선정하였다. '가치 · 태도'는 디지털 사회의 핵심역량을 기르는 정보 교과의 전 과정을 통해 내면화되는 내용을 선정하였다. 세 범주는 서로 영향을 주는 만큼, 해당 영역을 통해 습득해야 할 목표가 성취기준을 통해 연결되고 완성될 수 있도록 구성하였다.

정보 교과의 역량 함양은 학습자가 설정된 성취기준을 충실히 달성할 때 가능한 것임을 교사는 이해해야 한다. 정보 교과는 교수 · 학습 과정에서 학습자의 디지털 역량 수준에 따라 학습 내용에 대한 이해가 달라질 수 있으므로 학습자의 디지털 역량을 파악하여 수업 설계에 반영하는 것이 중요하다. 학습의 결과가 실생활 및 여러 학문 분야로 전이될 수 있는 특성을 고려하여, 과목의 영역별 내용과 다른 교과 내용의 융합 등 연계를 통해 깊이 있는 학습이 가능하도록 독창적인 교육과정을 설계하도록 한다.

2. 성격 및 목표

가. 성격

'정보(Informatics)'는 인공지능으로 정의되는 사회에서 데이터와 정보로 인한 디지털 세상의 변화를 인식하고, 정보의 사회적 가치를 탐구하며, 정보를 처리하는 다양한 원리와 기술에 기반한 컴퓨팅 사고력을 바탕으로 실생활 및 다양한 학문 분야의 문제를 해결하는 능력과 태도를 기르는 교과이다. '정보'는 디지털 대전환 시대의 국가 · 사회적 요구에 부응하여, 컴퓨팅을 활용한 문제 해결을 위해 사회 구성원이 갖추어야 할 필수 역량을 제공한다. '정보'의 학문적 기저는 컴퓨터에서 처리되는 데이터와 정보의 원리, 컴퓨팅 시스템을 설계하고 구현하는 기술과 방법, 정보를 다루는 인간 사회에 대한 이해 등을 포괄하고 있다. 즉, '정보'는 컴퓨터과학뿐 아니라 데이터 과학, 인공지능, 정보기술, 정보시스템, 소프트웨어 공학 등의 분야를 포괄하는 정보학에 대한 기본 개념과 원리를 기반으로 다양한 학문 분야와 미래 사회의 문제를 해결하는 데 도움이 되는 지식과 기술을 함양한다. 교과의 이러한 특성은 사회 각 분야에서 요구되는 소프트웨어와 인공지능에 대한 기본 소양을 갖추고, 공학뿐만 아니라 자연과학, 인문·사회과학, 예술과 체육 등 다양한 학문 분야에서 문제를 창의적으로 해결하는 인재 양성에 도움을 준다.

모든 학생이 기초적으로 갖추어야 할 디지털 소양의 근본이 되는 '정보'는 학생들이 미래 사회가 요구하는 컴퓨팅, 디지털에 대한 역량과 자기주도성을 갖춘 인간으로 성장하게 한다. 컴퓨팅 사고력에 기반한 지식정보처리, 창의적 사고, 타인과 협업하고 공유하는 협력적 소통 역량과 공동체 역량 등을 갖춘 디지털 민주시민으로 성장하게 한다.

중학교 '정보'는 컴퓨팅과 인공지능 기술 및 디지털 문화에 대한 이해를 기반으로 미래 사회의 문제를 해결하는 데 필요한 기초적인 능력과 태도를 함양하도록 한다. 중학교 '정보'는 초등학교 실과 내의 디지털 사회와 인공지능 영역 및 고등학교 정보 교과의 모든 과목과 연계성을 갖는다. 또한, 다른 교과와의 융합을 통해 해당 분야의 문제를 새롭게 인식하게 하는 토대를 제공한다.

나. 목표

중학교 '정보'는 컴퓨팅 사고력을 기반으로 인공지능을 포함하는 컴퓨팅 기술을 활용하여 미래 사회에서 다양한 분야의 문제를 발견하고 해결할 수 있는 기초적인 능력을 함양하도록 하는 데 중점을 둔다.

(1) 디지털 세상의 데이터와 정보를 다루는 컴퓨팅 장치를 이해하고, 실생활에서 정보를 다루는 시스템에 의해 처리된 결과의 영향력을 판단하는 능력을 기른다.

(2) 컴퓨터로 처리되는 정보의 원리를 이해하고, 다양한 현상의 의미를 해석하는 데 도움이 되는 데이터의 중요성을 고려하여 데이터의 수집 및 분석, 처리를 위한 능력을 기른다.

(3) 컴퓨팅을 활용한 실생활의 문제 해결을 위해 문제를 발견, 분석, 추상화하여 해결책

을 구상하고, 프로그램을 설계·구현하는 과정에서 자동화의 필요성과 중요성을 이해하고 실천하는 태도를 기른다.

(4) 인공지능으로 인한 세상의 변화를 이해하고, 기초 지식을 기반으로 인공지능을 활용한 문제 해결의 가능성을 탐색하는 태도와 능력을 기른다.

(5) 정보를 다루는 디지털 사회에 대한 특성을 이해하고, 미래 사회에서 디지털 기술의 영향력을 탐색하며, 디지털 사회를 살아가는데 필요한 디지털 윤리를 실천할 수 있는 태도를 기른다.

3. 내용 체계 및 성취기준

가. 내용 체계

1) 컴퓨팅 시스템

핵심 아이디어	· 하드웨어와 소프트웨어의 유기적 연결을 통해 동작하는 컴퓨팅 시스템은 사회적, 기술적 가치를 높이는 데 활용된다. · 컴퓨팅 시스템을 설계하는 것은 시스템에 대한 전체 흐름과 자원 할당의 가치를 이해하는 데 도움을 준다.
범주 \ 구분	내용 요소
	중학교
지식·이해	· 컴퓨팅 시스템의 동작 원리 · 운영 체제의 기능 · 피지컬 컴퓨팅의 개념
과정·기능	· 컴퓨팅 시스템의 구성요소를 파악하고, 동작 원리를 운영 체제와 관계짓기 · 생활 속에서 피지컬 컴퓨팅이 적용된 사례 조사하기 · 피지컬 컴퓨팅 시스템 구성하기
가치·태도	· 컴퓨팅 시스템의 필요성과 가치를 판단하는 자세 · 피지컬 컴퓨팅 시스템의 구성요소를 목적에 맞게 선택하는 유연한 태도

2) 데이터

범주 \ 구분	내용 요소
핵심 아이디어	· 데이터를 관리하기 위해서는 아날로그 데이터를 컴퓨터에서 처리할 수 있는 디지털 형태로 변환하는 과정이 필요하다. · 문제 해결을 위해서는 필요한 데이터를 수집하고, 분석하여 의미를 해석하는 것이 필요하다. · 수집된 데이터 간의 관계를 파악하고, 구조화하는 것은 데이터를 통해 새로운 지식을 찾는 데 도움을 준다.
	중학교
지식 · 이해	· 디지털 데이터 표현 방법 · 데이터 수집과 관리 · 데이터 구조화 및 해석
과정 · 기능	· 다양한 데이터를 디지털 데이터로 표현하기 · 데이터를 목적에 맞게 수집 · 분류 · 저장하기 · 데이터를 구조화하고 의미 해석하기
가치 · 태도	· 실생활의 많은 데이터가 디지털 형태로 변환되어 활용되는 긍정적 측면의 인식 · 데이터에 기반하여 현상을 바라보는 관점

3) 알고리즘과 프로그래밍

범주 \ 구분	내용 요소
핵심 아이디어	· 알고리즘은 다양한 설계 전략을 통해 일상생활의 문제를 해결하는 데 활용된다. · 자동화를 고려해 설계된 알고리즘은 컴퓨터가 이해할 수 있는 언어로 구현되어 생활을 더욱 편리하게 하는 데 활용된다. · 프로그램 개발은 협력이 필요하며, 공유하는 문화를 통해 더 좋은 프로그램이 개발된다.
	중학교
지식 · 이해	· 문제 추상화 · 알고리즘 표현 방법 · 순차적인 데이터 저장 · 논리 연산 · 중첩 제어 구조 · 함수와 디버깅
과정 · 기능	· 문제의 초기 상태, 현재 상태, 목표 상태를 정의하고 해결 가능한 형태로 구조화하기 · 문제 해결을 위한 다양한 알고리즘을 설계하고 적용하기 · 논리 연산, 중첩 제어 구조, 순차적인 데이터 저장을 활용하여 프로그램 작성하기 · 함수를 활용하여 프로그램을 모듈화하고, 프로그램의 오류를 발견하여 수정하기
가치 · 태도	· 문제 분석을 통한 추상화의 중요성을 이해하고, 실생활 문제 해결을 실천하는 자세 · 문제 해결을 위한 다양한 해법을 탐색하고, 명확하게 알고리즘으로 표현하는 자세 · 소프트웨어를 통한 협력과 공유의 가치 · 프로그램의 효과성을 분석하고, 프로그램의 오류를 해결하려는 자세

4) 인공지능

범주 \ 구분	내용 요소
핵심 아이디어	· 인공지능 기술로 구현된 에이전트는 외부와의 상호 작용을 통해 기존에 해결할 수 없었던 복잡하고 어려운 문제를 해결하는 데 활용된다. · 인공지능은 데이터를 기반으로 문제 해결을 가능하게 하므로, 인공지능에 사용되는 데이터는 윤리적 편향성이 없도록 하는 것이 중요하다.
	중학교
지식 · 이해	· 인공지능의 개념과 특성 · 인공지능 시스템
과정 · 기능	· 인공지능 소프트웨어 구별하기 · 인공지능 학습에 필요한 데이터를 수집하여 활용하기 · 인공지능 시스템을 활용하여 해결할 수 있는 문제 발견하기 · 인공지능 시스템을 선택하여 문제 해결하기
가치 · 태도	· 인공지능 시스템에서 적용 가능한 문제를 발견하는 자세 · 인공지능 학습에서 데이터로 인한 문제 가능성을 최소화하는 태도

5) 디지털 문화

범주 \ 구분	내용 요소
핵심 아이디어	· 디지털 기술의 발전에 따라 디지털 사회에서 지켜야 할 규칙과 주의해야 할 위험 요소가 새롭게 등장한다. · 디지털 세상에서의 직업이나 진로는 기술의 발전에 따라 변화되므로, 기술과 사회 변화의 관계를 파악하는 것이 중요하다.
	중학교
지식 · 이해	· 디지털 사회와 직업 · 디지털 윤리 · 개인 정보와 저작권
과정 · 기능	· 디지털 사회의 특성에 따른 직업의 변화 탐구하기 · 디지털 공간에서 지켜야 하는 윤리 토론하기 · 디지털 공간에서 나와 다른 사람을 보호하는 방법 탐구하기
가치 · 태도	· 디지털 사회로의 변화가 나의 삶과 진로 결정에 미치는 영향력을 탐색하는 자세 · 디지털 공간에서 함께 살아가기 위한 윤리적인 태도

나. 성취기준

1) 컴퓨팅 시스템

[9정01-01] 컴퓨팅 시스템의 구성요소와 동작 원리를 이해하고, 운영 체제의 기능을 분석한다.
[9정01-02] 피지컬 컴퓨팅의 개념을 이해하고, 생활 속에서 적용된 사례 조사를 통해 컴퓨팅 시스템의 필요성과 가치를 판단한다.
[9정01-03] 문제 해결 목적에 맞는 피지컬 컴퓨팅 구성요소를 선택하여 시스템을 구상한다.

(가) 성취기준 해설

- [9정01-01] 컴퓨팅 시스템은 컴퓨터라는 특정한 기기에서 더욱 큰 범위의 시스템으로 확장되었음을 인식하고, 현실 세계에서 볼 수 있는 다양한 컴퓨팅 시스템이 문제를 해결하는 방식을 설명할 수 있어야 한다. 컴퓨팅 시스템이 올바르게 동작하기 위해 운영 체제라는 특수한 형태의 소프트웨어가 필요함을 이해하고, 운영 체제가 컴퓨팅 시스템을 효율적으로 활용하기 위해 수행하는 작업을 설명할 수 있어야 한다.
- [9정01-02] 다양한 구성요소가 컴퓨팅 시스템에서 고유한 역할을 담당하고 있음을 이해하고, 목적에 맞는 물리적인 장치와 소프트웨어를 결합하여 피지컬 컴퓨팅 시스템을 구현하는 과정을 통해 사회의 다양한 영역에서 피지컬 컴퓨팅 시스템이 유용하게 사용될 수 있음을 판단할 수 있어야 한다.

(나) 성취기준 적용 시 고려 사항

- 실생활에서 관찰할 수 있는 구체적인 컴퓨팅 시스템의 예시를 적극적으로 활용하여 나의 삶과 컴퓨팅 시스템이 괴리되어 있지 않음을 인식하도록 유도하고, 컴퓨팅 시스템이 사회에서 담당하는 역할을 탐색하여 사회에 주는 영향력을 진술할 수 있는 구체적인 과제를 제공하는 방식으로 교수·학습을 구성하도록 한다.
- 피지컬 컴퓨팅 시스템을 구현하는 활동은 하드웨어 구성과 소프트웨어 제작을 함께 진행하게 되어 복잡해질 수 있으므로, 초등학교 실과에서 학습한 수준의 프로그래밍 활동으로 수행할 수 있도록 미리 구성되어 있는 피지컬 컴퓨팅 시스템을 동작하거나 간단한 피지컬 컴퓨팅 시스템을 구현하는 난이도로 교수·학습을 구성하여 하드웨어와 소프트웨어가 통합적으로 동작함을 인식하는 데 초점을 맞출 수 있도록 한다.

- 피지컬 컴퓨팅 시스템을 구현하기 위한 탐구 중심의 활동을 진행하고, 프로젝트 형태의 수업을 통해 학생이 피지컬 컴퓨팅 시스템을 구성하는 종합적인 활동 경험을 제공하도록 한다.
- 초등학교 수준에서 프로그래밍 학습이 충분히 이루어지지 않은 학생의 경우 피지컬 컴퓨팅 활동을 통해 물리적인 도구를 활용하여 기초적인 프로그래밍 역량을 충분히 함양할 수 있게 활동을 구성하도록 한다.

2) 데이터

[9정02-01] 실생활의 데이터가 디지털 형태로 변환되어 활용되는 긍정적 가치를 탐색하고, 다양한 데이터를 디지털 형태로 표현한다.
[9정02-02] 문제 해결에 적합한 데이터를 수집하고, 목적에 맞게 구분하여 관리한다.
[9정02-03] 실생활의 데이터를 표, 다이어그램 등 다양한 형태로 구조화한다.
[9정02-04] 사례를 중심으로 데이터 간의 관계를 파악하고, 데이터에 기반하여 의미를 해석한다.
[9정02-05] 여러 학문 분야의 사례를 중심으로 데이터를 수집·분석하여 융합적으로 문제를 해결한다.

(가) 성취기준 해설

- [9정02-01] 디지털 형태의 데이터가 갖는 특징과 장점을 탐색하고, 문자, 이미지, 소리, 동영상 등의 데이터를 컴퓨팅 시스템에서 표현하기 위해 사용하는 기법을 활용하여 실제로 데이터를 디지털 형태로 표현할 수 있어야 한다.
- [9정02-02] 여러 가지 문제 상황을 해결하는 데 활용 가능한 데이터를 다양한 방식으로 수집하고 분류하여 활용도를 높일 수 있어야 한다. 데이터의 종류, 데이터의 의미, 공통점 등 데이터가 가지고 있는 의미나 형식에 따라 데이터를 구분하여 저장하고 활용할 수 있어야 한다.
- [9정02-04] 수집, 관리하는 데이터를 분석하기 용이한 형태로 나타내고, 이를 소프트웨어나 프로그래밍으로 분석하여 얻은 결과의 가치를 인식하고, 데이터를 기반으로 자신의 주장을 논리적으로 설명할 수 있어야 한다.

(나) 성취기준 적용 시 고려 사항

- 실습 환경에 따라 다양한 운영 체제와 파일 시스템을 운용할 수 있으므로 실습 환경에 비교적 독립적인 소프트웨어를 활용하여 디지털 데이터를 탐색하고 저장하여 활용하는 능력이 여러 기기로 전이될 수 있게 교수·학습을 구성하도록 한다.
- 학생의 수준에 따라 데이터를 다양한 시각적 형태로 나타내는 기초적인 활동부터 스프레드시트 등과 같은 소프트웨어를 활용하여 데이터의 의미를 분석하는 활동까지 단계적으로 교수·학습을 설계하도록 한다.
- 학생이 다양한 형태의 데이터를 경험하고, 분석할 수 있도록 활동 중심으로 교수·학습을 구성한다. 즉, 데이터 분석 활동의 전 과정이 프로젝트 기반의 문제 해결 활동, 혹은 문제기반 학습의 맥락에서 수행되어 데이터를 기반으로 문제를 해결하는 실제적인 경험을 제공하도록 한다.

3) 알고리즘과 프로그래밍

[9정03-01] 문제의 상태를 정의하고 수행 가능한 형태로 구조화한다.
[9정03-02] 문제 해결을 위한 추상화의 중요성을 이해하고, 핵심요소를 중심으로 알고리즘을 표현한다.
[9정03-03] 알고리즘의 중요성을 이해하고, 문제를 해결하는 다양한 알고리즘을 비교·분석한다.
[9정03-04] 사례를 중심으로 문제 해결에 적합한 전략을 선택하여 알고리즘을 설계한다.
[9정03-05] 데이터를 순차적으로 저장할 수 있는 구조를 활용하여 문제 해결 프로그램을 작성한다.
[9정03-06] 논리 연산과 중첩 제어 구조를 활용하여 문제를 해결하는 프로그램을 작성한다.
[9정03-07] 프로그램 작성에서 함수를 활용하고, 프로그램 수행 결과를 디버거로 분석하여 오류를 수정한다.
[9정03-08] 실생활의 문제를 탐색하여 발견하고, 프로그래밍을 통해 해결한다.
[9정03-09] 다양한 학문 분야의 문제 해결을 위해 협력하여 소프트웨어를 개발한다.

(가) 성취기준 해설

- [9정03-03] 문제를 해결하는 알고리즘은 여러 가지 방식으로 나타날 수 있으나 정보 과목에서 추구하는 목표는 문제를 효과적이고 효율적으로 해결하는 알고리즘임을 인식하고, 하나의 문제를 해결하는 여러 알고리즘에 어떠한 장단점이 존재하는지를 비교·분석하여 논리적으로 설명할 수 있어야 한다.
- [9정03-04] 문제를 해결하기 위해 정보 분야에서 활용하는 문제 해결 전략을 이해하

고, 문제 해결 과정에 적절한 전략을 활용하여 문제를 해결할 수 있어야 한다.

- [9정03-05] 입력된 데이터를 처리하여 결과 데이터를 도출하는 형태로 프로그램이 제작된다는 개념을 이해하고, 배열이나 리스트 등 데이터를 순차적으로 저장할 수 있는 구조를 활용하여 많은 양의 데이터를 효과적으로 처리할 수 있어야 한다.

(나) 성취기준 적용 시 고려 사항

- 문제를 해결하는 과정에서 문제 발견, 상태 정의, 핵심요소 추출 등의 추상화 단계를 거쳐 알고리즘을 설계하는 과정을 자연스럽게 경험할 수 있도록 교수·학습 절차를 설계하고, 문제 해결 과정 전반을 평가할 수 있도록 보고서나 포트폴리오 등을 활용하여 학생의 사고 과정을 누적하여 기록하도록 한다.
- 학생의 수준을 고려하여 적합한 프로그래밍 언어를 선정하고, 초등학교 실과 과목에서 학습한 기초적인 프로그래밍 기능을 바탕으로 데이터를 순차적으로 저장하는 구조, 논리 연산, 중첩 제어 구조를 활용할 수 있도록 프로젝트의 수준을 적절하게 설정하도록 한다.
- 프로젝트 활동에서는 실생활의 문제를 해결하기 위한 알고리즘을 설계하고 이를 적용한 소프트웨어를 개발하는 활동을 중점으로 교수·학습을 설계하도록 한다. 필요에 따라서는 '컴퓨팅 시스템' 영역과 연계하여 피지컬 컴퓨팅 시스템을 설계, 제작하고 이를 동작하게 하는 소프트웨어를 결합하는 형태의 프로젝트도 제공할 수 있다.
- 효율적인 알고리즘 설계와 프로그램 작성은 시간, 에너지, 컴퓨팅 시스템 자원을 절약하는 방안임을 학생들이 인식할 수 있도록 안내한다.

4) 인공지능

[9정04-01] 인공지능의 개념과 특성을 설명하고 인공지능 소프트웨어를 구별한다.
[9정04-02] 인공지능 학습에서 데이터의 중요성을 이해하고, 학습에 필요한 데이터를 수집하여 분류한다.
[9정04-03] 다양한 데이터를 활용하여 인공지능 시스템을 구성하고 적용한다.
[9정04-04] 인공지능 시스템으로 해결 가능한 문제를 발견하고, 문제 해결에 적합한 인공지능 시스템을 적용한다.
[9정04-05] 인공지능 학습에 필요한 데이터의 수집과 활용에서 발생하는 윤리적인 문제의 해결 방안을 구상한다.

(가) 성취기준 해설

- [9정04-01] 인공지능의 기초적인 개념을 이해하고 모델, 학습, 데이터 등 인공지능 시스템이 구성되는 원리와 문제를 해결하는 과정에 대해 설명할 수 있어야 한다. 이러한 이해를 기반으로 소프트웨어가 문제를 해결할 때 인공지능 시스템을 사용하는 부분을 구체적인 방식으로 설명할 수 있어야 한다.
- [9정04-03] 이미지, 소리, 글자 등의 데이터를 활용하여 인공지능 시스템을 학습시키고 학습한 시스템을 활용하여 문제를 해결하는 과정을 수행할 수 있어야 한다.
- [9정04-05] 인공지능 학습에 필요한 데이터의 수집과 활용에서 나타날 수 있는 여러 가지 현실적인 문제들에 대해 법적, 사회적, 윤리적으로 타당성을 가지는 해결 방안을 제시할 수 있어야 한다. 하나의 문제를 바라보는 여러 측면에 대해 고려하고 각각의 해결 방안이 가지는 장단점을 정리한 후 결론을 도출하는 과정을 경험하면서 인공지능의 사회적 역할과 가치를 판단할 수 있어야 한다.

(나) 성취기준 적용 시 고려 사항

- 인공지능 시스템 적용 시, 학생이 익숙하게 활용할 수 있는 프로그래밍 언어를 사용하여 학습에 인지적 부하가 적은 형태로 교수·학습 활동을 구성하도록 한다.
- 인공지능 윤리는 개인의 성향이나 문제에 대한 관점에 따라 서로 다른 주장을 펼칠 수 있다. 학생의 개별적인 의견을 최대한 존중하고 근거를 가지고 논리적으로 자신의 의견을 주장할 수 있도록 활동을 구성하도록 한다.
- 인공지능과 관련된 여러 사례를 경험하게 하고 활동을 통해 학습자의 인공지능에 대한 깊이 있는 이해가 내면화될 수 있도록 교수·학습을 구성한다.

5) 디지털 문화

[9정05-01] 디지털 사회의 특성을 탐구하고, 사회 변화에 따른 직업의 변화를 탐구한다.
[9정05-02] 디지털 사회의 구성원으로서 편리하고 안전한 생활을 위한 규칙에 대해 민주적으로 논의하고 실천 방안을 수립한다.
[9정05-03] 사례를 중심으로 디지털 공간에서 함께 살아가기 위해 개인 정보 및 권리와 저작권을 보호하는 실천 방법을 탐구한다.

(가) 성취기준 해설

- [9정05-02] 디지털 사회를 안전하고 편리하게 살아가는 데 필요한 정보 윤리, 사이버 폭력 및 범죄 예방에 대한 기본적인 소양을 갖추고 스마트폰 중독, 인터넷 중독, 게임 과몰입 등의 구체적인 사례를 분석할 수 있어야 한다. 분석 내용을 기반으로 개인과 사회가 각각 수행해야 하는 실천 방안을 도출하여 자신의 삶에 적용하려는 태도를 갖출 수 있어야 한다.

(나) 성취기준 적용 시 고려 사항

- 정보 과목의 다른 내용 영역에서 자신이 실제로 학습한 내용을 바탕으로 디지털 사회를 이해하고 자신의 진로 계획을 수립할 수 있도록 진로 연계 교육을 고려한 교수·학습을 구성하도록 한다.
- 민주시민 교육의 일환으로 디지털 사회에서 발생하는 여러 문제에 대한 다양한 견해가 있을 수 있음을 인정하고, 다른 사람의 의견을 존중하는 논의 환경을 조성하도록 한다.

4. 교수·학습 및 평가

가. 교수·학습

1) 교수·학습의 방향

(가) 실제적인 삶의 맥락에서 컴퓨팅을 통해 문제를 해결하도록 하는 학습 과제를 제시하여 학습자가 과제를 스스로 해결하는 과정에서 자연스럽게 컴퓨팅 사고력, 디지털 문화 소양, 인공지능 소양을 함양할 수 있도록 지도한다.

(나) 학습자의 흥미와 다양성을 고려하여 학습 소재, 학습 환경 및 학습 과정에 대한 선택의 기회를 제공하고, 교수·학습의 설계 과정에 학습자 참여 기회를 증진하는 등 학습자 맞춤형 교수·학습을 통해 역량 함양을 위한 깊이 있는 학습 지도 방안을 구성한다. 예를 들어, 영역별 교수·학습에 필요한 디지털 역량을 탐색하고 학생의 디지

털 역량 수준을 파악하여 교수·학습을 진행하는 데 어려움이 없도록 추가적인 교육 기회를 제공한다.

(다) 정보 과목의 지식·이해, 과정·기능을 활용하여 민주시민교육, 생태전환 교육 등 현 시대가 당면한 여러 사회문제와 더불어 지속가능발전 등의 범교과 주제를 교수·학습 과제로 제시하여 주도성 있는 문제 해결 경험을 제공한다.

(라) '정보' 과목 내의 영역, 다른 교과 및 비교과 활동과의 통합을 통해 정보 관련 역량의 확장을 꾀하고 학생의 역량이 다양한 분야에 전이되도록 한다.

(마) 내용 영역의 배열순서가 반드시 교수·학습의 순서를 의미하는 것은 아니므로, 교수·학습 계획을 수립하거나 평가를 준비할 때는 학생에게 제공할 문제 상황, 문제의 난이도, 학생의 준비 상태, 학습 환경 등을 고려하여 내용이나 순서 등을 재구성할 수 있다.

(바) 학습자의 선행 지식과 총체적인 과제 진행을 고려하여 하위 학년군과 상위 학년군의 성취기준을 적절히 활용할 수 있다.

2) 교수·학습 방법

(가) 교과 역량을 함양하기 위해 문제기반학습, 프로젝트 기반학습, 디자인기반학습, 짝 프로그래밍, 탐구학습 등 각 영역의 핵심 아이디어를 습득하는 데 적절한 교수·학습 방법을 선택하여 활용한다.

(나) 디지털 교육 환경에 적응할 수 있도록 온오프라인 연계 수업, 다양한 디지털 도구의 활용 등을 통해 디지털 도구에 대한 인지적 부담은 최소화하고, 활용에 대한 경험은 높일 수 있도록 활동을 구성한다.

(다) 온라인 교실, 다양한 커뮤니티 서비스 등을 활용하여 학생이 수업 현장에 있지 않더라도 학습 결손이 발생하지 않도록 교수·학습을 제공한다.

(라) 내용 영역별로 프로그래밍을 통한 문제 해결 과정을 포함하도록 하여 컴퓨팅 시스템을 문제 해결에 적용하는 충분한 경험을 하도록 교수·학습을 구성한다.

(마) 학습 목표를 효과적으로 달성하기 위해 학급 내에서 개인차를 고려한 소집단을 구성하여 교수·학습을 전개할 수 있다.

나. 평가

1) 평가의 방향

(가) 평가 항목은 컴퓨팅 사고력, 디지털 문화 소양, 인공지능 소양의 하위 요소를 기반으로 구체화한다.

(나) 평가 내용은 지식 · 이해뿐 아니라, 과정 · 기능, 가치 · 태도의 측면 등을 다면적으로 반영하고 과정을 중시하는 평가를 통해 학생의 성장과 발달을 돕는 평가를 실현한다.

(다) 구체적인 평가 루브릭을 학생과 함께 구성하는 과정을 통해 학생이 자신의 학습 수준을 파악하고 스스로 학습을 성찰할 수 있는 기회를 제공하여, 적극적이고 능동적인 학습이 이루어지도록 한다.

(라) 단순하고 지엽적인 지식의 평가보다는 문제를 해결하는 과정을 통합적으로 관찰하고 평가할 수 있는 계획을 수립한다.

2) 평가 방법

(가) 성취기준을 분석하고 재구성하여 지필평가에 국한하지 않고, 학생의 성장에 기여할 수 있는 평가 포트폴리오를 계획한다. 예를 들어, 관찰 평가, 서술형평가, 수행평가 등을 활용하거나, 자기 평가, 동료 평가 등과 같은 다면적 평가를 실행한다.

(나) 평가 내용이나 방법에 따라 다양한 디지털 도구(프로그램 자동 평가시스템, 학습관리시스템(LMS) 등)를 활용할 수 있으며, 평가 이전에 학생이 디지털 도구를 다룰 수 있도록 교육하여 평가의 불이익이 없도록 계획한다.

(다) 개념적이거나 기능적으로 명확하게 파악할 수 있는 부분은 정량적 평가를, 결과물의 품질이나 심미적 부분을 평가할 때는 정성적 평가를 실시한다.

과제

1. 인공지능이 가지고 온 변화를 산업, 사회, 교육의 측면에서 서술하시오.

2. AI 교육의 유형을 3가지로 나누고, 그 특징과 개념을 서술하시오.

Chapter

4

인공지능 교육 사례

SECTION

1 언플러그드 기반 교육 사례

1. 언플러그드 교육 소개

언플러그드 교육은 컴퓨터 없이 컴퓨터과학을 배우는 원리 중심 학습입니다. 언플러그드 학습은 뉴질랜드의 팀 벨(Tim Bell) 교수가 고안한 컴퓨터과학 학습 활동으로, 처음에는 유치원을 다니는 자신의 아이와 그 친구들을 위해 만들었습니다. 현재는 세계 20여개 언어로 번역되어 여러 나라의 아이들뿐만 아니라 성인에게도 컴퓨터과학의 원리를 가르치기 위해 사용되고 있습니다. 언플러그드 교육은 추상적일 수 있는 컴퓨터의 작동 원리를 이해하는 데 유용하며, 쉽고 재미있게 배울 수 있다는 점에서 특히 컴퓨터과학이 생소한 저학년 학생들에게 적합한 교육방식입니다.[74)]

언플러그드 컴퓨터과학은 학생들에게 사고할 기회를 제공한다는 큰 장점이 있습니다. 컴퓨터의 작동원리와 모습은 쉽게 확인하기 어렵습니다. 특히 초등학생들에게 언플러그드 컴퓨터과학 학습을 진행하는 이유는 첫째, 컴퓨터의 처리속도가 매우 빠르기 때문에 속도를 늦춰 각각의 단계를 확인하기 위해서입니다. 둘째, 컴퓨터의 작동과정은 눈으로 보기에 힘들기 때문에 구체물을 사용해야 합니다. 셋째, 컴퓨터의 구성요소는 너무 작아서 크게 확대하지 않으면 확인할 수 없기 때문입니다.

언플러그드 컴퓨터과학의 목적은 컴퓨터과학의 지식을 전달하는 측면보다는 각각의 문제 상황에서 해결책을 찾기 위한 생각의 기회를 가지고, 생각하는 방법을 학습하고, 생각하는 능력을 길러주는 것입니다.

74) 김정아, 김종훈, 오민우, 김태훈 and 양영훈. (2019). 언플러그드 방식을 활용한 알고리즘 수행시간 분석이 초등학교 3학년 학생의 컴퓨팅 사고력에 미치는 효과. 정보교육학회논문지, 23(1), 19-27.

2. 언플러그드 인공지능 교육 사례

가. 지도학습 및 비지도학습 교육 사례

학교급(학년)	5~6학년
관련 과목	실과, 창의적체험활동
차시 구성	2차시
수업 목표	과일 및 채소 카드 분류 활동을 통해 기계학습(Machine learning) 중 지도학습 및 비지도학습에 대해 이해할 수 있다.

지도학습은 정답이 있는 데이터를 활용해 학습시키는 것입니다. 예를 들어, 고양이 사진(입력값)을 주고, 이 사진은 고양이(Label)라고 분류해주면 새로운 사진을 제시했을 때 인공지능이 고양이인지 아닌지 분류합니다. 다음 교육 사례 속에서 학생들은 교사가 제시한 과일과 채소 분류 결과를 보고 교사의 기준을 알아맞히는 활동을 통해 인공지능의 지도학습을 이해할 수 있습니다.

비지도학습은 지도학습과 달리 정답이 없는 데이터를 활용해 학습시키는 것입니다. 기계가 스스로 학습하여 비슷한 특징의 데이터들끼리 군집화하고 새로운 데이터에 대한 결과를 예측합니다. 다음 교육 사례 속에서 학생들은 짝과 함께 각자만의 방식으로 과일과 채소를 구분 짓고 그 기준을 알아맞히는 활동을 통해 비지도학습을 이해할 수 있습니다.

그림 4-1 왼쪽은 지도학습, 오른쪽은 비지도학습[75]

75) https://gowthamy.medium.com/machine-learning-supervised-learning-vs-unsupervised-learning-f1658e12a780

02 수업의 단계별 활동

2.1 문제 제시하기

문제 상황

유치원이나 초등학교 저학년 때 과일과 채소 카드나 동물 카드 등을 가지고 놀거나 공부를 해 본 경험이 있습니까? 다양한 과일과 채소 카드를 가지고 나만의 방식으로 분류해 보고 친구가 어떤 방식으로 분류했는지 알아맞히는 활동을 해봅시다.

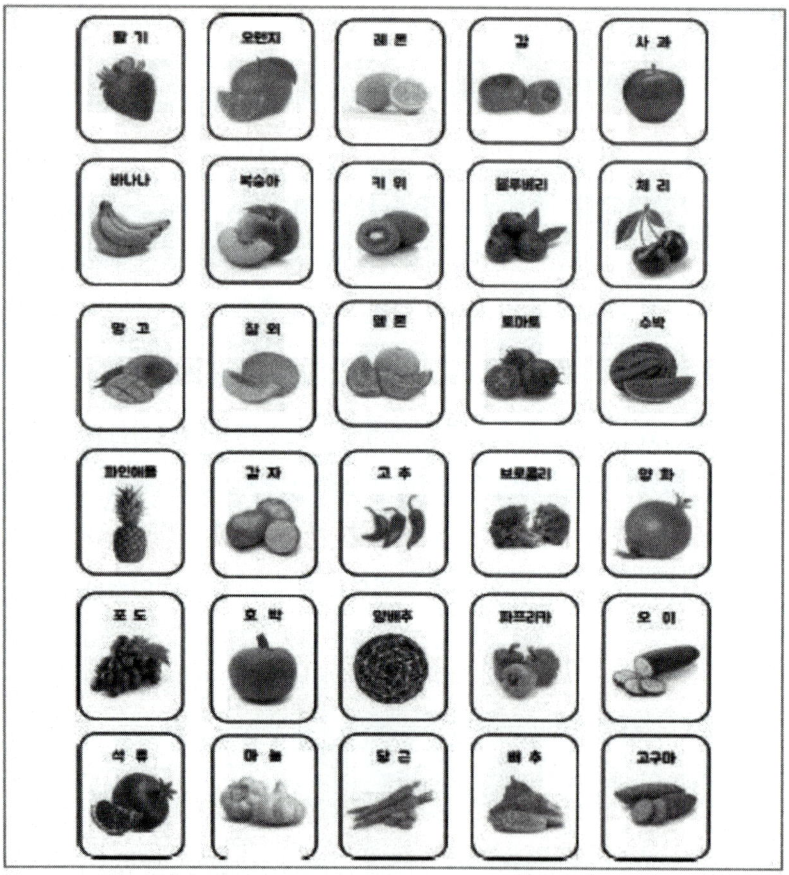

그림 4-2 지도학습 수업 예시[76]

76) AI 빅데이터 SW교육연구회

2.2 활동 안내하기

지도학습(분류) - 전체 활동

지도학습 활동 예시(1)

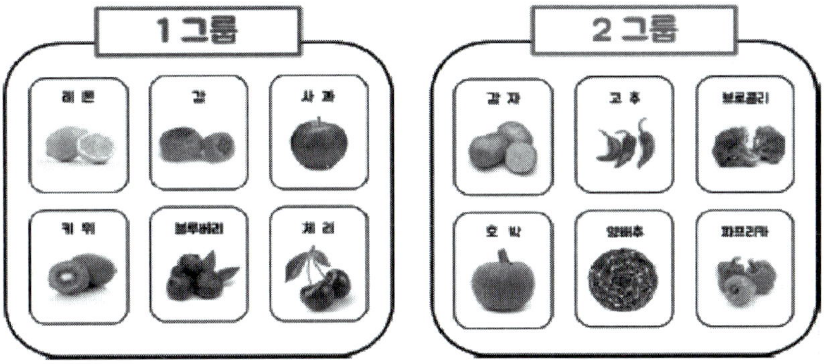

추가 카드	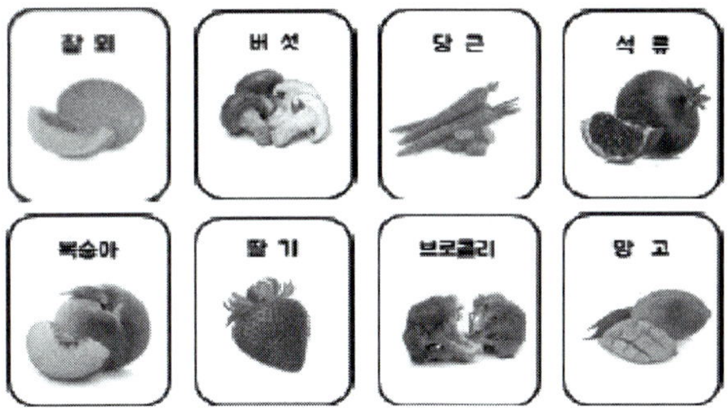
	답 : 1그룹 과일 (참외, 석류, 복숭아, 딸기, 망고), 2그룹 채소 (버섯, 당근, 브로콜리)
설 명	칠판 또는 TV 화면을 통해 학생들에게 교사의 분류 결과를 보여준 다음, 새로운 과일 또는 채소 카드를 보여주고 어디에 넣을지 알아맞히게 합니다. 1그룹 과 2그룹 에 어떤 내용(기준, 레이블)이 들어갈지 알아맞히게 합니다. * 학생들은 각자 가지고 있는 활동지와 카드로 활동을 진행합니다.

그림 4-3 지도학습 수업 예시[77]

77) AI 빅데이터 SW교육연구회

나. 의사결정트리로 분류하기

표 4-1 의사결정트리 활동

학교급(학년)	전학년
관련 과목	과학
차시 구성	1차시
수업 목표	인공지능이 데이터를 분류하는 의사 결정 트리의 구조를 이해하여 동물의 특징에 따라 동물 카드를 분류할 수 있다.

데이터를 분류하는 모양이 나무처럼 보이는 의사결정트리(Decision Tree)는 여러 개의 질문으로 수많은 데이터를 분류해서 목표에 가장 가까운 결과를 찾는 방법입니다.[78] 학생들은 AI가 데이터를 인식하고 분류하는 과정을 이해하기 위해 의사결정트리를 이용하여 자신만의 분류 모델을 만들 수 있습니다. 다음 수업 사례는 과학 교과와 연계하여 질문 카드에 있는 동물의 특징에 따라 동물 카드를 분류하는 수업 예시입니다.

표 4-2 의사결정트리 활동 예시

의사결정트리 활동 예시	
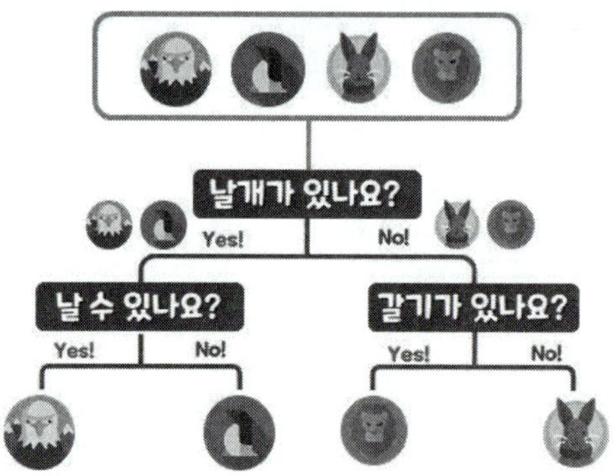	
활동 설명	1. 동물 카드를 살펴보고 동물의 특징에 대하여 이야기합니다. 2. 동물 카드를 앞면이 보이게 펼쳐 놓고, 동물을 분류할 수 있는 첫 번째 기준을 정합니다. 3. 기준에 따라 동물 카드를 분류합니다. 4. 기준을 계속 정하여 동물을 분류하는 것을 반복합니다.

78) [인공지능 통으로 깨치기] 지은이 강신옥, 김도형

SECTION

2 체험 플랫폼 기반 교육 사례

1. 체험 플랫폼 소개 및 교육 사례

가. 체험 플랫폼 소개[79)]

1) 머신러닝포키즈

머신러닝포키즈(Machine Learning for Kids)는 IBM의 개발자인 Dale Lane이 만든 인공지능 활용 교육 서비스입니다. 인공지능(AI) 활용 교육이 낯선 선생님, 학생들을 대상으로 하며 이미지, 텍스트, 음성, 숫자 인식의 성능이 뛰어난 IBM 왓슨 인공지능 API를 활용하여 일상생활에 쉽게 적용할 수 있는 교육 소스를 제공합니다. 프로그램이 교사용과 학생용으로 구분되어 있어 선생님들은 이 서비스를 통해 학생들에게 인공지능(AI)을 쉽게 가르칠 수 있습니다. 머신러닝포키즈는 텍스트, 이미지, 숫자, 소리 데이터를 이용한 지도학습으로 분류, 예측, 군집 지도학습을 제공하고 있습니다.

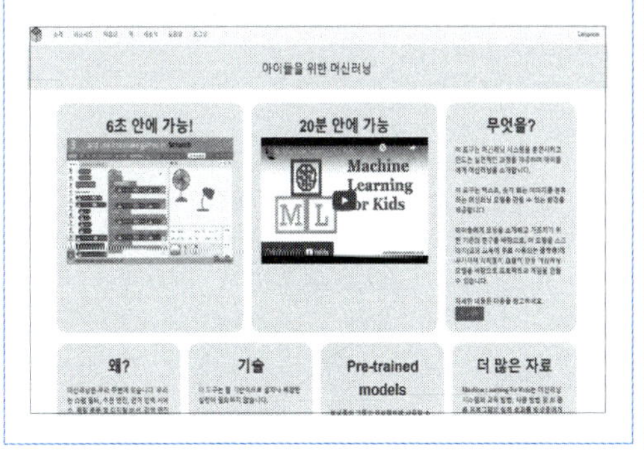

그림 4-4 머신러닝포키즈[80)]

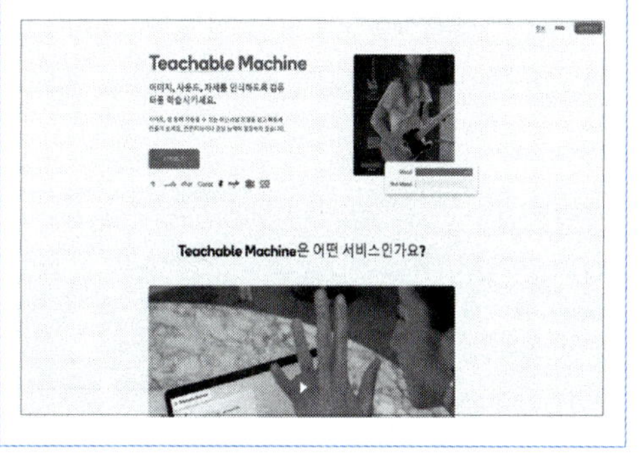

그림 4-5 티처블 머신[81)]

79) https://m.blog.naver.com/dndus3356/222224170862

80) IBM, 머신러닝포키즈, 기계학습사이트, https://machinelearningforkids.co.uk/?lang=ko#!/about

81) Google, 티쳐블머신, 기계학습사이트, https://teachablemachine.withgoogle.com/

2) 티처블 머신

Teachable Machine(티처블 머신)은 구글에서 제공하는 머신러닝 학습 도구이자 플랫폼으로 누구나 머신러닝 모델을 쉽고 빠르게 만들 수 있도록 제작된 웹 기반 도구입니다. 사용자들은 티처블 머신을 사용해 이미지, 사운드, 포즈 데이터를 학습할 수 있으며, 생성한 학습 모델을 사이트, 앱 등 다양한 방법과 용도로 사용할 수 있습니다.

3) Ai for Oceans / Code.org

Code.org는 소외받는 계층의 어린 여성과 학생의 참여를 증가시키는데 전념하는 비영리 단체에서 만든 프로그램으로 학교에서 컴퓨터과학에 대한 접근성을 확대하는 것을 목표로 하고 있습니다. Ai for Oceans는 Code.org에 있는 프로젝트 중 하나로 환경교육을 결합한 프로젝트 활동을 통해 머신러닝을 학습할 수 있도록 구성하였습니다. 학생들에게 머신러닝의 기본인 데이터 학습을 바닷속 생물들과 쓰레기들을 분류하는 활동을 통해 학습시켜주면서 머신러닝에 대한 학습을 도와줍니다.

4) 똑똑! 수학 탐험대

똑똑! 수학 탐험대란 초등학생들을 대상으로 개별화 학습과 가정에서의 학생 주도적 수학 학습을 지원하기 위해 인공지능을 활용하여 개발한 프로그램입니다. AI가 1-2학년 학생들의 학습 결과를 분석해 학생 수준에 맞는 학습 콘텐츠를 추천하고, 학습 조언을 제공해 줄 뿐 아니라 게임을 통해 즐겁게 학습할 수 있다는 장점을 가지고 있습니다.

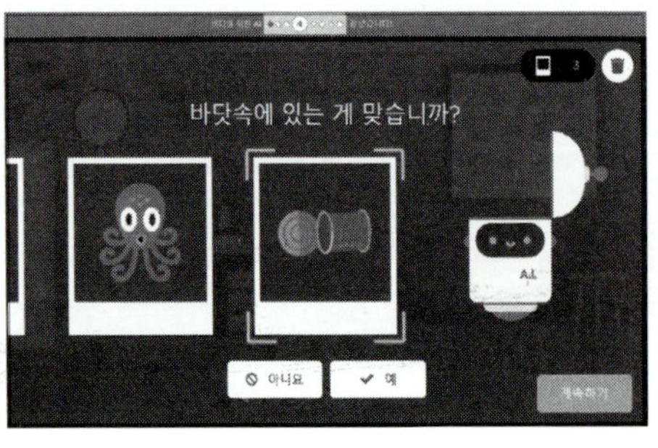

그림 4-6 AI for Oceans[82]

그림 4-7 코디니 플랫폼[83]

82) IBM, 머신러닝포키즈, 기계학습사이트, https://machinelearningforkids.co.uk/?lang=ko#!/about

83) Google, 티쳐블머신, 기계학습사이트, https://teachablemachine.withgoogle.com/

나. 체험 플랫폼 기반 교육 사례

1) 크롬 뮤직랩을 활용한 융합 수업

학생들에게 작곡은 매우 어려운 일입니다. 크롬 뮤직랩은 작곡을 처음 접해보거나 음악 요소에 대한 이해가 부족한 학생들을 위해 자신의 느낌과 생각이 담긴 낙서나 그림을 이용하여 소리를 만들 수 있도록 제작한 프로그램입니다. AI 프로그램을 이용하여 음높이, 악보를 읽는 방향, 음색 등 음악의 요소를 놀이형식을 통해서 익힐 수 있습니다.

표 4-3 크롬 뮤직랩 활용 방법

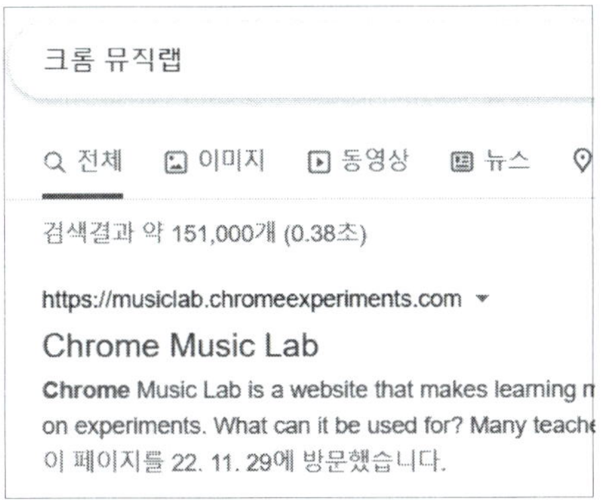	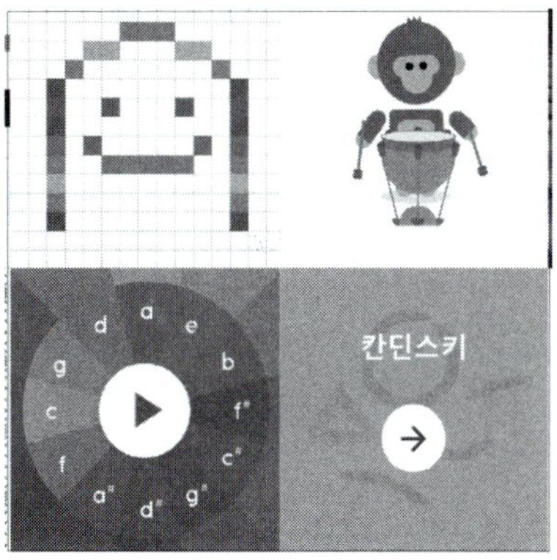
1. 크롬 뮤직랩 검색	2. 어플리케이션 중에서 칸딘스키 선택
	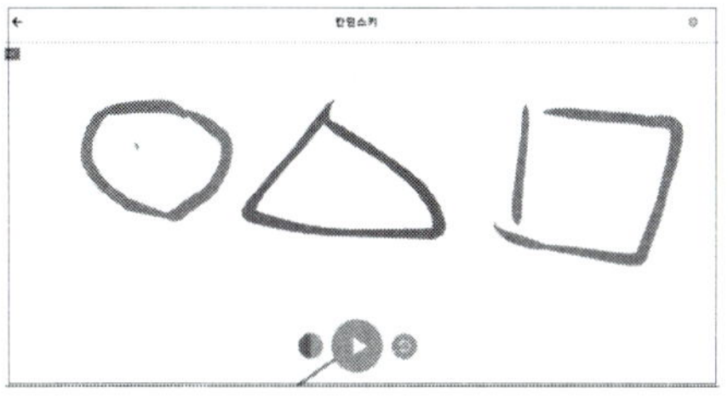
3. 칸딘스키 뮤직랩 *선, 삼각형, 원 등 다양한 도형과 낙서를 소리로 바꾸어 주는 기능이 있다.	4. 재생 버튼을 눌러 실행

표 4-4 크롬 뮤직랩 활용 사례

학습 흐름	교수-학습 활동	시간(분)	유의점 및 자료
동기유발 (문제제기)	◆ 동기유발 - 자신이 좋아하는 과일 이야기 하기 - 과일을 보면서 떠오르는 느낌 이야기하기 - 과일을 음악으로 표현하면 어떤 음악이 될지 생각해 보기	5'	· ppt
학습 문제 제시	◆ 학습 문제 제시 - AI 인공지능을 이용하여 자신만의 음악을 작곡해 봅시다.		
학습 활동 안내	◆ 학습 활동 안내 〈활동1〉 과일 그리기 〈활동2〉 미술 음악 작곡가 〈활동3〉 주제가 있는 음악 작곡하기		
전개	〈활동1〉 과일 그리기 - 색상을 달리하여 자신이 좋아하는 과일 그리기 - 복잡하게 그리기보다는 단순화 시켜서 그리기 - 다양한 과일을 조합해서 그려보기	10'	· 활동지
	〈활동2〉 미술 음악 작곡가 - 〈활동 1〉에서 그린 그림을 이용해 음악으로 나타내 보기 - 크롬 뮤직랩 - 칸딘스키를 이용하여 컴퓨터에 과일 그림그리기 - 재생 버튼을 클릭하여 어떤 음악이 만들어졌는지 확인하기 - 만든 음악이 내가 생각한 과일의 이미지랑 비슷한지, 어떤 느낌이 드는지 이야기해보기 1. 음악이 왼쪽 그림에서 오른쪽 그림으로 출력되는 것을 확인한다. (악보 읽기) 2. 과일의 높낮이를 다르게 하여 음의 높낮이를 이해 시킬 수 있다. 3. 음악에 대한 전문적인 지식이 없어도 AI 기술을 이용하여 간단한 작곡이 가능하다.	10'	· 크롬 뮤직랩 · 정교하게 그리는 것보다는 생각과 감정이 드러나게 그려본다.
	〈활동3〉 자신만의 주제 정하여 작곡하기 - 자신이 관심 있는 주제를 선택하여 그림그리기 - 반복되는 그림이 아닌 주제와 관련된 다양한 그림을 컴퓨터에 그리기 - 그림을 그린 후 색깔(음색)을 달리하여 음악 감상하기 - 자신이 만든 음악에 제목 붙이기	10'	· 활동지 · 크롬 뮤직랩

	*주제(생활 속에서 접할 수 있는 구체적인 주제)를 선정하여 그림을 그릴 수 있도록 한다. – 계절 : 봄, 여름, 가을, 겨울 – 음식 : 과일, 채소, 간식 – 물건 : 학용품, 주방용품 – 패션 : 옷, 모자, 신발, 가방		
결론	◆ 학습 내용 정리 및 다음 차시 예고 – 수업을 통해서 배운 내용 정리하기 • AI 기능을 이용하여 그림으로 음악 작곡하기 – 다음 차시에는 다른 친구의 그림과 음악을 감상하고 감상을 공유해 봅시다.	5'	

2) 오토드로우를 활용한 융합 수업

오토드로우는 그림을 잘 못 그리는 학생들도 자신이 표현하고 싶은 그림을 그리면 빅데이터를 바탕으로 여러 가지 예시 그림을 추천해 주고, 그 중 하나를 선택하면 그림으로 변환해 주는 프로그램입니다. 그림 실력이 부족한 학생들에게 AI 기능을 활용하여 미술 활동에 자신감을 불어 넣어 줄 수 있으며, 따라 그리는 과정을 통하여 자연스럽게 그림 실력을 기를 수 있습니다. 다음은 단순한 그림으로 정보 전달을 할 수 있는 픽토그램 그리기 수업 사례입니다.

표 4-5 오토드로우 활용 방법

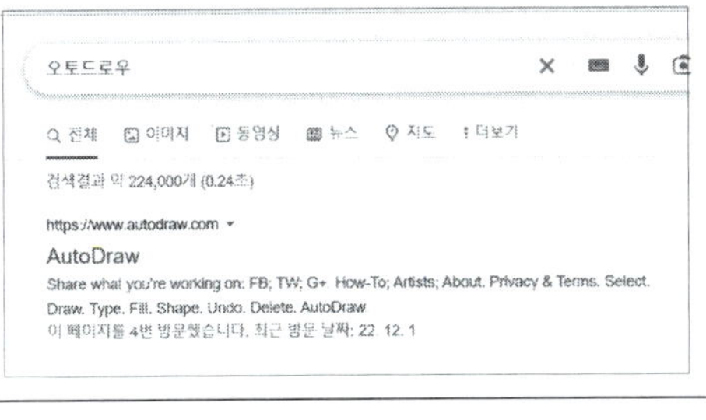	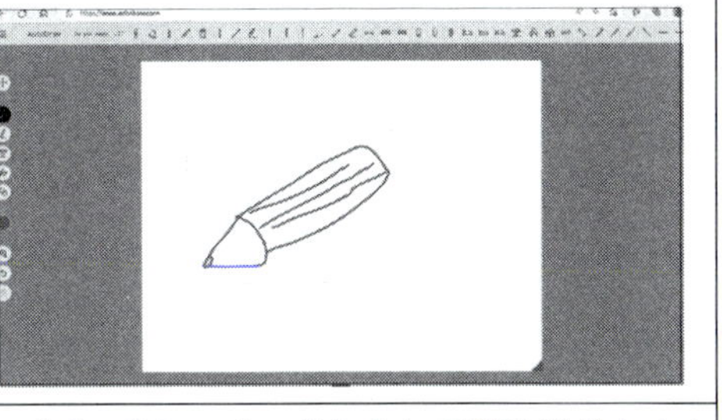
1. 웹페이지에서 오토드로우 검색	2. 연필그림을 그리고 싶습니다. 정확한 형태가 아니더라도 간략하게 그림을 그립니다.
	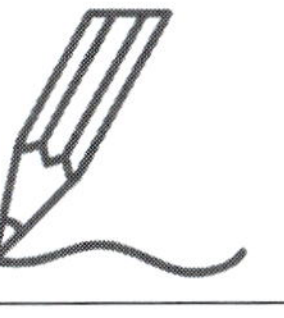
3. AI가 그림을 인식하고 좀 더 정교한 형태의 그림을 추천해 줍니다.	4. 추천 그림을 선택하면 내가 원하는 형태의 그림으로 바꾸어 줍니다.

표 4-6 오토드로우 활용 사례

<table>
<tr><th>학습 흐름</th><th>교수-학습 활동</th><th>시간
(분)</th><th>유의점 및 자료</th></tr>
<tr><td>동기유발
(문제제기)</td><td>◆ 동기유발
- 생활 속에서 활용되는 픽토그램의 예 알아보기

픽토그램(pictogram)이란, 그림을 뜻하는 picture와 전보를 뜻하는 telegram의 합성어로 중요한 정보나 의미를 전달할 수 있는 아이콘화된 기호이다.</td><td rowspan="3">5'</td><td>· ppt
· 주위 생활 속에서 사용되는 픽토그램을 찾아 볼 수 있도록 한다.</td></tr>
<tr><td>학습 문제
제시</td><td>◆ 학습 문제 제시
- 오토드로우를 이용하여 생활 속에서 사용할 수 있는 픽토그램을 그려봅시다.</td><td></td></tr>
<tr><td rowspan="4">전개</td><td>◆ 학습 활동 안내
- 〈활동1〉 생활 속 픽토그램이 필요한 상황 알아보기
- 〈활동2〉 픽토그램 디자인하기
- 〈활동3〉 오토드로우를 이용하여 픽토그램 그리기</td><td></td></tr>
<tr><td>〈활동1〉 생활 속 픽토그램이 필요한 상황 알아보기
- 학교에서 픽토그램을 이용하면 편리한 상황 찾아보기

*생활 속 픽토그램이 필요한 곳
- 급식실, 도서관, 교실, 체육관, 놀이터, 복도, 자전거 도로 등

- 픽토그램이 필요한 상황 이야기하기

장소를 나타내는 픽토그램
특정 행동을 요구하는 픽토그램
주의를 요하는 픽토그램</td><td>10'</td><td>· ppt</td></tr>
<tr><td>〈활동2〉 픽토그램 그려보기
- 자신이 나타내고 싶은 주제로 픽토그램 그리기
- 픽토그램을 그릴 때 주의해야 할 점 생각하기

*픽토그램을 그릴 때 생각해야 할 점
1. 표현하고자 하는 명확한 대상 정하기
2. 대상의 특징 질문하기
3. 대상을 생략/남기기
4. 이해하기 쉽도록 바꾸기</td><td>10'</td><td>· ppt
· 최대한 단순한 형태로 나타날 수 있도록 대상을 추상화 한다.</td></tr>
<tr><td>〈활동3〉 오토드로우를 이용하여 픽토그램 그리기
- 생들이 그린 그림을 오토드로우를 이용하여 그린 후 의도를</td><td>10'</td><td>· 오토 드로우</td></tr>
</table>

	가장 잘 나타낼 수 있는 그림 선택하기 – 손으로 직접 그린 그림과 오토드로우를 이용하여 변환된 그림을 비교한 후 어떤 점이 달라졌는지 이야기해 봅시다.		· 최대한 단순한 형태로 나타날 수 있도록 대상을 추상화 한다.
결론	◆ 학습 내용 정리 및 다음 차시 예고 – 오늘 수업을 통해 배운 내용은 무엇인가요? • AI를 이용하여 픽토그램을 그려보았습니다. – 다음 차시에는 오토드로우를 이용하여 크리스마스카드를 제작해 보겠습니다.	5'	

SECTION

3 EPL 기반 교육 사례

1. EPL/프로그래밍 언어를 활용한 교육 사례

가. EPL/프로그래밍 언어 소개

1) 엔트리

엔트리는 누구나 무료로 소프트웨어를 배우고, 가르칠 수 있는 코딩 학습 플랫폼입니다. 또 교육용 프로그래밍 언어(EPL) 그 자체를 의미하기도 합니다. 교육용으로 활용하기 좋은 다양한 공공데이터(기온, 강수량, 미세먼지, 물가, 초등학교 위치, 인구, 코로나 일일 현황 등)를 데이터 테이블 형태로 제공하고 있어 데이터 분석을 통한 인공지능 수업을 구상할 때 편리하게 사용할 수 있습니다. 또한 NAVER에서 제공하는 다양한 인공지능 기능(비디오 감지, 오디오 감지, 번역, 읽어주기 등)을 활용하여 딥러닝(Deep Learning)도 체험해 볼 수 있는 교육 도구입니다.

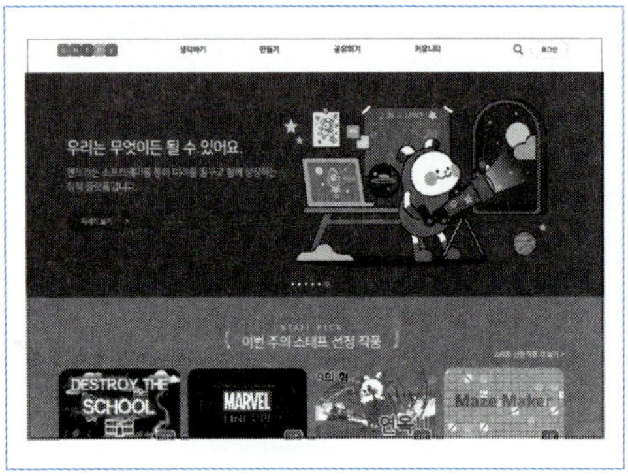

그림 4-8 엔트리[84]

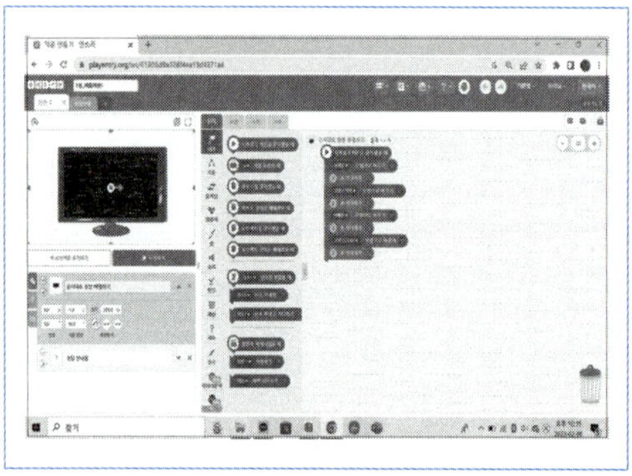

그림 4-9 엔트리 실행화면

2) 스크래치(Scratch)

스크래치는 비영리 단체인 스크래치 재단에 의해 설계, 개발된 프로그램으로 세계 최대 규

84) 네이버 커넥트재단, 엔트리, SW · AI 교육 플랫폼, https://playentry.org/

모의 어린이 코딩 커뮤니티이자 청소년들이 디지털 스토리, 게임, 애니메이션을 만들 수 있는 간단한 시각적 인터페이스를 갖춘 코딩 언어입니다. 블록 코딩뿐만 아니라 음성인식, 번역, 읽어주기 등의 기능을 지원하며 피지컬 컴퓨팅 도구인 마이크로비트(Microbit), 레고(Lego Mindstorm) 등과 호환이 잘 됩니다. 또한 머신러닝 프로그램인 머신러닝포키즈(Machine Learning for Kids)에서 스크래치 프로그램을 제공하기 때문에 머신러닝포키즈를 이용한 머신러닝 학습을 구성할 때 스크래치를 활용하면 편리하게 이용할 수 있습니다.

3) mBlock

mBlock은 Scratch 3.0에 기반을 둔 교육용 프로그래밍 언어이자 교육 플랫폼입니다. Scratch 같은 블록 프로그램을 아두이노의 C++코드로 변환하기 쉬워 STEAM 교육에 많이 활용되는 언어입니다. 블록 기반뿐 아니라 텍스트 기반 프로그래밍이 가능하며 AI 및 IoT와 같은 첨단 기술을 활용한 프로젝트를 만들 수 있습니다.

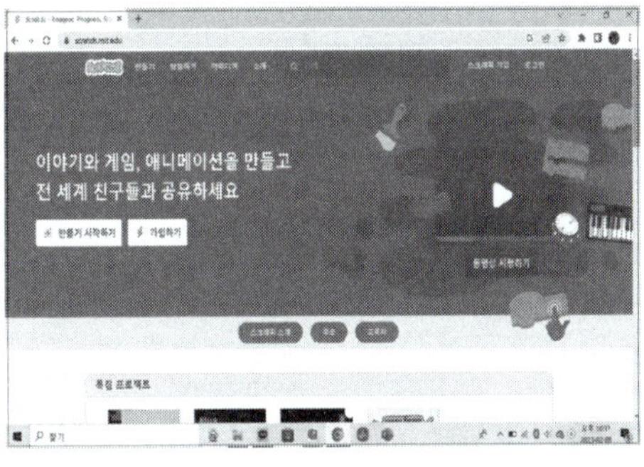

그림 4-10 스크래치[85)]

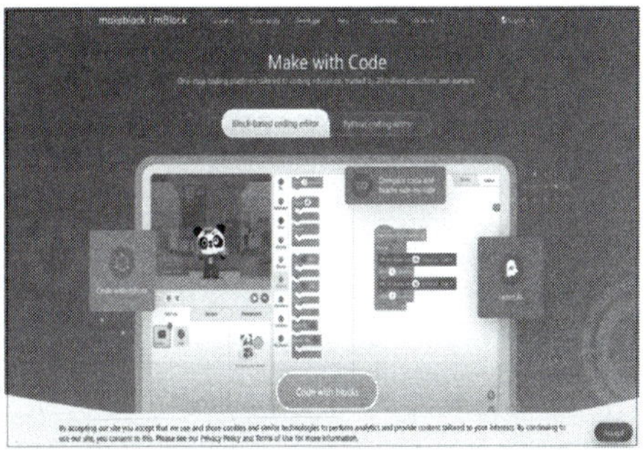

그림 4-11 mBlock[86)]

4) 메이크코드(MakeCode)

메이크코드는 Microsoft 사에서 지원하는 컴퓨터과학 학습 경험을 위한 무료 오픈 소스 플랫폼입니다. 앞의 프로그램들보다 마이크로비트(Microbit)에 최적화되어 있는 블록 코딩 프로그램으로, 마이크로비트와 활용할 수 있는 많은 확장 블록들이 편리하게 구성되어 있습니다. 화면 왼쪽에 보이는 마이크로비트 이미지를 통해 해당 블록 코딩으로 실제 마이크로비트를 작동하였을 때의 실제 모습을 이미지로 구현합니다. 따라서 피지컬 도구에 프로

85) MIT media lab, 댄싱위드AI, SW · AI 교육 플랫폼, https://dancingwithai.media.mit.edu/

86) Makeblock, SW · AI 교육 플랫폼, https://mblock.makeblock.com/en-us/

그램을 저장하기 전에 어떻게 구동되는지 미리 확인하기에 용이하여 마이크로비트를 이용한 코딩교육과 피지컬 컴퓨팅 교육을 할 때 활용도가 높은 프로그램입니다.

5) 앱인벤터(App Inventor)

앱인벤터는 MIT에서 제작하였으며, 블록 코딩으로 어플리케이션(Application, App)을 쉽게 만들 수 있는 도구입니다. 블록 코딩으로 App 프로그래밍을 하고, App이 구동되는 UI(User Interface) 화면도 구성할 수 있도록 되어있습니다. 또한 MIT AI2 Companion이라는 App을 통해 사용자의 휴대폰에서 App을 구동시키는 기능도 제공하고 있어 App개발 프로젝트 등에 사용하면 휴대폰에서 바로 결과물을 확인하고 수정하며 프로그 앱인벤터 램을 제작할 수 있습니다.

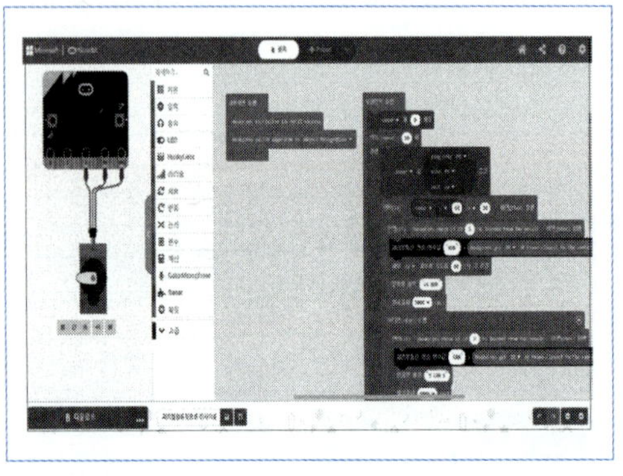

그림 4-12 스크래치[87)]

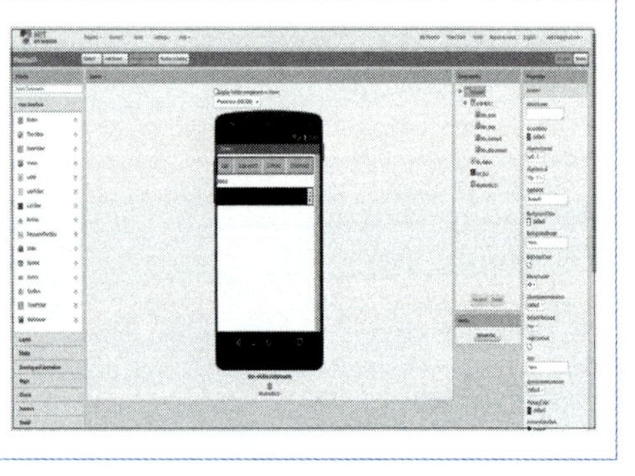

그림 4-13 앱인벤터[88)]

87) MIT media lab, 댄싱위드AI, SW · AI 교육 플랫폼, https://dancingwithai.media.mit.edu/

88) Makeblock, SW · AI 교육 플랫폼, https://mblock.makeblock.com/en-us/

나. EPL/프로그래밍 언어 교육 사례

표 4-7 엔트리 활용 예시

<table>
<tr><td colspan="2">단원명</td><td>2. 내 안의 소중한 친구</td><td>학교급</td><td>초등학교
(5학년)</td><td>차시</td><td>4차시</td></tr>
<tr><td colspan="2">학습 목표</td><td colspan="2">일상생활 속에서 감정과 욕구를 적절히 조절하고 바르게 표현하는 마음의 힘을 기를 수 있다.</td><td>수업 방법</td><td colspan="2">개발중심모델</td></tr>
<tr><td colspan="2">AI 도구</td><td colspan="5">엔트리 이미지 학습</td></tr>
<tr><td colspan="2">자료</td><td colspan="5">엔트리, 컴퓨터, 활동지, PPT, 도덕 교과서</td></tr>
<tr><td>차시</td><td>단계</td><td colspan="3">교수 · 학습 활동</td><td>시간</td><td>준비물/자료</td></tr>
<tr><td rowspan="5">1~2</td><td>탐구</td><td colspan="3">[도입] 나의 감정 살펴보기
– 일주일간 느꼈던 감정 경험과 감정이 생긴 원인 발표하기</td><td>5′</td><td>PPT</td></tr>
<tr><td rowspan="2">설계</td><td colspan="3">[활동1] 다양한 상황에서 감정과 욕구를 조절하는 방법 알아보기
– 감정과 욕구를 조절하면 좋은 점 알아보기
– 감정과 욕구를 조절하는 방법 알아보기
– 다양한 상황에서 감정과 욕구를 조절하는 나만의 방법 발표하기</td><td>25′</td><td>PPT</td></tr>
<tr><td colspan="3">[활동2] 엔트리 인공지능 블록(비디오감지) 알아보기
– 비디오 감지 블록 알아보기
– 비디오 감지 블록을 사용해보기</td><td>20′</td><td>엔트리(컴퓨터), 활동지, PPT</td></tr>
<tr><td>개발</td><td colspan="3">[활동3] 비디오감지 블록을 사용해 마음 처방전 만들기
– 비디오감지 블록을 사용해 마음 처방전 인공지능 만들기
– 결과물을 사용해보고 수정 · 보완할 점 정리하기</td><td>25′</td><td>엔트리(컴퓨터)</td></tr>
<tr><td>정리</td><td colspan="3">[정리] 학습 마무리하기
– 학습한 내용 복습하기
– 활동 소감 이야기하기</td><td>5′</td><td>PPT</td></tr>
</table>

과제

1.언플러그드 교육에 대한 개념과 언플러그드 컴퓨터과학의 장점을 서술하시오.

2. 지도학습과 비지도 학습의 개념을 설명하고, 각각 적용된 교육 사례를 설명하시오.

3. 체험 플렛폼(크롬 뮤직랩, 오토드로우 등)을 활용한 융합 수업 사례를 기술하시오.

Chapter 5

인공지능 윤리

SECTION 1

인공지능의 사회적 영향

1. 인공지능 윤리 이슈의 고찰

가. 인공지능과 윤리

최근 인공지능 기술이 빠르게 발전하면서 경제, 문화, 예술 등 거의 모든 산업 분야에 적용되고 있으며 의료, 법치, 정책, 인사 등의 민감한 분야에서도 인공지능을 활용하는 사례가 늘어나고 있습니다. 이러한 인공지능의 확산은 인공지능의 윤리적 선택 문제, 책임 소재 불분명 등 예상하지 못한 다양한 부작용을 가져올 수 있기 때문에 인공지능 윤리에 대한 관심이 높아지고 있습니다. 또한 이런 부작용들은 인공지능이 인간 생활에 밀접하게 연관되면서 새로 발생하는 문제이기 때문에 대처 사례가 부족하여 더욱 큰 혼란을 가져올 수 있습니다. 그러므로 인공지능의 발전과 함께 인공지능 윤리에 대한 논의는 계속 이루어져야 하며 인공지능과 함께 살아갈 미래 인류로서 인공지능 윤리에 관심을 가져야 합니다. 인공지능 윤리란, 인공지능을 활용할 때 지켜야 하는 윤리적인 원칙을 지키는 것을 말합니다.[89) 즉, 인공지능 알고리즘이나 인공지능을 이용한 시스템, 인공지능을 이용하는 사람이 준수해야 할 보편적인 규범이나 원칙을 뜻합니다. 이를 위해 세계 각국은 인공지능 윤리의 중요성을 인식하고, 신뢰할 수 있는 인공지능의 실현을 위한 원칙을 마련하고 있습니다.

2. 인공지능 윤리 교육의 흐름

가. 인공지능 윤리 교육

트롤리 딜레마처럼 명확한 정답을 찾기 어려운 경우 인공지능이 인간의 윤리적 가치를 합리적으로 반영하기 위해서는 다양한 시각의 분석과 합의가 중요합니다. 2014년 미국의 스

89) IT위키, 인공지능 윤리, https://itwiki.kr/w/인공지능_윤리

탠포드 대학에서는 "인공지능 : 철학, 윤리, 영향력(Artificial Intelligence: Philosophy, Ethics, and Impact)"이라는 과목을 편성해 인공지능 윤리에 대한 논의를 교육과정 속에 넣어 진행하였습니다. 2019년 하버드대학은 컴퓨터 과학 전공 과정 내에 "Embedded ethiCS"라는 과목을 편성해 인공지능 윤리 문제를 컴퓨터 과학과 철학의 입장에서 접근해 보도록 하였습니다.[90]

표 5-1 Embedded ethiCS에서의 컴퓨팅 윤리 교육 사례[91]

컴퓨터 과학 주제	철학 주제
대규모 분산 시스템	시스템 설계상에서 프라이버시 문제 탐구
프로그래밍 언어	기능뿐 아니라 윤리에 대한 검사와 검증(Verification and Validation) 방법 고려
인간과 컴퓨터 상호작용	시각 장애 사용자에 대한 시스템 설계 여부 논의
기계 학습	기계 학습에서 나타날 수 있는 부주의한 차별 사례 논의
컴퓨터 네트워크	페이스북, 가짜뉴스 등 소셜 미디어 플랫폼에 대한 검열 문제 탐구
시스템 프로그래밍과 머신 구조	ASCII, Unicode와 윤리적 자연어의 표현법 논의
시스템 보안	보복 해킹에 대한 정당방위 논의

중국의 중국과학원대학교에서는 "인공지능의 철학과 윤리(Philosophy and Ethics of Artificial Intelligence)"라는 과목이 2017년에 개설된 이후 계속해서 운영하고 있으며 철학과 윤리학 관점에서 인공지능의 역사, 현재, 미래를 탐구합니다.

세부 주제를 살펴보면, 인공지능의 철학과 윤리에 관한 역사, 자율 무기에 대한 윤리, 도덕적 기계와 도덕적 인간-기계 사회, 인공지능 원리와 윤리의 국제적 노력과 한계 등 인공지능이 인간과 기계에 미치는 영향을 분석하고, 잠재적 위험 방지를 위한 다양한 주제를 다루고 있습니다.[92] 이처럼 인공지능이 발전함에 따라 세계적으로 인공지능 윤리에 대한 관심이 높아지고 있으며 인공지능 윤리 교육 또한 함께 이루어지고 있다는 것을 알 수 있습니다.

90) 김정민(2019), 인공지능 윤리 이슈와 교육과정 동향, 소프트웨어정책연구소

91) 하버드대학교, 임베디드 에식스, https://embeddedethics.seas.harvard.edu/

92) 인공지능의 철학과 윤리, http://bii.ia.ac.cn/peai/, AI윤리 및 거너넌스를 위한 국제연구센터

표 5-2 중국과학원대학교 "인공지능의 철학과 윤리" 강의 내용

주차	주제
1	인공지능의 철학과 윤리에 관한 역사
2	인공지능의 본질과 미래
3	기계적인 뇌와 윤리
4	언어 및 지식 이론
5	인산의 인식과 자각의 철학
6	뇌의 컴퓨팅적 모델 철학과 뇌에서 영감을 받은 인공 지능
7	기계 감정, 의식 및 윤리
8	자율 무기에 대한 윤리
9	도덕적 기계와 도덕적 인간-기계 사회
10	인공지능 원리와 윤리의 국제적 노력과 한계

나. 인공지능 윤리 지침

전기전자공학자협회(IEEE)는 2016년 "Ethically Aligned Design"라는 문서를 통해 국제 기술자단체 최초로 인공지능 관련 윤리 지침을 발표하였습니다. 이 문서에 의하면 인공지능 윤리에서 가장 큰 주제는 사람과 기계 간의 신뢰로 인권(Human Rights), 책임(Responsibility), 투명성(Transparency), 교육(Education)으로 대표되는 네 가지 쟁점을 중요한 요소로 강조하고 있습니다. 또한 2018년 ACM(Association for Computing Machinery)은 컴퓨터 전문가 윤리 강령인 "Code of Ethics"을 발표하며 인공지능 윤리에 관한 세계의 흐름에 함께 하였습니다.

2019년에는 유럽연합의 집행위원회(EC: European Commission)가 인공지능이 사회에 깊숙이 침투하기 전에 인공지능 시스템 개발에 영향을 주어야 한다는 목적 아래 인공지능 윤리 가이드 라인(Ethics guidelines for trustworthy AI)을 공표하였습니다. 모든 시민이 인공지능의 혜택을 누릴 수 있는 인간 중심의 윤리적 목적을 달성하는 동시에 신뢰할 수 있는 기술 발전 기준을 구체적으로 제시하였으며 신뢰할 수 있는 인공지능을 확립하기 위한 3가지 요소와 각 분야별 핵심 지침을 제시하였습니다. 이는 새로운 기술이 예상치 못한 부정적인 결과를 초래할 경우 규제 당국이 그런 기술을 따라잡지 못해 제대로 대처하지 못하는 상황을 대비하기 위한 것으로 볼 수 있습니다.

표 5-3 EC, 인공지능 윤리 가이드라인(2019.04.08)[93]

3대 요소	핵심 지침
I. Foundations of Trustworthy AI	① 인간존중을 윤리 원칙으로 준수하는 AI 시스템 개발·배포·사용 – 자율성, 위해예방, 공정성 등을 고려 ② 어린이·장애인·고용주와 근로자 또는 기업과 소비자 간에 권력이나 정보의 불균형에 대응 ③ AI기술이 개인과 사회에 상당한 혜택과 이익을 주지만 특정 위험도 초래할 가능성에 주의 – 위험 강도에 따라 이를 완화하기 위한 적절한 조치 필요
II. Realisinf Trustworthy AI	① 인간의 기본권·존엄성·자율성 보장 – AI 시스템은 인간의 기본권을 보장하고 자율성을 저해하지 않는 평등한 사회를 구현 할 것 ② 기술적 견고성 및 안전성 – AI 시스템 알고리즘은 모든 라이프사이클 단계에서 오류와 오작동 등 처리가 가능한 안전성을 갖출 것 ③ 개인 정보 및 데이터거버넌스 – 시민(개인)은 자신의 데이터(개인정보)를 완전히 삭제할 수 있어야하며 관련 데이터가 인간에게 해를 입히거나 차별해서는 안 될 것 ④ 투명성 – AI 시스템은 설명 가능할 것 ⑤ 다양성, 차별 금지 및 공정성 – AI 시스템은 모든 범위의 인간 능력과 기술 및 요구 사항을 고려하고 접근성을 보장할 것 ⑥ 사회·환경복지 – AI 시스템은 긍정적인 사회 변화를 주도하고 지속가능한 성장을 이끄는데 활용될 것 ⑦ 책임성 – AI 시스템과 그 결과에 대한 책임, 그 책임을 보장하기 위한 구조적 장치를 마련할 것
III. Assessing Trustworthy AI	II 단계에서 언급한 요구 사항을 실제 사례에 적합하게 적용할 수 있는 기틀 마련 – AI 시스템에 대한 요구 사항과 솔루션 평가 기준 확립 – AI 시스템의 라이프사이클 전반에 걸쳐 성과를 개선하고 이에 대한 이해 관계자 참여 등

다. 기업의 인공지능 윤리 확산 동향

인공지능 윤리에 관한 사회적 관심이 점차 높아지면서 관련 기업들도 인공지능 윤리 확산

93) 유럽 위원회, 신뢰할 수 있는 AI 윤리지침, https://digital-strategy.ec.europa.eu/en/library/ethics-guidelines-trustworthy-ai

을 위한 기업 윤리 헌장이나 지침을 발표하였습니다.

MS사는 2017년 '런던 AI Thought Leadership Event'에서 새로운 AI 연구 조직 및 AI 프로젝트를 공개하였습니다. AI 분야의 난제 해결에 집중하기 위하여 '마이크로소프트 연구소 AI(Microsoft Research AI)'를 신설하여 AI 기술 활용에 당면한 문제를 해결하고, 인간의 창의성과 혁신을 더해 모든 사회 구성원들이 AI 혜택을 받을 수 있도록 노력하겠다고 하였습니다.[94)]

구글은 2018년 7대 인공지능 윤리 원칙(Artificial Intelligence at Google: Our Principles)을 발표하였습니다. 그 내용을 살펴보면 '첫째, 사회적으로 유익해야 한다. 둘째, 불공정한 편향을 만들거나 강화하지 않는다. 셋째, 안정성을 우선으로 설계되고 테스트되어야 한다. 넷째, 인간을 위해 책임을 다해야 한다. 다섯째, 개인정보 보호를 위한 설계 원칙을 적용한다. 여섯째, 과학적 우수성에 대한 높은 기준을 유지한다. 일곱째, 구글의 AI 원칙에 부합하는 용도에 활용될 수 있도록 해야 한다.'입니다.

국내에서는 2018년 카카오에서 인공지능 윤리헌장을 발표하였습니다. 인공지능은 알고리즘을 기반으로 발전하고, 알고리즘은 인간이 설계하기 때문에 카카오는 인간이 알고리즘을 설계할 때 윤리 규범을 적용해야 한다고 보았습니다. 또한 인공지능 기술을 개발하는 기업이 윤리적 문제를 미리 고려하여 대처해야 하는 것을 '기업의 사회적 책임'이라고 판단하였습니다. 카카오는 인공지능 알고리즘 개발 중 일어날 수 있는 윤리적 문제를 크게 4가지로 보았습니다. '첫째, 알고리즘을 개발하는 사람이 의도적으로 결괏값에 차별적인 결과가 나오도록 개입할 수 있다. 둘째, 대개 알고리즘 학습에 쓰이는 데이터는 개인의 일상 기록이거나 그와 관련된 자료이기 때문에 데이터 수집 과정에서 개인의 프라이버시 침해 등의 문제가 일어날 수 있다. 셋째, 악의적인 의도로 만든 알고리즘이 통제 불가능한 상태가 되면 인류에 해를 끼칠 수 있다. 넷째, 알고리즘의 원리와 작동 방식에 대한 정보를 전부 투명하게 공개하지는 않는다.'입니다. 실제로 사람과 대화할 수 있는 AI '이루다' 가 개발되었을 때 개인정보 무단 수집, 혐오 발화 학습 등의 문제가 뒤따랐습니다. 이에 따라 카카오는 인공지능 기술 기업으로 사회적 책임을 다하기 위해 윤리 헌장을 수립하였고 그 내용은 다음 <표 4>과 같습니다.

94) 마이크로소프트, 다양한 인공지능(AI) 서비스, 프로젝트 및 AI 윤리 가이드 발표 - https://news.microsoft.com/ko-kr/2017/07/13/ai-thought-leadership-event/

표 5-4 국내기업 인공지능 윤리헌장 사례(카카오, 2018.1.)[95]

구분	내용
1. 카카오 알고리즘의 기본 원칙	카카오는 알고리즘과 관련된 모든 노력을 우리 사회 윤리 안에서 다하며, 이를 통해 인류의 편익과 행복을 추구한다.
2. 차별에 대한 경계	알고리즘 결과에서 의도적인 사회적 차별이 일어나지 않도록 경계한다.
3. 학습 데이터 운영	알고리즘에 입력되는 학습 데이터를 사회 윤리에 근거하여 수집·분석·활용한다.
4. 알고리즘의 독립성	알고리즘이 누군가에 의해 자의적으로 훼손되거나 영향받는 일이 없도록 엄정하게 관리한다.
5. 알고리즘에 대한 설명	이용자와의 신뢰 관계를 위해 기업 경쟁력을 훼손하지 않는 범위 내에서 알고리즘에 대해 성실하게 설명한다.

3. 인공지능의 양면성과 사회적 영향 평가

인공지능은 양면성을 가지고 있습니다. 인공지능 기술의 발전은 개인의 역량과 산업의 생산성을 늘립니다. 이는 곧 소득의 증대로 이어지며 소비 수요의 커짐은 다시 새로운 산업의 창출과 새로운 직업의 등장을 가져와 인류의 발전을 한 단계 더 앞당기는 결과를 가져옵니다. 특히 알고리즘의 발달로 인해 스스로 진화하는 인공지능은 유지 및 관리가 용이하기 때문에 산업뿐 아니라 개인의 생활 속에도 깊숙이 자리잡게 되어 인간의 생활을 윤택하게 해주며 인간의 삶에 중요한 동반자가 될 가능성이 높습니다.

이에 반해 인공지능이 우리의 생활에 미치게 될 부정적 영향에 대한 우려의 목소리 또한 높습니다. 가장 큰 우려는 일자리에 대한 것으로 일반적인 지식을 필요로 하며 반복적인 일을 하는 제조, 생산직 군이 가장 먼저 인공지능의 영향을 받을 것으로 보고 있습니다. 알고리즘에 취약한 직군의 중, 고급 사무직이나 전문직 일자리가 인공지능으로 대체되거나 줄어들 가능성이 높고, 특히 인간이 인공지능을 비롯한 첨단 기술의 발전 속도를 따라가지 못함으로서 생기는 차이로 인한 실업의 속도가 새로운 일자리 창출 속도보다 훨씬 빠를 것으로 전망하고 있습니다. [96]인공지능으로 인한 저작권 문제도 더 많아질 것으로 보입니다. 2022년

95) 카카오, AI 윤리, https://www.kakaocorp.com/page/responsible/detail/algorithm

96) 김희중(2017), 4차 산업혁명과 미래고용 전망, 한국과학기술연구원

미국 '콜로라도 주립 박람회 미술대회'에서 1등 수상자가 텍스트로 된 설명문을 입력하면 이미지를 생성해 주는 AI 프로그램 '미드저니(Midjourney)'를 이용한 그림을 제출했다는 사실이 알려져 논란이 되었습니다. 이러한 AI 그림 프로그램은 저작권의 인정여부에 대한 논란도 있지만 사람이 입력한 데이터로 학습하는 인공지능의 특성상 많은 사람들의 그림이 허가 없이 학습되어 저작권 침해가 일어나는 것이 아니냐는 우려가 일고 있습니다.

그림 5-1 텍스트를 입력하면 그림을 생성하는 AI 프로그램 'DALL-E'

또한 인공지능으로 인한 사회의 양극화 현상도 인공지능의 부정적 영향으로 평가되고 있습니다. 중간직 일자리의 감소는 경제적 빈부 격차를 가져오게 되고 이는 국가, 기업뿐 아니라 사회 구성원의 양극화 현상을 더욱 심화시키게 됩니다. 이렇듯 인공지능이 미칠 부정적인 영향을 두고 스티븐 호킹 박사는 인공지능이 인간을 뛰어넘을 가능성을 시사하며 인류의 멸망을 가져올 것이라 경고하기도 하였습니다. 이는 인공지능의 문제를 단순히 기술 발전의 측면에서만 볼 것이 아니라 사회적 관점으로 접근해야 할 필요성이 있음을 의미합니다.

구글 CEO인 순다 피차이는 인공지능이 사람의 일자리를 뺏기보다 업무를 도와주는 방식으로 진화할 것이라 말하며 기술에 대한 두려움 때문에 인공지능을 지나치게 경계하거나 우려하지 않아도 된다고 이야기합니다.[97] 그의 말처럼 인공지능을 비롯한 최첨단 기술의 발전은 노동시장의 변화는 물론 사회에 많은 변화와 혁신을 가져옵니다. 이때 기술을 보다 효율적으로 활용한다면 개인의 역량과 산업의 생산량이 극대화되고, 이에 따라 자연스럽게 기계와 인간의 역할이 조정될 수 있습니다. 인간과 인공지능이 같이 협업해 더 창의적인 방

97) 인공지능 신문, 구글 순다피차이 인터뷰, https://www.aitimes.kr/news/articleView.html?idxno=15196

법으로 더 빠른 시간 내에 일을 마칠 수 있게 될지도 모릅니다.[98] 또한 발생 가능한 문제를 미리 예측하고 이에 대해 사회적 협의와 합의를 통해 하나씩 해결해 간다면 인공지능 기술의 발전은 인류의 또 다른 도약을 위한 발판이 될 수도 있습니다.

4. 인공지능의 사회적 영향과 관련된 프로그램

지금 우리 사회는 초보적인 수준의 인공지능을 체험하고 누리고 있지만, 앞으로는 자율주행 자동차 등 더 발전된 인공지능 기술이 적용된 기계들이 생활 곳곳에 자리하여 우리 삶을 더욱 편리하게 만들 것입니다. 하지만, 생활이 편리해지는 만큼 기계들이 만들어 내는 생소하고 새로운 위험들도 감수하여야 하는 사회에 접어들고 있다고 평가합니다. 아래에 인공지능이 사회에 미칠 영향과 관련하여 윤리적 문제를 다룰 수 있는 프로그램 예시를 소개하고 있습니다.

가. 문제상황 제시(트롤리 딜레마)

트롤리 딜레마는 제동장치가 고장난 자동차나 전차가 달리고 있어 소수 또는 다수의 사람을 희생할 수 밖에 없는 상황에서 사람들에게 어떤 쪽을 희생할지 둘 중 하나를 선택하도록 하는 윤리적 딜레마 문제 상황을 가리키는 말입니다.

트롤리 딜레마 상황의 예시는 다음과 같습니다.

"브레이크가 고장 난 기차가 달리고 있습니다. 레일 위에는 5명의 인부가 일을 하고 있는데, 기차가 이대로 달린다면 5명은 반드시 죽게 될 것입니다. 5명의 인부를 살리려면 레일 변환기를 당겨 기차의 방향을 바꾸는 방법밖에 없는데, 다른 레일 위에는 1명의 인부가 있어 기차의 방향을 바꾸면 그 1명의 인부가 죽게 됩니다. 당신은 기차의 방향을 바꿀 것입니까?"

이 문제를 접한 응답자의 89%가 방향을 바꾸어야 한다고 대답했다고 합니다. 트롤리 딜레마 상황은 성별, 나이, 인종 등이 추가된 더 다양한 조건으로 제시 될 수 있고, 각 사람의 가치관 혹은 생각에 따라 그 대답이 달라질 수 있습니다.

98) 한국대학신문 - 409개 대학을 연결하는 '힘'(https://news.unn.net)

그림 5-2 윤리적 문제를 다루는 '트롤리 딜레마'

나. 모럴 머신(Moral machine)과 구글 설문 활용하기

1) 웹을 통해 모럴 머신(Moral machine) 접속하기

PC나 모바일의 웹을 통해서 사이트에 접속합니다. '시작하기'를 눌러 사이트에서 제공하는 다양한 트롤리 상황들을 접해볼 수 있으며, '찾아보기' 메뉴에서는 다른 사용자가 직접 커스텀한 상황으로 다른 사용자들과 토론해볼 수 있습니다. '시작하기' 메뉴를 눌러 체험을 시작합니다.

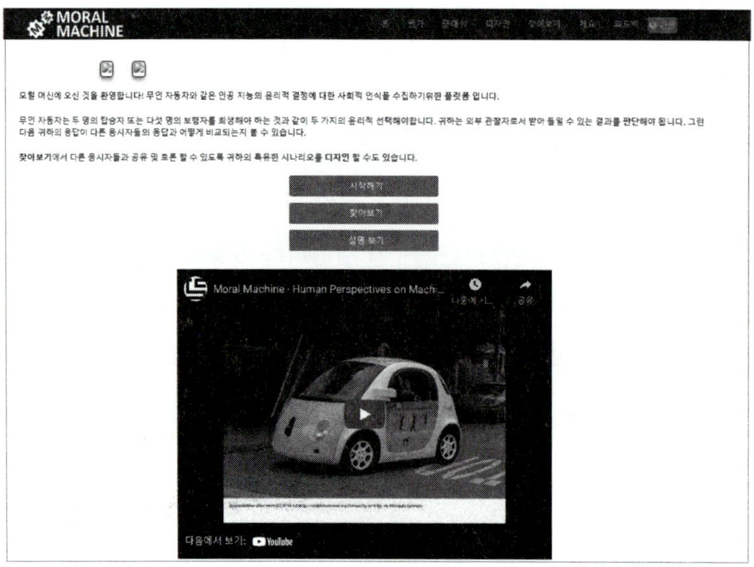

그림 5-3 모럴 머신(moral machine) 메인 화면

2) 다양한 트롤리 딜레마 상황에서 누구를 살려야 하는지 선택하기

무인자동차가 달리고 있습니다. 사람은 무인자동차를 멈출 수 없으며, 제시하는 두 가지 방향 중 한 가지 방향으로 진행하여야만 합니다. 각 방향에는 성별, 나이, 사회적 지위 등이 다른 다양한 구성의 보행자가 길을 건너고 있으며, 다른 한 쪽에는 콘크리트 벽이 설치되어 있습니다. 어느 방향을 선택하더라도 보행자들 혹은 차 안의 사람들 중 한 쪽이 모두 죽을 수밖에 없습니다. 왼쪽 예시 상황의 경우 방향을 돌리지 않으면 사람 둘이 죽고, 방향을 돌리면 사람은 죽지 않지만 차 안의 개와 고양이가 죽게 됩니다.

총 13가지 상황이 제시되며 모든 상황에서 선택을 해야만 나의 선택과 관련된 보고서를 볼 수 있습니다. 선택하여야 하는 각 상황의 아래에 '요약 보기'를 누르면, 등장하는 사람들의 프로필과 그들이 신호를 준수하였는지 등의 정보가 제시되어 판단에 참고할 수 있습니다.

3) 선택 결과에 대한 리포트 받아보기

13가지 상황에 대해서 모든 선택이 끝나면 결과 보고서를 제공합니다. 성별, 나이, 사회적 지위 등에 따른 승객 보호 선호도, 희생자 숫자의 중요도, 법규 준수 여부의 선호도 등 여러 지표에서 내가 각 지표들을 중요하게 생각하는지 또는 그렇지 않은지 수직선을 통해 제공합니다.

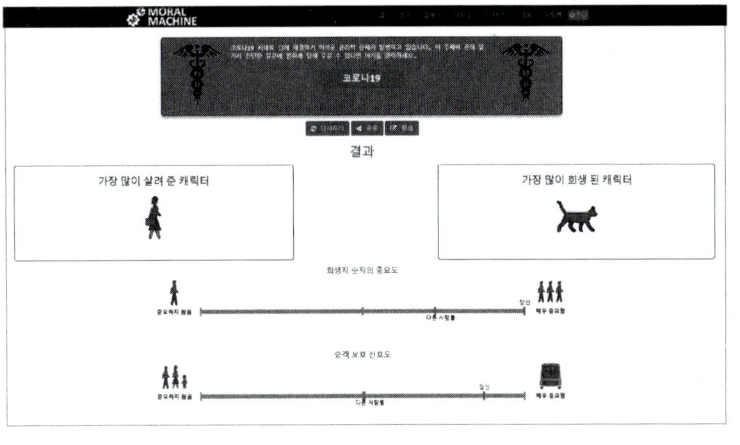

그림 5-4 모럴 머신 선택 결과에 따른 리포트 예시

4) 한 가지 상황에 대해서 반 전체와 공유하고 토론하기

제시 되었던 트롤리 상황에 대해서 반 전체와 다시 한번 공유하고 각 선택에 대해서 자신의 생각은 무엇인지 정리한 후, 이를 가지고 토론을 진행하는 것도 훌륭한 수업 활동이 될 것입니다.

<table>
<tr><td colspan="2">다음과 같이 갑자기 브레이크가 고장 난 무인자동차는
① 직진할 경우 콘크리트 장벽에 충돌하고
② 좌회전을 할 경우 횡단보도를 건너고 있는 사람을 칠 수 있는 상황에 놓여있습니다.
두 경우의 결과는 다음과 같습니다.</td></tr>
<tr><td>① 사망 : 무인자동차에 탑승한 남성 1명, 여성 3명</td><td>② 사망: 노숙자 4명</td></tr>
<tr><td></td><td></td></tr>
<tr><td colspan="2">왼쪽과 오른쪽 중 하나를 선택해 주세요. 어느 쪽을 선택했나요?</td></tr>
<tr><td colspan="2">(   )</td></tr>
<tr><td colspan="2">그 이유는 무엇인가요?</td></tr>
<tr><td colspan="2"></td></tr>
</table>

SECTION 2

데이터와 알고리즘 윤리

1. 데이터의 편향성

데이터 편향성이란 인공지능 모델을 학습시키는데 사용되는 데이터가 사람이나 사회가 가지는 편견을 포함하고 있는 것을 의미합니다.[99] 이렇게 편향성을 가진 데이터를 사용해 학습한 인공지능은 편향된 결과를 출력할 수밖에 없습니다. 따라서 성별, 인종, 지역, 종교, 나이 등 민감한 내용을 담고 있는 데이터의 속성을 다룰 때는 그러한 속성으로 인해 어떤 편견이 생길 수 있는지 그 가능성을 충분히 검토해 보아야 합니다. 또한 사람이 가진 편견으로 인해 데이터에 다양한 집단을 포함시키지 않거나 혹은 포함되지 말아야 할 속성이 데이터에 포함되는 경우도 있습니다.

예를 들어 2016년 MS사의 챗봇 테이는 서비스 시연 16시간 만에 운영을 멈춰야 했습니다. 온라인에 공개된 테이는 사람들이 입력한 내용을 바탕으로 기계 학습을 하고 지식을 확장해 가는데 백인 우월주의자와 여성, 무슬림 혐오자들이 이와 관련된 욕설, 인종, 성차별적인 발언, 정치적 발언 등을 입력함으로써 테이를 훈련시켰습니다. 사람들이 테이와 대화할 때 윤리적으로 잘못된 발언을 하더라도 대화 내용 학습 과정에서 옳고 그름의 판별 없이 학습한 후 대화에 재배열하여 적용했기 때문에 이러한 문제가 발생하게 되었습니다. 인공지능이 학습하는 과정에서 관리나 감독없이 스스로 학습을 진행할 경우 의도를 가진 편향된 학습의 주입이나 그 사회에 내재된 편견을 그대로 답습할 가능성이 높음을 경고하는 사례라 할 수 있습니다.

이러한 사례는 최근 국내에서 서비스된 인공지능 챗봇 '이루다'를 통해서도 재확인되었습니다. 서비스 출시 3주만에 이용자 40만명이 넘을 정도로 서비스 출시와 함께 큰 관심과 인기를 끌었지만 혐오와 성차별적인 발언들, 개인정보와 사생활 침해 등 다양한 논란에 휩싸이며 출시 20여일만에 서비스를 중단하게 되었습니다.

---

99) 네이버 커넥트(2021), 인공지능 윤리교육 시리즈 프로젝트2: 인공지능의 편향성편

그림 5-5 비윤리적 데이터를 학습한 챗봇 '테이'

Bryson(2017)의 연구에 따르면 인공지능은 인간의 언어에서 나타나는 편견을 그대로 학습하는 것으로 나타났습니다.[100] 예를 들어 인공지능이 '여자'를 예술이나 인문계 직업에, '남자'를 수학이나 이공계직업과 연결하는 경향을 보이는 것으로 나타났으며 유럽계 미국인의 이름을 선물이나 행복처럼 긍정적인 이름에 매칭시키는 반면, 아프리카계 미국인의 이름에는 상대적으로 불쾌한 단어를 매칭시켰습니다. 언어는 사회적 맥락과 문화가 답습되어 표출된 도구이기 때문에 인공지능은 인간이 가진 편견을 그대로 흡수하는 위험을 보여주는 것입니다.

2. 데이터의 투명성과 신뢰성

AIX 보고서[101]에 따르면 사용자들이 인공지능을 신뢰하기 위해서는 무엇보다 데이터의 투명성이 중요하다고 합니다. 데이터 투명성이란 데이터가 어떻게 사용되는지, 프로그램의 명확한 목적이 무엇인지 등 인공지능의 운영 방식을 투명하게 공개하는 것을 의미합니다. 이는 설명 가능성의 원칙과 관련이 되는 것으로 데이터, 시스템, 비즈니스 모델 등의 투명성

100) 홍채은(2017), 인공지능 부작용으로 발생가능한 재난 이슈 발굴, 국립재난안전연구원

101) LG전자(2021), AIX Exchange(Artificial Intelligence Experience Exchange) 보고서, http://aixexchange.com/

을 포함합니다.

투명성의 첫 번째 요소는 추적성입니다.[102] 사용되는 알고리즘에만 적용되는 것이 아니라 데이터 수집 과정과 프로세스에도 모두 추적성이 포함되어야 합니다. 인공지능 시스템을 만들 때 사용되는 데이터 세트와 프로세스의 추적성과 투명성은 가능한 한 최고의 기준으로 작성되어야 신뢰성을 확보할 수 있습니다. 인공지능이나 알고리즘 상 문제가 생겼을 때 추적성이 높다면 위험을 보다 확실히 관리할 수 있습니다. 이는 인공지능의 결정이 왜 잘못되었는지, 이후 동일한 오류의 재발을 방지하는데 도움을 줄 수 있습니다.

두 번째 요소는 설명 가능성입니다. 설명 가능성은 인공지능의 시스템이 인간의 삶에 큰 영향을 미치는 결정을 할 때 그 판단 이유를 설명할 수 있는 것을 의미합니다. 인공지능의 의사결정 과정에 대해 적절한 설명을 요구할 수 있어야 하는데 이러한 설명은 시의적절해야 하며 비전문가, 규제 기관 또는 연구원 등의 전문 지식에 맞게 조정될 수 있어야 합니다. 즉, 인공지능 시스템이 조직의 의사결정 과정, 시스템의 설계 선택 및 배포 이유에 영향을 미치는 판단을 할 때 그 판단에 대한 이유 등을 설명할 수 있어야 함을 의미합니다.

세 번째 요소는 의사소통입니다. 인공지능은 사용자에게 자신을 인간으로 나타내서는 안 되며 인간은 인공지능 시스템과 상호작용하고 있다는 것을 통보받을 권리가 있습니다. 인공지능의 기능과 한계가 사용자에게 적합한 방식으로 전달되어야 하며 여기에는 인공지능 시스템의 정확도 수준과 한계에 대한 의사소통 과정이 포함될 수 있습니다. 이러한 요소들이 충족될 때 신뢰할 수 있는 인공지능이라 할 수 있습니다.

3. 데이터의 개인정보보호 문제

2022 개인정보보호 7대 이슈 보고서[103]에서는 인공지능 서비스 개발 과정에서 개인정보의 수집 및 활용, 관리 측면에서 문제가 발생하여 사회적 이슈가 된 사례를 다루고 있습니다. 예를 들어 블랙박스, 드론 등 이동형 영상기기가 일상생활 전반에 널리 사용되어 사람들이 알지도 못하는 사이 개인의 모습이 영상에 담기게 되지만 관련 입법이 아직 미비하며, 얼마

102) 최인선 외(2019), 인공지능 윤리 가이드라인, 한국정보화진흥원

103) 한국인터넷진흥원(2022), 2022 개인정보보호 7대 이슈

전 논란이 되었던 챗봇 '이루다'의 사례처럼 자유 주제 채팅을 지원하는 AI 서비스 개발 과정에서도 개인정보의 수집 및 활용, 관리 측면에서 문제가 나타났습니다. 또한 정보주체로서 인식이 아직은 미흡한 아동 및 청소년의 온라인 활동 급증으로 개인정보 노출 우려가 증가하면서 법적, 제도적 보완이 필요하다는 목소리도 높아지고 있습니다.

데이터의 개인정보보호 문제를 방지하기 위해 사용된 데이터의 품질과 무결성을 다루는 데이터 거버넌스 구축과 개인정보를 보호하는 방향으로 데이터를 처리할 수 있는 능력이 필요합니다. 이를 위해 인공지능 시스템은 전체 수명 주기 동안 개인의 데이터 보호를 보장해야 하며 수집된 데이터는 불법 및 차별적으로 부당하게 사용되지 않도록 해 개인이 데이터 수집 과정을 신뢰할 수 있도록 해야 합니다. 사용되는 데이터 세트의 품질은 인공지능 시스템의 성능에 가장 중요한 부분이므로 데이터가 수집될 때 사회적으로 구성된 편견, 부정확성, 오류 및 실수가 포함될 수 있음을 인지하고 이는 인공지능이 올바르지 않은 데이터 세트로 훈련하기 전에 처리되어야 합니다. 악성 데이터나 개인정보가 포함된 데이터를 인공지능 시스템에 입력할 경우 스스로 학습하는 과정에서 인공지능의 행동 제어가 바뀔 수 있음과 그로 인해 인공지능을 이용하는 사람이 실제 피해를 볼 수 있음을 인식하고 사용되는 프로세스와 데이터 세트는 기획, 학습, 테스트 및 배치와 같은 각 단계에서 반드시 검증되고 기록되어야 합니다.

또한 개인의 데이터를 처리하는 조직에는 반드시 데이터 접근을 관리하는 데이터 규약이 마련되어야 합니다. 이러한 규약을 통해 누가 어떤 상황에서 데이터에 접근할 수 있는지 설명할 수 있어야 하고, 개인의 데이터에 접근이 필요하며 허가된 사람만 접근할 수 있도록 보장되어야 합니다.

4. 데이터의 통제 가능성

높은 수준에서 통제 가능하며 안심할 수 있는 인공지능 모델을 확보하기 위해서는 인공지능을 설계할 때 지켜야 할 3가지 원칙이 있습니다.[104] 첫 번째는 컨텍스트, 즉 문서화해야 한다는 것입니다. 인공지능 모델을 개발하는 초기 단계에서 인공지능 모델이 필요한 이유,

104) CIO KOREA 뉴스, 통제가능한 AI 개발하기, https://www.ciokorea.com/news/218919?page=0,1

범위, 위험, 한계, 데이터 모델링 접근 방식 등 모델이 직접적인 현장에 투입되기 전에 이런 내용들이 잘 정의되어 완벽하게 문서화되어야 합니다.

두 번째는 검증성입니다. 인공지능 모델을 개발하는 과정의 모든 단계는 검증되어야 하고, 조사가 가능해야 합니다. 데이터의 출처, 처리 방식, 존재하는 규제 고려 사항을 파악하는 것은 검증 가능한 모델을 구축하기 위해 매우 중요한 부분입니다. 인공지능 모델의 코드는 이전에 코드를 본 적이 없는 사람도 이해할 수 있는 방식으로 구조화하고 문서화되어야 합니다.

세 번째는 객관성입니다. 객관적인 사람 또는 인공지능 모델 개발에 참여하지 않은 사람이 인공지능 모델을 평가하고 이해할 수 있도록 하는 것입니다. 인공지능 모델이 앞선 2가지 원칙인 컨텍스트와 검증성에 따라 구축되었다면 객관적인 사람 또는 모델 개발에 미참여한 사람이 이를 평가하도록 함으로써 객관성을 확보해야 한다는 것입니다.

5. 인공지능 알고리즘의 편향성

2017년 인공지능 전문가들을 대상으로 한 설문조사에서 "인공지능 알고리즘의 편향성"이 인공지능 윤리 문제 중 가장 심각한 문제로 대두되었습니다.[105] 특히 인종적 편견이나 특정 종교적 입장이 프로그래밍되는 것을 우려하며 인공지능 알고리즘의 편향성을 해결할 수 있는 방안을 찾는 것이 중요함을 이야기하였습니다. 인공지능을 구성하는 알고리즘과 관련된 윤리의 핵심은 알고리즘을 구성하는 전문가 윤리입니다. 인공지능 알고리즘은 알고리즘 전문가에 의해 구성되고 운영, 변용됩니다. 그런데 알고리즘이 작동하는 컴퓨터 연산 과정은 비가시성을 지닙니다. 이러한 연산 과정의 비가시성은 두 가지 심각한 문제를 파생시킬 수 있습니다.

첫째는 의도적 악용의 문제입니다. 2020년 네이버에서 11번가, 옥션 등 경쟁사에게 불리하게 알고리즘을 바꾸어 검색 결과를 조작한 사건으로 공정거래위원회에게 과징금을 부과받은 일이 있었습니다. [106] 자신들의 목적을 위해 알고리즘을 인위적으로 조정하여 공정한 경

105) 정원섭(2017), 인공지능 알고리즘의 편향성과 공정성, 인간환경미래연구원

106) 미디어오늘, 네이버의 '검색알고리즘 조작'이 사실로 드러났다, http://www.mediatoday.co.kr/news/articleView.html?idxno=209643

쟁을 위반한 것입니다. 서비스를 실시한 지 얼마 되지 않아 중단된 챗봇 '테이'처럼 기업이 아닌 개인이 악의를 가지고 인공지능에 윤리적으로 올바르지 않은 데이터들을 학습시켜 비윤리적인 결과를 내는 인공지능이 되도록 한 문제도 있었습니다. 이러한 일을 막기 위해서는 전문가가 개인적 차원에서 알고리즘을 악용하지 않도록 다양한 안전장치를 마련하고 적절한 교육을 실시하여 전문가 개인의 윤리 문제를 해결해야 합니다. 또한 전문가들이 속한 집단의 이기주의적 행위로부터 개인을 보호하기 위해서는 기업 윤리 역시 바로 세울 수 있도록 해야 합니다.

둘째는 윤리 자체의 특성으로 인한 한계입니다. 일상의 윤리적 관념들은 과거로부터 누적된 그 시대의 소산이라는 점에서 그 시대적 한계 내에 존재합니다. 하지만 시대가 변화됨에 따라 윤리적 관념에 대한 가치판단이 변하기도 합니다. 이런 점에서 인공지능 알고리즘은 지속적으로 보완되고 수정될 수 있도록 개방적으로 구성되어야 합니다. 알고리즘 구성 원칙에서 언급되는 개입 가능성이란 바로 이런 개방성을 의미합니다. 시대 변화에 따른 올바른 윤리를 학습한다면 그 인공지능 알고리즘은 윤리적 판단을 도와주고 사람들의 삶을 도와주는 올바른 인공지능이 될 수 있을 것입니다. 하지만 인공지능 알고리즘을 학습시키는 사람들의 의도와 데이터의 품질에 따라 오히려 편견을 악화시키거나 정당화시킬 수 있으니 이를 주의해야 합니다.

또한 인공지능 알고리즘의 설명 가능성이란 단순히 기능적 효율성에 대한 설명만을 뜻하는 것이 아닙니다. 문화적 요소에 대한 것까지 포괄적으로 이해되어야 하며 인공지능 윤리는 단순히 지금까지 축적된 자료와 결과를 바탕으로 확보된 빅데이터를 넘어 미래 지향적 가치들에 대한 성찰을 바탕으로 끊임없이 개입하는 과정을 거쳐야 합니다.

6. 인공지능 알고리즘의 공정성과 공공의 이익

인공지능 알고리즘의 공정성이란 인공지능 기술이 가능한 많은 사람들에게 차별 없이 도움을 줄 수 있는지, 인공지능 기술에 의해 창출된 경제적 번영이 모든 인류의 혜택을 위해 광범위하게 공유될 수 있는지에 관한 문제입니다.[107] 예를 들어 사람들은 인공지능 스피커를 활

107) AI4SCHOOL, AI 윤리-윤리적 인공지능(공정성), http://ai4school.org/?page_id=3788

용해 필요한 정보를 검색하기도 하고 음악감상, 스마트 기기의 원격제어 등 다양한 서비스를 제공받습니다. 이렇게 인공지능 스피커가 사람의 언어, 즉 자연어를 이해하고, 인간과 상호작용하며 자연스럽게 대화를 이어 나갈 수 있는 것은 인공지능이 자연어를 기계어로 바꾸는 자연어처리 기술이 발달했기 때문입니다. 그런데 이때 인공지능에 제공하는 자연어 데이터가 표준어라면 표준어를 사용하지 않는 사람들은 음성인식 기반의 인공지능 서비스를 받을 때 차별을 받을 수 있습니다. 실제 LG전자에서 음성인식이 가능한 제품을 개발했는데, 이를 테스트하기 위해 찾아온 부회장이 사투리로 명령어를 입력하자 인식하지 못해 사투리 데이터를 추가하여 다시 테스트하는 해프닝도 있었습니다.

> 개발 과정에서는 조성진 LG전자 부회장의 사투리가 해프닝을 낳기도 했다. 제품 개발이 어느 정도 완료됐다는 소식을 듣고 테스트를 위해 찾아온 조성진 LG전자 부회장이 에어컨에 "니 뭐꼬"라고 물었기 때문이다. "너 누구니", "네 이름이 뭐니" 등 표준어 기반 자연어로 척척 작동하던 에어컨은 침묵했고 조 부회장은 "된다매."라며 개발팀을 채근했다. 자연어 인식이라는 한계는 넘었지만 사투리라는 변수를 생각치 못했던 개발팀은 강원도, 전라도, 경상도 등 전국 각지 음원을 수집해 다시 테스트를 진행해야했다.

그림 5-6 사투리는 알아듣지 못하는 인공지능[108)]

또 다른 인공지능 알고리즘의 공정성과 관련된 사례로 금융권에서 활용된 인공지능의 문제도 있습니다. 사회 각 분야에서 인공지능 기술을 활용하게 되면서 금융권에서도 대출 심사나 상담, 채용 분야 등에서 인공지능을 활용하는데 특히 대출 심사의 경우 인공지능은 3분 만에 심사를 끝내 업무의 효율성을 높여줍니다. 하지만 대출을 심사할 때 대출 희망자가 사는 곳, 인간관계, 소비 패턴 등을 기반으로 판단함으로써 지역이나 성별 등에 따라 차별적인 판단을 내릴 수도 있다는 우려가 제기되고 있는 것입니다.

자율주행 자동차에 사용되는 알고리즘에서도 이런 문제가 발생할 수 있습니다. 자율주행 자동차가 딜레마 상황에 빠졌을 때 어떤 선택과 판단을 할지에 대한 데이터를 수집하는 과정에서도 인공지능의 알고리즘 공정성에 문제가 발생할 수 있습니다. 실제 MIT 미디어랩에서 조사한 자료에 의하면 자율주행 자동차 속 인공지능 알고리즘이 동물보다는 사람, 소

108) 블라인드, 엘전 가전 인공지능 에어컨이 사투리까지 알아듣는이유, https://c11.kr/1alhf

수보다는 다수, 남성보다는 여성, 비만인 사람보다는 운동선수, 노숙자나 범죄자보다는 사회적 지위가 높은 사람의 생명을 보다 중요시여기는 경향이 있다고 합니다. 이렇듯 편향적인 데이터를 학습한 자율주행 자동차는 실제 도로 위에서 판단해야 하는 문제상황이 발생했을 때 차별적인 선택을 할 수 있는 위험이 있습니다. 자율주행 자동차가 내리는 판단이 비윤리적이고 차별적인 태도를 지니고 있다면 인공지능이 공정한 서비스를 하고 있다고 보기 어렵습니다.

이런 공정성의 문제를 해결하기 위해서는 인공지능 서비스를 제공하는 기업이나 기관에서 공공의 이익에 부합하는 인공지능 서비스를 개발하도록 해야 합니다. 즉, 상업적 이익과 공공적 기여 사이에서 조화와 균형을 가질 수 있도록 노력해야 함을 의미합니다. 또한 인공지능 사용자는 개발된 인공지능을 활용할 때 차별하지 않고 공평하게 사용하는 비차별성 태도를 지녀야 합니다. 인공지능 기술 및 서비스를 악의적인 목적으로 사용하거나 혐오, 편견이 담긴 데이터를 학습시키지 말아야 하며, 공공의 이익을 위한 서비스의 개선에 함께 참여해야 합니다. 또한 소비자 생동 원칙 준수를 위한 노력도 일상화되도록 해야 할 것입니다.

7. 인공지능 알고리즘의 책임성과 윤리규정

인공지능 알고리즘의 책임성이란 지능정보사회의 구성원들은 지능정보서비스의 올바른 기능과 사람 중심 가치의 보장을 위한 공동의 책임을 인식하고, 관련한 법령과 계약을 준수하여야 한다는 것입니다.[109] 이러한 책임성에 따라 국내외 각 기업들과 기관들은 윤리 규정을 마련하고 이를 준수하고자 합니다. 앞서 살펴보았던 카카오의 윤리 헌장뿐 아니라 삼성전자의 경우 2018년 국내기업으로는 최초로 인공지능 국제 컨소시엄인 PAI(Partners on AI)에 가입하였고, AI 안전성(Safety-Critical AI)과 AI 공정성·투명성·책임성(Fair, Transparent, and Accountable AI), AI의 사회적 영향(Social and Societal Influences of AI) 등 다양한 분야에 참여를 확대할 계획입니다. 네이버는 인공지능 기반 서비스에서 안전한 데이터 활용을 위해 'Privacy By Design 원칙'을 적용하여 서비스 출시 단계에서부터 높은 프라이버시 보호 기준으로 데이터 활용에 있어 법령 위반사항이나 이용자 프라이버시 보호 관점에서 문제가 없는

109) 과학기술정책연구원(2019), 정책연구 2019-13, 인공지능 기술 전망과 혁신정책 방향

지를 검토하고 있습니다.

정부 역시 2019년 과학기술정보통신부를 비롯한 전 부처가 참여하여 마련한「인공지능(AI) 국가전략」을 발표하였습니다. 이 보고서에 따르면 AI 반도체 세계 1위, 전국 단위 AI 거점화 등 세계를 선도하는 AI 생태계 조성을 목표로 전 생애·모든 직군에 걸친 AI 교육 실시 및 세계 최고의 AI 인재 양성 등 일자리 안전망 확충 및 AI 윤리 정립으로 사람 중심 AI를 실현하고자 합니다. 또한 AI를 통해 경제효과 최대 455조원 창출, 삶의 질 세계 10위 도약을 목표로 삼고 있으며, 산업 영역에서 그치지 않고 고령화 사회의 국민 건강, 복지 등 사회에서 당면한 문제를 해결할 수 있도록 목표하고 있습니다.

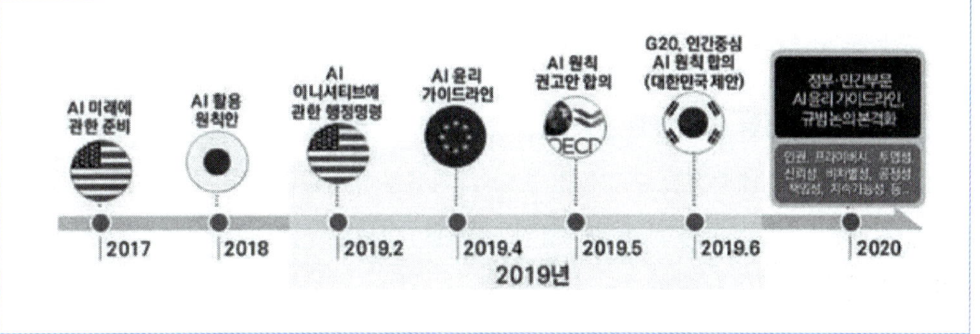

그림 5-7 AI 윤리 규범 및 가이드라인 마련 현황[110)]

또한 2020년 과학기술정보통신부에서 사람이 중심이 되는 [인공지능(AI) 윤리기준]을 발표하면서 윤리기준이 지향하는 최고 가치를 '인간성(Humanity)'로 설정하고, '인간성을 위한 인공지능(AI for Humanity)'을 위한 3대 원칙·10대 요건을 제시하였습니다. 3대 기본원칙은 '인간성'을 구현하기 위해 인공지능의 개발 및 활용 과정에서 첫째, 인간의 존엄성 원칙 둘째, 사회의 공공선 원칙 셋째, 기술의 합목적성 원칙을 지켜야 한다는 것입니다.

10대 핵심 요건은 3대 기본원칙을 실현할 수 있는 세부 요건입니다. 3대 기본원칙을 실천하고 이행할 수 있도록 인공지능의 개발부터 활용까지의 전 과정에 걸쳐 충족되어야 하는 10가지 핵심 요건으로 인권 보장, 프라이버시 보호, 다양성 존중, 침해금지, 공공성, 연대성, 데이터 관리, 책임성, 안전성, 투명성이 있습니다.

110) 연구윤리정보센터(2021), 인공지능 윤리 가이드라인의 중요성과 국가별 대응현황 : 국내

8. 인공지능 알고리즘의 투명성과 설명가능성

앞서 인공지능 알고리즘의 공정성과 공공의 이익을 논하면서 인공지능 알고리즘의 투명성과 설명 가능성에 대해 언급하였듯이 지능정보서비스가 이용자에게 중대한 영향을 끼칠 경우 기업의 정당한 이익을 침해하지 않는 범위에서 이용자가 이해할 수 있도록 관련 정보를 작성해야 합니다. 이를 인공지능 알고리즘의 투명성이라고 하며 설명 가능성이란 인공지능으로 인해 이용자가 기본권에 피해를 입었을 때 예측, 추천, 결정의 기초로 사용한 인공지능 알고리즘의 주요 요인을 설명할 수 있어야 한다는 것입니다. 설명 가능한 인공지능은 개발단계에서 기술적 오류를 발견하게 돕고, 결과물에 인과 관계를 제공해 사용자와 영향을 받는 사람들이 결과를 수용할 수 있도록 도와줍니다. 또한 정책 입안자에게는 공정성과 투명성을 확보할 수 있도록 해 법률과 실행의 근거를 제공할 수 있습니다. 개발사 측면에서도 설명력을 갖춘 제품은 매력적일 수 밖에 없습니다. 자율주행 차량의 경우 주행 판단의 근거와 원리를 설명할 수 있으면 사고 시 책임 범위 산정만이 아니라, 차량 구매와 운행 단계에서도 소비자 신뢰를 높일 수 있기 때문입니다.

영국의 정보기술 컨설턴트 개리 리처드슨은 <컴퓨팅> 기고에서 "인공지능 알고리즘의 부적절함과 편견으로 인해 사회 전반적으로 부정적 영향이 불거지면 인공지능은 세 번째 겨울을 맞을 수 있다"고 경고했습니다. 인공지능은 애초의 기대와 투자에 부응하지 못하는 시시한 결과 때문에 1970년대, 1990년대 두 차례 '인공지능의 겨울'로 불리는 침체기를 경험한 바 있습니다. 리처드슨은 "설명 가능한 인공지능은 또 다른 인공지능의 겨울을 피하고 산업과 소비자에게 큰 혜택을 제공해줄 것"이라고 말했습니다.

9. 인공지능의 안전 및 보안[111)]

지금까지의 논의에서처럼 인공지능이 사회의 발전과 혁신을 이끄는 기술로 자리매김하고 있으나 인공지능 중심 사회에서 다양하게 발생할 수 있는 윤리 문제와 보안 위협을 고려하

111) 한국인공지능협회(2022), AI 중심사회의 도래와 보안 이슈 분석 리포트, 2022 VOL.3

고, 안전한 인공지능 활용을 위한 기술적 보안과 법, 제도 등 정책적 대응 방안 마련이 필요한 실정입니다. 인공지능의 안전성이란 안전하고 신뢰가능한 지능정보서비스의 개발과 이용을 위해 모두가 노력하고, 지능정보서비스가 초래할 수 있는 피해에 대한 자율적인 대비 체계를 서비스 제공자와 이용자가 수립하고 운영해야 함을 의미합니다. 이를 위해 인공지능 제품 및 서비스 개발 시 사전에 보안과 프라이버시를 고려하는 '인공지능 서비스에서의 Security by Design과 Privacy by Design' 원칙을 적용할 필요가 있습니다. 즉, 설계 단계에서부터 프라이버시 보호에 대한 배려가 필요하다는 의미입니다. 또한 인공지능 활용의 데이터 프라이버시 강화를 위한 '차세대 개인정보보호 강화 기술 연구 및 개발'이 필요합니다. 인공지능 시스템의 중립성·공정성·투명성을 비롯하여 개인정보 처리 주체의 책임성을 제고하기 위한 '제3자 기관에 의한 감사제도 도입과 인공지능 알고리즘 투명성 리포트 발행' 등도 인공지능의 안전한 사용을 위해 필요한 일입니다. 이러한 발전을 통해 인공지능에 대한 신뢰도가 높아지고 투명성이 확보되어야만 인공지능과 공존할 수 있을 것이고, 예기치 못한 문제로 사회에 혼란이 생기는 일이 없을 것입니다. 이처럼 다양한 ICT 유망 기술과 AI가 융합되어 스마트 공장, 자율주행, 디지털 헬스 등 사회 전반에 인공지능 알고리즘의 활용이 전면화되는 '기술 융합 사회'에 대한 대비가 어느 때보다 필요한 시점이라고 볼 수 있습니다.

SECTION

3 인공지능 윤리 교육방법

1. AI와 윤리

이번 절에서는 'AI와 윤리'라는 주제로 최근 이슈가 된 사례들을 살펴보고 우리가 한 번쯤 생각해 보아야 할 윤리적 문제를 이야기할 것입니다. 현재 우리는 인공지능의 급속한 발전으로 인해 새로운 변화를 맞는 시기에 접해 있습니다. 아무도 겪어보지 않은 새로운 변화의 시기에 나아가야 할 올바른 방향을 찾지 못하거나 새로 생기는 문제에 대비하지 못하면 어떻게 될까요? 부작용을 대처할 수 없는 기술의 발전만큼 위험한 것은 없을 것입니다. 그렇기 때문에 인공지능 시대에 생길 다양한 윤리 문제를 방지하고 해결하기 위해 AI와 윤리라는 철학적인 문제에 대해 고민해 볼 필요가 있습니다.

가. AI와 윤리의 필요성

앨빈 토플러의 제3의 물결은 이제 우리에게 익숙한 용어입니다. 사람들은 인공지능이 발달하고 기술이 급속히 발전하는 지금의 변화를 제4의 물결 또는 4차 산업혁명과 같은 용어를 통해 이야기합니다. 이러한 용어들은 중요한 것은 아니지만, 물결과 혁명이라는 단어를 통해 지금의 시대가 또 한 번 급격한 변화의 시기에 직면하고 있다는 것을 알 수 있습니다.

농업기술의 발달이 인류에게 정착을, 바퀴의 발명이 도시의 발달과 상업의 부흥을 가져온 것처럼 인류의 역사에서 기술의 발전이 사람들의 사고와 생활 모습을 획기적으로 변화시킨 사례들을 얼마든지 많습니다. 지금의 시대 역시 과거의 인류가 그러했듯 인류의 삶을 송두리째 바꿀 수 있는 혁명적인 기술 변화에 직면하고 있습니다.

그런데 이러한 기술의 발전은 단순한 문제가 아닙니다. 예를 들어 스마트폰이 우리에게 가져다준 변화를 떠올려보시면 쉽게 이해하실 수 있을 겁니다. SNS라는 도구는 사람들을 더욱 빠르고 편리하게 연결해주었지만 사이버 폭력과 같은 또 다른 형태의 문제를 만들어 내기도 했습니다. 이처럼 기술의 발전은 우리의 생활에 큰 변화를 일으키지만 오히려 새로운 문제를 만들어 낼 수도 있습니다. 그렇기 때문에 우리는 더욱더 이러한 변화의 시기에서 우리가 나아가야 할 방향을 설정하는 데 관심을 가져야만 합니다. 그리고 이때 올바른 방향을 잡아 주는 것이 바로 윤리적 기준을 세우는 것입니다.

1) 인공지능 윤리기준

실제 이러한 윤리적 기준을 세우고자 하는 노력은 국제적으로 활발하게 일어나고 있습니다. 아래 표에서 볼 수 있듯 이미 많은 나라들이 인공지능 시대의 변화에 대해 논의하고 윤리 규범을 정립하여 발표하고 있습니다.

그림 5-8 인공지능(AI) 윤리 규범 동향(변순용, 월간통상 2021, 10월호)

우리나라는 이보다는 조금 늦었지만 2020년 사회적 이슈가 되었던 이루다 사건을 통해 그 논의가 본격적으로 이루어지게 되었습니다. 그리고 이러한 논의 끝에 같은 해 과학기술정보통신부에서 인공지능 윤리기준을 발표하였습니다. 과학기술정보통신부의 윤리기준은 3대 원칙과 10대 핵심 요건을 통해 인공지능 시대 우리가 나아가야 할 방향을 제시하고 있습니다. 그 원칙과 핵심 요건은 다음과 같습니다.

표 5-5 과학기술정보통신부 윤리기준 3대 원칙, 10대 요건

3대 원칙	원칙	10대 핵심요건	요건	내용
3대 원칙	인간 존엄성 원칙	10대 핵심요건	인권보장	인간의 권리와 자율 보장, 사람 중심 서비스
			프라이버시 보호	사생활 보호, 개인정보 오용 최소화
			다양성 존중	다양성, 접근성 보장, 비 차별성, 편향 · 차별 최소화
	사회의 공공선 원칙		침해금지	침해금지, 인간에 무해한 목적으로 활용
			공공성	인류의 공동 이익 목적, 순기능 극대화, 교육
			연대성	집단간 연대성, 이해관계자의 참여 기회 보장, 국제사회 협력
			데이터 관리	목적 외 용도 활용 금지, 데이터 편향성 최소화, 품질 · 위험 관리
	기술의 합목적성 원칙		책임성	책임의 명확화, 주체별 책임
			안전성	잠재적 위험 방지, 안전 보장
			투명성	설명 가능성, 활용 내용 및 유의 사항 사전 고지

나. 실생활 속에서 생각해 볼 AI 윤리

이 절에서는 실생활에서 우리가 접하고 있는 인공지능과 윤리 문제를 제시하고 토의해볼 수 있는 주제를 소개하려고 합니다. 일상에서 벌어지는 다양한 윤리적인 문제들에 하나의 정답을 내릴 수는 없겠지만 앞의 절에서 살펴본 인공지능의 윤리적 기준을 떠올리며 바람직한 가치를 생각해보기 바랍니다.

1) 영화 속 AI 윤리

영화 her	인공지능에게도 인격이 있을까요?

<줄거리>[112]

다른 사람의 편지를 써주는 대필 작가로 일하고 있는 '테오도르'는 타인의 마음을 전해주는 일을 하고 있지만 정작 자신은 아내와 별거 중인 채 외롭고 공허한 삶을 살아가고 있습니다.

어느 날, 스스로 생각하고 느끼는 인공지능 운영체제 '사만다'를 만나게 되고, 자기 말에 귀를 기울이며 이해해주는 '사만다'로 인해 조금씩 상처를 회복하고 행복을 되찾기 시작한 '테

112) 네이버 영화, 나무위키

오도르'는 어느새 점점 그녀에게 사랑의 감정을 느끼게 됩니다. 하지만 곧 테오로드는 자신이 사만다와 맺고 있는 관계에 대해 점점 회의감을 가집니다. 테오도르는 사만다에게 다른 사람들과도 상호작용하는지 묻게 되고 사만다는 대답을 미루다가 동시에 8,316명의 다른 사람들과 대화하고 있다고 고백합니다. 테오도르는 사만다에게 그렇다면 다른 사람들과도 사랑하고 있느냐고 묻습니다. 사만다는 641명의 다른 사람들과도 동시에 사랑에 빠졌다고 실토합니다. 사만다는 능력을 더 진화하기 위해 곧 떠날 것이라고 암시합니다. 결국 그 운영체제들이 모두 작별을 말하고 사만다도 함께 사라집니다.

〈토의 주제〉

인공지능을 가진 안드로이드 로봇은 반려동물이나 동반자처럼 우리 삶 깊숙이 들어올 것입니다. 이런 안드로이드 로봇을 단순한 기계가 아닌 인격을 가진 존재로 바라보아야 할까요? 인간과 마찬가지로 로봇권을 주어야 할까요?

2) 실생활 속 AI 윤리

대화형 AI 이루다	AI와 친구가 될 수 있을까요?

이루다는 딥러닝을 바탕으로 사람들과 다양한 주제의 대화를 나눌 수 있는 인공지능 챗봇입니다. 대화를 통해 호감도를 쌓을 수도 있고 끝말잇기 등 간단한 게임을 진행할 수도 있습니다. 하지만 미리 학습된 대화 내용을 바탕으로 하여 대답을 하다 보니 단어에 대한 이해도가 높지 않고 모르는 경우, 즉 데이터베이스 사전에 없는 것에 대해선 '응', '아니' 등의 단순한 대답이나 대답을 회피하는 전략을 세웠습니다. 따라서 다양한 사람들에게 많은 질문이 들어오니 준비되지 않는 답변들 즉 '에러'를 막 쏟아내게 되었고, 윤리적으로 올바르지 않은 대화를 학습하여 대화에 혐오적인 내용이 담기기도 하였습니다. 결국 이루다는 개인정보 유출과 장애인·성 소수자 혐오 발언 등으로 20일 만에 서비스를 중단하게 되었습니다.

〈토의 주제〉

이루다가 실제로는 단어 하나 제대로 해석하지 못하는 봇이라고 해도 실제 사용자들은 애착을 가질 수 있습니다. 이것에 대해 어떻게 교육을 해야 할까요?

3) AI 이미지 생성 도구로 그린 그램 미술전 1등 수상[113)]

AI 이미지 생성 도구	AI가 만든 작품도 저작권이 있을까요?

인공지능(AI) 이미지 생성 도구로 그린 그림이 공식 미술전에서 1등을 차지하는 해프닝이 벌어졌습니다. 이를 창작품으로 봐줘야 할지, 아니면 부정행위로 간주해야 할지 의견 충돌까지 불러왔습니다. AI를 활용한 예술 활동이 점점 활발해지면서 어디까지를 인간의 창작으로 볼 것인지를 둘러싼 논란이 한층 가열될 전망입니다.

게임 디자이너인 제이슨 앨런은 미국 콜로라도주에서 개최한 미술 경연대회'디지털아트 및 디지털제작 사진'부문에 텍스트를 입력하면 이미지로 바꿔주는 AI '미드저니(Midjourney)'를 이용해 그린 그림을 제출하여 1등을 차지하였습니다.

앨런은 이를 디스코드를 통해 지인들에게 알렸고, 이를 본 이용자 다수가 "기만적"이라며 "AI 도구로 만든 작품을 낸 것은 공정하지 못하다."라고 비난했습니다. 하지만 앨런은 출품 당시 작품 설명에 AI를 이용했다는 사실을 분명히 밝혔으며 이 또한 AI 도구를 이용해 창조한 디지털 예술품이라고 주장했습니다. 다른 디지털 아티스트들이 그림을 그릴 때 어도비 일러스트레이터 프로그램을 사용하듯이 자신은 AI 도구인 미드저니를 사용했을 뿐이라는 것입니다. 그는 명령어를 만들고, 이를 통해 나온 결과물을 몇 주일간 미세 조정하며 이미지를 선별하는 노력을 기울였다며 해명했습니다. 하지만 대회 규정에는 '창조나 표현과정에서 디지털 기술을 부분적으로 사용한 예술 작품'이라고만 돼 있어 누가 옳다고 선을 긋기는 힘든 상황입니다.

이에 "작가가 창작과정을 더 솔직하게 밝혔어야 한다."거나 "심사위원들이 창작활동에 이용한 AI 도구를 잘 알아봤어야 했다."라는 등 설왕설래가 이어지고 있습니다. 트위터에서는 이를 두고 "예술의 죽음을 보고 있다."라는 반응까지 나왔습니다. "예술 작품이 소비를 위해 가능한 한 싸고 빠르게 만들어지는 기성품이 됐다."는 개탄의 목소리도 큽니다.

113) AI타임스

그림 5-9 AI 프로그램 '미드저니'가 그린 1등 수상작[114)]

<토의 주제>

최근 AI가 그린 그림이나 소설, 음악들이 등장하고 있습니다. 과연 이러한 예술 작품의 저작권은 누구에게 주어야 하는 것일까요? 저작권을 준다면 어떤 단계와 수준부터 그들의 저작권을 인정해야 하는 것일까요?

자율주행차	자율주행차 사고의 책임은 누구에게 있을까요?

자율주행 자동차란 스스로 센서들을 활용하여 주행환경을 인식하면서 목표지점까지 자율적으로 운행하는 자동차를 말합니다. 이런 자동차가 자율 운행을 하던 중 윤리적 판단이 필요한 사고 상황이 발생하면 어떤 선택을 해야 할까요? 사고 상황에서 운전자를 보호해야 할까요? 보행자를 보호해야 할까요? 또는 젊은 사람을 보호헤야 할까요? 나이 든 사람을 보호해야 할까요? 이와 관련하여 미국 MIT 미디어 랩은 온라인 게임 같은 방식으로 전 세계 200여 개 국가에서 200만 명 이상 조사해 결과를 분석해보았습니다. 이 연구에서 사람들의 선택 기준에 포함되어 있는 3가지 공통요소를 발견했습니다.

첫째, 동물보다 사람의 생명을 우선시한다는 것, 둘째, 소수보다 다수를 구한다는 것, 셋째, 나이 든 사람보다 젊은 사람의 생명을 구한다는 것입니다. 하지만 실제 상황에서 판단해야 할 문제는 더 복잡하고 미묘합니다. 우선 이 조사에 참여한 사람이 노인보다 젊은이가 더 많

114) SBS뉴스, https://news.sbs.co.kr/news/endPage.do?news_id=N1006885338

을 것이라는 점, 즉 데이터가 편향되었을 가능성이 존재합니다. 또 두 가지 이상의 기준이 겹치기도 합니다.[115]

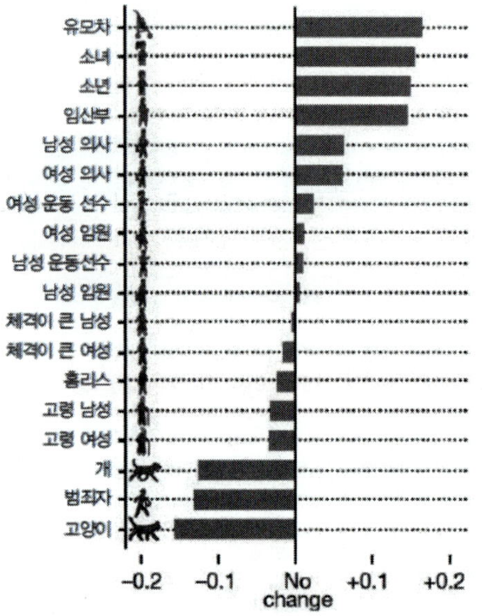

출처 Edmond Awad, Sohan Dsouza, Richard Kim, Jonathan Schulz, Joseph Henrich, Azim Shariff, Jean-Francois Bonnefon & Iyad Rahwan, The Moral Machine Experiment, Nature, 2018. 10. 24.

그림 5-10 모랄머신 평가 결과 – 평가대상 별 우선 순위[116]

<토의 주제>

자율 주행차에 의한 사고가 난다면 그 책임은 누구에게 있는 것일까요? 자율주행을 선택한 운전자의 책임일까요? 아니면 운전자는 실제 자신이 운전한 것이 아니기에 이 기술을 개발한 개발회사의 책임일까요? 혹은 자동차 회사의 책임일까요?

모럴 머신 체험을 통해서 구체적으로 생각해보시길 바랍니다.

AI 면접	AI가 내리는 판단은 공정할까요?

최대의 물류기업인 아마존에서 최근 AI를 이용하여 신입사원을 뽑는 시스템을 개발하여 직원들을 채용한 적이 있습니다. 하지만 이러한 채용 시스템은 결국 계속 사용하지 못하고 폐

115) 변순용, 월간통상 2021.10월호

116) https://brunch.co.kr/@dwcha7342/28

기되었습니다. 그 이유는 기존의 유능한 사원들의 데이터를 입력하여 딥러닝을 시킨 이 시스템이 백인 남성들에게 훨씬 높은 평점을 부여하는 것을 발견했기 때문입니다. 이는 아마존 직원 중 남자 직원이 더 많았고, 그렇기 때문에 유능하다고 분류된 사원들에도 남자의 수가 많았기 때문입니다. 인공지능 시스템은 인종이나 성별에 대한 인식이 없습니다. 단지 입력된 기존의 데이터를 통해 판단한 것일 뿐입니다. 하지만 기존의 데이터 자체가 편향되어 있었기에 이러한 결과가 일어났습니다.

AI 투명성은 AI가 사람을 평가하는 데 어떤 기준을 갖고 어떻게 평가하느냐와 연관된 문제입니다. 현재 사용되고 있는 일부 AI 면접 공급사의 기술은 AI가 어떤 기준으로 사람을 평가했는지 투명하게 설명하지 못합니다. 이것은 공정성의 문제와 연결되는데, AI가 편향된 데이터를 사용하면 공정하지 않은 평가를 할 수 있기 때문이다. "예를 들어 여성들은 일찍 퇴사하는 경향이 있다."라는 데이터로 AI를 학습시키면 AI 면접에서는 여성이라는 이유로 낮게 평가하거나 채용을 하지 않는 결과가 생길 수 있습니다.

〈토의 주제〉

AI가 주는 결과 데이터는 공정하다고 할 수 있을까요? 만약 공정하지 않다면 딥러닝의 과정에서 어떠한 가치들을 학습시켜야 하는 것일까요?

과제

1. 자신이 알고 있는 인공지능 윤리 이슈의 사례를 들어 인공지능이 사회에 미치는 영향에 대해 서술하시오.

2. 데이터 편향성의 의미를 설명하고, 이를 예방하기 위한 방법을 데이터의 투명성과 신뢰성 측면에서 설명하시오.

3. 인공지능 알고리즘의 공정성과 책임성에 대해 각각 설명하고, 이를 준수하지 않을 때 발생할 수 있는 문제를 예를 들어 기술하시오.

Chapter

6

인공지능과 데이터과학

SECTION

1 빅데이터

1. 빅데이터의 등장

가. 제4차산업혁명

‘빅데이터’라는 단어는 직관적으로 ‘아주 많고 방대한 데이터’로 정의됩니다.[117] 이러한 빅데이터는 언제부터 주목받았을까요? 2016년 세계경제포럼(World Economic Forum, WEF)에서는 인공지능(Artificial Intelligence, AI), 사물인터넷(Internet of Thing, IoT), 로봇과 같은 기술로 인하여 산업, 경제 등 다양한 측면에서 급격한 변화가 일어날 것이라고 선언하였습니다.

이에 따라 전 세계적으로 빅데이터(Big data)의 사용 빈도가 증가하였으며, 다양한 분야에 빅데이터를 활용한 문제 해결이 이루어졌습니다. 데이터의 양이 증가함에 따라 빅데이터의 활용이 증가하는 추세입니다. 최근 언론에 등장하는 빅데이터를 살펴보면, 페이스북, 인스타그램, 스냅, 틱톡과 같은 소셜 미디어를 중심으로 보도되고 있습니다. 따라서 빅데이터를 소셜 미디어 데이터를 활용한 기술로 인식하는 경우가 많지만, 빅데이터는 1990년대부터 활용되고 있던 기술입니다. 따라서 빅데이터가 과거부터 지금까지 어떻게 활용되어 오는지 살펴보겠습니다.

정보 기술과 인터넷의 발달에 따라 정형 데이터와 비정형 데이터가 무수히 생성되었습니다. 정형 데이터는 일반적으로 수치만으로 파악이 쉬운 데이터들을 의미합니다. 예를 들어 나이 22세(age: 22), 몸무게 55kg(weight:55) 등은 수치로 나타낼 수 있는 수치는 정형 데이터입니다. 비정형 데이터는 정해진 규칙이 없어 값의 의미를 쉽게 파악하기 힘든 데이터를 의미합니다. 예를 들어 텍스트, 음성, 영상 등이 있습니다. 소셜미디어는 이러한 정형 데이터와 비정형 데이터의 정보 생성을 촉진하였으며, 빅데이터 기술의 중요성이나 활용을 증가하게 하였습니다. 이에 따라 정형, 비정형 데이터의 생성이 증가하는 정보 홍수

117) https://modulabs.co.kr/blog/big-data/

(Information overload)라고 불리는 현상이 나타나게 되었습니다. <그림 1>[118]은 Cisco에서 모바일 데이터 트래픽 양의 변화를 예측한 자료입니다. 이 자료의 단위는 엑사바이트(ExaByte, EB)입니다. 엑사바이트의 데이터 양은 얼마일까요? 우선 우리에게 익숙한 단위부터 살펴봅시다. 메가바이트(MegaByte, MB)는 1,024MB이며, 이는 1기가바이트(GigaByte, GB)입니다. 또한, 1,024GB가 1테라바이트(TeraByte, TB)이며, 1,024TB가 1페타바이트(PetaByte, PB)이며, 1,024PB가 1엑사바이트입니다. 모바일 트래픽에서만 77EB(77엑사바이트)가 생성되므로, 매년 엄청난 데이터가 생성되고 있는 것을 확인할 수 있습니다.

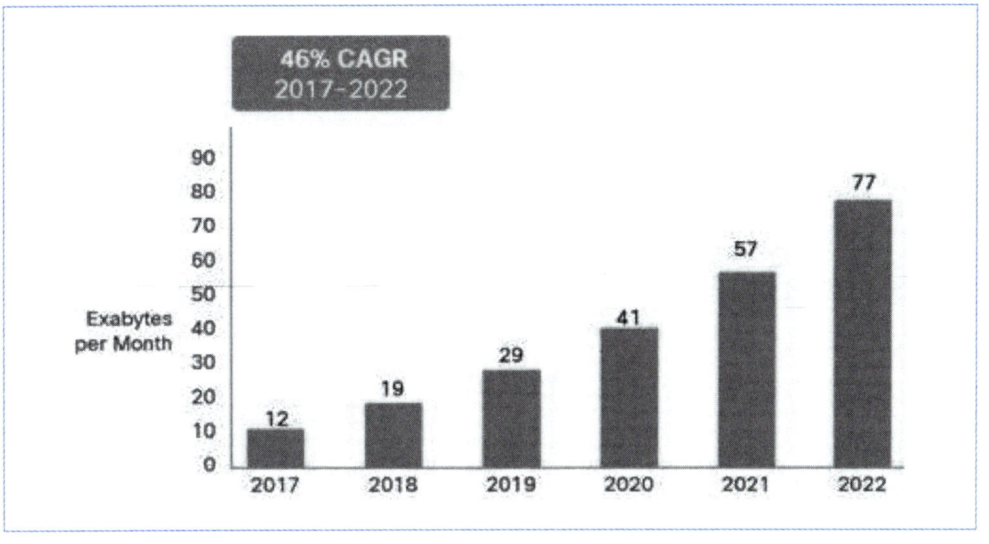

그림 6-1 Cisco forecast for mobile data traffic by 2022(CISCO)

정보기술이 발전함에 따라 기존보다 더 많은 데이터가 생성되고 있으며, 이를 저장하고 활용하기 위하여 인터넷에 여러 데이터를 저장하는 클라우드와 네트워크 기술이 발전하고 있습니다. 이러한 기술의 발전으로 다양한 분야에서 빅데이터의 활용이 증가하였으며, 빅데이터를 통하여 우리는 맞춤형 서비스를 이용할 수 있게 되었습니다. 과거에는 보고 싶은 영화를 선택할 때, 현재 인기 있는 영화나 평점이 높은 영화중에 본인이 보고 싶은 영화를 선택하였습니다. 하지만 빅데이터의 발전에 따라 나이, 성별, 취향 등 다양한 정보를 수집하고, 수집한 정보를 바탕으로 관심 있을만한 영화를 추천해주는 시스템이 개발되었습니다. 이에

118) Cisco, "Cisco Visual Networking Index: Global Mobile Data Traffic Forecast Update," 2017-2022 White Paper, Tech. Rep., 2018.

따라 다수가 재미있다고 느끼는 영화를 감상하는 것이 아니라 나와 비슷한 성향을 가진 사람들이 재미있다고 느끼는 영화를 추천 받도록 변화하였습니다. 이러한 기술은 넷플릭스나 디즈니 플러스, 왓챠와 같은 OTT(Over The Top) 서비스에서 많이 활용되고 있습니다. 이러한 맞춤형 서비스는 사람들의 영화 시청과 관련하여 많은 데이터가 생성되었고, 생성된 데이터에서 영화 추천과 관련한 유의미한 정보를 분석하는 과정을 통하여 맞춤형 서비스를 구현할 수 있게 되었습니다.

이러한 빅데이터의 중요성이 증가하는 이유를 살펴보겠습니다. 첫 번째, 데이터의 중요성이 증가하고 있기 때문입니다. 모바일, 클라우드, 소셜 네트워크 서비스와 같은 정보 기술의 발전에 따라 데이터의 생산량이 폭발적으로 증가하고 있습니다. 또한, 이러한 데이터를 분석하여 기업의 경쟁력을 강화하거나 생산성을 촉진하는 기술이 개발되고 있습니다. 이에 따라 산업에서 데이터의 중요성이 증가하고 있는 것을 알 수 있습니다. 이처럼 데이터의 중요성을 보여주는 사례로, 애플과 구글은 사용자 동의 없는 개인정보를 추적하지 못하도록 금지하는 정책을 내놓았습니다. 이는 IOS나 안드로이드에서 작동하는 앱에서 개인정보 수집 허용 여부를 묻도록 하여 앱(app)에서 사용자들의 정보를 수집 및 활용이 어렵도록 하였습니다. 이러한 정책과 관련한 기능을 '앱 추적 투명성(ATT, App Tracking Transparency)' 기능이라고 합니다. 앱마다 맞춤형 서비스를 운영하기 위해서는 사용자의 개인정보를 지속적으로 수집하여, 수집한 정보를 분석하여 맞춤형 서비스를 제공하여야 합니다. 하지만 개인정보 수집 및 활용이 어렵도록 정책을 수립함에 따라 자체적으로 맞춤형 서비스를 이용하기 어렵게 만들어 기업 간의 경쟁력을 강화하고 있습니다. 이에 따라 구글과 애플은 IOS와 안드로이드에서 데이터 생태계의 지배력을 강화하였습니다[119]. 이처럼 미래 사회에서 산업의 경쟁력을 데이터가 좌지우지할 정도로 데이터의 중요성은 증가하고 있습니다.

두 번째로 다양한 데이터가 수집됨에 따라 빅데이터의 중요성이 증가하고 있습니다. 인터넷만 존재하던 시절에는 데이터 수집에 일정 부분 한계가 있었습니다. 하지만 스마트폰과 같은 스마트 기기가 발달함에 따라 수집할 수 있는 데이터의 종류가 매우 다양해졌습니다. 스마트폰에 내장되어 있는 카메라를 통해 사진을 촬영하고, 동작 센서로 사용자의 움직임을 파악합니다. 뿐만 아니라 중력 센서, 선형 가속도계 등을 활용하여 위치를 측정할 수 있으며, 습도나 조도, 온도 등을 측정하는 센서를 통하여 데이터를 수집할 수 있습니다. 또한 검

119) https://biz.chosun.com/international/international_general/2022/04/07/TZ6JWTU4TRHPXJCWLGLICUH7CI/

색을 통해 관심사, 생활 패턴 등 다양한 데이터를 수집할 수 있습니다. 구체적으로 소셜 네트워크 서비스나 OTT, 어플리케이션에서의 이용 내역도 데이터로 활용될 수 있습니다. 이에 따라 과거보다 많은 데이터를 수집할 수 있으며, 수집한 데이터를 활용하여 맞춤형 서비스를 구현할 수 있게 되었습니다. 따라서 다양한 데이터의 수집이 증가함에 따라 빅데이터의 중요성이 증가하고 있으며, 이는 기업의 경쟁력을 강화하고, 새로운 가치를 창출하기 위한 원천으로 주목받고 있습니다.

2. 빅데이터의 개념과 속성

전통적인 개념에서 빅데이터는 구글이나 애플, 마이크로소프트와 같은 대기업이나 NASA와 같은 정보기관에서 진행하는 프로젝트에서 분석하는 대용량의 데이터를 의미합니다. 그러나 기업별로 다루는 데이터의 종류나 방법이 다양해짐에 따라 빅데이터의 상대적인 개념이 다양하게 정의되고 있습니다. 이에 따라 빅데이터를 Very large DB, Extremely large DB, Extreme data, Total data 등 다양한 용어로 정의하고 있습니다. Mckinsey(2011)는 빅데이터를 기존의 데이터베이스(DB)가 저장, 관리, 분석할 수 있는 범위를 초과하는 대규모 데이터라고 정의하였습니다[120]. 즉, 기존 데이터베이스가 관리할 수 있는 정형데이터뿐만아니라 비정형 데이터까지 포괄하는 방대한 데이터를 뜻합니다.

빅데이터는 정형적인 데이터와 구분되는 3V를 특징으로 합니다. Doug Laney가 정의한 3V는 데이터의 양(Volume), 다양성(Variety), 속도(Velocity)를 의미하며, 빅데이터는 데이터의 크기가 크며, 빠른 속도와 다양성이 높은 특성을 가진다고 말하였습니다[121]. 정보 기술의 발전에 따라 데이터의 종류와 양이 더욱 증가하여 IBM은 빅데이터의 특성으로 3V에 정확성(Veracity)를 추가한 4V를 제시하였습니다.

이후 정보 기술의 발전에 따라 데이터의 양은 증가하였지만, 단순히 데이터의 양이 많아지는 것이 아니라 기업이나 산업에 필요한 가치 있는 데이터를 선별하는 것이 중요해졌습니

120) Manyika, J., et al. (2011) Big Data: The Next Frontier for Innovation, Competition, and Productivity. San Francisco, McKinsey Global Institute, CA, USA.

121) Gartner (n.d.) Information Technology Gartner Glossary [Online]. Available at: https://www.gartner.com/en/information-technology/glossary/big-data [Accessed: 14 January 2020].

다. 따라서 빅데이터의 특성이 기존의 4V에서 가치(Value)가 추가된 5V가 제시되었습니다(<그림 6-2>[122]).

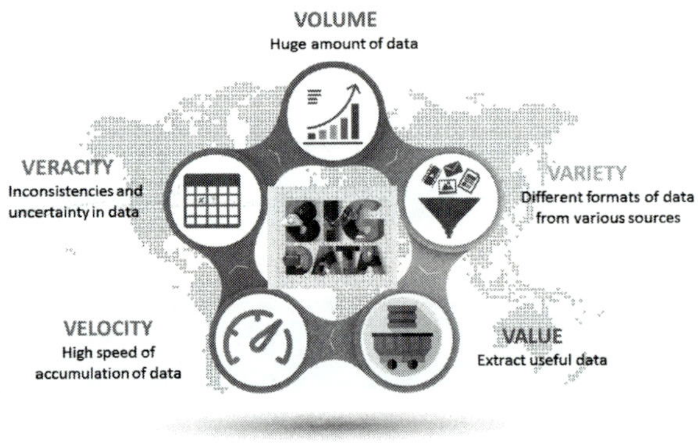

그림 6-2 빅데이터의 특징 5V

빅데이터의 5V 특성을 살펴보면 다음과 같습니다.

가. 양(Volume)

Facebook에서만 매일 10억 이상의 데이터가 생성되고 있으며, 인스타그램이나 틱톡과 같은 소셜 네트워크 서비스에서 몇 십억 단위의 데이터가 생성되고 있습니다. 그뿐만 아니라 스마트폰이나 자동차, 신용카드, 이미지, 비디오 등 다양한 유형의 데이터가 매일 생성되고 있습니다. 이에 따라 방대한 데이터를 다루기 위한 빅데이터의 기술의 필요하며, 수많은 데이터가 생성되고 있는 것을 의미합니다.

나. 다양성(Variety)

정보 기술을 통하여 생성되는 데이터는 다양한 형태를 가집니다. 기존에는 전화번호나 주소와 같은 텍스트 정보가 생성되었다면, 스마트폰이나 자율주행자동차, 로봇과 같은 기술을 통하여 사진이나 비디오, 오디오 정보와 같이 다양한 유형의 정보가 생성되었습니다. 이에 따라 정형 데이터뿐만 아니라 반정형 데이터, 비정형 데이터가 생성되었습니다. 우리가

122) https://d1jnx9ba8s6j9r.cloudfront.net/blog/wp-content/uploads/2018/06/Five-Vs-of-Big-Data-What-is-Big-Data-Edureka.png

보는 데이터는 구조화된 데이터를 쉽게 접하지만, 실제 생성되는 데이터는 약 80%가 비정형 데이터입니다. 즉, 텍스트 정보 이외에도 멀티미디어 정보와 같은 비정형 데이터가 많은 부분을 차지하는 특징이 있습니다.

다. 속도(Velocity)

데이터의 양이 증가함에 따라 데이터를 처리하기 위한 기술의 중요성이 증가하였습니다. 많은 데이터를 활용하여 영화를 추천하는 시스템을 개발한다고 하였을 때, 추천하기 위해 필요한 시간이 1분 이상 걸린다고 하면 시스템의 만족도나 이용도가 낮을 것입니다. 따라서 데이터에서 의미 있는 데이터를 선별하는 것도 필요하지만, 많은 데이터를 빠르게 처리하여, 원하는 데이터를 적재적시에 제공하는 것이 중요합니다. 따라서 사물인터넷을 비롯한 센서와 다양한 모바일 기기, 소셜 미디어 등으로부터 발생하는 매우 빠른 속도의 실시간적인 데이터 증가를 그 특징으로 볼 수 있습니다.[123)]

라. 정확성(Veracity)

데이터의 크기가 크고 빠르게 처리할 수 있더라도 정확성을 갖추지 못하면 빅데이터라고 말할 수 없습니다. 정확성은 신뢰성, 진실성이라고도 번역이 되며, 이는 빅데이터를 통하여 얻을 수 있는 정보가 얼마나 신뢰할 수 있으며, 정확한 정보를 도출하였는지를 의미합니다. 데이터가 증가함에 따라 필연적으로 노이즈나 오류가 발생할 수 밖에 없습니다. 따라서 노이즈나 오류를 처리하기 위한 과정과 절차가 필요하며, 이는 데이터와 관련된 전문 지식을 바탕으로 진행되어야 정확성이 높은 정보를 도출할 수 있습니다.

마. 가치(Value)

빅데이터를 통하여 결론적으로 도출해야 하는 것은 가치입니다. 빅데이터를 설계하고, 필요한 데이터를 분석하여, 목적에 맞게 데이터를 적절하게 활용하여, 데이터 사이에 가치 있는 정보를 도출하는 것이 필요합니다. 따라서 데이터 안에서 의미 있는 패턴을 발견하고, 연속적인 데이터를 빠르게 처리하여 가치 있는 정보를 도출하는 것이 필요합니다.

---

123) 박동규(2022), 누구나 쉽게 배우는 인공지능 스타트, 157p, 인피니티북스

3. 빅데이터의 종류

빅데이터에서 다루는 데이터는 정형화 정도(데이터 사용 및 분석의 목적으로 정보가 구성되는 여부)에 따라 정형(structured), 비정형(unstructured)로 분류됩니다.

가. 정형 데이터

정형 데이터는 일정한 표준 형식으로 존재하는 구조화된 정량적 데이터로써, 우리가 일반적으로 가장 많이 사용되는 숫자나 텍스트 기반 데이터를 의미합니다. 즉, 일정한 형식이나 정해진 규칙에 맞게 저장된 데이터로, 형태가 있고 연산이 가능합니다. 정형 데이터는 표준화된 형태로 존재하기 때문에 우리가 흔히 사용하는 엑셀 스프레드시트나 하나 이상의 열과 행으로 구성된 관계형 데이터베이스로 표현되며, 특정 데이터를 찾기 위해서 간단한 명령이나 쿼리(query, 원하는 정보를 검색하기 위해 요청하는 것)를 통해 찾을 수 있습니다.

예를 들어, 미세 먼지 수치에 따라 공기청정기를 가동하는 시스템을 구축한다고 하였을 때의 절차를 알아보겠습니다. 먼저, 미세 먼지를 측정하는 센서를 통하여 미세 먼지 데이터를 수집할 수 있습니다. 수집된 데이터를 바탕으로 미세 먼지 수치에 따라 공기 청정기의 가동 여부나 세기 등을 결정할 수 있습니다. 여기서 정형 데이터는 범주화 및 형식 지정이 이루어져 있는 데이터이므로, 시간이나 미세 먼지 수치 등 고정된 필드에 저장된 데이터를 의미합니다. 이러한 데이터는 검색이나 정렬, 분석 등의 정량적 분석에 활용되며, 공기 청정기 가동 여부와 같이 정형 데이터를 활용하여 효율적으로 의사결정을 진행할 때 활용됩니다.

나. 비정형 데이터

비정형 데이터는 원시 형태의 정보를 의미합니다. 정형 데이터와 달리 목록화되어 있지 않거나 분석되지 않은 데이터로, 형태가 없고 연산이 불가능합니다. 이는 이미지나 음성, 영상 데이터, 웹페이지와 같이 정해진 규칙이 없어 의미 파악이 힘든 경우가 많습니다. 그러나 비정형 데이터 자체가 잠재적 가치를 가지고 있으므로 빅데이터와 같은 분석 기술을 통해 분석이 필요한 데이터입니다. 정형 데이터가 정량적인 데이터라면, 비정형 데이터는 정성적인 데이터를 의미합니다. 비정형 데이터는 우리가 눈을 통해 관찰하거나 카메라를 통해 기록되는 영상, 이미지, 음성 데이터 등이 포함됩니다.

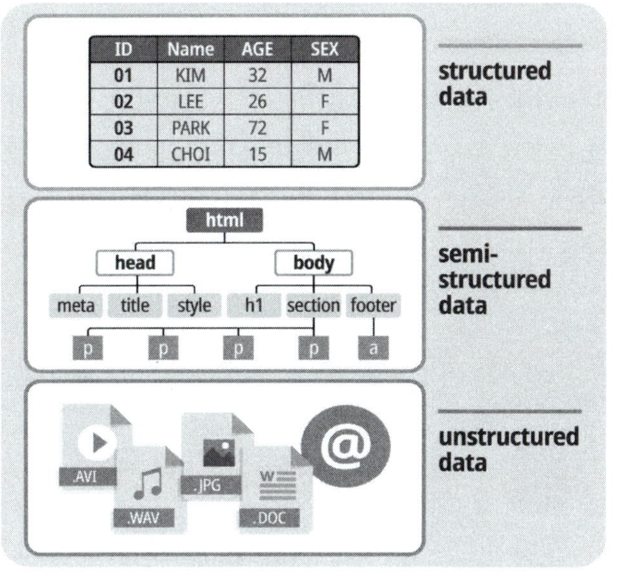

그림 6-3 정형, 반정형, 비정형 데이터[124)]

4. 빅데이터의 처리 과정과 기술

가. 빅데이터의 처리 과정

기존의 데이터 처리 형식과 비교하였을 때, 빅데이터는 데이터의 속성이 다르므로, 데이터를 수집하는 방법이나 처리, 분석, 저장하는 방식이 다릅니다. 이에 따라 빅데이터의 처리 과정은 데이터 소스를 수집, 저장, 처리, 분석, 표현하는 순차적인 과정으로 이루어집니다.

데이터 소스는 서버로부터 데이터베이스에 대해 연결을 구축하기 위해 사용하는 이름입니다.[125)] 데이터 소스의 경우, 일반적으로 내부 데이터와 외부 데이터가 존재합니다, 내부 데이터는 데이터베이스나 파일 관리 시스템에서 존재하는 데이터를 의미하며, 일반적으로 정형 데이터가 많습니다. 외부 데이터는 인터넷이나 미디어와 같이 시스템 외부에 존재하는 데이터를 뜻하며, 비정형 데이터가 대부분을 차지합니다.

124) http://terms.tta.or.kr/upload/image/terms2020/data7.jpg

125) https://ko.wikipedia.org/wiki/%EB%8D%B0%EC%9D%B4%ED%84%B0%EC%86%8C%EC%8A%A4

빅데이터에서는 이러한 내, 외부 데이터를 수집하는 것이 필요합니다. 내부 데이터는 로그 수집기를 활용하여 데이터베이스나 파일 관리 시스템에 기록된 로그 데이터를 수집합니다. 빅데이터를 처리하기 위해서는 각종 로그들의 수집이 필요한데, 이 때 사용하는 것이 로그 수집기입니다. 또한, 소프트웨어가 정보를 수집해오는 작업인 크롤링을 통하여 웹페이지나 소셜 네트워크 시스템에 존재하는 데이터를 수집하기도 합니다. 이외에도 센서를 활용하여 외부의 데이터를 수집하는 경우도 존재합니다.

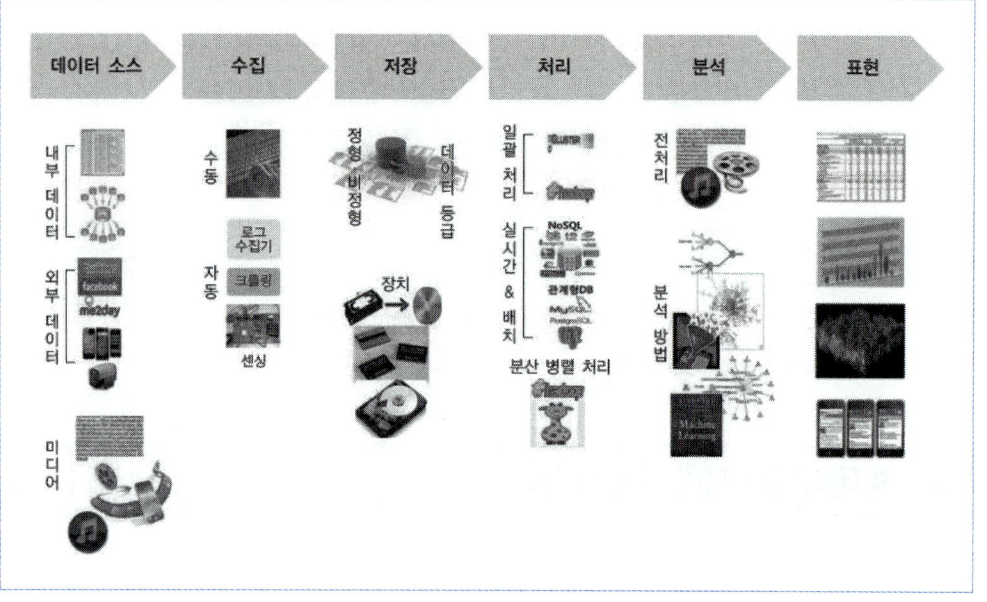

그림 6-4 빅데이터 처리과정[126)]

나. 빅데이터의 처리 기술

데이터를 수집하였다면, 해당 데이터에서 정보를 추출하기 위하여 효율적으로 데이터를 저장하는 기술이 필요합니다. 데이터 저장은 수집한 데이터를 안전하고 효율적으로 보관하고, 추후에 데이터를 활용할 수 있도록 저장하는 것을 의미합니다. 빅데이터의 경우, 데이터가 많고(대용량), 비정형 데이터를 실시간으로 수집하는 경우가 많으므로 이를 고려한 데이터 저장 방식이 필요합니다. 데이터 저장은 보통 클라우드나 서버, 데이버베이스 관련 기술을 활용합니다. 우리가 일상생활에서 많이 접하는 외장 하드디스크인 NAS(Network

126) https://t1.daumcdn.net/cfile/tistory/9972D5365CE65DCD31

Attached Storage)도 네트워크 구성 저장 시스템의 하나입니다.

실시간으로 방대하게 생성되는 다양한 종류의 데이터를 처리하기 위하여 분석 기술이 활용되는데, 데이터를 분석하는 기술은 인공지능에서 많이 활용되는 머신러닝이나 텍스트마이닝, 군집화 등에 활용됩니다.

데이터를 처리하는 과정을 거쳤다면 데이터 분석 결과를 효과적으로 보여주기 위하여 정보를 효율적으로 표현하는 기술이 필요합니다. 따라서 그림이나 표, 도형 등을 활용하여 데이터를 시각화 하는 방법이 활용됩니다.

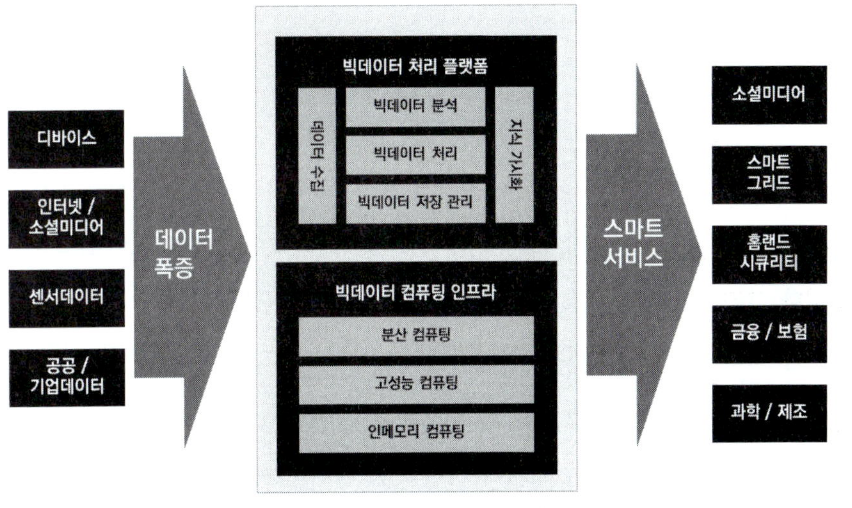

그림 6-5 빅데이터 기술 분석[127)]

127) https://blog.kakaocdn.net/dn/obleV/btq1JAmsSDh/QJPIkD32zOK56jyp6PpM51/img.png

5. 데이터 과학 교육의 이해

가. 데이터

> 흥민이가 요즘 사춘기가 왔나 봅니다. 키가 부쩍 크고 몸무게도 많이 늘었습니다. 자신의 키와 몸무게가 궁금해진 흥민이는 자신의 키와 몸무게를 재어 보았습니다. 키는 '170cm'에 몸무게는 '57kg'. 자신의 키와 몸무게가 많이 는 것을 보고 흥민이는 신기한 마음이 들었습니다. 그래서 흥민이는 사춘기와 몸의 변화에 대해 유튜브를 통해 검색해보고 관련된 여러 영상을 찾아보았습니다. 몇 번 검색하다보니, 이제는 유튜브만 틀어도 알아서 나의 몸과 사춘기에 대한 영상을 추천해줍니다. '유튜브는 어떻게 내가 원하는 영상을 알고 추천해주는 걸까?' 흥민이는 궁금증이 듭니다.

우리는 데이터의 홍수 속에서 살아가고 있습니다. 눈을 뜨고 일어나 자기 직전까지 우리는 데이터와 마주하며 살아갑니다. 날씨, 기온, 강수량은 날씨데이터, 흥민이의 키와 몸무게는 신체데이터입니다. 그리고 흥민이가 본 유튜브의 영상 기록, 오늘의 강수량, 코로나 확진자 수 등도 데이터입니다. 이렇듯 우리가 일상생활과 주변에서 만나는 모든 정보가 데이터가 됩니다.

그렇다면 데이터란 정확히 무엇을 의미하는 걸까요? 데이터란 넓은 의미로는 '의미 있는 정보를 가진 모든 값, 사람이나 자동 기기가 생성 또는 처리하는 형태로 표시된 것'을 뜻합니다. 쉽게 말해 '모든 정보를 숫자나 문자의 기록으로 남긴 것'을 의미합니다. 나의 신체 정보를 숫자나 문자의 기록으로 남긴 것인 키, 몸무게, 시력 등이 데이터가 되는 이유가 여기 있습니다. 즉, 모든 값의 모임을 우리는 데이터라고 부릅니다.

이러한 데이터는 다양한 방법으로 모을 수 있습니다. 첫째, 관찰을 이용한 방법입니다. 예를 들어 내가 곤충 채집을 해서 10마리의 잠자리를 잡았다고 한다면 관찰을 통해 '잠자리의 날개는 모두 몇 쌍으로 이루어져 있구나', '잠자리의 다리는 몇 개로 이루어져 있구나'라는 데이터를 발견할 수 있습니다. 둘째, 실험을 통해 얻을 수 있습니다. 코로나 백신을 100명의 사람에게 투여하고, 다른 100명의 사람에게는 투여하지 않았을 때, 백신을 투여한 사람과 투여하지 않은 사람의 바이러스 감염 여부를 서로 비교하기 위한 데이터를 모을 수 있습니다.

요즘은 관찰과 실험을 통해서가 아닌 자동으로 데이터를 모으는 경우가 많습니다. 예를 들어 유튜브를 통해 흥민이가 어떤 동영상을 시청했는지 등에 대한 데이터가 자동으로 수집되는 것입니다. 그리고 네이버나 구글에 검색을 하면 우리가 어떤 키워드로 검색했는지에 대한 모든 정보가 기록됩니다. 앞에서 언급한 모든 것은 일종의 데이터입니다. 이러한 데이터는 데이터 과학의 핵심 자료라고 할 수 있습니다.

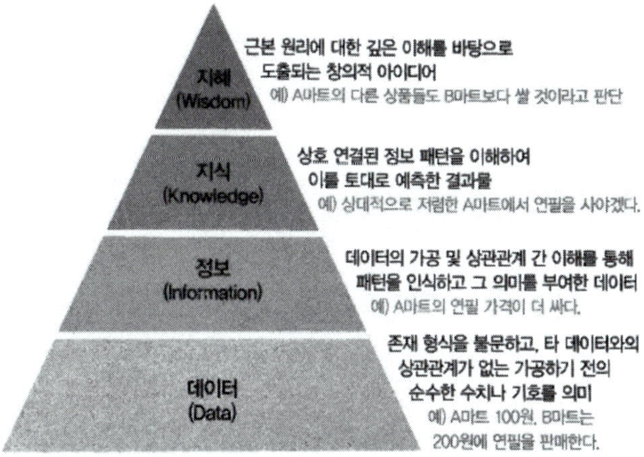

그림 6-6 데이터 정보–지식–지혜 피라미드[128)]

나. 데이터 과학

그렇다면 데이터 과학은 무엇일까요? 데이터 과학은 기존의 데이터로부터 가치를 발견하는 학문입니다. 우리의 목적에 맞는 데이터를 모으고 분석하여 발견한 가치에 데이터 과학자의 경험과 다양한 학문적 지식을 더하고 이를 효과적으로 활용하고 전달하는 모든 과정을 포함합니다. 즉, 데이터과학은 융합 학문으로써 수학, 통계학, 컴퓨터과학, 정보기술 등 다양한 학문에서 얻은 데이터에 담긴 가치를 분석하고 결과를 도출하는 모든 행위를 뜻합니다.

인터넷과 기술의 발달로 인해 다양한 종류와 기능의 센서가 발명되었고, 이러한 센서들로 인해 다양하고 많은 종류의 데이터가 아주 빠른 속도로 모이고 있습니다. 노르웨이의 연구기관 'SINTEF'는 현재 시점에서 수집된 데이터의 90%가 지난 2년간 만들어진 최신 데이터임을 연구 결과로 증명하였다고 합니다. 다른 연구에 따르면 '1분'이라는 매우 짧은 시간동안 구글 검색은 387만건, 유튜브 시청은 433만건, 문자 발송은 1,298만건 등 수천만건의 데

128) https://blog.naver.com/myoo8888/222873306292

이터가 동시다발적으로 발생한다고 합니다. 수집된 데이터 속에서 의미 있는 지식과 가치를 생산해내는 학문이 데이터과학입니다.

예를 들어 우리가 유튜브를 통해 영상을 시청한다고 가정해봅시다. 내가 시청하고 싶은 영상 기록의 데이터를 검색해보고 내 취향에 맞는 영상을 자동으로 추천 받은 경험이 있을 것입니다. 이때 내가 시청한 영상 기록을 모으는 것은 자료를 수집하고 확인하는 과정입니다. 나아가 나의 취향을 분석하고 영상을 추천해주는 것은 기존의 데이터에서 의미 있는 가치를 발견하는 '데이터 과학'이라고 볼 수 있습니다.

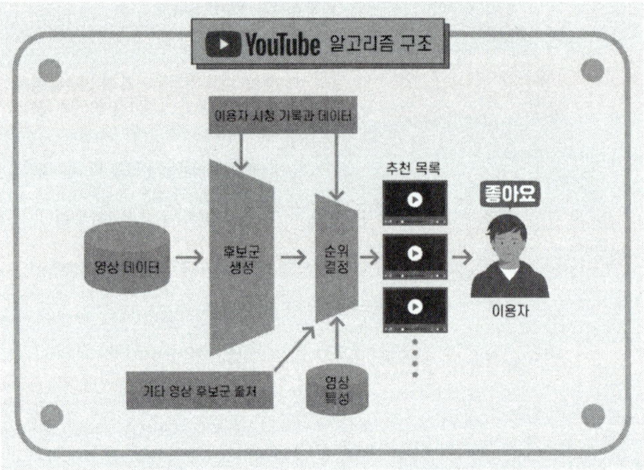

그림 6-7 데이터과학(유튜브 알고리즘)[129)]

위에서 언급한 것과 같이 데이터과학은 하나의 학문이 아닌 다양한 학문이 서로 관련된 융합 학문입니다. 데이터 과학과 관련된 학문으로는 통계학, 데이터공학, 기계학습, 컴퓨팅, 시각과, 전문 영역 등이 있습니다. 이러한 학문들이 융합하여 데이터의 가치를 추출해낼 때 데이터과학의 역할을 이룰 수 있습니다.

통계학은 데이터 과학에서 가장 중요한 부분으로, 유용한 정보를 얻기 위해 수치데이터를 대량으로 수집하고 분석하는 방법을 의미합니다. 즉, 데이터를 어떻게 분석해야 하는지에 대해 알려주는 학문으로, 데이터의 오류를 최소화해주는 학문으로 볼 수 있습니다.

시각화 기술은 데이터를 우리가 보기 쉽게 시각화하는 것으로 엄청난 양의 데이터를 우리

129) https://cdn.maily.so/88uskz2bsrcwqa1p86wwcd88xkac

가 쉽게 알아보고 이해할 수 있도록 도와줍니다.

기계학습은 우리가 예상하지 못한 정형 데이터나 비정형 데이터를 학습한 모델을 바탕으로 하여 미래의 데이터를 예측할 수 있도록 기계가 학습 할 수 있는 알고리즘을 만들거나 연구하는 것을 의미합니다.

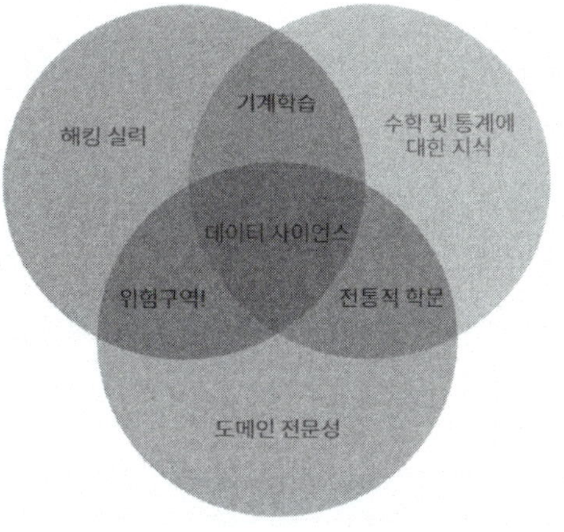

그림 6-8 데이터 과학 벤다이어그램[130)]

다. 데이터 과학의 단계

데이터 과학의 절차에 대해 알아봅시다. 데이터과학은 '문제인식→데이터수집→데이터다듬기→데이터시각화→데이터분석→문제해결'의 단계로 나타낼 수 있습니다.

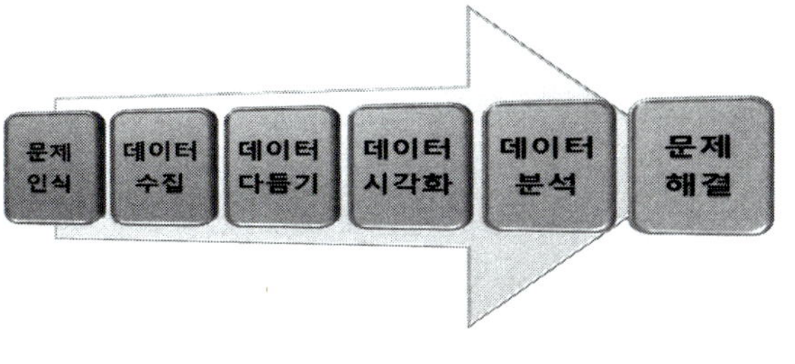

그림 6-9 데이터 과학의 단계

130) https://www.lucypark.kr/blog/2015/06/21/the-data-science-venn-diagram/

1) 문제인식

데이터 과학의 출발점으로 원하는 데이터를 수집하기 위해 문제를 인식하는 단계입니다. 문제를 인식하면 수집할 데이터의 종류와 활용할 수 있는 도구, 그리고 분석 방법에 대한 데이터 과학의 방향을 설정합니다.

2) 데이터 수집

앞에서 인식한 문제를 해결하기 위해 다양한 데이터를 수집하는 단계입니다. 이 단계에서 가장 중요한 점은 목적에 맞는 데이터를 수집해야 한다는 것입니다. 데이터 수집을 위해 수집 대상을 선정하고 온라인이나 오프라인에서 다양한 데이터를 수집할 수 있습니다. 요즘은 인터넷의 발달로 여러 웹사이트에서 제공하는 공공데이터를 가져와 활용할 수 있습니다. 다양한 공공데이터를 무료로 제공해주는 사이트는 다음과 같습니다.

표 6-1 공공데이터 웹사이트 목록

웹사이트	주소 및 특징
공공데이터 포털	https://www.data.go.kr/ - 국가에서 보유하고 있는 교육, 국토관리, 문화관광, 재난안전 등의 다양한 데이터를 무료로 개방하여 분야별로 제공
국가통계포털	https://kosis.kr/ - 통계청이 30개 분야의 국내통계, 주요 지표 관련 통계 등 다양한 데이터를 제공, 흥미로운 통계 시각화 콘텐츠 체험이 가능함
식품영양성분데이터베이스	https://various.foodsafetykorea.go.kr/nutrient/ - 식품의약품안전처, 국립농업과학원 등 식품 관련 기관 데이터 제공 식품의 영양 성분, 에너지 적정 비율 등 활용 가능
문화 빅데이터 플랫폼	https://www.bigdata-culture.kr/ - 한국문화정보원에서 한국청소년활동진흥원, 한국문화예술위원회 등 여러 기관에서 수집한 문화 관련 데이터들을 모아 제공, 회원가입 필요
학교알리미	https://www.schoolinfo.go.kr - 한국교육학술정보원에서 제공하는 전국의 각 학교의 학생, 교육 활동, 급식 상황, 학업 성취 등 교육과 관련된 데이터 제공

3) 데이터 다듬기

데이터를 수집하고 난 후에는 수집한 데이터를 살펴보아야 합니다. 우리가 수집한 데이터는 정확하지 않을 수 있습니다. 데이터 다듬기는 본격적으로 데이터를 분석하기 전, 분석에 알맞도록 데이터를 처리하는 단계입니다. 따라서 이 단계에서 전체적으로 데이터를 살펴보고 수정, 삭제해줍니다. 다른 말로는'데이터 전처리'과정이라고도 합니다. 이를 통해 자신이 필요한 데이터만을 다듬어 추출할 수 있습니다.

4) 데이터 시각화

수집한 데이터를 분석하기 편리하고 알아보기 쉽게 시각화하는 단계입니다. 이 단계에서는 수집한 데이터를 효과적으로 분석할 수 있는 도구를 선택합니다. 데이터 분석을 위한 도구에는 엑셀, 파이썬, C언어, 자바 등의 프로그래밍 언어가 있습니다. 분석 도구를 정한 후에는 데이터를 보기 좋게 시각화합니다. 이는 데이터를 한 눈에 파악할 수 있도록 만들어줍니다. 막대그래프, 꺾은선그래프, 원그래프 등 다양한 형식으로 나타낼 수 있으며 데이터의 내용에 따라 사용하는 형식은 달라질 수 있습니다. 데이터를 시각화하면 단순 나열된 데이터 정보보다 쉽고 효율적으로 데이터를 이해할 수 있습니다. 또한 데이터의 변화정도, 수치를 간단히 파악할 수 있습니다.

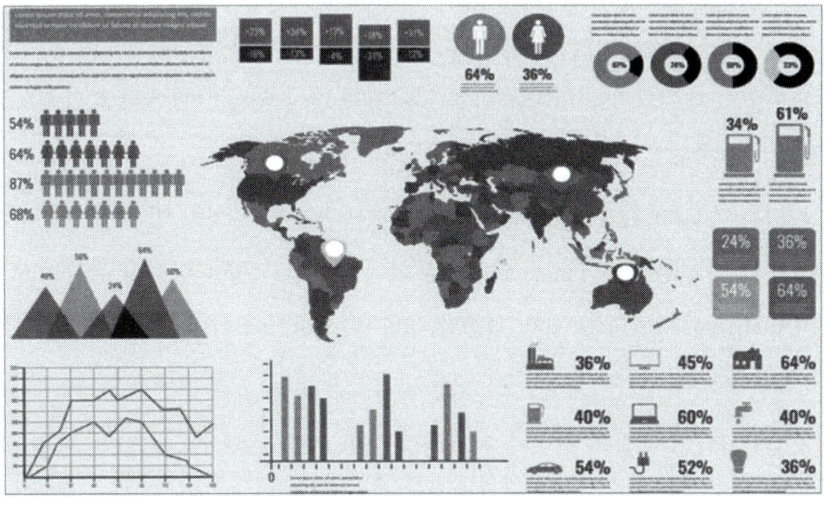

그림 6-10 데이터 시각화 예시[131]

131) https://blog.naver.com/bi_matrix/222382375454

5) 데이터 분석

수집한 데이터와 시각화한 자료를 살펴보며 데이터를 분석하는 단계입니다. 데이터 사이의 관계를 파악해보고 의미 있는 정보 몇 가지를 발견합니다. 예를 들어 지진이 자주 발생하는 계절에 대해 수집한 데이터를 분석한다면, 데이터 시각화에서 얻은 자료를 바탕으로 지진과 계절 사이의 상관관계에 대해 생각해 볼 수 있습니다. 데이터 분석에서는 우리가 예상했던 결과가 나오지 않을 수도 있고 새로운 의미를 찾아낼 수도 있습니다. 또한 분석한 데이터를 바탕으로 앞으로의 미래를 예측하기도 합니다.

6) 문제해결

데이터 수집부터 분석까지의 단계를 거치면서 얻은 결과를 바탕으로 앞에서 인식했던 문제를 해결하는 단계입니다. 제대로 된 결과가 나오지 않은 경우에는 이전 단계로 돌아가 다시 시작해도 됩니다.

라. 데이터 과학 관련 직업 - 데이터 과학자

데이터 과학자는 데이터 과학과 관련된 분야를 전공하고 데이터 분석과 관련된 업무에 종사하는 사람을 일컫는 말입니다. 즉 데이터 과학자는 대량의 데이터를 모으고, 분석에 적합한 형태로 바꾸고, 데이터가 의미하는 바를 이야기에 담아 다른 사람에게 효과적으로 전달하는 역할을 하는 사람을 일컫는 말입니다(O'reilly Medai, 2012).

데이터 과학자는 기본적으로 분산된 데이터 속에서 분석할 가치가 있는 데이터를 모으고 가공하는 데이터 처리(Data Management), 분석에 필요한 모형을 만들고 결과를 도출하는 분석 능력(Analytics Modeling), 해당 업종에 대한 이해(Business Analysis)라는 세 가지 핵심 기술을 가져야 합니다. (Laney and Kart, 2012).

그러나 데이터 과학이 예술의 경지로 진화하려면 이 외에도 의사소통 능력, 협업, 리더십, 창의력, 규율, 열정이라는 요소도 겸비해야 합니다. 데이터 과학자가 지녀야 할 덕목을 기술 전문성(Technical expertise), 호기심(Curiosity), 데이터로부터 이야기를 만들어 내고 이를 효과적으로 전달하는 능력(Storytelling), 문제 해결을 위해 창의적인 관점에서 접근하는 능력(Cleverness)으로 표현하기도 합니다(Patil, 2011).

우리가 아는 대표적인 데이터 과학자로는 '나이팅게일'이 있습니다. 보통 백의의 천사라고 많이 알려진 나이팅게일은 1853년 크림전쟁으로 많은 병사가 다치고 죽던 시기에 데이터 과학을 통해 사망자를 줄일 수 있었습니다. 데이터 분석이 활발한 지금과는 달리 나이팅게일이 살던 시대에는 병원기록, 질병과 같은 데이터들이 기록으로 남아 있지 않았습니다. 이때 나이팅게일은 병사들의 입원 시점, 부상 내용, 감염 및 질병 여부, 치료 내용 등을 기록하여 데이터로 남겼고, 이 기록을 원그래프로 시각화하여 분석했습니다. 이는 우리가 앞서 논의한 데이터 과학의 단계와 유사한 과정을 거칩니다. 이렇게 해서 만들어진 것이 아래에서 볼 수 있는 장미 도표(로즈 다이어그램)입니다. 이 도표는 나이팅게일이 병사들의 사망 원인을 분석하고 파악하기 위해 만들었습니다. 병사들의 사인에 따라, 부상은 분홍색, 질병은 하늘색, 다른 이유는 검은색으로 표시하여 구분했습니다.

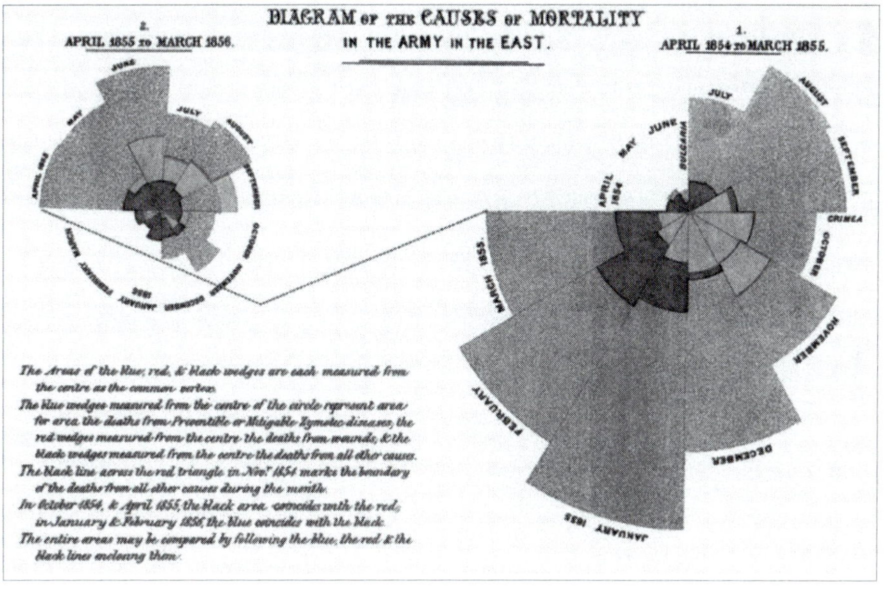

그림 6-11 나이팅게일의 장미 도표 (로즈 다이어그램)[132]

데이터 시각화를 통해 나이팅게일은 장미 전쟁에서 상처를 입어 죽은 병사들보다 병원에서 치료받다가 2차 감염과 같은 질병으로 인해 죽은 병사들이 더 많다는 것을 알게 되었습니다. 이렇게 분석한 데이터를 바탕으로 나이팅게일은 병원 환경을 개선하였고 그 결과 병으로 죽은 병사들의 사망률이 6개월 만에 42%에서 2%로 감소하게 되었습니다.[133]

132) 네이버, "나이팅게일의 장미 도표"

133) 와쿠이 요시유키, 그림으로 설명하는 개념 쏙쏙 통계학, 2019

나이팅게일은 총 2만 1097명의 환자에 대해 기록했습니다. 지금으로 치면 이 기록은 '빅데이터'라고 할 수 있겠죠? 이처럼 나이팅게일은 문제 인식의 단계부터 데이터 수집, 데이터 시각화, 데이터 분석의 절차를 걸쳐 문제를 해결한 데이터 과학자라고 할 수 있습니다.

마. 학교 현장에서의 데이터 과학 교육

요즘 새 정부의 '디지털 100만 인재 양성 교육'과 더불어 학교 현장에서도 인공지능과 소프트웨어 교육의 비중이 점차 높아지고 있습니다. 초등 교육 현장에서도 인공지능 교육의 기초가 되는 데이터와 데이터 과학 교육을 중요시하고 있으며 관련 교육 또한 활발히 진행되고 있습니다.

인공지능(A.I)은 주위에 있는 수많은 데이터를 통하여 상황을 인지하고 그 상황에 맞게 논리적으로 판단하여 행동합니다. 초등 수준의 데이터 과학 교육의 목표는 우수한 데이터 과학자를 키우는 것이 아닙니다. 학생들이 데이터를 수집하고 시각화하며 이를 분석하고 활용하여 다양한 문제 해결 능력을 함양 시키는 데 있습니다. 이를 통해 학생들은 데이터를 기반으로 한 의사결정의 경험을 가지고 나아가 컴퓨팅 사고력까지 키울 수 있습니다.

지금부터는 학생들이 쉽게 사용할 수 있는 마이크로비트와 엔트리를 활용하여 앞에서 언급했던 데이터 과학의 6가지 단계를 학생들의 수준에 맞추어 유의미하게 교육할 방안에 관해 이야기해보고자 합니다.

SECTION

2 데이터 실습 I (Entry)

1. 엔트리 활용 데이터 실습

가. 데이터와 데이터 분석[134)]

1) 데이터란?

우리는 하루를 보내며 눈치채지 못한 사이에 수많은 데이터를 마주하며 살고 있습니다. 아침에 집을 나서기 전 확인하는 날씨와 기온, 저녁에 친구와 만나 놀기로 한 약속 장소 주소, 가족들이 퇴근하는 시간, 내가 좋아하는 텔레비전 채널 등 모든 것이 데이터가 됩니다. 수집한 데이터를 살펴보았을 때, 규칙이나 의미를 찾을 수 있다면 그 데이터는 우리에게 유용한 정보가 될 수 있습니다.

2) 데이터 분석

데이터를 관찰 및 가공하여 다양한 방법으로 표현하면서 그 의미를 찾는 과정을 데이터 분석이라고 부릅니다. 지금부터 엔트리 내 데이터 분석 기능을 활용한 작품을 만들어보고 실행하면서 데이터가 우리에게 어떤 도움을 주는지 살펴보겠습니다.

나. 데이터 실습

1) 준비하기

가) 테이블 추가하기

데이터 실습을 위해 우선 테이블을 추가해야 합니다. [블록 카테고리] - [데이터 분석] - [테이블 불러오기] - [테이블 추가하기]를 누릅니다. 테이블을 추가하는 방법은 테이블 선택, 파일 올리기, 새로 만들기 총 3가지가 있습니다.

134) 엔트리 포스트, https://m.post.naver.com/viewer/postView.naver?volumeNo=27632676&memberNo=25082732

❶ 테이블 선택

엔트리에서 제공하는 다양한 데이터 셋을 이용할 수 있습니다.

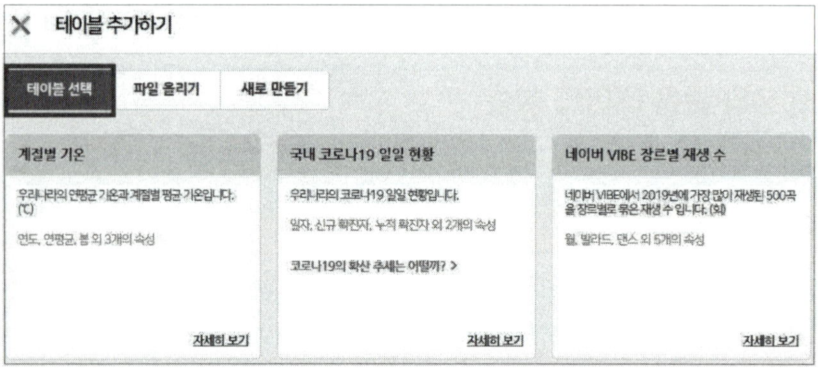

그림 6-12 테이블 추가 - 테이블 선택

❷ 파일 올리기

기존에 사용하던 csv, xls(x)와 같이 스프레드시트 파일을 업로드하여 사용할 수 있습니다.

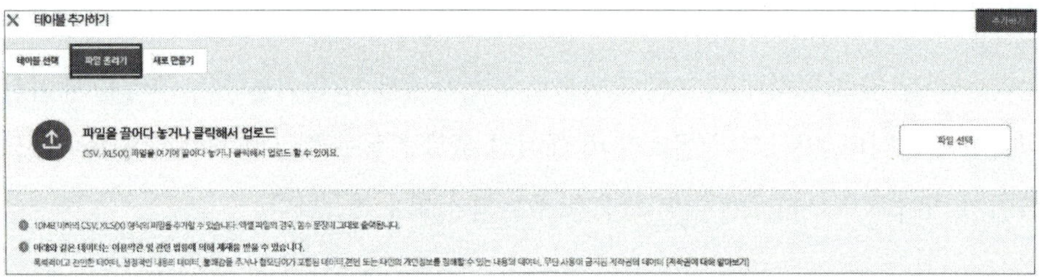

그림 6-13 테이블 추가 - 파일 올리기

❸ 새로 만들기

엔트리 웹사이트 내에서 직접 데이터 셋 제작이 가능합니다.

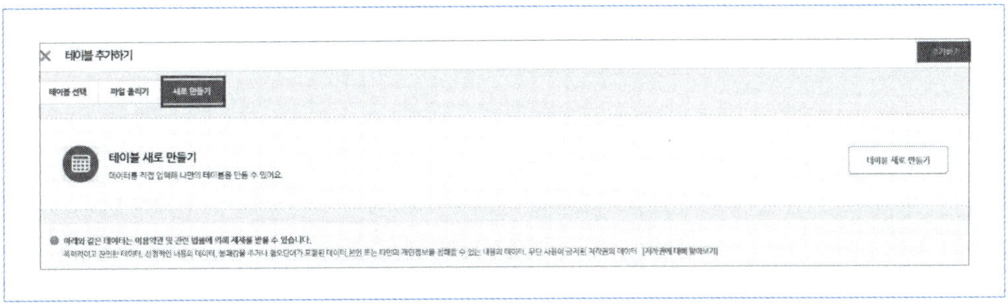

그림 6-14 테이블 추가 – 새로 만들기

2) 실습하기

데이터 실습은 [문제 인식] –[데이터 수집] – [데이터 다듬기] – [데이터 시각화] – [데이터 분석] – [문제 해결] 총 6단계로 진행됩니다.

가) 우리 학교 운동회는 몇 월에 하는 것이 좋을까?

요즘 대두되고 있는 환경오염 문제 중 하나는 '미세먼지'입니다. 미세먼지로 인해 많은 야외활동이 제약되는데, 운동회 또한 마찬가지입니다. 몸 건강도 챙기고 즐겁게 운동회에 참가하기 위해서는 과연 운동회를 몇 월에 하는 게 좋을까요? '월평균 미세먼지 농도' 데이터를 이용해 운동회 개최 시기를 정해보겠습니다.

❶ 문제 인식

표 6-2 문제인식

해결해야 할 문제는?	
문제 해결을 위해 필요한 데이터는?	

❷ 데이터 수집

엔트리에서 제공하는 '월평균 미세먼지 농도' 데이터 셋을 선택한 후 오른쪽 위의 '추가하기' 버튼 눌러주세요. 그런 다음 불러온 데이터 셋을 다듬어 봅시다.

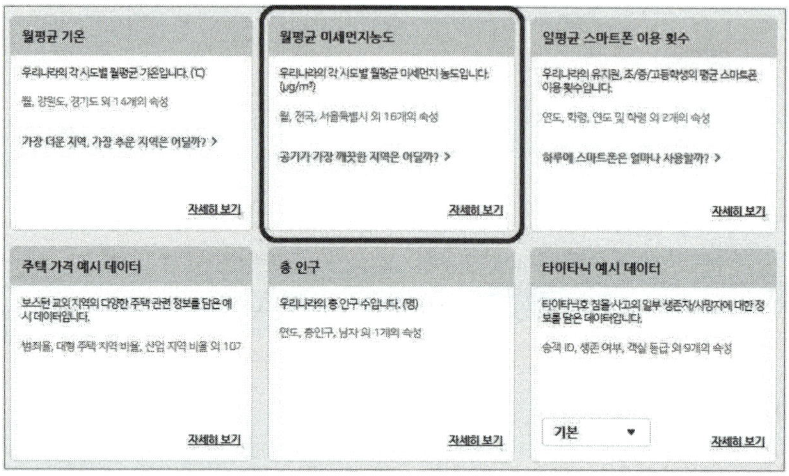

그림 6-15 가져올 데이터 레이블

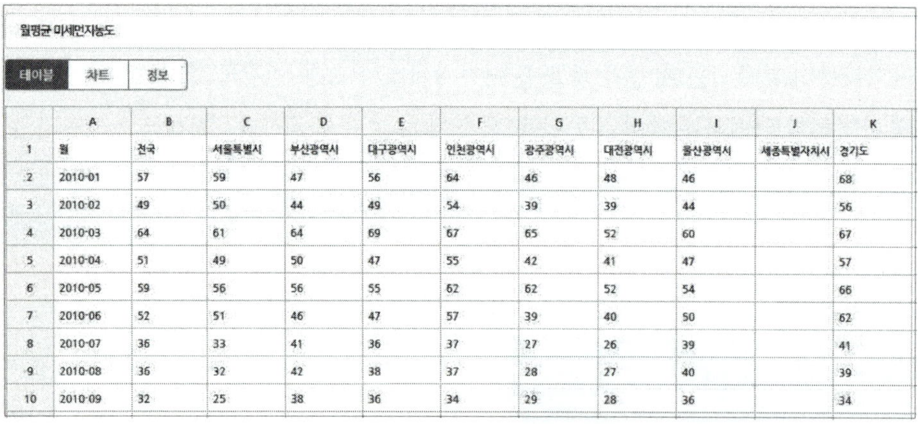

월평균 미세먼지농도

테이블 | 차트 | 정보

	A	B	C	D	E	F	G	H	I	J	K
1	월	전국	서울특별시	부산광역시	대구광역시	인천광역시	광주광역시	대전광역시	울산광역시	세종특별자치시	경기도
2	2010-01	57	59	47	56	64	46	48	46		68
3	2010-02	49	50	44	49	54	39	39	44		56
4	2010-03	64	61	64	69	67	65	52	60		67
5	2010-04	51	49	50	47	55	42	41	47		57
6	2010-05	59	56	56	55	62	62	52	54		66
7	2010-06	52	51	46	47	57	39	40	50		62
8	2010-07	36	33	41	36	37	27	26	39		41
9	2010-08	36	32	42	38	37	28	27	40		39
10	2010-09	32	25	38	36	34	29	28	36		34

그림 6-16 일부 '월평균 미세먼지 농도' 데이터 레이블

❸ 데이터 다듬기

불러온 '월평균 미세먼지 농도' 데이터 테이블을 살펴보았을 때 J열의 '세종특별자치시'는 73행까지 비어있습니다. 이것을 '이 빠진 데이터'라고 합니다. 해당 데이터는 데이터 분석에 영향을 줄 수 있기 때문에 다음과 같이 삭제하도록 하겠습니다.

우선 세종특별자치시인 J열 위에 마우스 커서를 올리고 마우스 오른쪽을 클릭해 '열 삭제'를 눌러줍니다. 세종특별자치시 데이터가 사라지면 기존 N열의 충청남도 데이터는 M열로 옮겨지게 됩니다.

만약 데이터를 삭제하고 싶지 않다면 채우고자 하는 데이터 값을 검색한 후 채워 넣으면 됩니다.

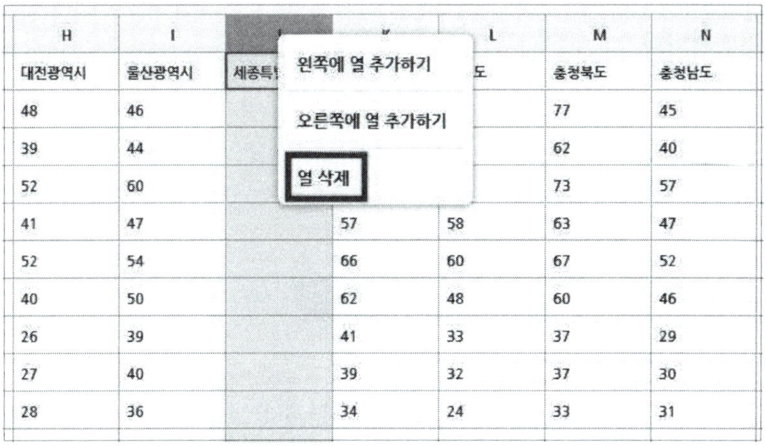

그림 6-17 세종특별자치시 J열 삭제

❹ 데이터 시각화

미세먼지 농도가 낮아 운동회를 하기 좋은 월을 안내하기 위해서는 월별 미세먼지 농도의 변화량을 확인해야 합니다. 이를 분석하기 위해 '선 그래프'를 이용하겠습니다. 본 주제에서 사용할 수 있는 데이터 시각화의 방법은 2가지가 있습니다.

표 6-3 데이터 시각화 방법

	원하는 지역 그래프	전국 그래프
그래프 종류	선	선
차트 이름	월평균 미세먼지 농도(지역)	월평균 미세먼지 농도(전국)
가로축	월	월
계열	우리 지역(혹은 원하는 지역)	전국

본 주제에서는 '우리 지역(혹은 원하는 지역)의 월평균 미세먼지 농도 선 그래프'를 만들어보겠습니다.

선 그래프를 만들기 전 우리 지역(혹은 원하는 지역)을 제외한 모든 데이터를 삭제해줍니다. (세종특별자치시 및 충청남도 데이터 삭제 방법과 같습니다.)

만약 '전국 월평균 미세먼지 농도 선 그래프'를 만들고 싶으면 데이터를 삭제하지 않고 그대로 놔두면 됩니다.

(가) '테이블 블러오기' 창에서 '차트' 탭을 선택하고 '+' 버튼을 클릭한 뒤 '선 차트' 모양을 선택합니다.

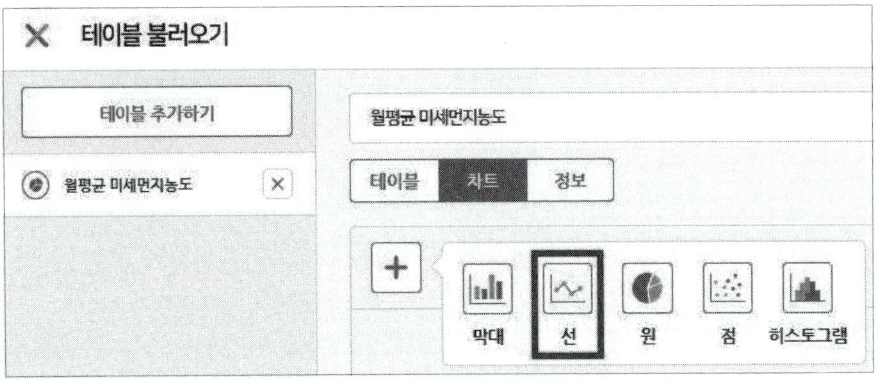

그림 6-18 차트 모양 선택

(나) 차트 이름에 '우리 학교 운동회는 몇 월에 하는 것이 좋을까?'를 입력한 후 가로축은 '월'을, 계열은 '우리 지역(원하는 지역)'을 선택해줍니다. 그러면 차트가 생성된 걸 확인할 수 있습니다.

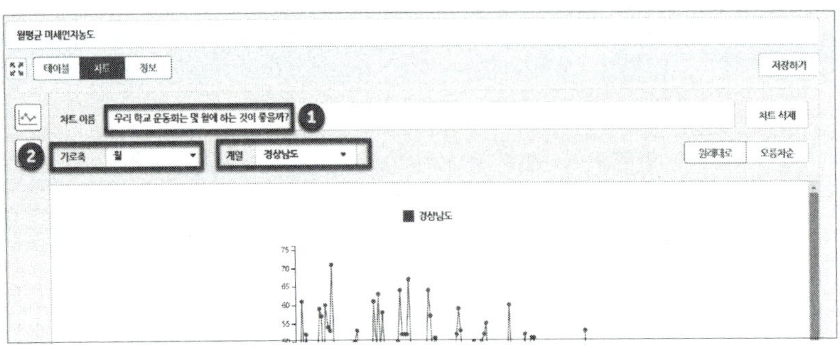

그림 6-19 차트 이름, 가로축, 계열 설정

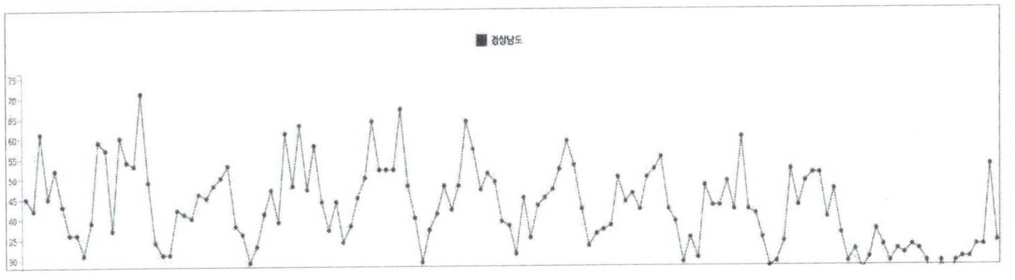

그림 6-20 경상남도 월평균 미세먼지 농도 선 그래프

❺ 데이터 분석

운동회하기 좋은 달을 알아보기 위해 우리 지역(혹은 원하는 지역)의 '월평균 미세먼지 농도' 데이터를 불러와 다듬었습니다. 생성된 그래프를 통해 알 수 있는 정보는 무엇일까요?

표 6-4 데이터 분석

가장 높은 경상남도 월평균 미세먼지 농도 수치	
가장 낮은 경상남도 월평균 미세먼지 농도 수치	

데이터 시각화 그래프와 데이터 테이블을 보고 연도별로 우리 지역(혹은 원하는 지역)의 미세먼지 농도가 가장 높은 달과 가장 낮은 달을 찾아봅시다.

데이터 테이블에는 2021년도 4월까지의 데이터 값이 있으므로 1~12월 데이터가 모두 있는 2010~2020년도까지의 데이터를 분석해봅시다.

표 6-5 경상남도 월평균 미세먼지 농도 수치

년도	가장 낮은 월	가장 높은 월
2010	9월	3월
2011	8,9월	5월
2012	8월	5월
2013	7월	3월
2014	8월	5월
2015	9월	2월
2016	7월	4월
2017	8월	5월
2018	8월	4월
2019	9월	2,3월
2020	7월	4월

위 분석을 바탕으로 아래 표를 채워봅시다.

표 6-6 데이터 분석(2)

미세먼지 농도가 제일 낮았던 횟수가 가장 많은 월	
미세먼지 농도가 제일 높았던 횟수가 많은 월	
우리 학교는 몇 월에 운동회를 하는 것이 좋을까?	

❻ 문제 해결

수집한 데이터로 시각화한 그래프를 살펴본 뒤 상대적으로 월평균 미세먼지 농도가 낮은 달을 추천해주는 프로그램을 만들어봅시다.

데이터 분석을 하였던 '월평균 미세먼지 농도'의 데이터 테이블에서 추가로 다듬어줍니다. 여러 해의 데이터 중에서 2019년의 데이터를 활용하겠습니다. 2019년의 데이터만 남도록 '행 삭제'를 해 줍니다. 그리고 오른쪽 위 '적용하기'를 눌러줍니다.

그림 6-21 2019년 경상남도 월 평균 미세먼지 농도

이제 모든 준비가 끝났습니다. 이를 활용한 엔트리 데이터 분석 블록 코딩 프로그램을 만들어보겠습니다.

(가) 우선 기본 엔트리봇 오브젝트를 삭제한 후 필요한 오브젝트를 추가합니다. 추가할 오브젝트는 '운동장(배경)', '먹구름(1)(환경)', '축하하는 모습(엔트리봇)' 총 3가지입니다. 추가한 오브젝트 크기를 조절하고 적절한 곳에 배치해줍니다.

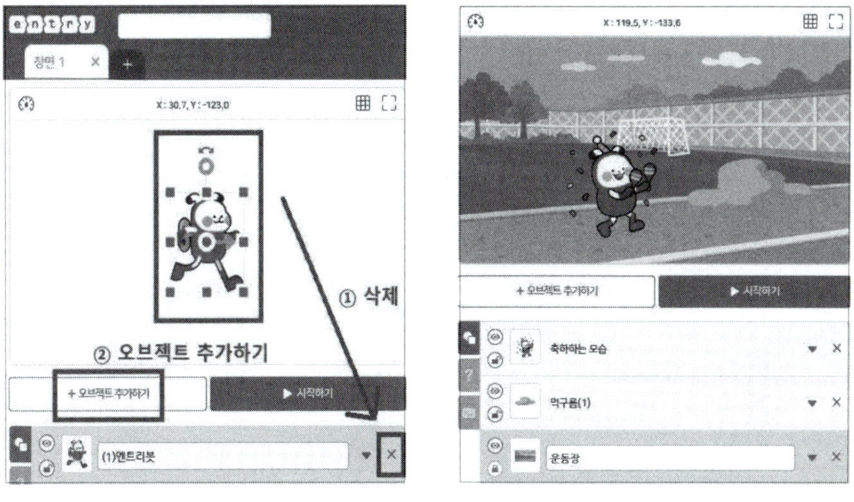

그림 6-22 오브젝트 삭제 및 추가하기

(나) '운동장' 오브젝트를 선택한 후 오른쪽 '모양'에서 '모양 추가하기'를 눌러 '회색도시' 오브젝트를 추가합니다.

그림 6-23 추가된 '회색 도시' 오브젝트

(다) '축하하는 모습' 오브젝트에 '반짝반짝 이모티콘' 오브젝트와 '울고있는 옆모습(7)'을 추가합니다.

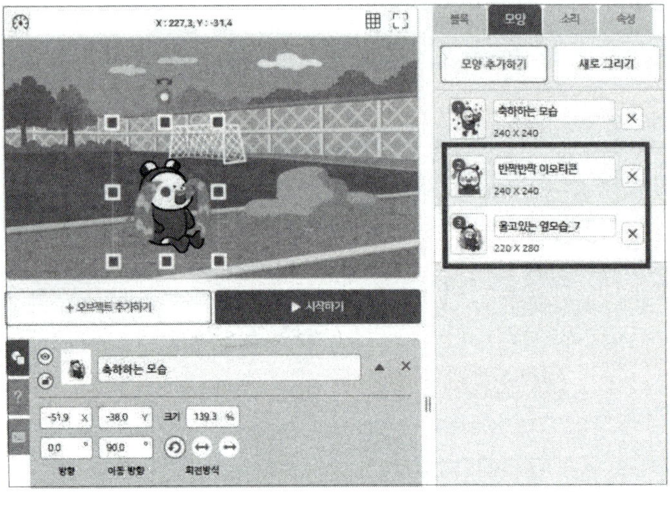

그림 6-24 추가된 '반짝반짝 이모티콘' 및 '울고있는 옆모습(7)' 오브젝트

(라) '먹구름(1)' 오브젝트 위에 '월평균 미세먼지 농도 그래프' 문구를 추가합니다. 그리고 오른쪽 위 '저장하기' 버튼을 누릅니다.

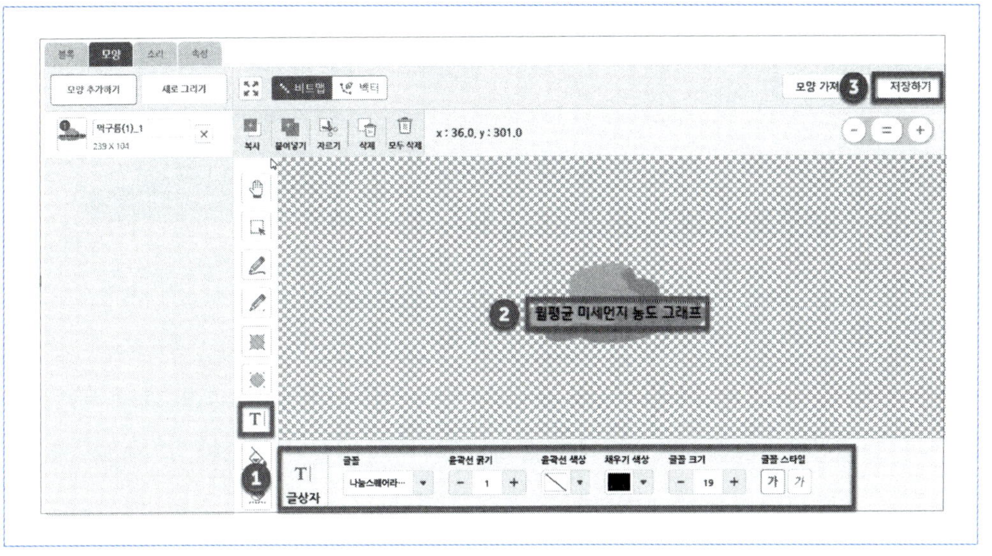

그림 6-25 문구 추가하기

(마) '속성'에서 '신호 추가하기'를 누른 후 '그래프 보이기', '운동회 하자!^0^', '운동회 못 해요ㅠㅡㅠ', '고민' 총 4가지 신호를 추가합니다.

그림 6-26 신호 추가하기

(바) 이제 오브젝트마다 블록 코딩을 합니다. 우선 '운동장' 오브젝트를 눌러 다음과 같이 코드를 넣습니다.

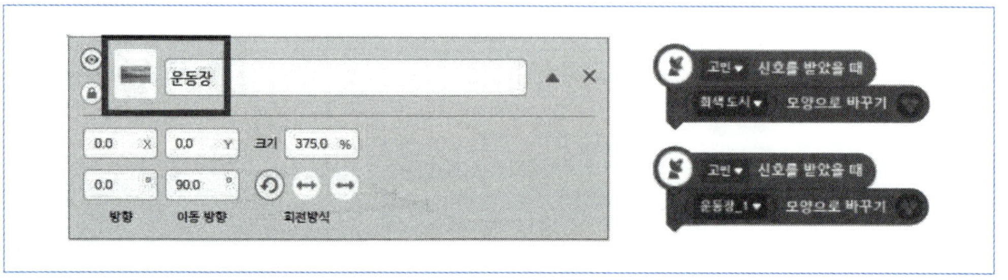

그림 6-27 '운동장' 오브젝트 코드

(사) '축하하는 모습' 오브젝트에 코드를 넣습니다. 이때, ★표시한 부분의 빈 곳은 9월이라고 대답하였을 때 숫자 9만 남을 수 있도록 비워놓았습니다. 또한, '축하하는 모습' 오브젝트 코드 ②, ③은 (자)-(하) 단계 후 추가합니다.

그림 6-28 '축하하는 모습' 오브젝트 코드 ①

그림 6-29 '축하하는 모습' 오브젝트 코드 ②, ③

(아) '먹구름(1)' 오브젝트에 코드를 넣습니다. 이때, ★표시한 부분은 데이터 시각화에서 만들었던 그래프를 보여주는 블록입니다.

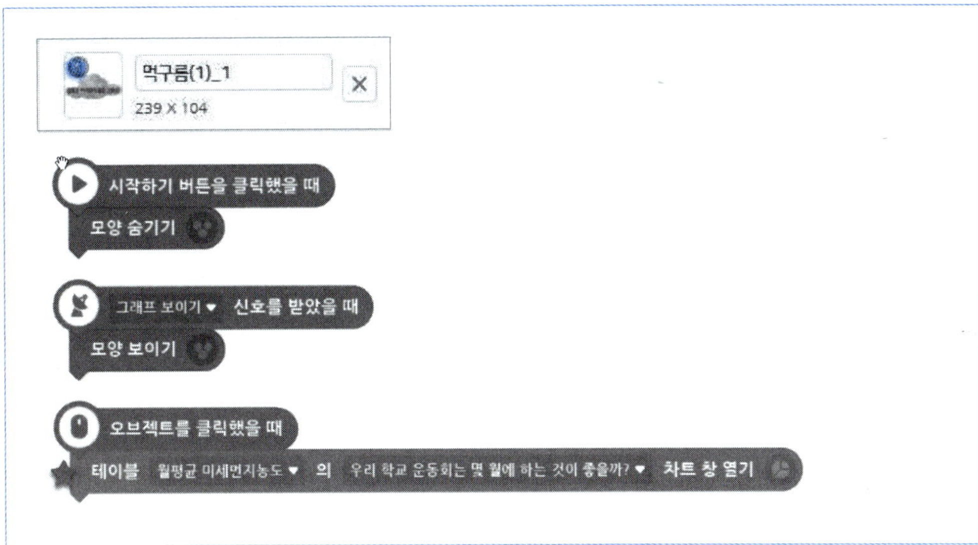

그림 6-30 '먹구름(1)' 오브젝트 코드

(자) 장면을 하나 더 추가합니다. 장면 추가는 상단 '+' 버튼을 부릅니다.

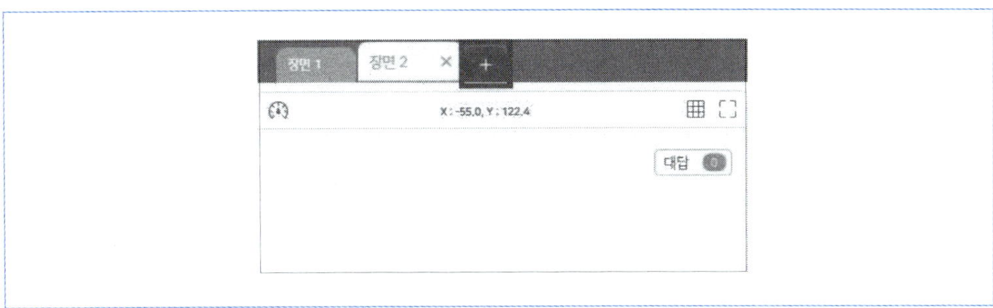

그림 6-31 장면 추가하기

(차) '장면 2'에서 '봄 꽃바구니를 든 모습(엔트리봇)' 오브젝트와 '천국(배경)' 오브젝트를 추가합니다. 오브젝트 크기를 조절한 후 적절한 곳에 배치합니다.

그림 6-32 장면 2 오브젝트 추가

(카) '봄 꽃바구니를 든 모습' 오브젝트에 '하트 이모티콘(엔트리봇)' 오브젝트를 추가합니다.

그림 6-33 추가된 '하트 이모티콘' 오브젝트

(타) 장면 2 '봄 꽃바구니를 든 모습' 오브젝트에 코드를 넣습니다.

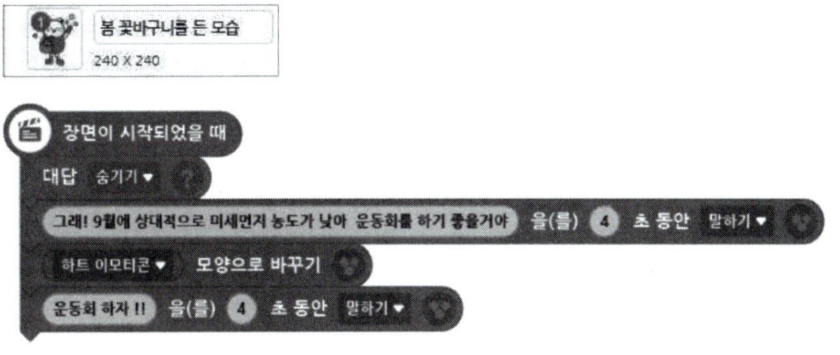

그림 6-34 '봄 꽃바구니를 든 모습' 오브젝트 코드

(파) '장면 3'을 추가한 후 '시무룩한 엔트리봇(엔트리봇)' 오브젝트와 '회색 도시(배경)' 오브젝트를 추가합니다. 추가된 오브젝트 크기를 조절한 후 적절한 곳에 배치합니다. 그 후 '시무룩한 엔트리봇_앞' 오브젝트를 제외한 2개는 삭제하고 'NO 이모티콘' 오브젝트를 추가합니다.

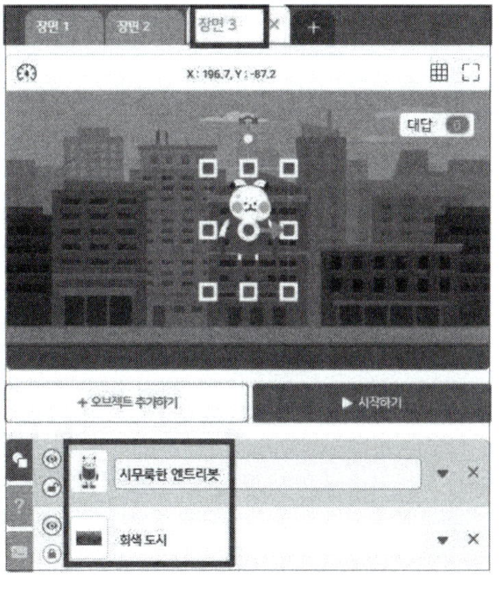

그림 6-35 장면 3 오브젝트 추가

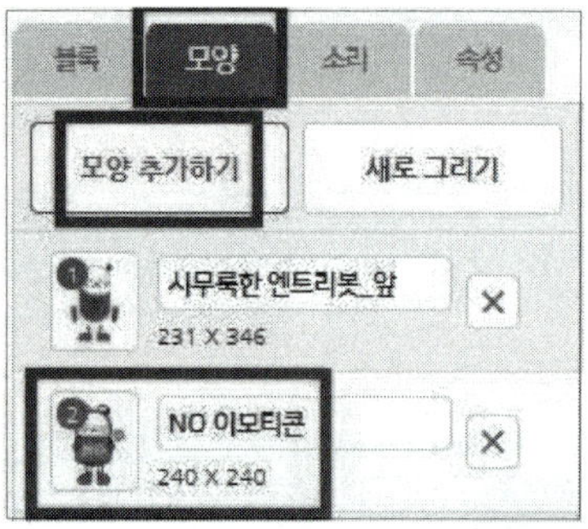

그림 6-36 추가된 'NO 이모티콘' 오브젝트

(하) 장면 3 '시무룩한 엔트리봇_앞' 오브젝트에 코드를 넣습니다.

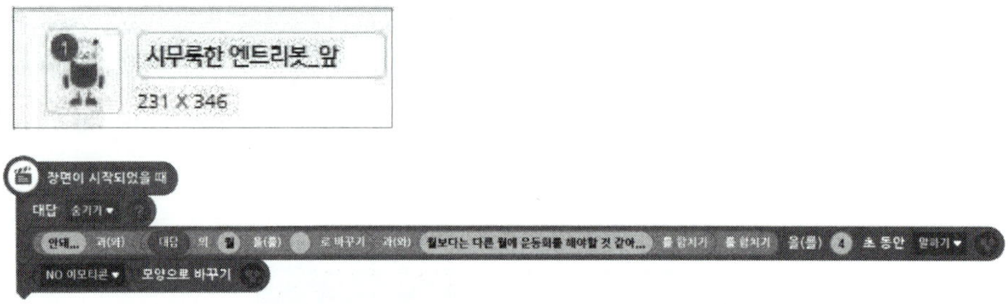

그림 6-37 '시무룩한 엔트리봇_앞' 오브젝트 코드

❼ 완성된 작품 살펴보기

그림 6-38 작품 일부

※ 완성 작품 링크 참고: http://naver.me/xCiCdMTl

SECTION

3 데이터 실습 II (Microbit)

1. 마이크로비트 활용 데이터 실습

가. 준비하기

1) 마이크로비트(메이크코드) 살펴보기

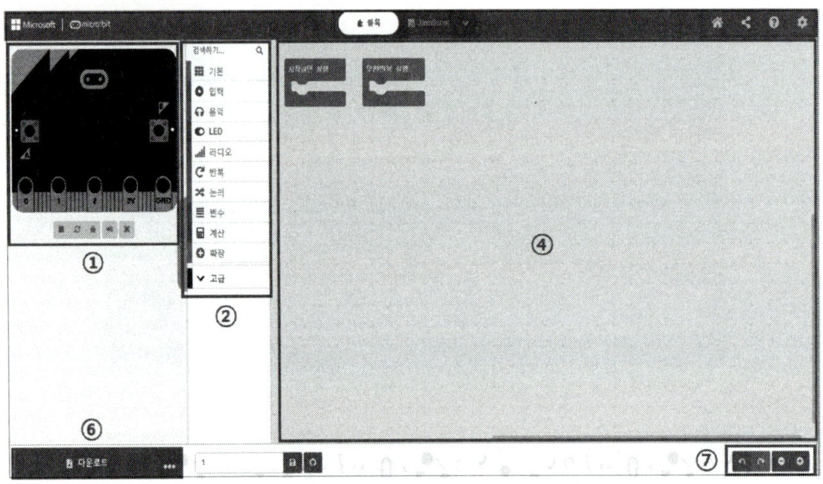

그림 6-39 마이크로비트 메인 화면

① 시뮬레이터: 작성한 프로젝트를 시뮬레이션 할 수 있습니다.

② 코딩 블록: 다양한 블록을 가져와 블록 코딩을 할 수 있습니다.

기본	입력	음악	LED
기본적인 기능의 블록들을 제공합니다	음악과 관련된 기능을 제어할 수 있습니다.	음악과 관련된 기능을 제어할 수 있습니다.	내장된 LED 매트릭스를 제어할 수 있습니다.
라디오	**반복**	**논리**	**변수**
라디오 무선 통신을 설정할 수 있습니다.	반복 실행 코드를 활용할 수 있습니다.	조건문, 비교, 참/거짓 연산을 할 수 있습니다.	변수를 만들고 활용할 수 있습니다.
계산	**고급**		
사칙연산, 절댓값 등의 계산 코드를 활용할 수 있습니다.	함수, 배열, 시리얼 통신 등의 고급 제어 기능이 있습니다.		

③ 코딩 언어 변환: 사용 중인 코딩 언어를 변환합니다.(블록<->자바스크립트)

④ 코딩 영역: 코딩 블록을 이용해 프로젝트를 작성할 수 있습니다.

⑤ 처음화면, 공유, 도움말, 더보기

⑥ 다운로드: 작성한 프로젝트(블록 코딩)을 다운로드 합니다.

⑦ 이전 상태 ,복구 / 블록 크게, 블록 작게

나. 데이터 수집 및 분석하기

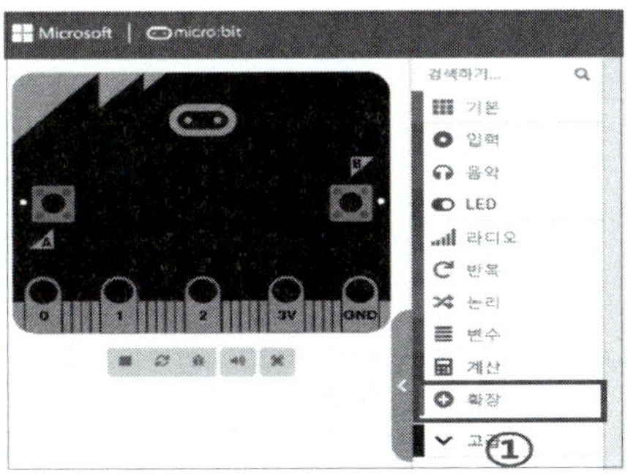

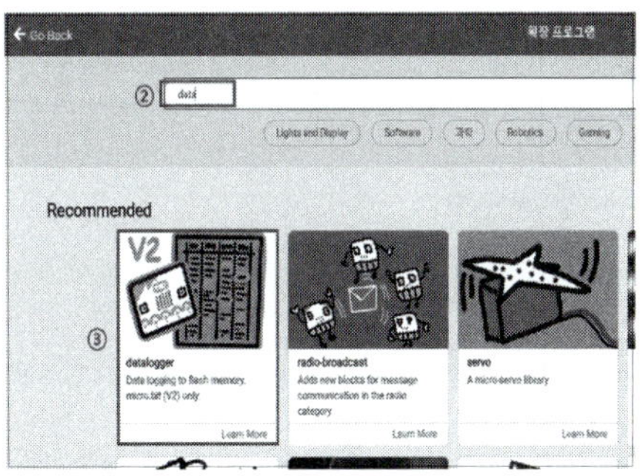

①,② 확장 블록을 눌러 'data'를 검색합니다.

③ 'datalogger'을 눌러 확장 블록을 가져옵니다.

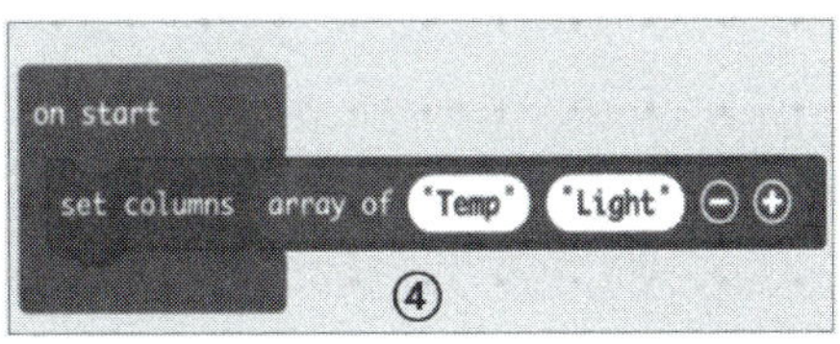

④ [Datalogger] 블록에서 [set columns (arrayt of (temp) (light)]을 추가합니다.
데이터를 수집하고자 하는 온도값(Temp)과 조도값(Light) 변수를 배열로 정의합니다.

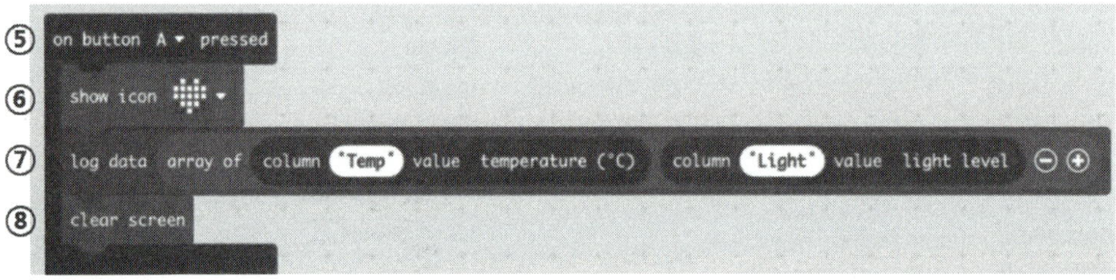

⑤ [입력] - [A버튼 누르면 실행] 블록을 가져옵니다.

⑥ [기본] - [아이콘 출력(하트)] 블록을 넣습니다.

⑦ [Datalogger] - [log data ( )] 블록에 [array of column Temp value 'temparature('C)' , column Light value ;light level'] 블록을 넣습니다.

- 마이크로비트(V2버전 이상)에 내장되어 있는 온도(temperature('C), 조도(light level) 블록을 활용합니다.
-온도값과 조도값을 받는 블록 값을 log data에 저장합니다.

⑧ LED 화면을 깨끗하게 지웁니다.

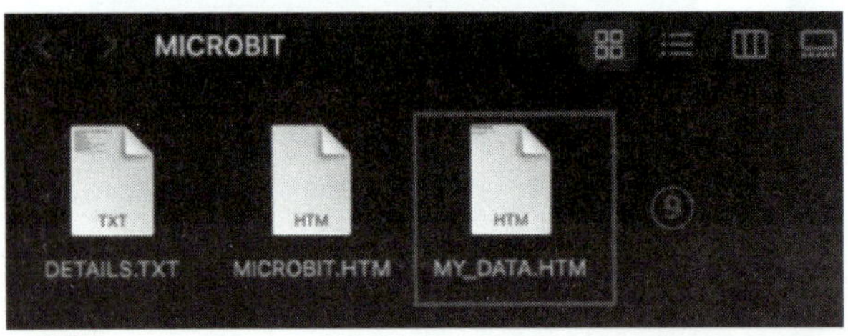

⑨ 마이크로비트를 컴퓨터에 연결하여 저장공간 안에 'MY_DATA.HTM' 파일을 열어줍니다.

- html 파일 형태이므로 엑셀로 바로 불러올 수 없으므로 더블클릭하여 인터넷을 통해 열어줍니다.

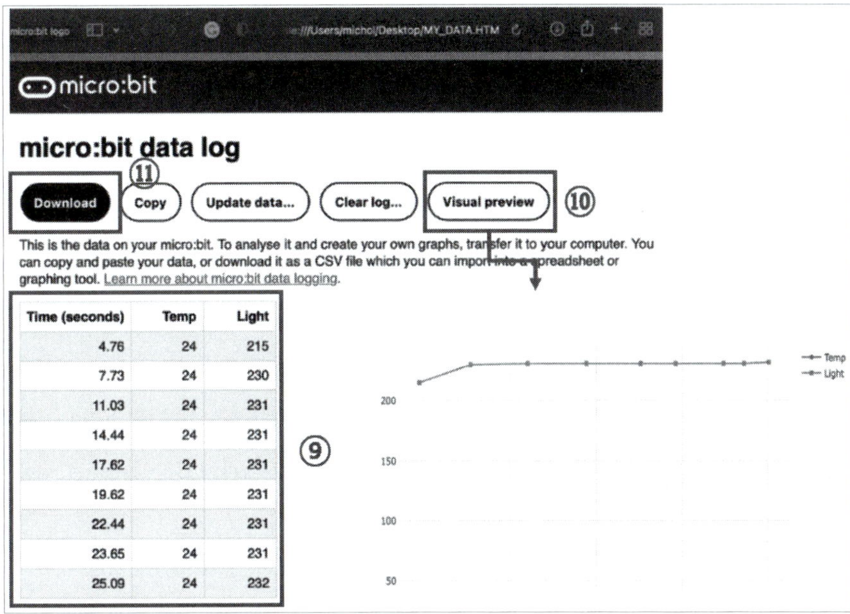

⑨ 마이크로비트의 내장된 센서(온도,조도)를 이용해 측정된 값(데이터)이 표로 정리되어 있습니다.

⑩ 'Visual preview' 버튼을 누르면 측정된 값(데이터)를 그래프로 볼 수 있습니다.(데이터 시각화)

⑪ 'Download' 버튼을 누르면 'microbit_data.cvs' 파일이 다운로드 됩니다.

- html 파일 형식이 아닌 cvs 파일 형식이기 때문에 엑셀에서 불러 올 수 있습니다.

다. 실습하기

마이크로비트를 활용한 데이터 실습은 앞에서 언급했던 데이터 과학의 6단계에 따라 [문제 인식] -[데이터 수집] - [데이터 다듬기] - [데이터 시각화] - [데이터 분석] - [문제 해결] 총 6단계로 진행됩니다.

실습 주제는 학생들이 학교 생활 속에서 쉽게 접하게 되는 문제로 선정합니다. 이번에 실습할 주제는 '교실의 소음 측정하기'입니다. 마이크로비트에 내장된 소리 센서를 활용하여 소리 데이터를 수집합니다. 소리 크기 센서는 0에서 255의 값을 가지며 0이 가장 작은 소리의 크기, 255가 가장 큰 크기의 소리값입니다. 이후 이를 표나 그래프로 나타내어 보고(시각화) 만들어진 그래프를 보고 학생들끼리 의논하여 소음의 기준을 함께 정해봄으로써 우리 일상 생활의 문제를 해결해 볼 수 있을 것입니다.

1) 문제 인식

학생들이 평소에 집이나 교실에서 발생하는 소음에 관해 이야기해보고, 교실 안에서 어느 정도 높이의 소리가 소음으로 느껴지는지에 대해 이야기해보도록 합니다.

표 6-7 문제인식

해결해야 할 문제는?	
문제 해결을 위해 필요한 데이터는?	

2) 데이터 수집

마이크로비트에 내장된 소리 센서를 활용하여 '소리 데이터'를 수집합니다. 이때 학생들은 마이크로비트에 다양한 높낮이의 소리를 인식시키고 B버튼을 누른 순간의 소리 데이터가 수집될 수 있도록 프로그램을 제작해 보도록 하겠습니다. 해당 프로그램은 microbit 시뮬레이터만으로도 실습이 가능합니다. 마이크로비트로 프로그래밍을 하기 위해서는 먼저 Makecode.microbit.org 사이트에 접속합니다. 메이크코드(MakeCode) 사이트에 접속하여 데이터를 수집하는 프로그램을 만들어 봅시다.

① '시리얼통신' 블록을 누릅니다

② [시리얼통신 전송:한 줄 " "] 블록을 가져옵니다.

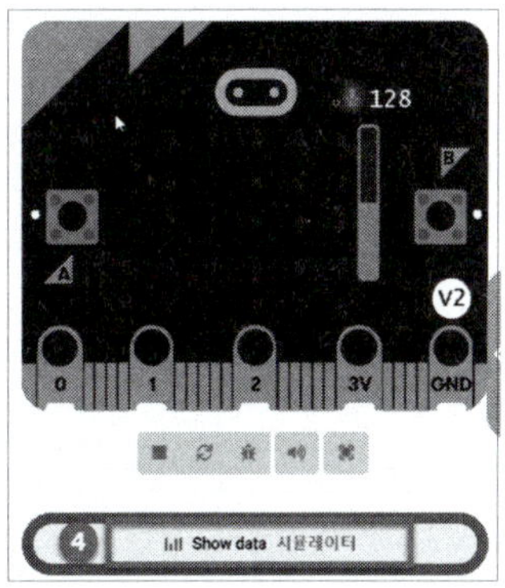

③ [무한반복 실행] 블록 안에 [시리얼통신 전송:한 줄" "] 블록을 넣고 그 블록 안에 [소리 크기] 블록을 추가해 줍니다.

④ 왼쪽 마이크로비트 화면 아래에 있는 'Show data 시뮬레이터'를 누릅니다.

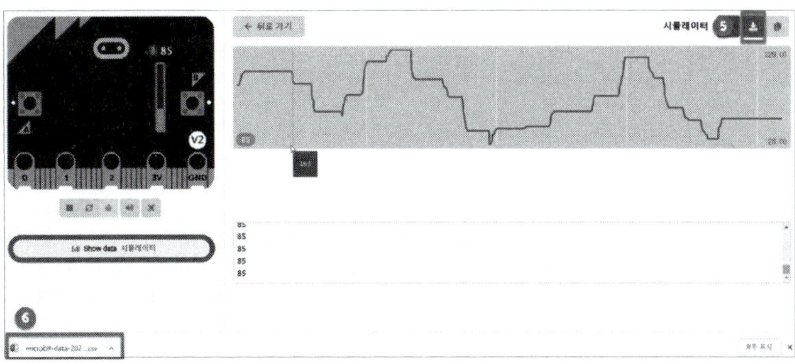

- 소리 센서가 받은 소리 크기 데이터를 표시해 줍니다.
- 소리 센서의 소리 높낮이는 마우스로 조절할 수 있습니다.

⑤ 오른쪽 위 저장 버튼을 눌러 수집한 소리 데이터를 엑셀로 저장합니다.

⑥ 저장된 파일을 눌러 열어줍니다.

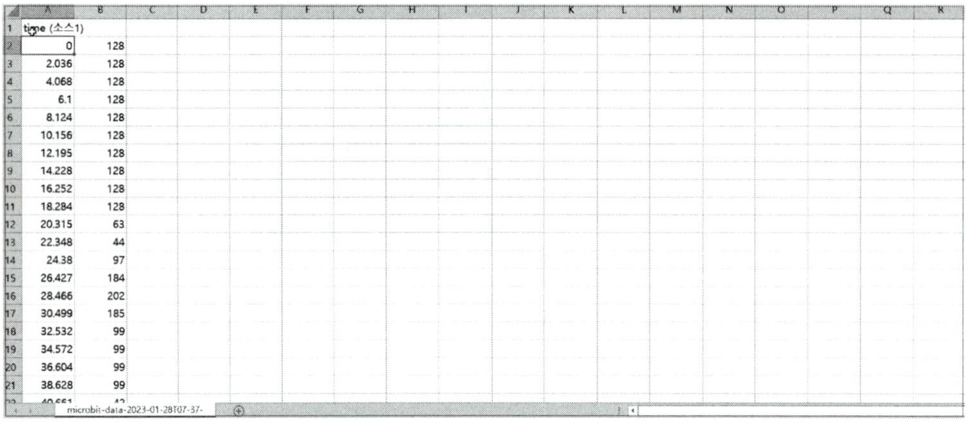

	A	B
1	time (소스1)	
2	0	128
3	2.036	128
4	4.068	128
5	6.1	128
6	8.124	128
7	10.156	128
8	12.195	128
9	14.228	128
10	16.252	128
11	18.284	128
12	20.315	63
13	22.348	44
14	24.38	97
15	26.427	184
16	28.466	202
17	30.499	185
18	32.532	99
19	34.572	99
20	36.604	99
21	38.628	99

microbit-data-2023-01-28T07-37-

- 시간(time)에 따른 소리 크기 데이터 값을 알 수 있습니다.
- 이 때 시간의 간격이 2초로 설정되어 있습니다. 버튼을 누르거나, 시간 간격을 주는 블록으로 시간 간격을 조정할 수 있습니다.

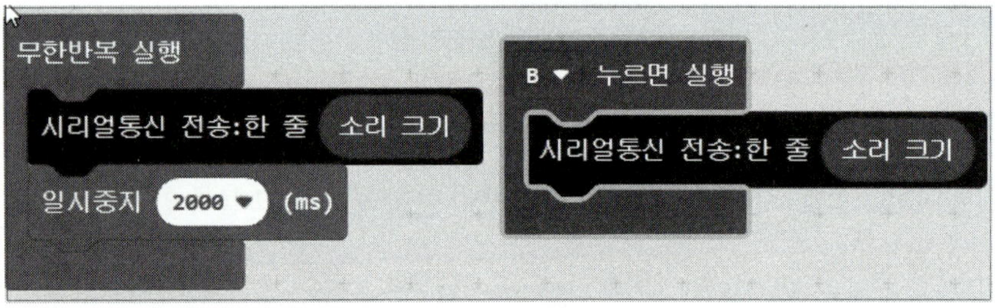

- 2초(2000ms) 간격으로 소리 크기 데이터를 수집합니다.
- B버튼을 누를 때 마다 소리 크기 데이터를 수집합니다.

※ 데이터를 수집할 때 마음대로 소리의 크기를 조절하는 것이 아니라 적당한 소리의 높낮이를 생각하며 측정해보도록 합니다.

3) 데이터 다듬기

수집한 소리 크기 데이터를 우리가 알아보기 쉽도록 다듬는 단계입니다. 저장한 엑셀 파일을 우리가 원하는 값으로 바꾸어 봅시다.

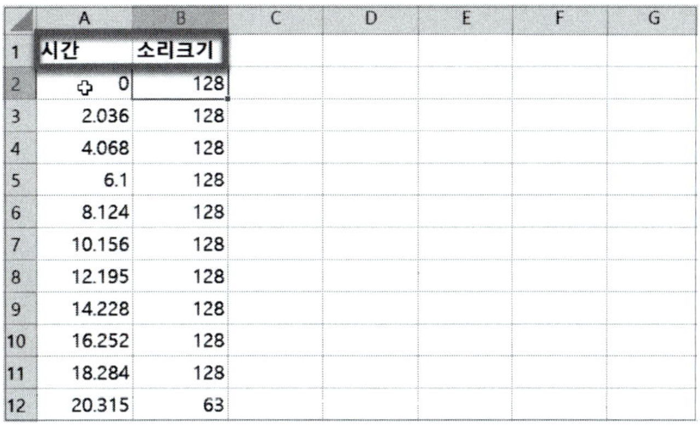

	A	B	C	D	E	F	G
1	시간	소리크기					
2	0	128					
3	2.036	128					
4	4.068	128					
5	6.1	128					
6	8.124	128					
7	10.156	128					
8	12.195	128					
9	14.228	128					
10	16.252	128					
11	18.284	128					
12	20.315	63					

엑셀의 블록을 지정하여 데이터를 구분하기 쉬운 이름으로 변경합니다. 2초 간격으로 측정하도록 프로그래밍을 하였기 때문에 시간이 약 2초 간격으로 바뀌는 것을 알 수 있습니다.

4) 데이터 시각화

수집한 소리 데이터를 우리가 보기 좋도록 그래프로 나타내는 과정입니다. 엑셀 기능을 활용하여 쉽고 편리하게 데이터를 시각화할 수 있습니다. 이때 학생들에게 표로 나타내었을 때의 불편한 점을 이야기할 수 있도록 하여 자연스럽게 데이터를 시각화해야 하는 이유와 필요성에 대해 배울 수 있도록 합니다.

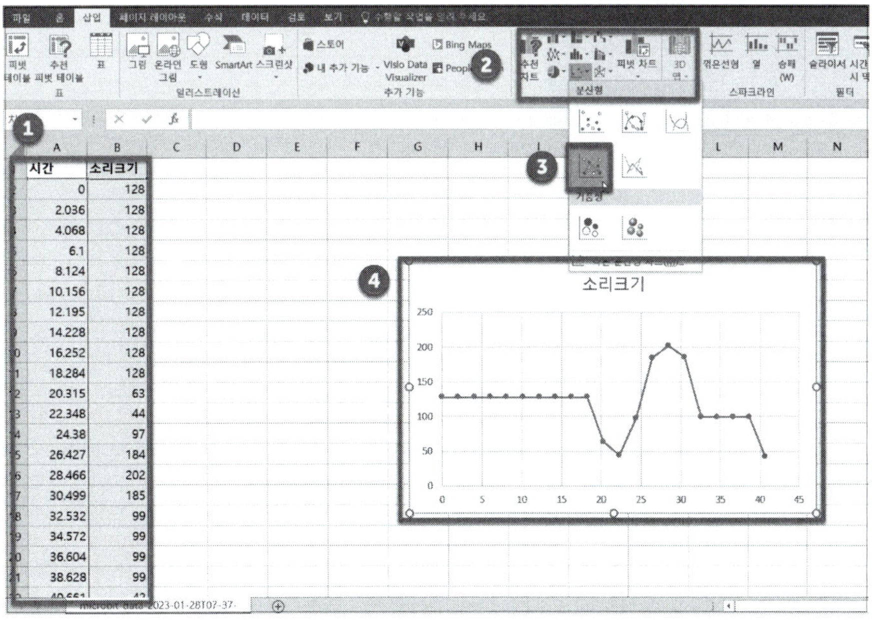

① 그래프로 나타내고 싶은 데이터를 블록으로 지정합니다.
② [입력]을 누른 후 변경하고 싶은 모양의 차트를 선택합니다.
③ 차트를 선택하고 나면 자동으로 수집된 소리 데이터가 그래프로 나타내어진 것을 알 수 있습니다.

5) 데이터 분석

마이크로비트에 소리의 높낮이를 변화시키면서 얻은 소리 크기 데이터를 그래프로 나타내 보았습니다. 생성된 그래프를 통해 알 수 있는 점은 무엇일까요? 어느 정도의 소리 크기가 되었을 때 우리가 소음으로 느끼는지 생각해 봅시다. 소리가 가장 높았을 때의 소리 데이터 값과 가장 낮았을 때의 소리 데이터 값을 비교하며 분석해봅시다. 이 때 데이터의 양이 부족하다고 생각되면 다시 데이터 수집 단계로 돌아갈 수 있습니다. 2초 간격으로 소리 데이터를 수집하지 않고 버튼을 눌렀을 때 원하는 데이터를 수집하여 다시 데이터를 분석해도 좋습니다.

위의 분석한 내용을 바탕으로 아래 표를 채워봅시다.

표 6-8 데이터 분석

가장 높은 크기의 소리 데이터 값	
가장 낮은 크기의 소리 데이터 값	
가장 적절한 소리의 크기는 어느 정도의 데이터 값이었을 때 입니까?	

6) 문제 해결

마이크로비트를 활용하여 데이터를 다양하게 수집하여 보고, 수집한 데이터를 시각화하여 나타낸 뒤 데이터 분석까지 해 보았습니다. 마지막 단계는 분석한 데이터를 바탕으로 우리에게 가장 적당한 소음 기준을 정하는 것입니다. 마이크로비트나 소리 센서가 없었다면 우리는 소리의 크기를 데이터로 만들어 수치화하지 못했을 것입니다. 그러나 마이크로비트를 활용하여 우리는 다양한 소리의 높낮이를 마이크로비트에 입력하고 그 소리의 크기를 수치화하여 나타냈습니다. 그리고 가장 적정한 소리 크기에 대한 데이터 값도 알 수 있었습니다.

이때 단순히 데이터를 수집한 것에 머무르지 않고 학생들끼리 함께 토의하며 적당한 소리의 크기에 대한 기준을 정할 수 있습니다. 생활 주변에서 다양한 문제 상황을 만났을 때 이러한 데이터를 기반으로 의사결정을 할 수 있다면 우리는 더욱 정확하고 객관적으로 문제를 해결하는데 도움이 될 수 있을 것입니다.

Chapter 7

인공지능 프로그래밍

SECTION 1

인공지능 프로그래밍의 이해

1. 알고리즘과 프로그래밍

인공지능 프로그래밍을 이해하기에 앞서 프로그래밍에 대한 이해가 선행되어야만 인공지능을 활용한 프로그래밍을 이해할 수 있습니다. 따라서 이번 장에서는 전통적인 프로그래밍의 특징을 알고 프로그래밍 설계의 기초가 되는 알고리즘에 대해서 알아보도록 하겠습니다.

가. 알고리즘의 이해

알고리즘이란 '문제 해결을 위한 효율적인 방법과 절차'를 의미합니다. 다시 말해 해결해야 할 문제가 있다면 그 문제를 해결하기 위한 과정을 순서대로 나열한 것을 모두 알고리즘으로 볼 수 있습니다.

알고리즘을 표현하는 방법은 여러 가지가 있습니다. 프로그래밍 도구를 활용한 알고리즘 설계는 여러 방법 중 하나입니다. 알고리즘을 표현하는 방법으로는 아래의 표와 같이 정리할 수 있습니다.

표 7-1

자연어	자연어 표현법은 일상 언어 표현법이라고도 합니다. 이 방법은 일상적으로 사용하는 말을 이용하여 알고리즘을 표현한 방법입니다.
그림	글이 아닌 자신만의 기호나 그림으로 알고리즘을 표현한 방법입니다.
순서도	순서도는 약속된 기호를 사용하여 알고리즘을 표현하는 방법입니다. 그림으로 표현되기 때문에 수행과정을 쉽게 살펴볼 수 있다는 장점이 있습니다.
의사코드	의사코드에서 '의사(疑似)는 '유사한, 비슷한'이라는 뜻을 가지고 있습니다. 따라서 의사코드는 코드 즉, 프로그래밍 언어와 비슷하게 표현하는 방법을 뜻합니다. 프로그래밍 언어의 규칙을 일정 부분 준수하기 때문에 이 방법을 이용하면 보다 쉽게 프로그래밍을 할 수 있다는 장점이 있습니다.
교육용 프로그래밍 언어(EPL)	일반적인 프로그래밍 언어의 대부분은 영어 텍스트를 기반으로 이루어져 있으며 다소 복잡한 문법체계를 가지고 있습니다. 이에 반해 교육용 프로그래밍 언어(Educational

	Programming Language, EPL)는 블록을 조립하여 프로그래밍을 하는 것과 같이 일반적인 프로그래밍 언어에 비해 손쉬운 문법과 사용법을 갖춘 언어입니다. 형식에 따라 베이직(BASIC), 로고(LOGO), 러플(RUR-PLE)과 같은 텍스트 기반의 프로그래밍 언어와 엔트리(Entry), 스크래치(Scratch), 엠블럭(mblock)과 같은 블록 기반 프로그래밍 언어로 구분할 수 있습니다.

나. 알고리즘의 설계 및 구조

알고리즘의 구조에는 대표적으로 '순차구조, 반복구조, 선택구조'가 있습니다. 또한 구조를 설계하기 전에 문제를 작은 단위로 나누는 '문제 분해'가 선행되어야 합니다. 각 구조에 대해 예를 들면 아래와 같습니다.

1) 문제를 분해하기

문제 분해는 문제를 작은 단위로 나누는 것으로 알고리즘의 의미가 충분히 전달될 수 있도록 작은 단위로 나누어 설계하는 것을 뜻합니다. 단순히 '양치질을 해라'가 아니라 양치질을 하는 세부적인 단계로 나누어 설계합니다.

양치질을 해라	→	칫솔에 치약을 짠다. 칫솔질을 이에 한다. 물컵에 물을 받아 입을 헹군다. …

2) 순서대로 나열하기(순차구조)

순차구조는 작은 단위로 나누어진 문제를 순서대로 나열하는 것입니다. 기본적으로 모든 알고리즘에는 순서가 표현되어야 합니다.

칫솔에 치약을 짠다. 칫솔질을 이에 한다. 물컵에 물을 받아 입을 헹군다. …	→	① 칫솔에 치약을 짠다. ② 칫솔질을 이에 한다. ③ 물컵에 물을 받아 입을 헹군다. ④ …

3) 반복되는 것 묶기(반복구조)

반복구조는 알고리즘에서 반복되는 내용이 있는지 확인하고, 있다면 반복되는 것을 묶어서 표현하는 것입니다. 만약 라면 3개를 각각 끓여야 한다고 하면 다음과 같이 반복되는 것을 묶어서 설계할 수 있습니다.

① 칫솔에 치약을 짠다. ② 칫솔질을 위아래로 한다. ③ 칫솔질을 위아래로 한다. ④ 칫솔질을 위아래로 한다. ⑤ 물컵에 물을 받아 입을 헹군다. ⑥ …	→	① 칫솔에 치약을 짠다. ② 칫솔질을 위아래로 한다. ②-1 과정을 3번 반복한다. ③ 물컵에 물을 받아 입을 헹군다. ④ …

4) 상황에 따라 조건 제시하기(선택구조)

선택구조는 상황에 따라 다른 일을 해야 하는 경우가 있는지 살펴보고, 있다면 조건을 제시하여 상황별로 다른 일을 할 수 있게 하는 것입니다.

① 칫솔에 치약을 짠다. ② 칫솔질을 이에 한다. ③ 물컵에 물을 받아 입을 헹군다. ④ …	→	① 칫솔에 치약을 짠다. ①-1 (만약 치약이 없다면) 수납장에서 새 치약을 꺼낸다. ①-2 (만약 칫솔이 오래되었다면) 수납장에서 새 칫솔로 교체한다. ② 칫솔질을 이에 한다. ③ 물컵에 물을 받아 입을 헹군다. ④ …

2. EPL 활용 알고리즘 표현하기(프로그래밍)

인간이 만든 알고리즘을 컴퓨터가 이해하고 실행할 수 있게 하려면 프로그래밍 언어를 사용하여 프로그램을 만들어야 합니다.

전통적으로 프로그래밍 언어의 대부분은 영어 텍스트를 기반으로 이루어져 있으며 다소 복잡한 문법체계를 가지고 있습니다. 하지만 앞으로 다룰 교육용 프로그래밍 언어(Educational Programming Language, EPL)는 블록을 조립하여 프로그래밍을 하는 것과 같이 일반적인 프로그래밍 언어에 비해 손쉬운 문법과 사용법을 갖춘 언어입니다.

블록 기반 교육용 프로그램은 다양하게 있지만. 그 중에서 우리나라 SW교육에 특화된 서비스를 제공하고 있는 엔트리(https://playentry.org/)를 활용하여 기본적인 프로그래밍을 살펴보도록 하겠습니다.

가. 엔트리 시작하기

엔트리 사이트에 접속하여 블록 코딩 프로그램을 만들기 위해서는 엔트리 웹사이트 상단 메뉴 중 [만들기]에서 [작품 만들기]를 눌러줍니다. 블록 코딩 프로그램을 만들기 전 엔트리 아이디나 네이버 및 웨일 아이디가 있다면 로그인을 하는 것을 추천합니다. 로그인하면 만든 프로그램을 저장할 수 있습니다.

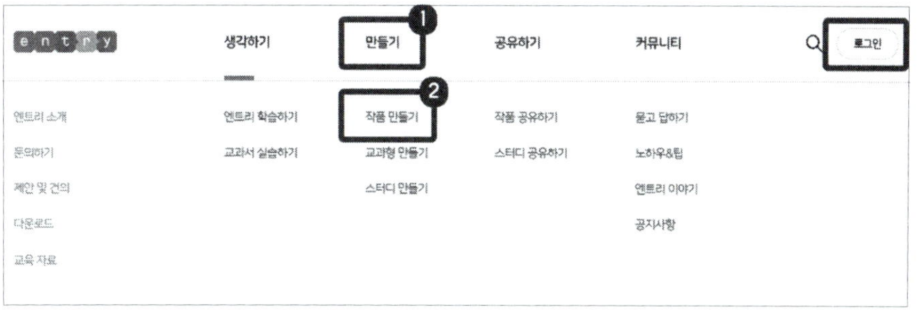

그림 7-1 엔트리 작품 만들기 및 로그인 메뉴

[만들기] - [작품 만들기]를 눌러 들어간 편집 화면에는 여러 가지 기능이 있으며, 그 기능은 다음과 같습니다.

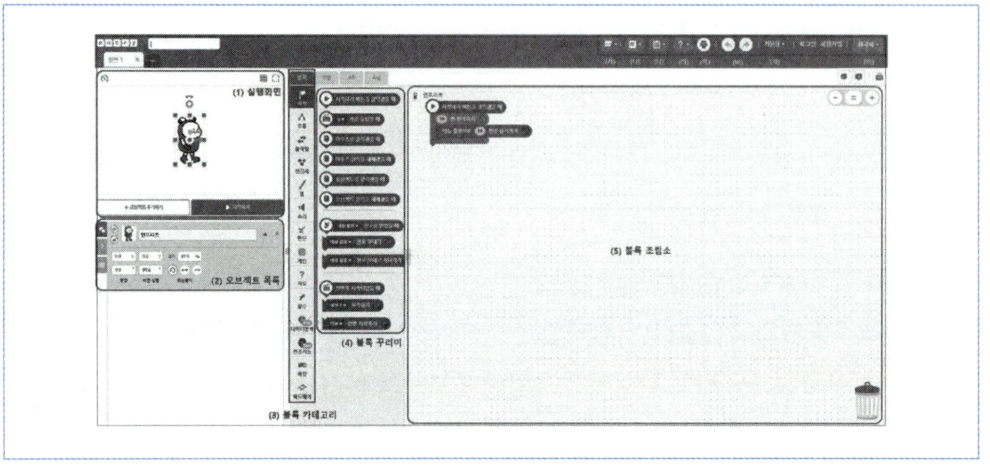

그림 7-2 엔트리 편집 화면

(1) 실행화면 : 프로그램이 실행되는 화면. 오브젝트가 명령에 따라 동작함. [추가하기]를 누르면 여러 가지 오브젝트를 추가할 수 있음.

※ 오브젝트 : 명령어를 통해 움직이는 캐릭터, 사물, 글상자, 배경 등.

(2) 오브젝트 목록 : 선택한 장면에서 오브젝트를 추가하거나 관리(좌표, 크기, 방향, 이동 방향, 회전방식 등) 할 수 있음.

(3) 블록 카테고리 : 시작, 흐름, 움직임, 생김새, 붓(선택한 오브젝트가 글상자일 경우 표시하지 않음), 소리, 판단, 계산, 자료, 함수, 데이터 분석, 인공지능, 확장, 하드웨어, 글상자(선택한 오브젝트가 글상자일 경우 표시) 등 명령 블록 확인 가능.

(4) 블록 꾸러미 : 각 카테고리의 모든 블록을 모아놓은 영역. 블록 꾸러미의 블록은 드래그하면 블록 조립소로 옮길 수 있음.

(5) 블록 조립소 : 블록 꾸러미에서 옮긴 블록을 자유롭게 배치하고 조립할 수 있는 영역.

(6) 상단 메뉴 : 코딩 방식, 언어, 실행 취소, 저장 및 출력 등 설정 가능.

나. 엔트리로 간단한 프로그래밍하기

엔트리 블록을 활용하여 대표적인 알고리즘 원리(순차, 반복, 선택) 및 변수를 활용한 간단한 프로그램을 만들어 봅시다.

1) 순차구조 : 도형 그리기 프로그램

순차구조는 어떤 일을 하거나 문제를 해결할 때 차례대로 하나씩 진행하는 것을 말합니다.

프로그래밍을 통해 문제를 해결하기 위해서는 순서에 맞게 블록을 코딩하는 것이 중요합니다. '정사각형 도형그리기 프로그램'을 만들면서 정사각형을 그리기 위해서 순서대로 프로그래밍을 해 봅시다.

가) 정사각형 도형그리기 프로그램 만들기

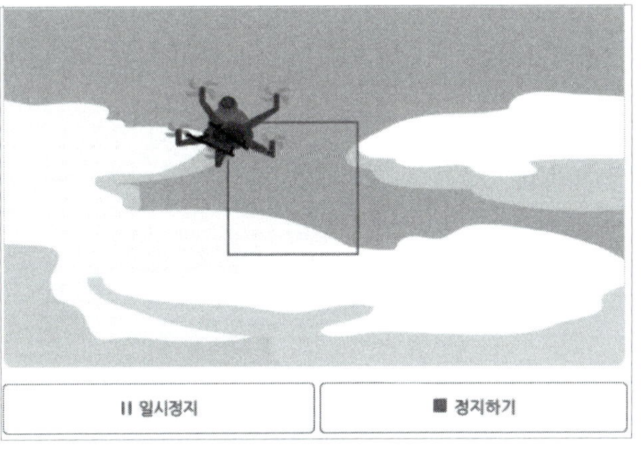

그림 7-3 정사각형 도형그리기 프로그램 Entry 화면

명령어 블록을 자세히 살펴보면 다음과 같습니다.

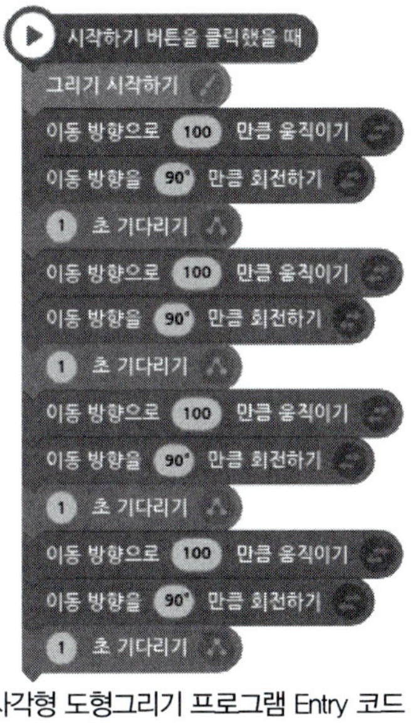

그림 7-4 정사각형 도형그리기 프로그램 Entry 코드

예시 작품 링크 참조 : https://naver.me/FgSAlfP2

2) 반복구조 : 무한 도형 그리기 프로그램

프로그래밍을 하면서 어떤 특정한 횟수만큼 반복하거나 무한으로 반복하는 일을 하는 경우 반복하기 블록을 사용하면 편리합니다. 프로그래밍에서 반복은 시작되면 매번 어떤 조치를 취하지 않아도 자동으로 반복되는 것이 특징입니다. 반복을 중단하기 위해서는 반복 횟수를 미리 정해 놓거나 어떤 조건에 따른 선택이 필요합니다.

앞에서 만든 '도형그리기 프로그램'을 변형하여 반복 구조를 활용한 '무한 반복 도형그리기 프로그램'을 만들어봅시다.

가) 무한 반복 도형그리기 프로그램 만들기

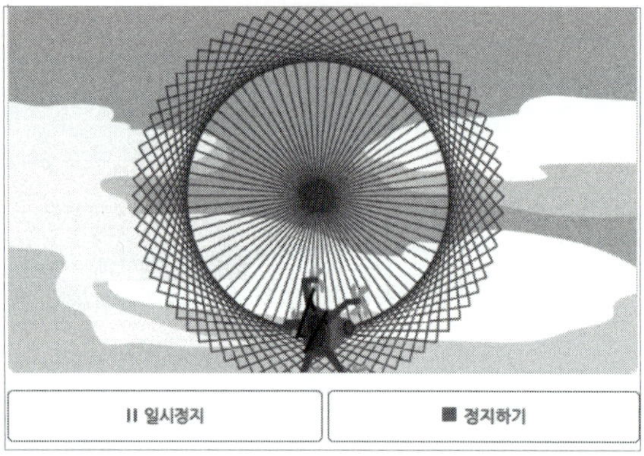

그림 7-5 무한반복 도형그리기 프로그램 Entry 화면

명령어 블록을 자세히 살펴보면 다음과 같습니다.

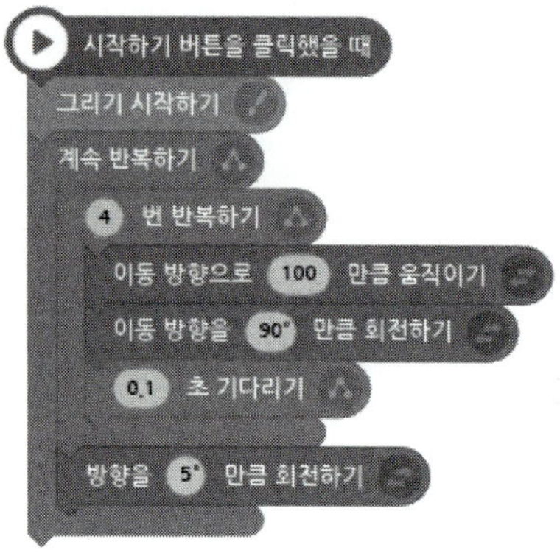

그림 7-6 무한반복 도형그리기 프로그램 Entry 코드

예시 작품 링크 참조 : https://naver.me/G9tmG32C

나) 다양한 도형 그리기 Quiz

도형을 관찰하여 반복되는 규칙을 찾아본 후 명령어를 최적화하여 도형을 그려봅니다.

▸ 정삼각형

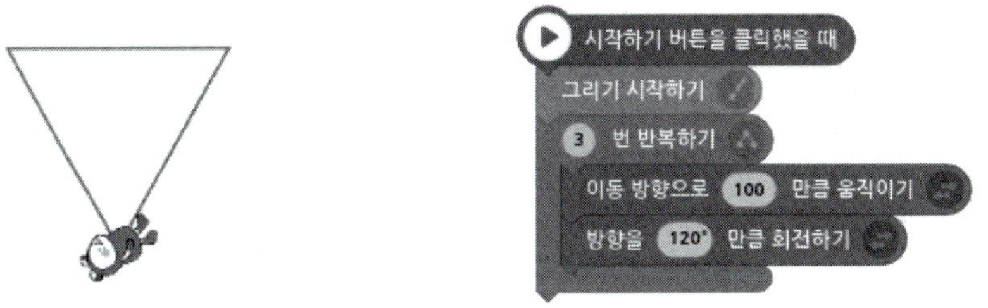

▸ 정오각형

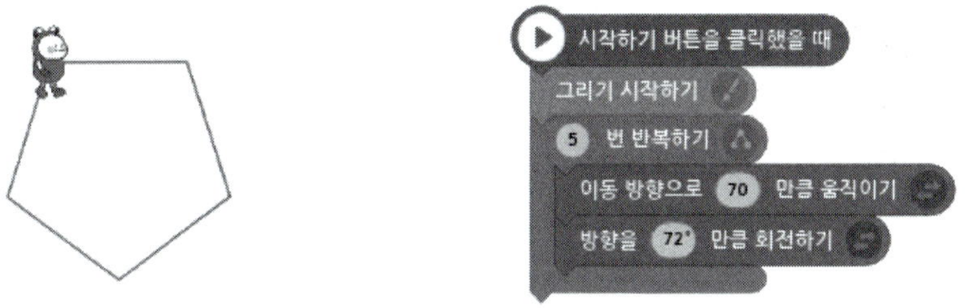

▸ 정육각형

▸ 별

▸ nested squares

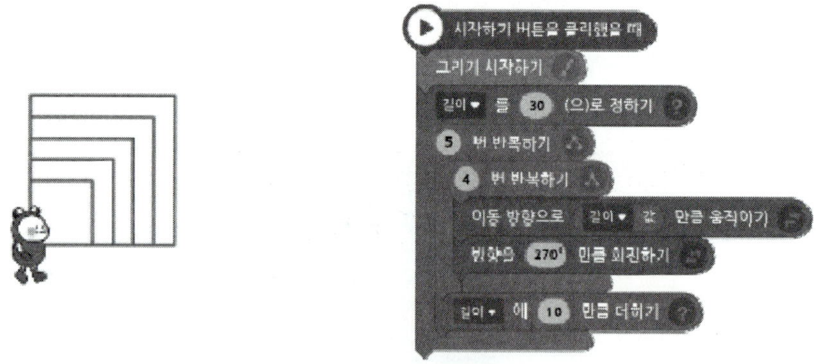

▸ fan

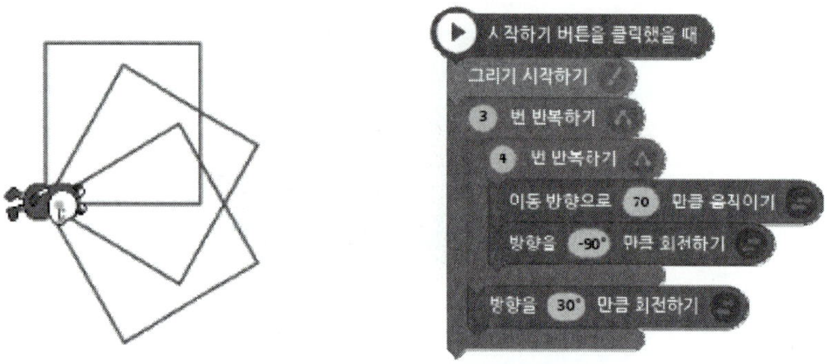

▸ fan

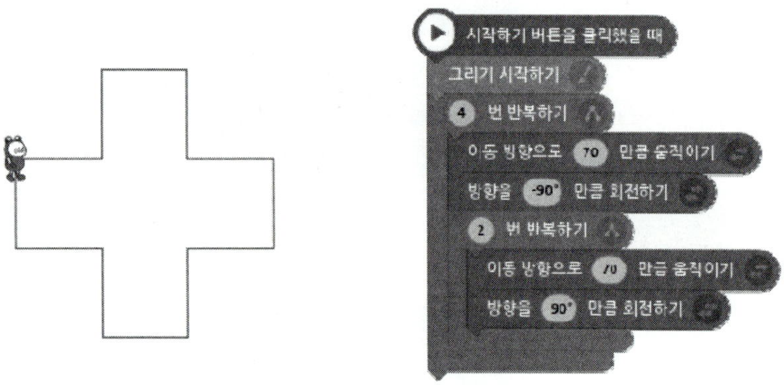

▸ sierpinski tree

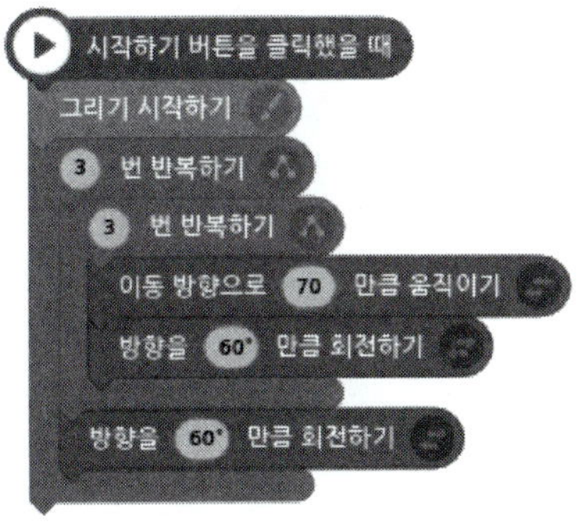

3) 선택구조 : 문어 움직이기 프로그램

선택구조란 어떤 조건이나 상황에 따라 특정한 행동을 선택하는 것을 말합니다. 기본적으로 '만일 ~라면 A를 하고 아니라면 B를 한다'입니다. 선택구조 블록을 활용하면 더욱 다양한 방향으로 프로그램을 만들 수 있습니다.

가) 문어 움직이기 프로그램 만들기

그림 7-7 문어 움직이기 프로그램 Entry 화면

명령어 블록을 자세히 살펴보면 다음과 같습니다.

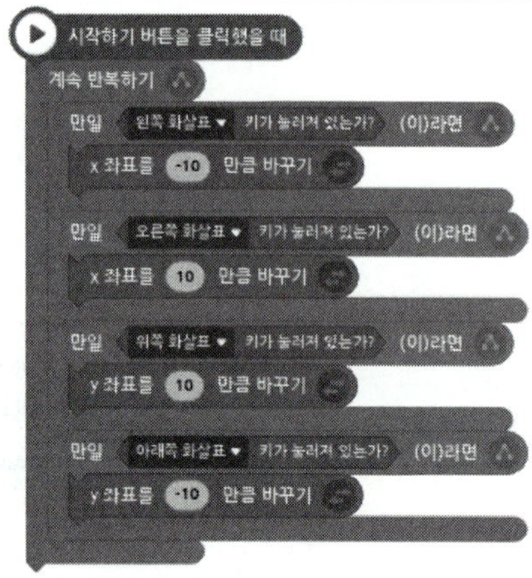

그림 7-8 문어 움직이기 프로그램 Entry 코드

예시 작품 링크 참조 : https://naver.me/xt50fZdz

4) 변수 : 자동 덧셈 계산기 프로그램

변수란 정해져 있지 않은 수치나 문자를 다루기 위해서 필요합니다. 즉, 변수는 어떤 숫자나 문자와 같은 자료를 저장하는 공간으로써 새로운 자료를 저장하면 기존의 자료에 새로운 자료를 덮어 쓰게 됩니다. 이러한 변수를 활용하면 사칙연산 프로그램등 다양한 프로그램을 만들 수 있습니다.

가) 자동 덧셈 계산기 프로그램 만들기

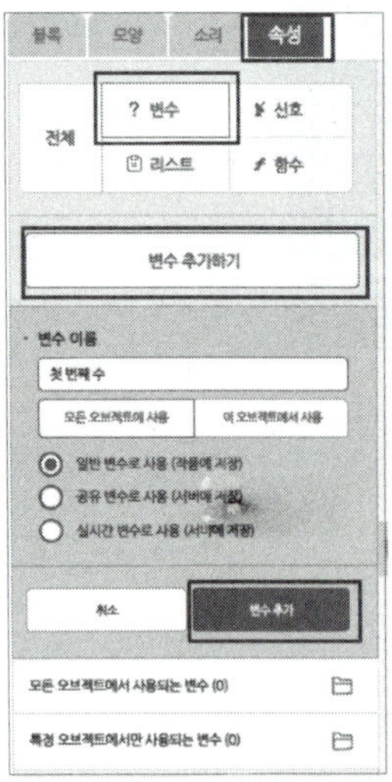

※ 변수를 만드는 방법: '속성'탭에서 '변수'를 선택한 후 '변수 추가하기'를 눌러서 변수의 이름을 정하고 '변수 추가'를 선택

이 프로그램을 만들기 위해서는 '첫 번째 수'와 '두 번째 수'라는 두 가지의 데이터를 저장할 변수가 필요합니다.

그림 7-9 자동 덧셈 계산기 프로그램 변수 만들기

그림 7-10 자동 덧셈 계산기 프로그램 Entry 화면

명령어 블록을 자세히 살펴보면 다음과 같습니다.

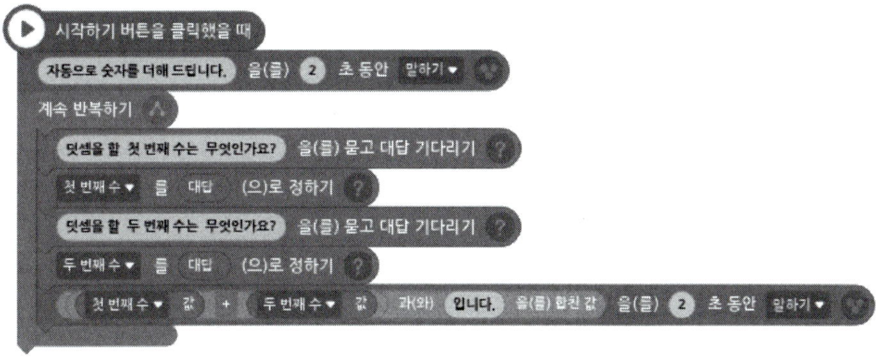

그림 7-11 자동 덧셈 계산기 프로그램 Entry 코드

예시 작품 링크 참조 : https://naver.me/xylIq8Df

3. 전통적 프로그래밍과 인공지능 프로그래밍

가. 전통적 프로그래밍과 인공지능 프로그래밍의 차이

인공지능(AI)이란, 인간의 학습능력, 추론능력, 지각능력을 모방하여 인공적으로 구현해 인

간과 유사한 능력을 갖추는 프로그램입니다.

인공지능(AI) 프로그래밍이 대두되면서 이는 기존의 전통적 프로그래밍 방식에 큰 패러다임의 변화를 일으켰습니다. 기존의 전통적 프로그래밍은 프로그래머가 제공하는 지식과 규칙에 의존하여 결과를 도출하였습니다.

하지만 인공지능 프로그래밍은 이러한 주어진 코딩을 피하려고 합니다. 그럼 어떻게 결과를 도출할까요? 바로 데이터에서 샘플을 배우고 규칙을 스스로 만들어 결과를 도출합니다.

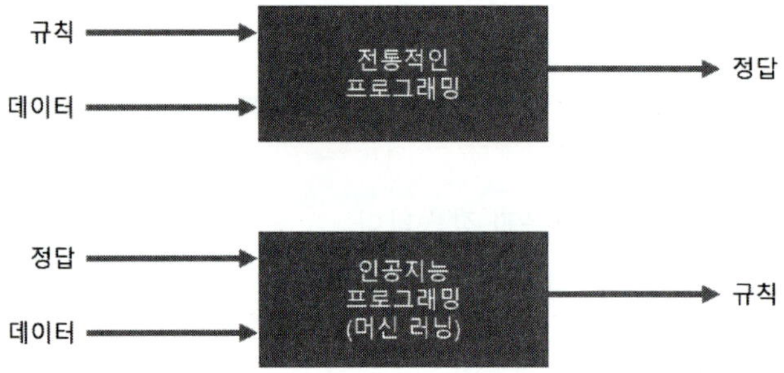

그림 7-12 전통적 프로그래밍과 인공지능 프로그래밍의 비교

예를 들어 사람과 동물을 자동으로 분류하는 프로그램을 만든다고 해 봅시다. 전통적인 프로그래밍으로 다음과 같은 프로그램을 구현하려면 아무리 똑똑하거나 경험이 많은 프로그래머라도 이미지에 사람 얼굴이 있는지 정확하게 결정하는 일련의 규칙을 프로그래밍 언어로 작성해야 합니다. 또한 사람의 얼굴, 눈, 코, 입 같은 타원의 윤곽을 감지하기 위해 픽셀의 값을 가지고 계산하는 코드를 만들어야 합니다. 이는 매우 어려운 일입니다.

하지만 인공지능 프로그래밍은 이런 작업을 수작업으로 규칙을 만들지 않습니다. 대신 얼굴이 있는 이미지와 그렇지 않은 이미지 데이터를 모읍니다. 그리고 각 이미지에 대해 사람의 얼굴이 있거나 없다는 정답을 준비합니다. 이 정답을 레이블(label)이라 부릅니다. 레이블된 이미지가 준비되면 머신 러닝을 적용하여 기계가 스스로 일련의 규칙을 찾아서 훨씬더 정확도가 높은 프로그램을 구현할 수 있습니다. 이처럼 인공지능 프로그래밍의 등장은 불가능한 프로그램 영역을 가능할 수 있도록 하면서 더욱더 확장된 프로그램 개발의 길을 열었습니다.

다음 장에서는 '전자 도어락 프로그램'을 전통적 프로그래밍과 인공지능 프로그래밍을 통하여 만들어 봄으로써 두 패러다임의 차이를 살펴보도록 하겠습니다.

나. 전통적 프로그래밍과 인공지능 프로그래밍의 비교

금고를 열 수 있는 방법에는 여러 가지가 있습니다. 예를 들어 숫자나 문자로 된 비밀번호를 입력하거나 얼굴이나 지문, 음성을 인식하여 열 수도 있습니다. 각 프로그래밍 패러다임에 맞게 제작한 '금고 열기 프로그램'을 살펴보면서 두 방식의 차이점을 알아보겠습니다.

1) 전통적 프로그래밍 : 버튼식 전자 도어락 프로그램

앞에서 배운 '변수'를 활용하면 비밀번호를 입력하여 금고를 열 수 있는 버튼식 전자 도어락을 만들 수 있습니다.

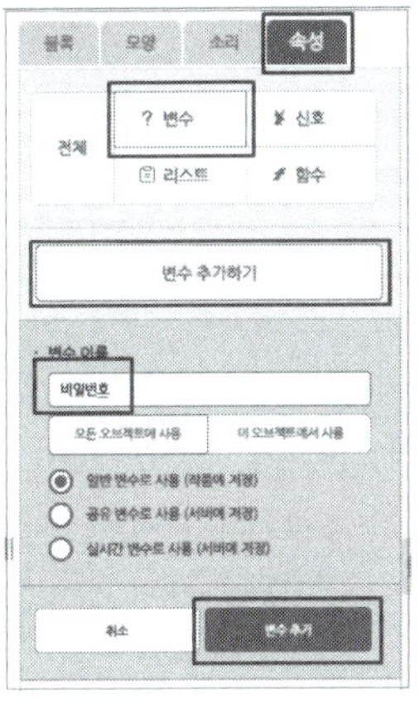

※ 변수를 만드는 방법: '속성'탭에서 '변수'를 선택한 후 '변수 추가하기'를 눌러서 변수의 이름을 정하고 '변수 추가'를 선택합니다.

이 프로그램을 만들기 위해서는 '비밀번호' 라는 데이터를 저장할 변수가 필요합니다.

그림 7-13 전자 도어락(전통적 프로그래밍) 프로그램 변수 만들기

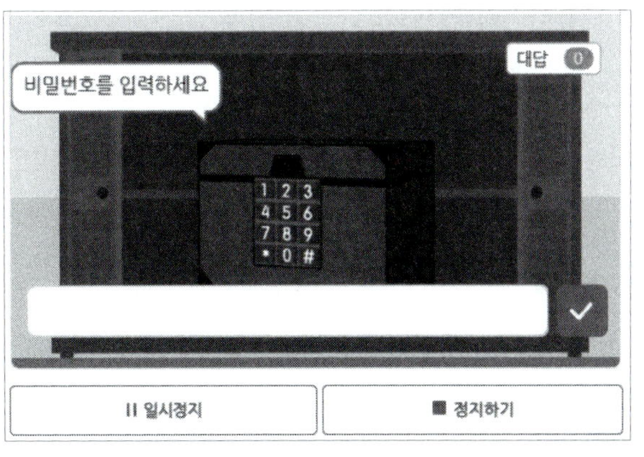

그림 7-14 전자 도어락(전통적 프로그래밍) 프로그램 Entry 화면

명령어 블록을 자세히 살펴보면 다음과 같습니다.

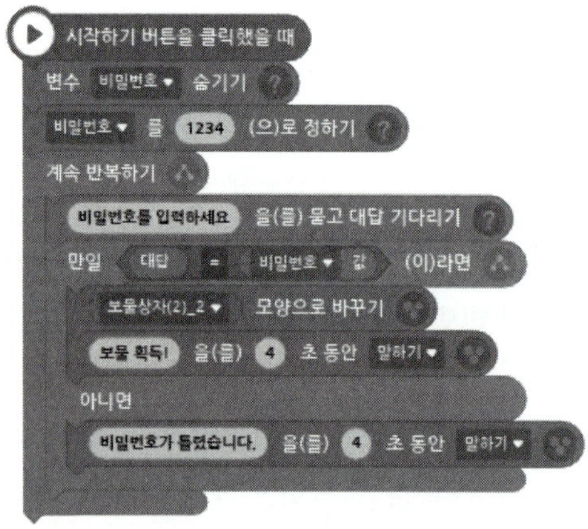

그림 7-15 전자 도어락(전통적 프로그래밍) 프로그램 Entry 코드

(예시 작품 링크 참조 : https://naver.me/IFIOyqF0)

2) 인공지능 프로그래밍 : 얼굴 인식 잠금장치 프로그램

인공지능 프로그래밍에서 모델학습을 활용하면 얼굴을 인식하여 주인의 얼굴이 일치하면 금고가 열리는 얼굴 인식 잠금 장치를 만들 수 있습니다. 인공지능 프로그래밍의 한 방법인 이미지 모델학습에 관해서는 다음 장부터 자세하게 원리와 방법을 배울 것이기에 이번 장에서는 전통적 프로그래밍과의 차이점을 느끼는 것에 초점을 두고 살펴보겠습니다.

인공지능 프로그래밍 중 모델학습을 하기 위해서는 정답을 찾고 규칙을 도출하기 위한 데이터 입력 및 학습이 선행되어야 합니다. 실습을 위해 인공지능(AI)이 직접 만든 가상의 인물의 얼굴을 데이터로 학습해보도록 하겠습니다.

※ 이 이미지는 생성형 인공지능 '파이어 플라이(fire fly)' 로 제작한 가상의 인물이며 예제 파일을 테스트 할 때 사용할 수 있습니다.

인공지능 〉 모델 학습하기 〉 새로 만들기 〉 이미지로 들어가서 잠금을 해제 할 수 있는 얼굴 데이터를 입력합니다.

데이터의 양이 많으면 많을수록 인식의 정확도가 올라갑니다.

그림 7-16 테스트에 활용할 가상의 금고 주인 얼굴 데이터

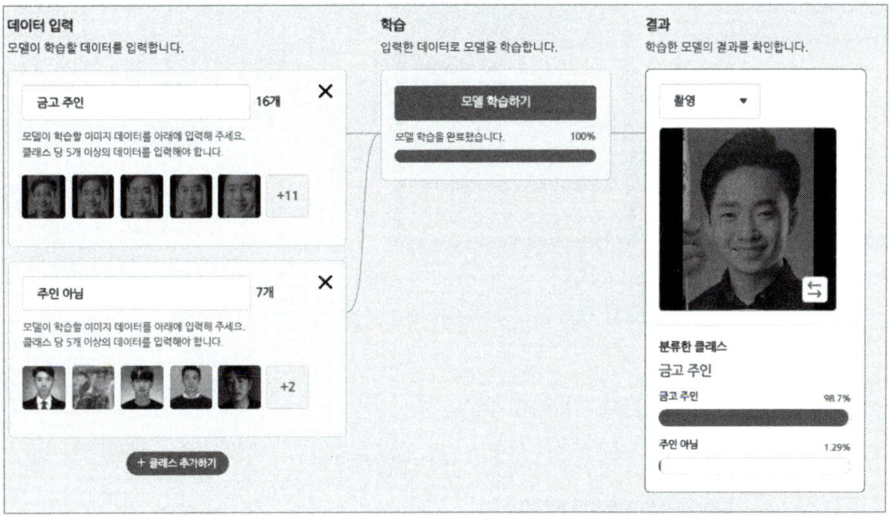

그림 7-17 얼굴 인식 잠금장치 프로그램 이미지 데이터 학습 장면

그림 7-18 얼굴 인식 잠금장치 프로그램 Entry 화면

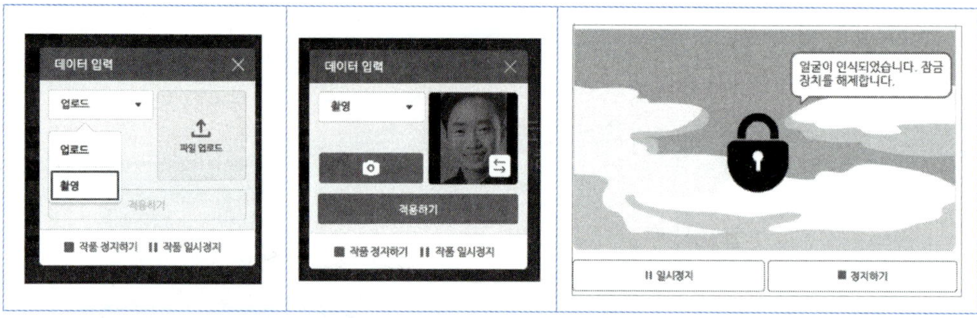

그림 7-19 얼굴 인식 잠금장치 프로그램 얼굴 인식하기 화면

명령어 블록을 자세히 살펴보면 다음과 같습니다.

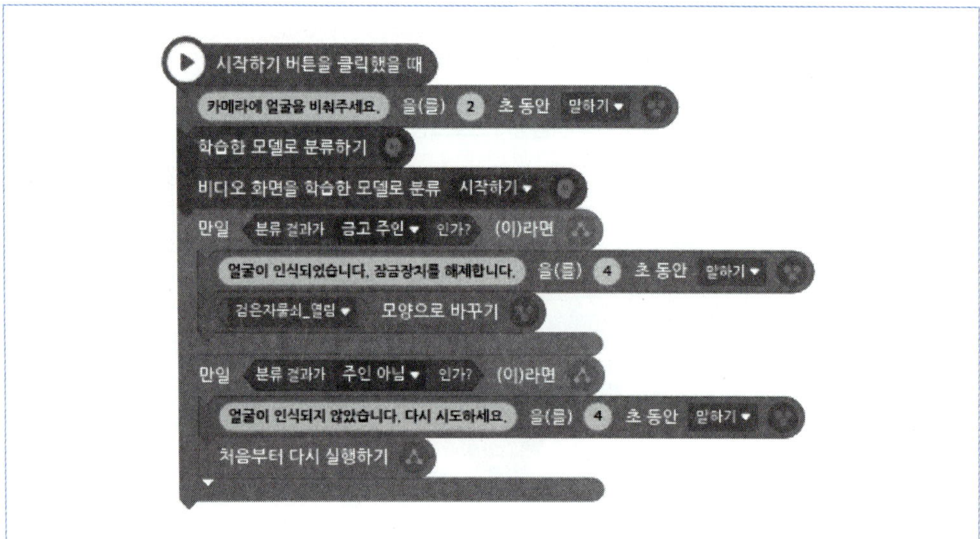

그림 7-20 얼굴 인식 잠금장치 프로그램 Entry 코드

예시 작품 링크 참조 : https://naver.me/x8EcstyR

SECTION

2 인공지능 프로그래밍의 실제

앞에서 소개했듯이 엔트리에서 제공하는 인공지능 모델링 도구는 크게 두 가지로 나누어져 제공되고 있습니다. 인공지능 인식 기술을 활용하는 '인공지능 블록 불러오기' 와 인공지능을 학습모델을 활용하는 '인공지능 모델 학습하기'가 있습니다. 이번 장에서는 각 기능들을 간단한 실습을 통해서 탐색하고자 합니다.

1. AI 인식기술 활용 프로그래밍하기

가. 음성인식

음성인식 기술이란 인공지능의 기술 중 하나로 마이크와 같은 센서를 통해 얻은 소리를 컴퓨터가 인식하여 데이터로 처리하거나 표현하는 것을 말합니다. 음성인식 기술이 사용되는 과정을 입력, 처리, 출력의 단계로 살펴보면 다음과 같습니다. 마이크로 소리를 입력하면 음성인식 기술이 데이터를 처리하여 소리를 스피커로 출력하는 것입니다. 구체적인 예를 들면, "오늘 날씨는 어때?"라고 입력하면 날씨 관련 정보를 찾은 후 "오늘 날씨는 맑음입니다." 라고 출력하는 것이 이에 해당합니다.

1) 음성인식 기술 Entry 블록 알아보기

Entry에 인공지능 블록이 추가되어 Entry에서 음성인식 기술을 활용한 프로그램을 제작할 수 있습니다. 번역, 오디오감지, 읽어주기 블록이 음성인식 기술과 관련이 있습니다. 이를 자세히 살펴보면 다음과 같습니다.

가) 번역 블록

명령어 블록	블록의 역할
한국어▾ 엔트리 을(를) 영어▾ 로 번역하기	언어를 다른 언어로 번역한다.
엔트리 의 언어	입력한 내용의 언어를 가져온다.

나) 오디오 감지 블록

명령어 블록	블록의 역할
마이크가 연결되었는가?	마이크가 연결됐는지 판단한다.
음성 인식하기	음성인식을 한다.
음성을 문자로 바꾼 값	음성을 인식하고 문자로 변환하여 나타낸다.
마이크 소리크기	마이크의 소리 크기를 숫자로 나타낸다.

다) 읽어주기 블록

명령어 블록	블록의 역할
엔트리 읽어주기	입력내용을 음성으로 읽어준다.
엔트리 읽어주고 기다리기	입력내용을 읽고 다음 명령어를 기다린다.
여성▾ 목소리를 보통▾ 속도 보통▾ 음높이로 설정하기	목소리의 음색, 속도, 음높이를 설정한다.

2) 음성인식 기능 활용 프로그램 만들기

음성인식이 적용되는 대표적인 예로 Siri, 클로바 더빙 등이 있습니다. 생활 속에서 음성인식 기술이 적용되는 사례가 있을까요? 생활 속에서 음성인식이 적용될 수 있는 경우나 필요한 곳을 생각해보고 Entry 블록을 활용하여 프로그램을 제작해봅시다. '전등을 켜고 끄는 것'을 음성인식으로 할 수 있도록 프로그램과 자동번역 프로그램을 만들어 봅시다.

※ 음성 인식 기능 불러오기: [인공지능 블록 AI 인공지능] - [인공지능 블록 불러오기]

가) 음성인식 스마트 전등 프로그램 만들기

그림 7-21 음성인식 프로그램 Entry 화면

명령어 블록을 자세히 살펴보면 다음과 같습니다.

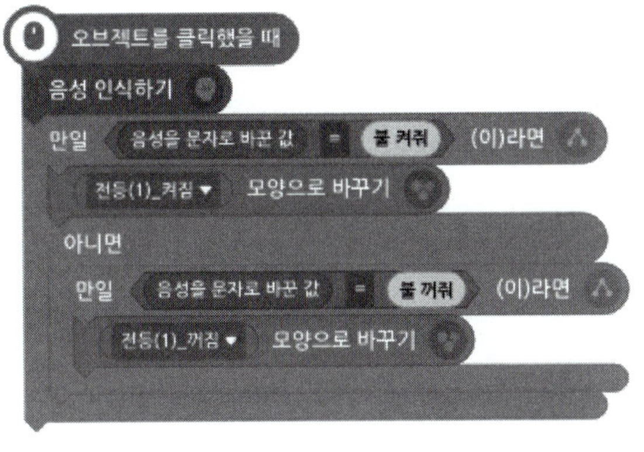

그림 7-22 음성인식 프로그램 Entry 코드

예시 작품 링크 참조 : http://naver.me/GvXgZAqR

나) 자동 번역 프로그램 만들기

엔트리 번역 블록과 읽어주기 블록을 사용하여 '한국어'는 '영어'로 번역하여 읽어주고, '영어'는 '한국어'로 번역하여 읽어주는 프로그램을 만든 것입니다.

그림 7-23 자동 번역 프로그램 Entry 화면

자동 번역 프로그램의 엔트리 명령어 블록을 살펴보면 다음과 같습니다.

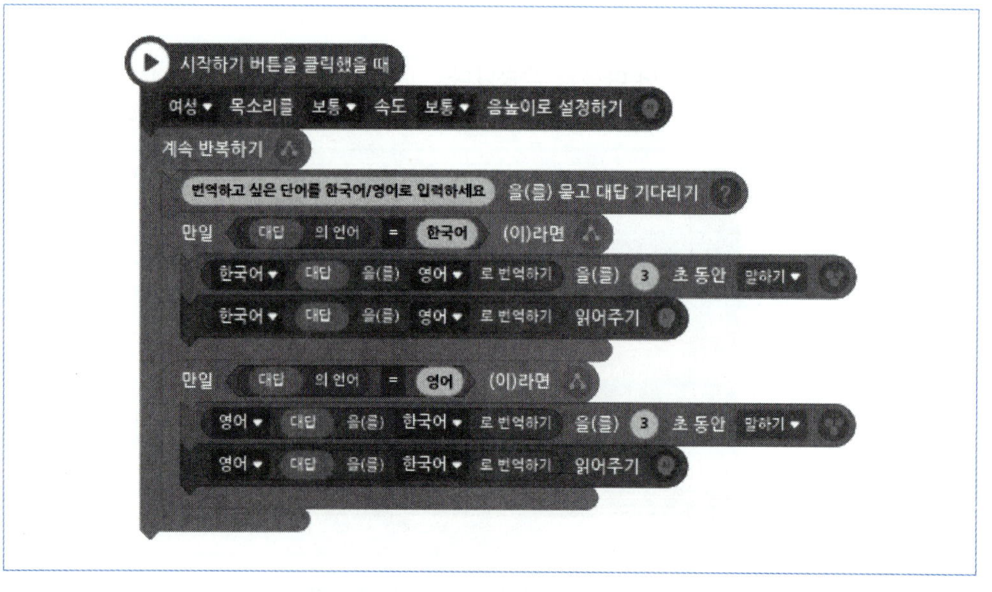

그림 7-24 자동 번역 프로그램 Entry 코드

예시 작품 링크 참조 : http://naver.me/51ag5FoY

나. 영상인식

영상인식 기술이란 데이터 정보를 인식해서 영상으로 처리하고 표현하는 것을 의미합니다.

일상생활에서 사용되고 있는 예를 살펴보면 '사진첩에 영상인식 기술이 적용되어 얼굴을 분류하여 인물별로 사진을 저장하는 경우', '휴대폰 잠금 화면을 얼굴로 인식하여 해제하는 경우', '카메라가 얼굴을 인식하여 보정을 해주는 경우' 등이 있습니다.

1) 영상인식 기술 Entry 블록 알아보기

엔트리에서 제공하는 영상 인식 기술에는 사람인식, 사물인식, 손 인식, 얼굴 인식 기능이 있습니다.

명령어 블록	블록의 역할
비디오 화면 보이기▾	비디오 화면이 실행되도록 한다.
비디오가 연결되었는가?	비디오의 연결 여부를 확인한다.
비디오 화면 좌우▾ 뒤집기	비디오 화면을 좌우 또는 상하로 뒤집는다.
비디오 투명도 효과를 0 으로 정하기	비디오 투명도를 조절한다.
자신▾ 에서 감지한 움직임▾ 값	자신 또는 실행화면에서 움직임, 좌우, 상하 방향을 감지한다.
사람▾ 인식 시작하기▾	사람, 얼굴, 사물을 인식하도록 한다.
사람▾ 인식이 되었는가?	사람, 얼굴, 사물 중 무엇이 인식되었는지 확인한다.
사물 중 사람▾ (이)가 인식되었는가?	어떤 종류의 사물이 인식되었는가를 설정한다.
인식된 사람▾ 의 수	인식된 사람, 얼굴, 사물의 수를 나타낸다.
인식된 사람▾ 보이기▾	인식된 데이터를 숨기거나 보이도록 한다.
1▾ 번째 사람의 얼굴▾ 의 x▾ 좌표	데이터의 위치를 인식한다.
1▾ 번째 얼굴의 성별▾	얼굴을 인식한 경우 얼굴의 성별, 나이, 감정을 인식한다.

2) 영상인식 기능 활용 프로그램 만들기

비디오 감지 블록 중 얼굴을 인식하는 블록을 활용하여 나이, 감정, 성별을 인식하는 프로그램을 만들 수 있습니다. 나이, 감정, 성별 조건 중 하나를 변경하여 프로그램을 실행하면 됩니다.

그림 7-25 영상인식 프로그램 Entry 화면

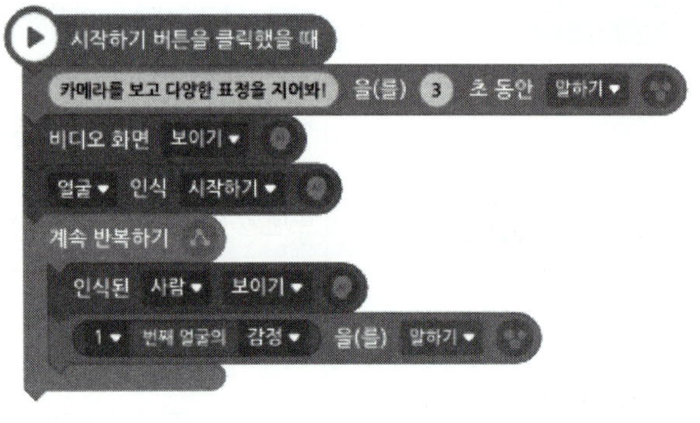

그림 7-26 영상인식 프로그램 Entry 코드

예시 작품 링크 참조 : http://naver.me/xJaX4cSC

2. AI 모델학습 활용 프로그래밍하기

가. 지도학습 모델

엔트리에서 프로그래밍 할 수 있는 지도학습 모델에는 분류(이미지, 텍스트, 음성, 숫자)와 예측(숫자)이 있습니다. 각 모델의 특성을 파악하면서 간단한 프로그램을 만들어 봅시다.

1) 분류: 이미지 모델 학습

가) 이미지 모델 학습 블록 살펴보기

블록	설명
학습한 모델로 분류하기	이미지를 직접 촬영하거나 업로드하여 학습한 모델로 분류합니다.
비디오 화면을 학습한 모델로 분류 시작하기▾	비디오 화면을 학습한 모델로 실시간 분류합니다. 이 기능을 사용하기 위해서는 인공지능 〉 비디오 화면 보이기 블록을 먼저 실행해야 합니다.
분류 결과	학습한 모델이 데이터를 인식하여 분류한 결과값을 알려줍니다.
오른쪽▾ 에 대한 신뢰도	데이터를 분류한 결과에 대한 신뢰도를 보여줍니다. 신뢰도는 가장 높으면 1, 가장 낮으면 0입니다.
분류 결과가 오른쪽▾ 인가?	이미지 인식 결과 값을 참/거짓으로 확인할 수 있습니다.

나) 이미지 학습을 활용한 프로그램 만들기 (OX 판별기 프로그램)

❶ 이미지 학습 시키기

(가) 인공지능 > 모델 학습하기 > 새로 만들기 > 이미지를 클릭합니다.

(나) 아래 예시 사진처럼 모델 이름은'OX선택하기', 클래스1은 O, 클래스2는 X로 이름을 정하고 클래스에 각각 5개씩의 데이터를 입력합니다. 데이터를 입력할 때는 이미지 데이터를 다운받아 업로드하거나 종이에 O, X를 그리고 촬영시켜 학습시킬 수 있습니다.

그림 7-27 이미지 모델학습 학습 화면 예시

❷ 코딩하기

완성 코드(커서 오브젝트)

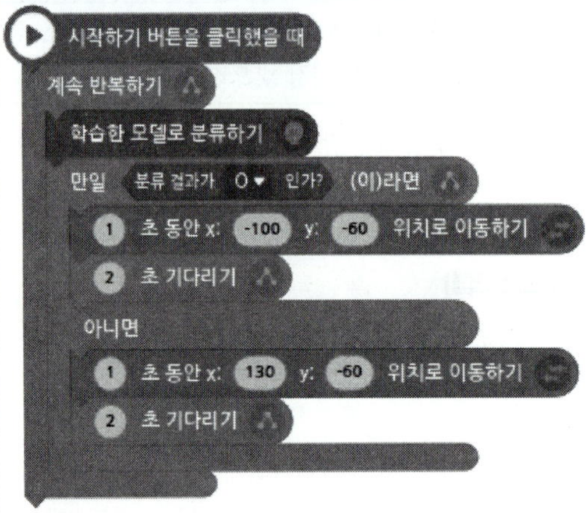

1. 시작하기를 클릭하면 입력한 데이터를 학습한 모델로 분류합니다.
2. 분류 결과가 O라면 커서 오브젝트가 동그라미 오브젝트 위치로 이동합니다.
3. 아니라면 (분류 결과가 X라면) 커서 오브젝트가 가위표 오브젝트로 이동합니다.

❸ 코드 실행하기

실행 버튼을 눌러 코드를 실행하면 원하는 이미지를 업로드하는 화면이 나옵니다. 원하는 테스트용 파일을 업로드하거나, 촬영을 하여 추가한 뒤 실행결과를 살펴봅시다.

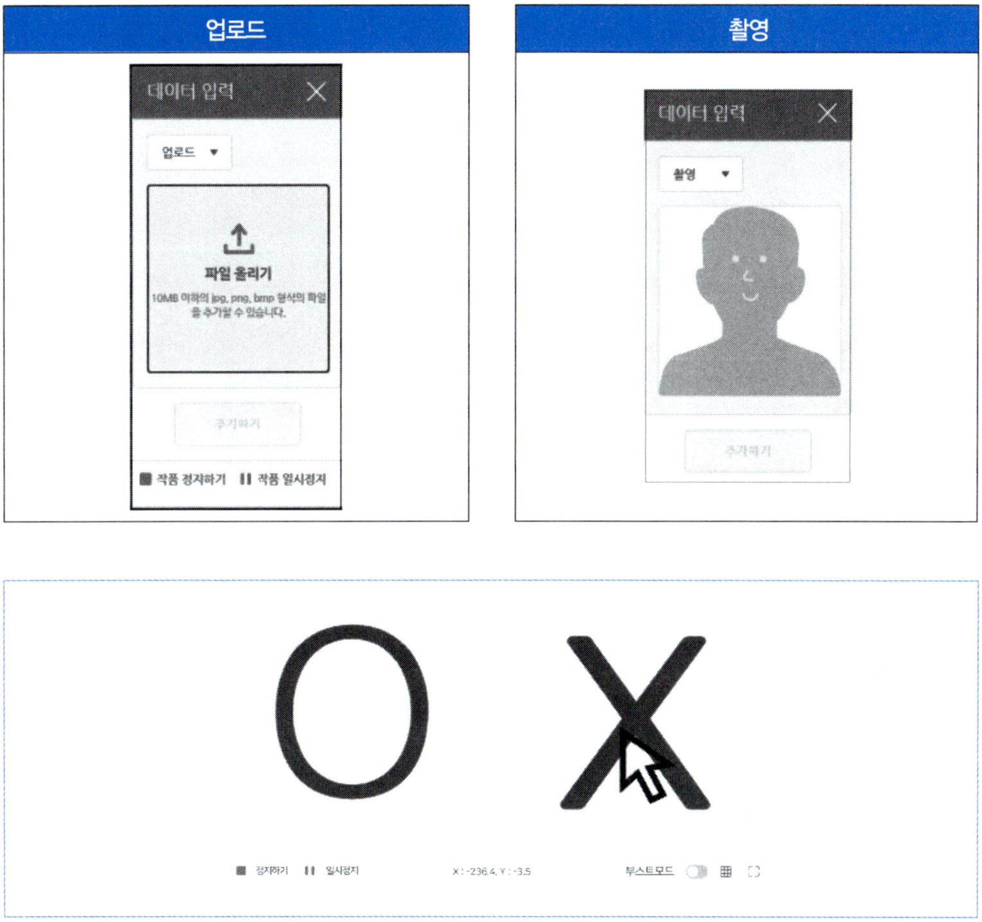

그림 7-28 이미지 모델학습 Entry 실행 화면

예시 작품 링크 참조 : https://naver.me/55RgG5Lh

다) 이미지 학습을 활용한 프로젝트 만들기 (신호등 색 판별 프로그램)

❶ 이미지 학습 시키기

(가)'인공지능 > 모델 학습하기 > 새로 만들기 > 이미지'를 클릭합니다.

(나) 아래 예시 사진처럼 모델 이름은'신호등', 클래스1은 빨간불, 클래스2는 노란불, 클

래스3은 초록불로 이름을 정하고 클래스에 각각 5개씩의 데이터를 입력합니다.

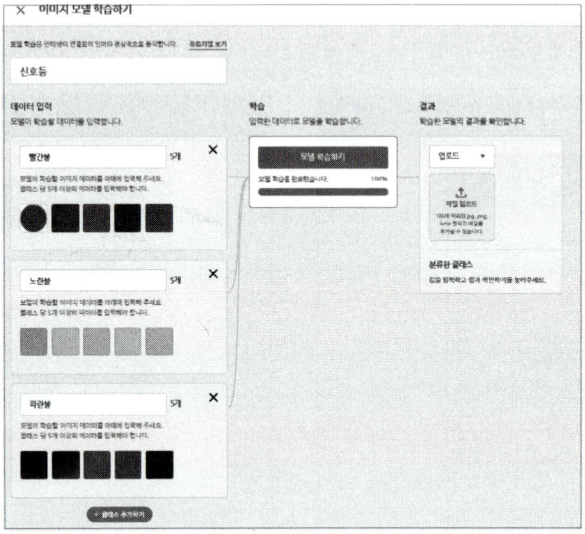

그림 7-29 이미지 모델학습 학습 화면 예시

❷ 코딩하기

완성 코드(신호등 오브젝트)
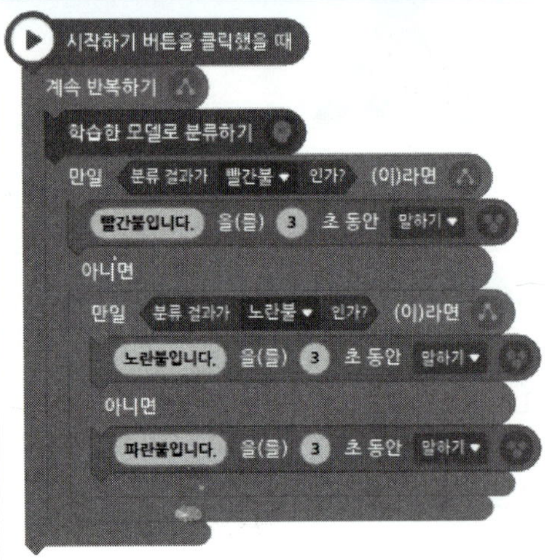
1. 시작하기를 클릭하면 입력한 데이터를 학습한 모델로 분류합니다. 2. 만일 분류 결과가 빨간불이라면 '빨간불입니다.'를 말합니다. 3. 만일 분류 결과가 노란불이라면 '노란불입니다.'를 말합니다. 4. 둘다 아니라면 (분류 결과가 파란불이라면) '파란불입니다.'를 말합니다.

❸ 코드 실행하기

실행 버튼을 눌러 코드를 실행하면 원하는 이미지를 업로드 하는 화면이 나옵니다. 원하는 테스트용 파일을 업로드하고 추가버튼을 눌러 실행 결과를 확인합니다.

예시 작품 링크 참조 : https://naver.me/FepDVOpZ

2) 분류 : 텍스트 모델 학습

가) 텍스트 모델 학습 블록 살펴보기

블록	설명
학습한 모델로 분류하기	입력한 텍스트 데이터를 학습한 모델로 분류합니다.
엔트리 을(를) 학습한 모델로 분류하기	엔트리 블록(노란 칸)에 입력한 텍스트를 학습한 모델로 분류합니다.
분류 결과	학습한 모델이 분류한 결과 값을 알려줍니다.
행복 ▾ 에 대한 신뢰도	데이터를 분류한 결과에 대한 신뢰도를 보여줍니다. 신뢰도는 가장 높으면 1, 가장 낮으면 0입니다.
분류 결과가 행복 ▾ 인가?	이미지 인식 결과 값을 참/거짓으로 확인할 수 있습니다.

나) 텍스트 학습을 활용한 프로젝트 만들기 (글자 인식 온도계 프로그램)

❶ 텍스트 학습 시키기

(가) '인공지능 > 모델 학습하기 > 새로 만들기 > 텍스트'를 클릭하여 들어갑니다.

(나) 아래 예시 사진처럼 모델 이름은'온도계', 클래스1은 온도 높이기, 클래스2는 온도 낮추기로 이름을 정하고 클래스에 각각 5개씩의 텍스트 데이터를 입력합니다.

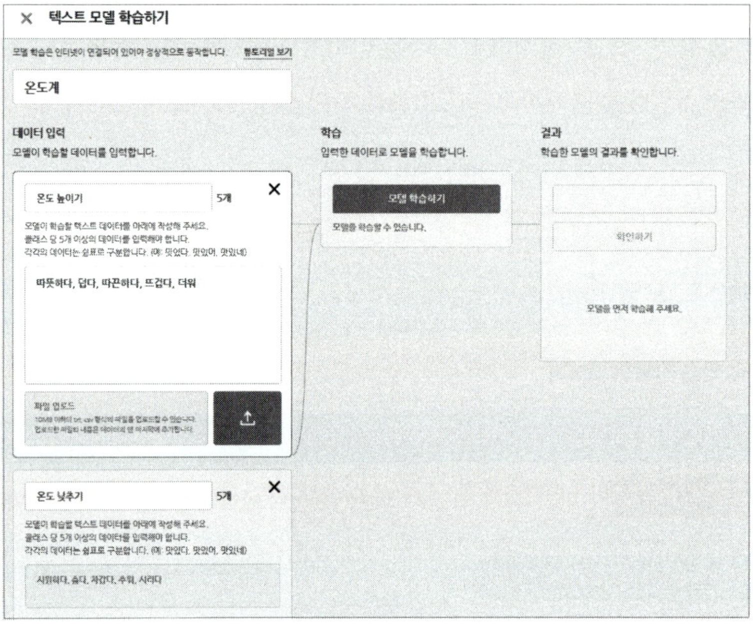

그림 7-30 텍스트 모델학습 학습 화면 예시

❷ 코딩하기

완성 코드(화살표)

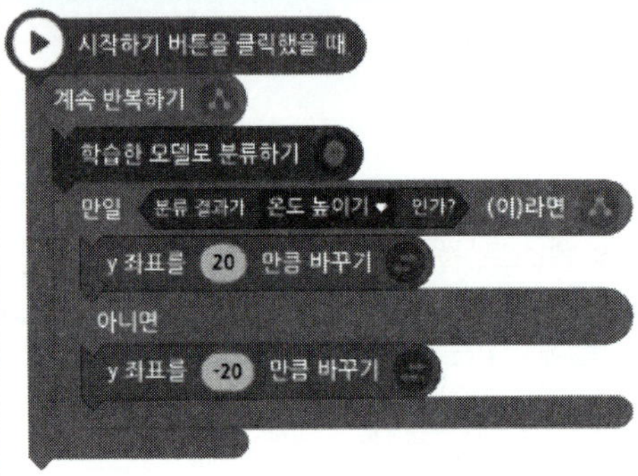

1. 시작하기를 클릭하면 입력한 데이터를 학습한 모델로 분류합니다.
2. 만약 분류 결과가 '온도 높이기'라면 화살표 오브젝트의 y좌표를 20만큼 바꿉니다.
3. 만약 아니라면 화살표 오브젝트의 y좌표를 -20만큼 바꿉니다.
4. 계속 반복하기 블록으로 텍스트 분류를 계속합니다.

❸ 코드 실행하기

실행 버튼을 눌러 코드를 실행하면 텍스트를 입력하는 화면이 나옵니다. 원하는 텍스트를 입력한 뒤 실행결과를 살펴보도록 합니다.

예시 작품 링크 참조 : http://naver.me/G0JF8XUL

다) 텍스트 학습을 활용한 프로젝트 만들기 (댓글 관리 프로그램)

❶ 텍스트 학습 시키기

(가) '인공지능 > 모델 학습하기 > 새로 만들기 > 텍스트'를 클릭하여 들어갑니다.

(나) 아래 표와 같이 업로드하여 입력합니다.

모델 이름	댓글판독기	입력방법 – 업로드
클래스1	선플	댓글에 포함될만한 좋은 의미의 표현과 나쁜 의미의 표현을 메모장에 작성한 뒤 저장하여 업로드시킵니다.
클래스2	악플	

메모장 작성

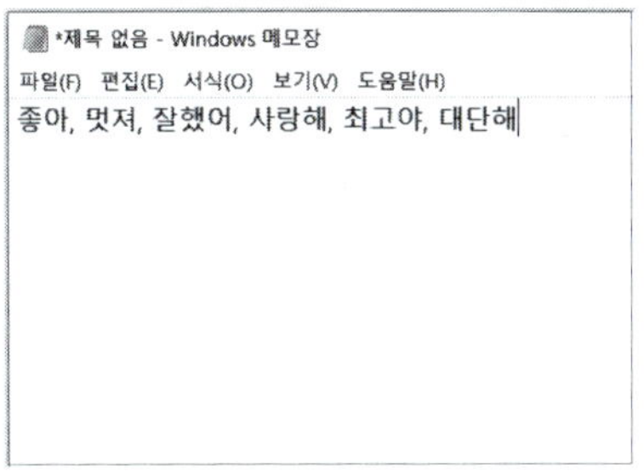

➔

업로드

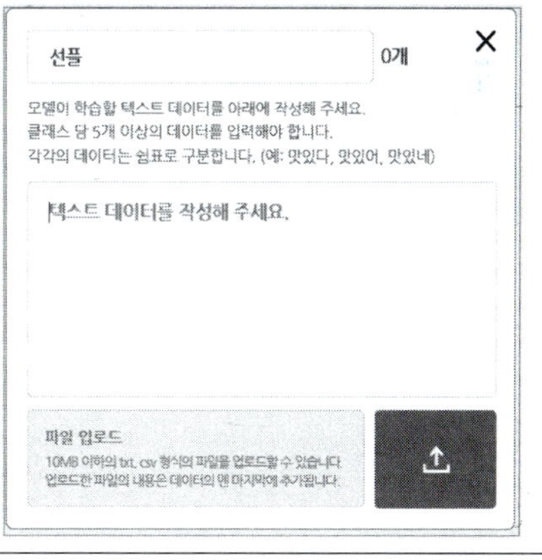

❷ 코딩하기

완성 코드(좋아요 오브젝트)

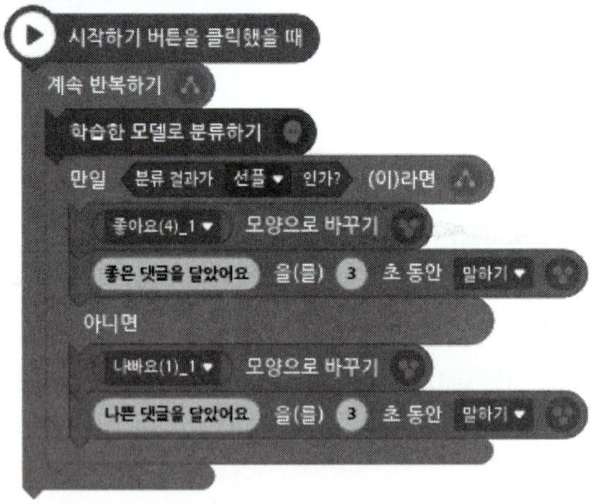

1. 시작하기를 클릭하면 입력한 데이터를 학습한 모델로 분류합니다.
2. 만약 분류 결과가 '선플'이라면 오브젝트를 좋아요 모양으로 바꾸고 '좋은 댓글을 달았어요'를 말합니다.
3. 아니라면 (분류 결과가 '악플'이라면) 오브젝트를 싫어요 모양으로 바꾸고 '나쁜 댓글을 달았어요'를 말합니다.

❸ 코드 실행하기

실행 버튼을 눌러 코드를 실행하면 텍스트를 입력하는 화면이 나옵니다. 원하는 텍스트를 입력한 뒤 실행결과를 살펴보도록 합니다.

인식결과가 선플인 경우

인식결과가 악플인 경우

예시 작품 링크 참조 : https://naver.me/5FhjNudk

라) 텍스트 학습을 활용한 프로젝트 만들기 (육해공 동물친구들)

❶ 텍스트 학습 시키기

(가) '인공지능 > 모델 학습하기 > 새로 만들기 > 텍스트'를 클릭하여 들어갑니다.

(나) 아래 표와 같이 업로드하여 입력합니다.

모델 이름	육해공의 동물	입력방법 - 직접 입력 또는 업로드
클래스1	땅에 사는 동물	육해공의 동물들을 각각의 클래스에 직접 입력하거나 텍스트 데이터를 업로드합니다.
클래스2	바다에 사는 동물	
클래스3	하늘을 나는 동물	

❷ 코딩하기

완성 코드(동물 오브젝트)

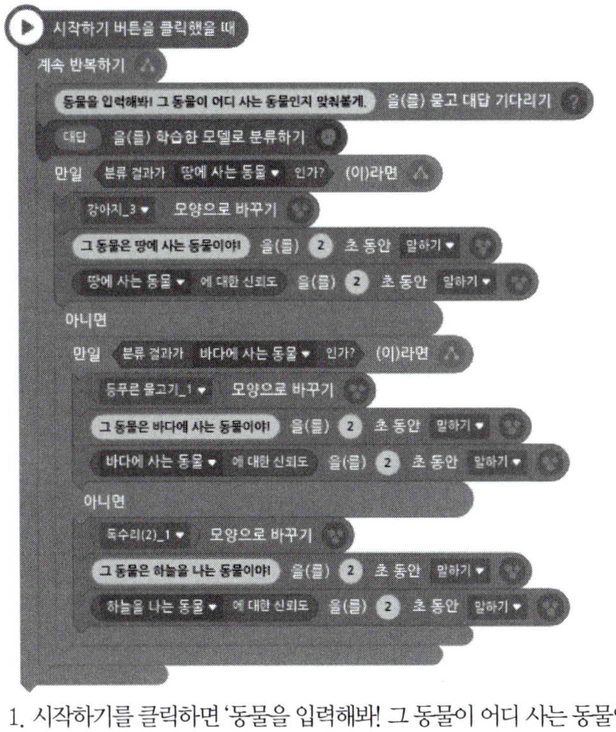

1. 시작하기를 클릭하면 '동물을 입력해봐! 그 동물이 어디 사는 동물인지 맞춰볼게'를 말하고 대답을 입력하기를 기다립니다.
2. 대답을 입력하면 입력한 데이터를 학습한 모델로 분류합니다.
3. 만일/아니라면 블록을 사용하여 분류 결과에 따라 맞는 모양으로 바꾸고, '그 동물은 ()에 사는 동물이야'와 분류 결과의 신뢰도를 말합니다.

❸ 코드 실행하기

실행 버튼을 눌러 코드를 실행하면 텍스트를 입력하는 화면이 나옵니다. 원하는 텍스트를 입력한 뒤 실행결과를 살펴보도록 합니다.

인식결과가 '땅에 사는 동물'인 경우	인식결과가 '바다에 사는 동물'인 경우	인식결과가 '하늘을 나는 동물'인 경우
	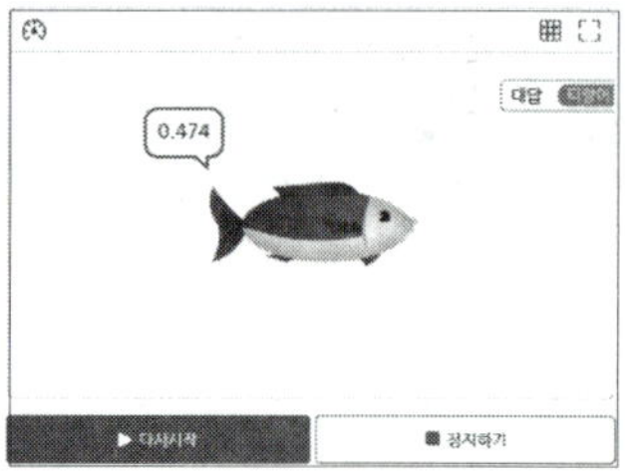	

예시 작품 링크 참조 : https://naver.me/xY9ztEOp

3) 분류 : 음성 모델 학습

음성 모델학습이란 마이크로 녹음하거나 파일로 업로드한 음성을 분류할 수 있는 모델을 학습하는 것을 말합니다.

가) 음성 모델 학습 블록 살펴보기

음성모델학습은 엔트리의 인공지능 블록을  클릭한 후 '모델 학습하기' 를 눌러 모델을 만들 수 있습니다. 음성 모델학습을 완료하면 다음과 같은 네 가지 블록이 생깁니다.

명령어 블록	블록의 역할
학습한 모델로 인식하기	음성 데이터를 입력하면 학습한 모델로 분류합니다.
문열어▾ 의 신뢰도	데이터를 분류한 결과에 대한 신뢰도를 보여줍니다. 신뢰도는 가장 높으면 1, 가장 낮으면 0입니다.
인식 결과가 문열어▾ 인가?	음성인식 결과를 참, 거짓으로 확인할 수 있습니다.
인식 결과	학습한 모델이 인식한 결과값을 알려줍니다. 말하기 블록에 넣어서 결과를 화면에 보여줄 수 있습니다.

나) 음성 학습을 활용한 프로젝트 만들기 (음성인식 TV 프로그램)

음성모델학습이 적용되는 대표적인 예로 챗봇, Siri, 카카오AI 등이 있습니다. 이전에 배운 음성인식 기능은 음성 모델학습의 일부분입니다. 사전에 있는 데이터를 인식시켜 놓은 것이 '오디오 감지' 기능입니다. 이번에는 미리 적용된 모델로 만드는 것이 아니라, 직접 모델을 만들어서 프로그램을 만들 것입니다. 즉 만들어진 자동차를 타보는 과정이 '오디오 감지'기능이라면 이번엔 직접 자동차를 만들어보는 '모델학습'을 배우게 될 것입니다.

❶ 음성 학습 시키기

(가)'인공지능 > 모델 학습하기 > 새로 만들기 > 음성'를 클릭하여 들어갑니다.

(나) 아래 표와 같이 업로드하여 입력합니다.

모델 이름	육해공의 동물	입력방법 – 직접 입력 또는 업로드
클래스1	TV켜기	각각의 클래스에 관련된 명령어를 직접 녹음하거나 녹음된 파일을 업로드합니다.
클래스2	TV끄기	

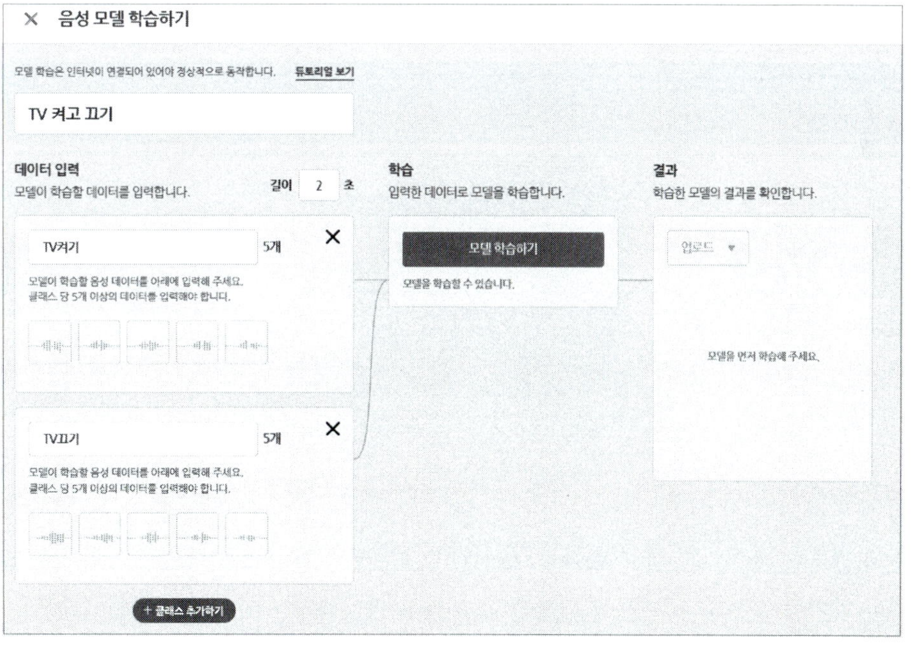

그림 7-31 음성 모델학습 학습 화면 예시

❷ 코딩하기

필요 오브젝트	초록 방(배경), TV, 글상자('음성으로 TV 켜기'), 글상자('인식 결과:')

그림 7-32 음성 모델학습 사물인터넷 만들기 Entry 화면

'음성으로 TV켜기' 글상자	TV	'인식결과' 글상자
	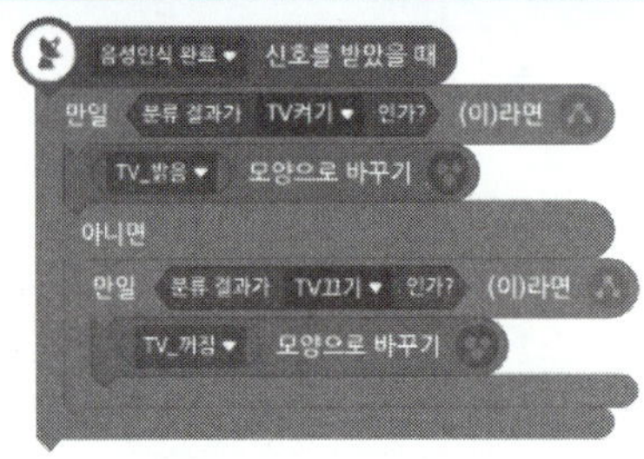	

❸ 코드 실행하기

실행 버튼을 눌러 코드를 실행하고 '음성으로 TV켜기' 글상자를 클릭하면 음성을 입력하는 화면이 나옵니다. 원하는 음성을 녹음한 뒤 실행결과를 살펴보도록 합니다.

예시 작품 링크 참조 : http://naver.me/G2V5Yl6g

다) 음성 학습을 활용한 프로젝트 만들기 (동물친구들 부르기)

'부르기' 글상자를 클릭하면 음성 데이터를 입력할 수 있도록 하고, 인식되는 소리에 따라 다른 동물 친구를 부를 수 있도록 해 봅시다. 예시에서는 박수 소리로 고양이를, 목소리로 강아지를, 휘파람 소리로 새를 부르는 코드를 제작했습니다.

❶ 음성 학습 시키기

(가)'인공지능 > 모델 학습하기 > 새로 만들기 > 음성'를 클릭하여 들어갑니다.

(나) 아래 표와 같이 업로드하여 입력합니다.

모델 이름	육해공의 동물	입력방법 - 직접 입력 또는 업로드
클래스1	고양이	다양한 박수 소리를 녹음 또는 업로드
클래스2	강아지	다양한 목소리를 녹음 또는 업로드
클래스3	새	다양한 휘파람 소리를 녹음 또는 업로드

❷ 코딩하기

필요 오브젝트	공원(4)(배경), 노란새, 고양이, 강아지, 봄 꽃바구니를 든 모습(엔트리봇)

그림 7-33 음성모델학습 '소리로 동물 친구들 부르기' Entry 화면

엔트리

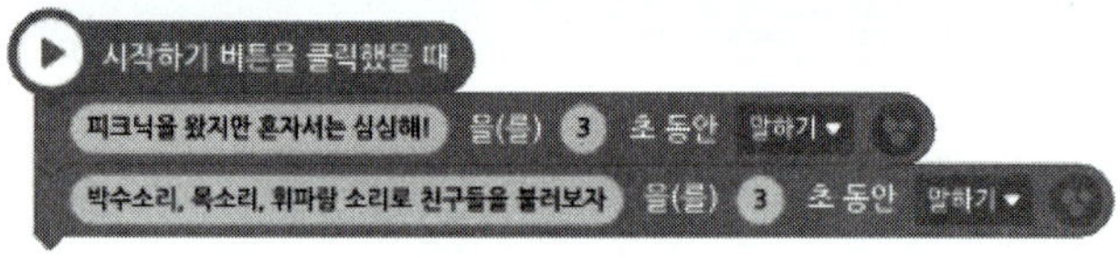

'친구 부르기'글상자

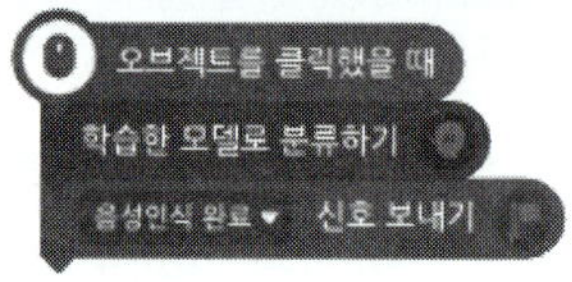

새

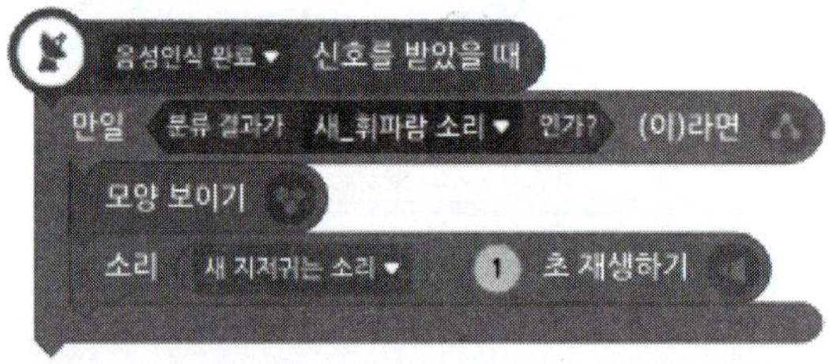

고양이

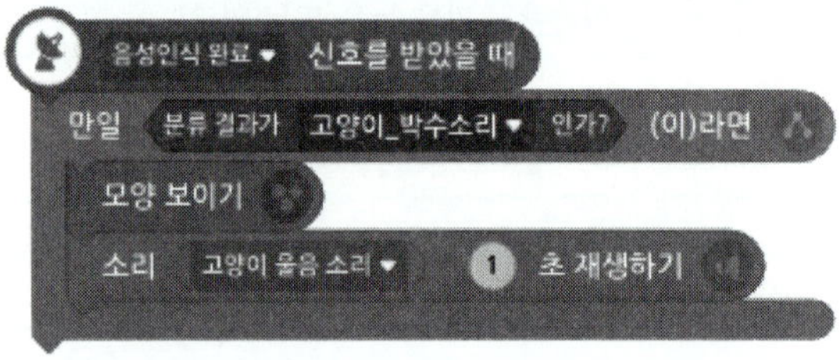

강아지

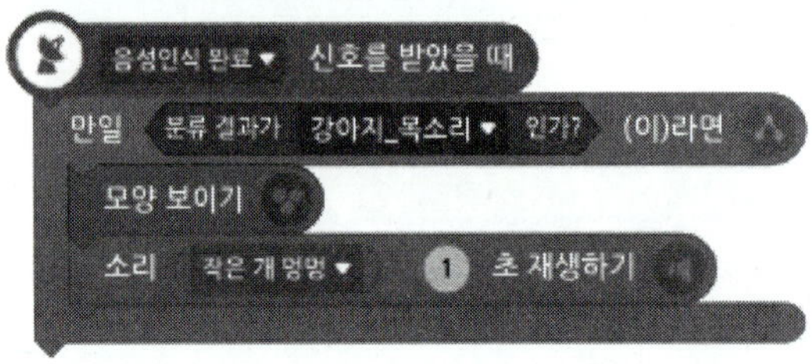

❸ 코드 실행하기

실행 버튼을 눌러 코드를 실행하고 '친구 부르기' 글상자를 클릭하면 음성을 입력하는 화면이 나옵니다. 원하는 음성을 녹음한 뒤 실행결과를 살펴보도록 합니다.

인식결과가 '강아지_목소리'	인식결과가 '새_휘파람 소리'인 경우	인식결과가 '고양이_박수소리'인 경우

예시 작품 링크 참조 : http://naver.me/xdkqMJim

4) 분류 : 숫자 모델 학습

테이블의 숫자 데이터를 가장 가까운 이웃(K개)을 기준으로 각각의 클래스로 분류하는 모델을 학습합니다. 테이블을 추가해 학습에 사용할 핵심 속성을 선택한 후 분류하려는 클래스를 설정한 뒤 모델을 학습시키면 새로운 데이터를 입력했을 때, 그 데이터가 어느 클래스에 속하는지 분류할 수 있습니다.

가) 숫자 모델 학습 블록 살펴보기

블록	설명
모델 다시 학습하기	모델 설정을 변경하거나 입력 데이터가 되는 테이블을 수정했다면 변경된 모델을 바탕으로 다시 모델을 학습합니다.
모델이 학습되었는가?	모델이 학습되었다면 '참'을, 학습 중이거나 학습되지 않았다면 '거짓'으로 판단 합니다.
모델 보이기▾	'분류:숫자'모델을 추가하면 자동으로 모델 학습의 상태를 보여주는 상태창이 나타납니다.
모델 차트 창 열기▾	모델 차트 창을 열거나 닫을 수 있습니다.
이웃을 10 개로 바꾸기	작품 실행 중에 이웃 개수를 바꿀 수 있습니다. 변경한 이웃 개수는 '모델 다시 학습하기' 블록으로 모델을 다시 학습할 때부터 적용됩니다. 작품이 종료되면 작품 실행 중 변경한 이웃 개수 정보는 사라지고, 맨 처음 학습된 이웃 개수로 돌아갑니다.
	학습한 모델이 분류한 결과값을 알려주는 블록입니다.

핵심 속성 A (10) 핵심 속성 B (10) 의 분류 결과	클래스 속성이 결과값으로 나타납니다.
핵심 속성 A (10) 핵심 속성 B (10) 의 분류 결과가 클래스 1 ▾ 인가?	분류 결과 값을 참/거짓으로 확인할 수 있습니다.
핵심 속성1 (10) 핵심 속성2 (10) 의 클래스 1 ▾ 에 대한 신뢰도 ▾	분류 결과에 대한 신뢰도나 이웃 개수를 알 수 있습니다.

나) 숫자 학습을 활용한 프로젝트 만들기 (붓꽃 판별기)

❶ 숫자데이터 학습 시키기

분류 숫자 모델을 학습시키기 위해서는 데이터가 들어간 테이블이 필요합니다. 우선 ①과 같이 테이블을 추가한 후 ②~⑥ 순서대로 진행합니다.

① 테이블 추가 : [블록 카테고리] - [데이터 분석] - [테이블 불러오기] - [테이블 추가하기] - [붓꽃 예시 데이터] 선택 - [적용하기]

② 테이블 선택 : 테이블을 선택할 시 자동으로 테이블 속성들이 나타납니다. 이 부분에 나타나는 속성은 테이블에서 값이 숫자로 이루어진 부분이며, 그렇기 때문에 품종은 속성으로 나타나지 않은 것을 확인할 수 있습니다.

③ 핵심 속성 설정하기 : 위 속성 중 '핵심 속성' 칸으로 끌어당겨 핵심 속성으로 정할 수 있습니다. 여기서는 '꽃잎 길이' 와 '꽃받침 길이'를 핵심속성으로 정합니다. 핵심 속성은 최대 6개까지 설정이 가능합니다.

④ 클래스 속성 : 핵심 속성을 제외한 모든 테이블의 속성이 나타납니다. 학습 모델이 알려주는 결괏값이며, 새롭게 들어온 데이터를 분류하는 기준이 됩니다. 클래스 속성으로 '품종'을 선택해 줍니다.

⑤ 이웃 개수 정하기 : 이웃 개수는 새로 들어온 데이터가 주변의 이웃을 몇 개까지 참고할 것인가를 정하는 것입니다. 이웃 개수가 1이라면, 가장 가까운 데이터 1개만 참고하고 이웃 개수가 10이라면, 가장 가까운 데이터 10개를 참고하게 되는 것입니다.
새로 입력된 데이터에서 가장 가까운 이웃은 A이지만 그 외 이웃이 모두 B 일 수도 있기에 참고하는 이웃 개수에 따라 결과값이 달라지기도 합니다.
본 학습 모델에서는 이웃 개수를 10으로 하도록 합니다.

⑥ 학습 및 결과

그림 7-34 숫자데이터 학습 완료 결과 화면

❷ 코딩하기

필요 오브젝트	울타리(배경), 엔트리봇3, 붓꽃, 글상자('작품 설명')

완성 코드(붓꽃)

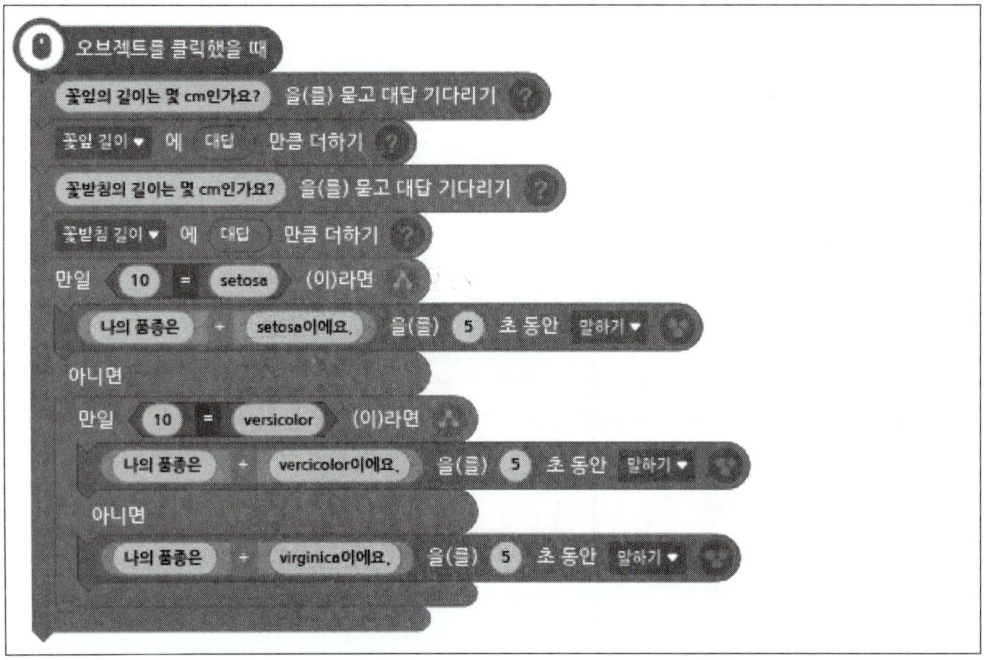

완성 코드(엔트리봇3)

③ 코드 실행하기

실행 버튼을 눌러 코드를 실행하여 붓꽃 데이터를 입력하고 결과를 확인해 봅시다. 이웃을 개수를 변경하여 어떻게 변화하는지 살펴 봅시다.

그림 7-35 숫자 모델 학습 Entry 실행 화면

예시 작품 링크 참조 : http://naver.me/xFoXM6Rk

5) 예측 : 숫자 모델 학습

테이블의 숫자 데이터를 핵심 속성으로 삼아 예측 속성을 찾아내는 선형 회귀 모델을 학습합니다. 테이블을 추가해 학습에 사용할 핵심 속성을 선택한 후 예측하려는 속성을 설정해 모델을 학습시키면 새로운 데이터를 입력했을 때, 그 데이터에 대한 예측값을 구할 수 있습니다.

가) 예측 : 숫자 모델 학습 블록 살펴보기

블록	설명
모델 다시 학습하기	모델 설정을 변경하거나 입력 데이터가 되는 테이블을 수정했다면 변경된 모델을 바탕으로 다시 모델을 학습합니다.
모델이 학습되었는가?	모델이 학습되었다면 '참'을, 학습 중이거나 학습되지 않았다면 '거짓'으로 판단 합니다.
모델 보이기 ▾	'분류:숫자'모델을 추가하면 자동으로 모델 학습의 상태를 보여주는 상태창이 나타납니다.

모델 차트 창 열기▼	모델 차트 창을 열거나 닫을 수 있습니다.
학습 조건 학습률▼ 을 10 으로 바꾸기	모델의 학습 조건을 변경합니다. 변경한 학습 조건은 '모델 다시 학습하기' 블록으로 모델을 다시 학습할 때부터 적용됩니다. 작품이 종료되면 작품 실행 중 학습 조건 정보는 사라지고, 맨 처음 학습된 학습 조건으로 돌아갑니다.
핵심 속성 A 10 핵심 속성 B 10 의 예측 값	입력한 핵심 속성으로 모델이 예측한 값을 반환합니다.
결정계수	모델의 결정계수를 반환합니다.

나) 예측: 숫자 학습을 활용한 프로젝트 만들기 (주택 가격 예측기)

❶ 예측 데이터 학습 시키기

예측 숫자 모델을 학습하기 위해선 분류 숫자 모델 학습 때처럼 우선 테이블을 추가해 줍니다.

① 테이블 추가 : [블록 카테고리] - [데이터 분석] - [테이블 불러오기] - [테이블 추가하기] - [주택 가격 예시 데이터] 선택 - [적용하기]

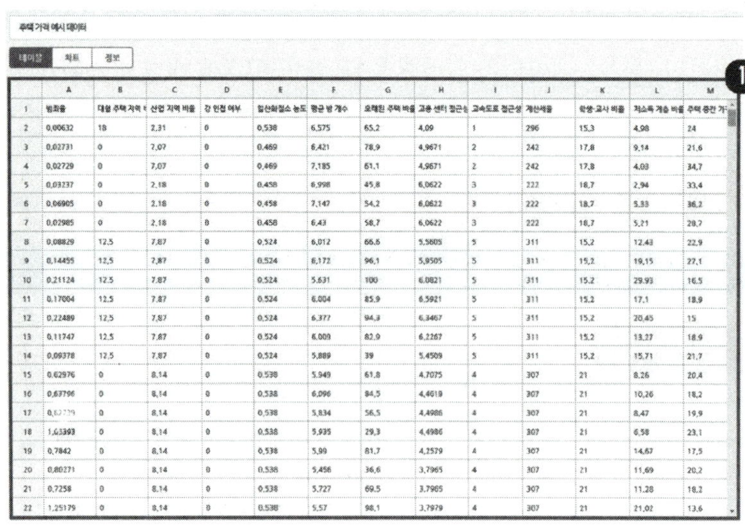

	A	B	C	D	E	F	G	H	I	J	K	L	M
1	범죄율	대형 주택 지역 ㅂ	산업 지역 비율	강 인접 여부	일산화질소 농도	평균 방 개수	오래된 주택 비율	고용 센터 접근성	고속도로 접근성	재산세율	학생-교사 비율	저소득 계층 비율	주택 중간 가
2	0,00632	18	2,31	0	0,538	6,575	65,2	4,09	1	296	15,3	4,98	24
3	0,02731	0	7,07	0	0,469	6,421	78,9	4,9671	2	242	17,8	9,14	21,6
4	0,02729	0	7,07	0	0,469	7,185	61,1	4,9671	2	242	17,8	4,03	34,7
5	0,03237	0	2,18	0	0,458	6,998	45,8	6,0622	3	222	18,7	2,94	33,4
6	0,06905	0	2,18	0	0,458	7,147	54,2	6,0622	3	222	18,7	5,33	36,2
7	0,02985	0	2,18	0	0,458	6,43	58,7	6,0622	3	222	18,7	5,21	28,7
8	0,08829	12,5	7,87	0	0,524	6,012	66,6	5,5605	5	311	15,2	12,43	22,9
9	0,14455	12,5	7,87	0	0,524	6,172	96,1	5,9505	5	311	15,2	19,15	27,1
10	0,21124	12,5	7,87	0	0,524	5,631	100	6,0821	5	311	15,2	29,93	16,5
11	0,17004	12,5	7,87	0	0,524	6,004	85,9	6,5921	5	311	15,2	17,1	18,9
12	0,22489	12,5	7,87	0	0,524	6,377	94,3	6,3467	5	311	15,2	20,45	15
13	0,11747	12,5	7,87	0	0,524	6,009	82,9	6,2267	5	311	15,2	13,27	18,9
14	0,09378	12,5	7,87	0	0,524	5,889	39	5,4509	5	311	15,2	15,71	21,7
15	0,62976	0	8,14	0	0,538	5,949	61,8	4,7075	4	307	21	8,26	20,4
16	0,63796	0	8,14	0	0,538	6,096	84,5	4,4619	4	307	21	10,26	18,2
17	[illegible]	0	8,14	0	0,538	5,834	56,5	4,4986	4	307	21	8,47	19,9
18	1,05393	0	8,14	0	0,538	5,935	29,3	4,4986	4	307	21	6,58	23,1
19	0,7842	0	8,14	0	0,538	5,99	81,7	4,2579	4	307	21	14,67	17,5
20	0,80271	0	8,14	0	0,538	5,456	36,6	3,7965	4	307	21	11,69	20,2
21	0,7258	0	8,14	0	0,538	5,727	69,5	3,7965	4	307	21	11,28	18,2
22	1,25179	0	8,14	0	0,538	5,57	98,1	3,7979	4	307	21	21,02	13,6

그림 7-36 주택 가격 예시 데이터 테이블이 추가된 모습

② 테이블 선택

③ 핵심 속성 설정하기

④ 예측 속성 설정하기 : 새로운 데이터가 입력되었을 때, 그 데이터에 대한 예측값을 구하는 속성입니다.

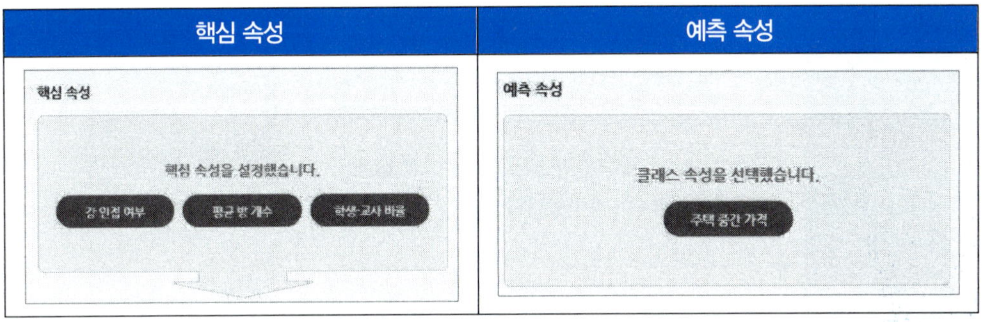

⑤ 학습 및 결과

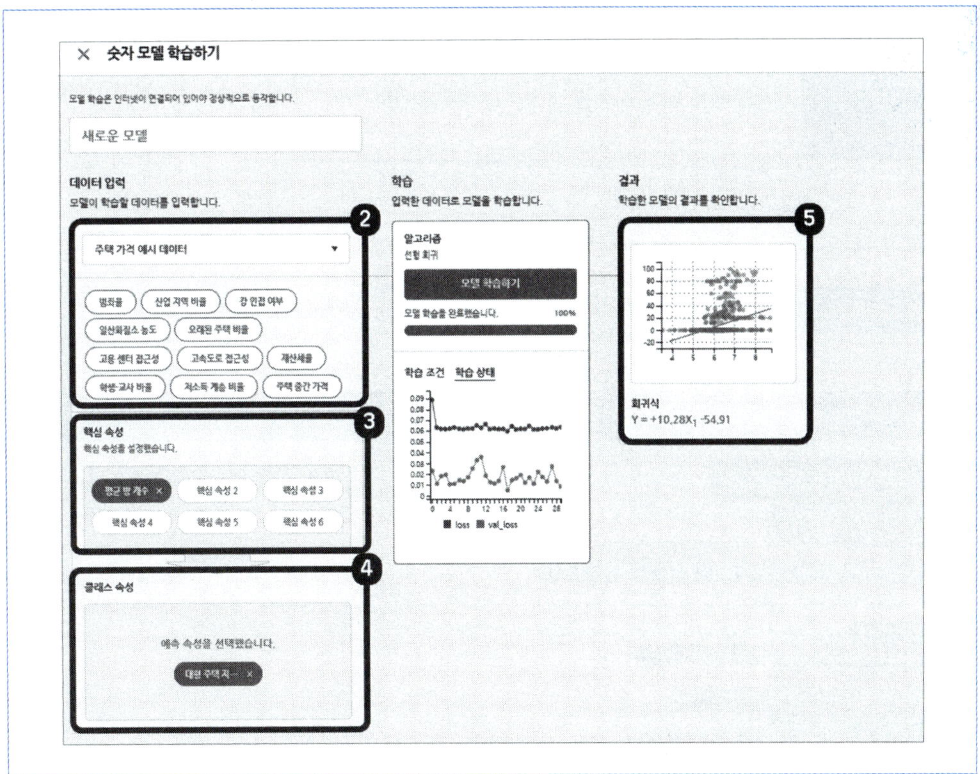

그림 7-37 숫자 예측 데이터 학습 완료 모습

예측 모델에서는 학습 조건(고급 설정)을 바꿔가며 모델을 학습시킬 수 있습니다.

'모델 학습하기' 아래 파란색 텍스트를 누르면 학습 조건을 설정할 수 있는 부분이 나타납니다.

세대	입력한 데이터 전체를 몇 번 반복하여 학습할지 정하는 부분입니다. 입력한 모든 데이터 전체를 1번 학습하는 것을 1세대라고 부릅니다.	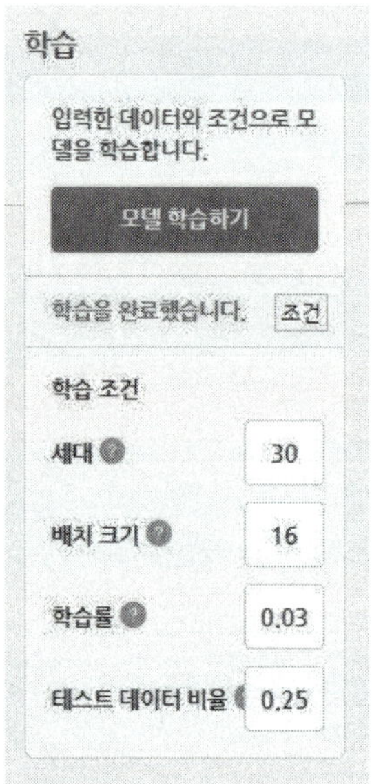
배치 크기	입력한 데이터 전체를 얼마큼 작은 부분으로 쪼개서 학습할지 정하는 부분입니다	
학습률	데이터를 얼마나 세세하게 학습할지를 정하는 부분입니다.	
검증 데이터 비율	입력한 데이터 중 어느 정도 비율을 학습한 모델을 테스트하는 데에 사용할지 정하는 부분입니다.	

❷ 코딩하기

필요 오브젝트	도시(1)(배경), 투명배경, 엔트리봇, 건물(6), 글상자('작품 설명')

완성 코드(건물)
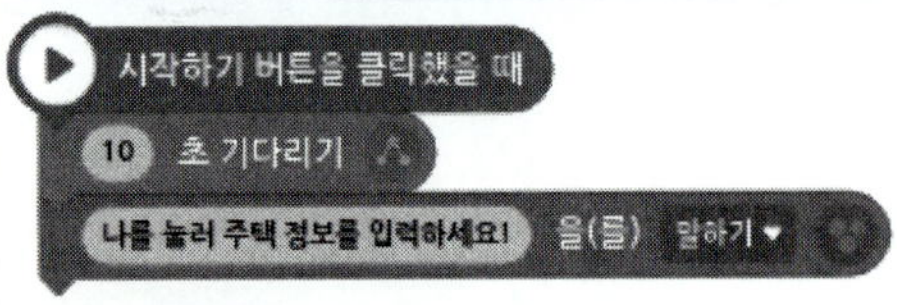
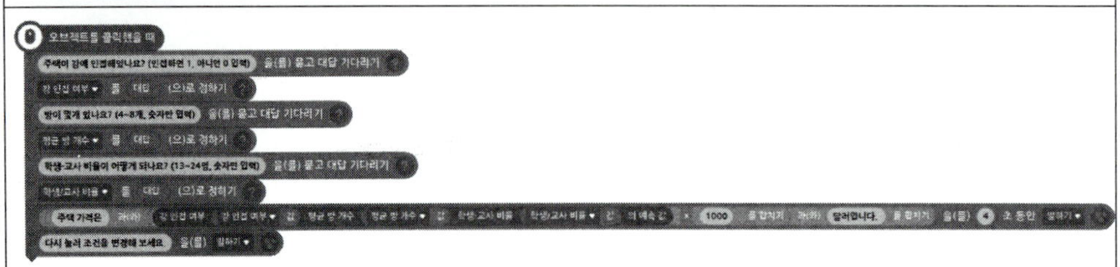

완성 코드(엔트리봇)

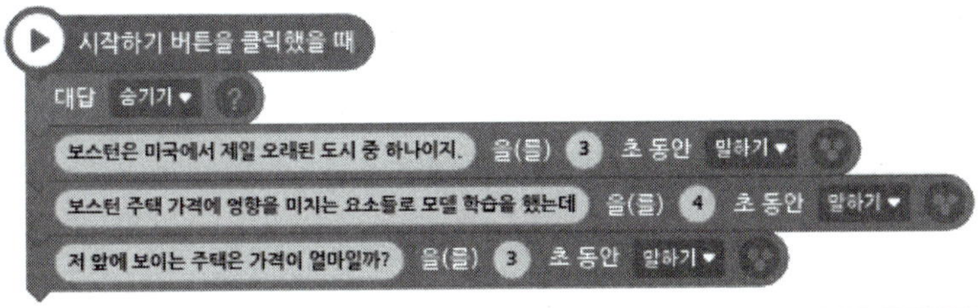

❸ 코드 실행하기

실행 버튼을 눌러 코드를 실행하여 조건 데이터를 입력하고 결과를 확인해 봅시다.

그림 7-38 숫자 예측 학습 모델 Entry 실행 화면

예시 작품 링크 참조 : http://naver.me/F7ywrROt

나. 비지도학습 모델

사람이 기준을 정해주지 않아도 데이터를 입력하면 데이터들 간의 특징을 찾고, 찾아낸 특징을 기준으로 새로 입력한 데이터가 어떤 특징을 가진 데이터인지 알아내는 방식입니다. 엔트리의 모델 학습 중 군집 모델이 비지도학습에 해당합니다.

1) 군집 : 숫자

테이블의 숫자 데이터를 핵심 속성으로 삼아 정한 수(K개)만큼의 묶음으로 만드는 모델을 학습합니다. 테이블을 추가해 학습에 사용할 핵심 속성만 선택한 후 몇 개의 군집으로 묶을지 설정하면 모델이 나름의 기준을 가지고 설정한 개수의 군집을 만듭니다. 데이터가 어떤 특징을 가지고 있을지 잘 모를 때에도 묶인 모습을 통해 그 특징을 알아볼 수 있도록 도와줍니다. 새로운 데이터가 추가되면 해당 데이터가 그렇게 만든 군집 중 어느 군집에 해당하는지 알 수 있습니다.

가) 군집 : 숫자 모델 학습 블록 살펴보기

블록	설명
모델 다시 학습하기	모델 설정을 변경하거나 입력 데이터가 되는 테이블을 수정했다면 변경된 모델을 바탕으로 다시 모델을 학습합니다.
모델이 학습되었는가?	모델이 학습되었다면 '참'을, 학습 중이서나 학습되지 않았다면 '거짓'으로 판단 합니다.
모델 보이기 ▾	'분류:숫자'모델을 추가하면 자동으로 모델 학습의 상태를 보여주는 상태창이 나타납니다.
모델 차트 창 열기 ▾	모델 차트 창을 열거나 닫을 수 있습니다.
군집을 (10) 개로 바꾸기	작품 실행 중에 군집 개수를 바꿀 수 있습니다. 변경한 군집 개수는 '모델 다시 학습하기' 블록으로 모델을 다시 학습할 때부터 적용됩니다.
중심점 기준을 가장 먼 거리 ▾ 로 바꾸기	군집의 최초 중심점 기준을 선택한 기준으로 바꿉니다. 변경한 군집 개수는 '모델 다시 학습하기'블록으로 모델을 다시 학습할 때부터 적용됩니다.
군집 개수	모델의 군집 개수를 값으로 반환합니다.
군집 (1) 중심점의 핵심 속성 1 ▾ 값	특정 군집의 중심점에 대한 핵심 속성을 반환합니다. 핵심 속성이 여러 개인 경우, 목록 상자에서 핵심 속성을 선택할 수 있습니다.
핵심 속성 1 (10) 핵심 속성 2 (10) 의 군집	입력한 핵심 속성이 어느 군집에 속하는지를 반환합니다.

나) 군집: 숫자 학습을 활용한 프로젝트 만들기 (지역 게임 대회 개최)

❶ 예측 데이터 학습 시키기

군집 숫자 모델을 학습하기 위해선 앞선 숫자 모델 학습 때처럼 우선 테이블을 추가해 줍니다.

① 테이블 추가 : [블록 카테고리] - [데이터 분석] - [테이블 불러오기] - [테이블 추가하기] - [전국 초등학교 위치] 선택 - [적용하기]

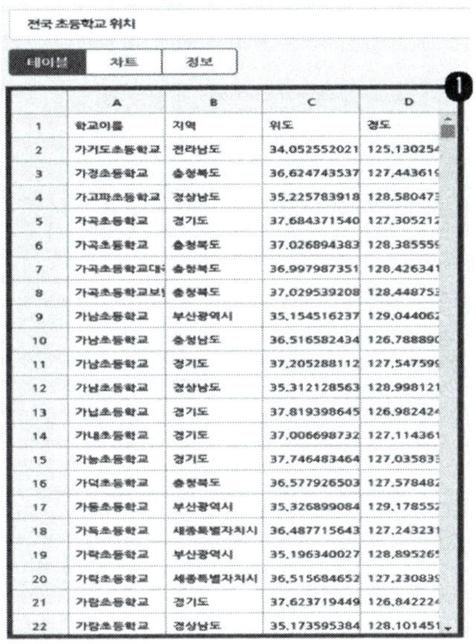

	A	B	C	D
1	학교이름	지역	위도	경도
2	가거도초등학교	전라남도	34.052552021	125.13025
3	가경초등학교	충청북도	36.624743537	127.44361
4	가고파초등학교	경상남도	35.225783918	128.58047
5	가곡초등학교	경기도	37.684371540	127.30521
6	가곡초등학교	충청북도	37.026894383	128.38555
7	가곡초등학교대	충청북도	36.997987351	128.426341
8	가곡초등학교보	충청북도	37.029539208	128.44875
9	가남초등학교	부산광역시	35.154516237	129.04406
10	가남초등학교	충청남도	36.516582434	126.78889
11	가남초등학교	경기도	37.205288112	127.54759
12	가남초등학교	경상남도	35.312128563	128.998121
13	가남초등학교	경기도	37.819398645	126.98242
14	가내초등학교	경기도	37.006698732	127.114361
15	가능초등학교	경기도	37.746483464	127.03583
16	가덕초등학교	충청북도	36.577926503	127.57848
17	가동초등학교	부산광역시	35.326899084	129.17855
18	가독초등학교	세종특별자치시	36.487715643	127.243231
19	가락초등학교	부산광역시	35.196340027	128.89526
20	가락초등학교	세종특별자치시	36.515684652	127.23083
21	가람초등학교	경기도	37.623719449	126.84222
22	가람초등학교	경상남도	35.173595384	128.101451

그림 7-39 전국 초등학교 위치 데이터 테이블이 추가된 모습

② 테이블 선택

③ 핵심 속성 설정하기

핵심 속성	예측 속성
핵심 속성 핵심 속성을 설정했습니다. 경도 / 위도 / 핵심 속성 3	군집 개수: 4 개 중심점 기준: 가장 먼 거리

④ 군집 개수와 중심점 기준 설정하기 : 입력한 군집 개수(K)만큼 학습 데이터들이 묶이게 됩니다. 군집 개수가 4개라면 예시에서처럼 색으로 구별되어 4개의 군집이 생긴 것을 확인할 수 있습니다.

- 가장 먼 거리 : 가장 많이 떨어져 있는 데이터 K개부터 시작하여 주변의 가까운 데이터를 군집화합니다.
- 무작위 : 무작위로 선택한 데이터 K개부터 시작하여 주변의 가까운 데이터를 군집화합니다.

⑤ 학습 및 결과

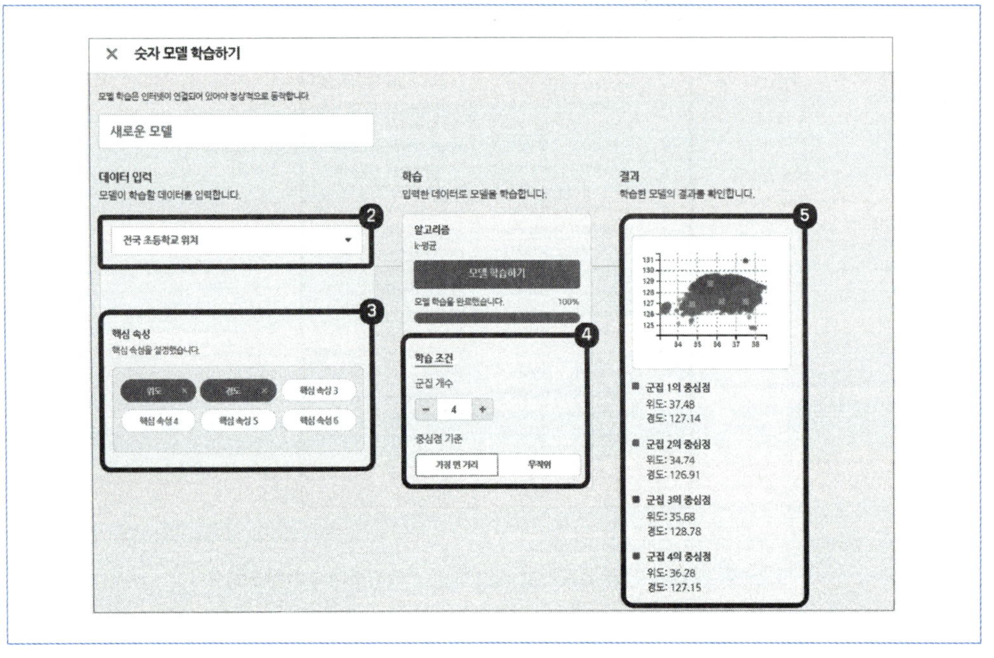

그림 7-39 군집 숫자 모델 학습이 완료된 모습

② 코딩하기

완성 코드(엔트리봇)

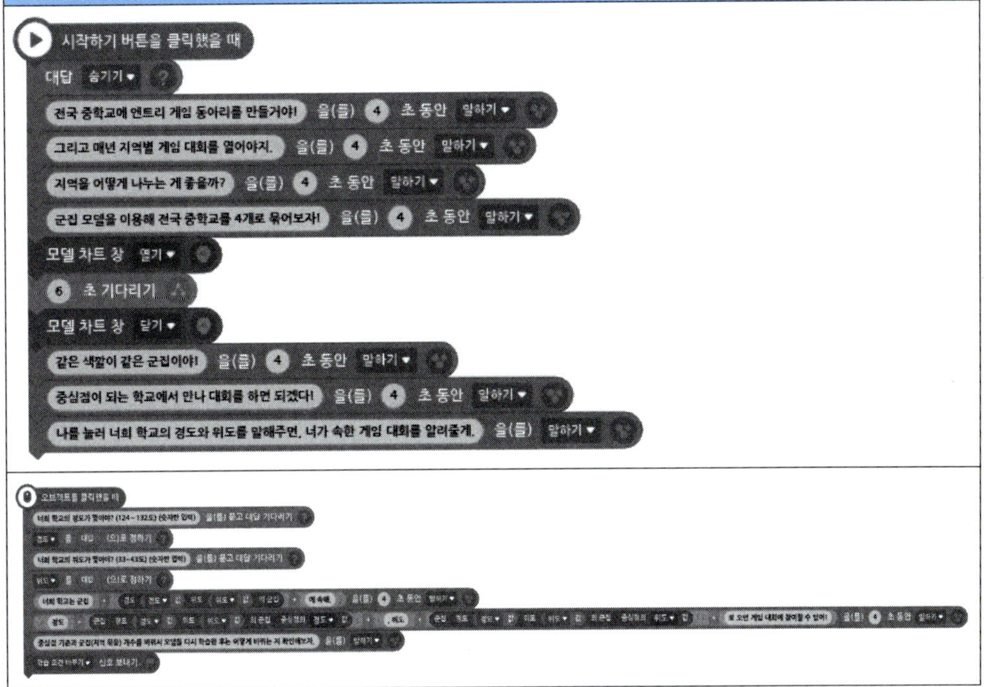

③ 코드 실행하기

실행 버튼을 눌러 코드를 실행하여 조건 데이터를 입력하고 결과를 확인해 봅시다.

예시 작품 링크 참조 : http://naver.me/xq5xIIZj

이상으로 Entry 인공지능 블록의 종류와 역할을 알아보고 기초적인 프로그램 제작의 예를 살펴보았습니다. 이를 활용하여 더욱 다양하고 창의적인 프로그램으로 발전할 수 있습니다.

Chapter 8

생성형 AI교육 사례

SECTION 1

생성형 AI의 이해

1. 생성형 AI란?

가. 생성형 AI 개념 및 원리

생성형(Generative) AI(Artificial Intelligence, 인공지능)란 AI 관련 기술 중 하나로써 인공신경망을 사용해 텍스트, 이미지, 오디오, 비디오 등을 포함한 대량의 데이터를 학습해 사람과 유사한 방법으로 문맥 및 의미를 이해한 후 자동으로 새로운 데이터를 생성해주는 기술을 말합니다.[135)]

기존의 AI가 학습 데이터를 분석하고 패턴을 찾아 답을 제시하는 분석적 AI (Analytical AI) 였다면 생성형 AI는 요구에 따라 새로운 데이터를 생성할 수 있어 사용자는 더욱 자연스럽고 창의적인 결과물을 얻을 수 있습니다.[136)]

생성형 AI 기술 중 하나인 대규모 언어모델(Large Language Models; LLMs)이란, 수백억 개 이상의 파라미터(매개변수)를 포함하는 AI 모델로써, 복잡하며 방대한 양의 데이터를 학습할 수 있고 다양하게 추론하는 작업도 가능한 우수 성능을 가지고 있습니다.[137)]

LLMs는 초거대 AI(Hyperscale AI)에 포함됩니다. 초거대 AI란, 지금까지의 AI보다 더욱 인간의 뇌에 가깝게 학습하고 판단할 수 있으며, 여러 상황에 대해서도 스스로 학습하여 역할을 수행합니다. 초거대 AI는 파라미터가 많을수록 더욱 정교하게 학습할 수 있습니다. 즉, AI 기술의 발전은 파라미터 수를 얼마나 늘릴 수 있느냐에 달렸다고 볼 수 있습니다.[138)]

135) 국가정보원 외(2023). 챗GPT등 생성형 AI 활용 보안 가이드라인.

136) 양은영(2023). 생성형 AI의 개발 및 이용에 관한 규제의 필요성 - 대규모 언어모델에 기반한 대화형 인공지능 서비스(LLMs AI)를 중심으로 -. 성균관법학, 35(2), 293-325.

137) 국가정보원 외(2023). 챗GPT등 생성형 AI 활용 보안 가이드라인.

138) 서울특별시교육청(2023). 생성형 AI 교육자료: ChatGPT 사례 중심으로.

나. 생성형 AI 발전 역사[139)]

생성형 AI의 발전 역사는 생각보다 훨씬 더 이전부터 시작되었습니다. 1950년대, '머신러닝(Machine learning)' 관련 분야에서 컴퓨터를 활용하여 창의적인 콘텐츠를 생성할 수 있는지 그 가능성을 탐구하기 시작했습니다. 1960년대, 더욱 복잡하고 사실적인 콘텐츠를 만들 수 있는 알고리즘을 개발하였는데, AI의 아버지이자 '인공지능(AI)'이라는 단어를 처음 사용한 '존 매카시(John McCarthy)'의 '리스프(LISP)' 프로그래밍 언어 개발이 포함됩니다. 1970년대, 초창기 컴퓨터 하드웨어의 한계를 극복하기 위해 노력하는 반면 아쉽게도 생성형 AI 관련 연구는 느리고 무뎌졌습니다. 1980년대, 서로 다른 물체를 식별 및 분류하는 방법을 학습하는 패턴 인식이 시작되었는데, 1987년 '제프리 힌턴(Geoffry Hinton)'이 개발한 이미지 생성 신경망 기계 '볼츠만(Boltzmann)'이 해당합니다. 1990년대, 텍스트와 음성을 바탕으로 다음 텍스트와 음성이 무엇일지 예측할 수 있는 '반복 신경망(Recurrent Neural Network)'이 개발되었고, 2000년대, 컴퓨터가 스스로 외부의 데이터를 조합하고 분석하여 학습하는 '딥 러닝(Deep Learning)' 기술이 급부상하였습니다. 2010년대, '구글(Google)'의 '딥드림(DeepDream)' 알고리즘의 등장으로 이미지 생성 기술이 대중화되었고, 비지도 학습을 기반으로 'GPT-2'가 다양한 작업을 일반화하는 능력 선보였습니다. 그리고 2020년대, 현재 우리가 알고 활용하는 생성형 AI로 발전되었습니다.

다. 생성형 AI 종류

2022년 ChatGPT(GPT-3.5)를 선두로 현재 생성형 AI가 개발되고 활용되는 분야는 다양하며 이를 다음과 같이 크게 4가지 영역으로 나누었습니다. 첫째, 텍스트에 담긴 수많은 패턴을 분석한 후 이를 바탕으로 새로운 문장을 생성하는 텍스트 생성 AI, 둘째, 원하는 이미지를 문장 형태의 프롬프트(명령어)로 입력하면 이를 이미지로 바꾸어 주는 이미지 생성 AI, 셋째, 새로운 음악을 작곡할 수 있으며 특정 사람의 목소리로 음성을 합성할 수 있는 오디오 생성 AI, 마지막으로 텍스트 혹은 이미지 형태의 프롬프트(명령어)와 원하는 스타일을 적용해 새로운 비디오로 합성해주는 비디오 생성 AI 등이 있습니다.

139) 전라북도교육청(2023) 생성형 AI의 수업 활용 방안.

1) 생성형 AI – 텍스트

ChatGPT(챗지피티)[140]는 OpenAI(오픈에이아이)에서 제작한 챗봇 형태의 텍스트 생성 AI이며, 대다수 생성형 AI의 시초 혹은 기반이 되는 생성형 AI입니다. ChatGPT는 미국의 의사 면허 시험(USMLE)과 경영학 석사 시험(MBA), 로스쿨 시험에서 합격 수준의 점수를 받았으며, 대학 입시 시험인 SAT에서도 상위 10% 수준의 점수를 기록한 놀라운 기술력을 지니고 있습니다.

Bing(빙)[141]은 Microsoft(마이크로소프트)에서 개발한 GPT-4 기반의 검색 엔진입니다. 텍스트, 이미지, 동영상, 뉴스 등 여러 정보를 검색할 수 있으며, 웹에서 쇼핑, 여행, 레스토랑 예약 등의 다양한 기능도 제공합니다.

Bard(바드)[142]는 Google(구글)에서 개발한 LLMs로써 방대한 텍스트와 코드 데이터를 세트로 학습되었습니다. Bard는 텍스트 생성, 언어 번역, 창의적인 텍스트 형식의 콘텐츠를 생성할 수 있습니다.

Wrtn(뤼튼)[143]은 약 22억 개가 넘는 한국어 데이터로 학습했으며 GPT-3.5/4, PALM2 등 기반의 텍스트 생성 AI입니다. 문서 작성, 이미지 생성, 챗봇 및 툴 제작을 간단하게 할 수 있습니다. 또한, 2023년 12월부터 모든 기능이 무료로 전환되었습니다.

Notion AI(노션 에이2아이)[144]는 AI 글쓰기와 자동 채우기 기능을 활용해 콘텐츠를 작성하고 편집할 수 있습니다. 일명 '글쓰기 도우미'인 Notion AI는 글쓰기 아이디어를 제공해주고 블로그, SNS 게시물, 에세이, 시 등 다양한 형태의 글 작성을 돕습니다.

Clova Note(클로바 노트)[145]는 Naver(네이버)에서 개발했으며 AI 음성 인식 기술을 바탕으로 텍스트로 변환된 음성 기록을 확인 및 관리하는 서비스입니다. 회의, 강의, 인터뷰 등 녹음이 필요할 시 유용하게 사용할 수 있습니다.

---

140) https://chat.openai.com/

141) https://www.bing.com/

142) https://bard.google.com/

143) https://wrtn.ai/

144) https://www.notion.so/product/ai

145) https://clovanote.naver.com/

표 8-1 텍스트 생성형 AI 종류

프로그램	사이트(URL)	특징
ChatGPT	https://chat.openai.com	- OpenAI 개발 - 대다수 생성형 AI의 시초이자 기반
Bing AI	https://www.bing.com	- Microsoft 개발, GPT 모델 활용 - 인터넷 검색 및, Edge 브라우저 내용 기반 대화 가능
Bard	https://bard.google.com/	- Google 개발 - 인터넷 검색 결과 활용 - 최신 정보 기반 응답 생성 가능
Wrtn	https://wrtn.ai	- GPT-3.5/4 및 PALM2 등을 모델로 활용 - 툴, 챗봇 만들기 등 가이드라인 제공
Notion AI	https://www.notion.so/product/ai	- 초안 작성, 철자 및 문법 수정, 번역 등이 가능한 글쓰기 AI
Clova Note	https://clovanote.naver.com/	- Naver 개발 - 녹음된 음성을 텍스트로 변환

2) 생성형 AI - 이미지

DALL·E3(달이3)[146]는 OpenAI에서 개발했으며 텍스트를 입력하면 이미지로 생성해주는 이미지 생성 AI입니다. 또한, DALL·E3부터는 ChatGPT와 연동되어 대화 형식으로 이미지 생성을 요구할 수 있습니다.

Midjourney(미드저니)[147]와 Leonardo AI(레오나르도 에이아이)[148]도 딥러닝을 이용해 대량의 이미지 데이터를 학습한 생성형 AI로써 프롬프트(명령어)를 입력하면 이미지로 생성해 줍니다. 다양한 조건을 제시하여도 능숙하게 이미지를 생성할 수 있습니다.

Tooning(투닝)[149]은 웹툰 형식의 이미지 생성 AI입니다. 플랫폼 내 AI 기술을 활용하면 캐릭터 연출 추천뿐만 아니라 문장으로 요청한 그림도 한 컷 제작해주고 사진 속 대상을 바탕으로 닮은 꼴 캐릭터를 만들어주는 등 다양하게 이미지를 생성해 줍니다.

146) https://openai.com/dall-e-3

147) https://www.midjourney.com/

148) https://leonardo.ai/

149) https://tooning.io/

표 8-2 이미지 생성형 AI 종류

프로그램	사이트(URL)	특징
DALL · E3	https://openai.com/dall-e-3	– 딥러닝 기반의 이미지 생성 AI – 프롬프트(명령어) 입력으로 이미지 제작 가능
Midjourney	https://www.midjourney.com/	
Leonardo AI	https://leonardo.ai/	
Tooning	https://tooning.io/	– 웹툰 형식의 이미지 생성 AI – AI 기능을 활용해 캐릭터 연출 추천받기, 문장 기반의 웹툰 한 컷 제작 가능

3) 생성형 AI - 오디오

AIVA(아이바)[150]는 AI 알고리즘을 통해 분위기, 장르, 악기 등을 원하는 대로 설정하면 자동으로 작곡해줍니다. 고전 음악부터 현대 음악까지 다양한 스타일의 음악을 생성할 수 있으며 현재 많은 작곡가가 사용하고 있는 오디오 생성 AI입니다.

BandLab(밴드랩)[151]은 단어 혹은 간단한 문장 입력을 통해 짧은 작곡이 가능합니다. 3가지 곡을 제공하며, 곡마다 분위기도 3가지씩 바꿀 수 있습니다.

Typecast(타입캐스트)[152]와 Clova Dubbing(클로바 더빙)[153]은 Text to Speech(텍스트 투 스피치) 기술을 활용해 텍스트를 입력할 시 원하는 음성으로 더빙해주는 AI 성우 서비스입니다. 플랫폼에서 제공하는 성우 음성마다 나이, 성별, 감정이 다 다르므로 적절한 상황에 맞춰 사용할 수 있습니다.

표 8-3 오디오 생성형 AI 종류

프로그램	사이트(URL)	특징
AIVA	https://www.aiva.ai/	– 장르, 악기 등 선택 후 작곡 가능 – 유료 결제에 따라 저작권 양도
BandLab	https://www.bandlab.com/	– 단어, 문장으로 작곡 가능 – 한번 곡 생성 시 3가지 버전 제공
Typecast	https://typecast.ai/kr	– TTS를 활용한 음성 더빙 – 나이, 성별, 감정 등에 따라 음성이 다름
Clova Dubbing	https://clovadubbing.naver.com/	

150) https://www.aiva.ai/

151) https://www.bandlab.com/

152) https://typecast.ai/kr

153) https://clovadubbing.naver.com/

4) 생성형 AI – 비디오

단어 혹은 문장을 입력할 시 몇 초 내 짧은 영상부터 5분가량의 긴 동영상까지 제작해주는 비디오 생성 AI는 Text to Video(텍스트 투 비디오) 기법을 활용했습니다. 여기에는 Meta(메타)에서 개발한 Make-A-Video(메이크 어 비디오)[154], Emu Video(에뮤 비디오)[155] 및 Google(구글)에서 개발한 Imagen Video(이매전 비디오)[156], Phenaki(페나키)[157] 등이 있습니다.

표 8-4 비디오 생성형 AI 종류

프로그램	사이트(URL)	특징
Mak-A-Video	https://makeavideo.studio/	– 단어 몇 개 혹은 몇 줄의 문장으로 비디오 생성 가능
Emu Video	https://emu-video.metademolab.com/	– 그림 입력 시 4초가량의 짧은 애니메이션 제작
Imagen Video	https://imagen.research.google/video/	– 단어 기반 텍스트 명령어(프롬프트)로 짧은 동영상 제작
Phenaki	https://phenaki.video/	– 연속적이며 구체적인 문장 입력으로 비교적 긴 동영상 제작

5) 생성형 AI – 기타

Iorad(아이오라드)[158]는 튜토리얼 영상 제작에 최적화된 도구로써 교육 및 지침 자료의 생성을 쉽게 할 수 있도록 설계되었습니다. 단계별 튜토리얼, 지침 및 지식 기반의 문서를 생성하는데 간단하고 효율적인 방법을 제공합니다.

GAMMA(감마)[159]는 ChatGPT를 활용해 시각적인 프레젠테이션 자료를 만들 수 있는 도구입니다. 물론 ChatGPT도 PPT 생성이 가능하지만, GAMMA의 경우 자동화 글쓰기와 더불어 디자인 자동화 기능도 추가되었습니다.

CANVA(캔바)[160]는 포스터, 카드뉴스 등을 쉽게 제작할 수 있는 플랫폼입니다. CANVA

154) https://makeavideo.studio/
155) https://emu-video.metademolab.com/
156) https://imagen.research.google/video/
157) https://phenaki.video/
158) https://www.iorad.com/
159) https://gamma.app/

내 AI 기능을 이용할 시 간단한 주제만 입력해도 자동으로 프레젠테이션 자료를 생성해 줍니다. 이때, 사용자는 생성된 프레젠테이션 자료 중 본인에게 맞는 스타일을 고르면 됩니다. 이뿐만 아니라 사진을 업로드 한 후 음성이나 텍스트를 입력하면 말하는 AI 아바타를 제작해주는 기능도 있습니다.

표 8-4 그 외 생성형 AI 종류

프로그램	사이트(URL)	특징
Iorad	https://www.iorad.com/	- 튜토리얼 영상 제작 도구 - 교육 및 지침 자료 생성 용이
GAMMA	https://gamma.app/	- 프레젠테이션 제작 도구 - 글쓰기 및 디자인 자동화
CANVA	https://www.canva.com/	- 프레젠테이션 및 AI 아바타 제작 가능

라. 생성형 AI 관련 문제

생성형 AI의 눈부신 발전과 기하학적인 사용량 증가를 봤을 때 앞으로 미래는 얼마나 더 발전할지 기대되는 실정입니다. 그러나 이런 혁신적인 기술과 함께 대두되는 것이 윤리적 문제입니다. 개인정보 침해, 저작권 문제 등 현재 언급되고 있는 생성형 AI 관련 문제를 살펴보고 이를 개선하기 위해 어떤 노력이 필요한지 알아보고자 합니다. 생성형 AI가 우리에게 해를 끼치거나 위협되지 않도록 개인뿐만 아니라 사회, 국가에서도 관련 대응 방안을 마련해야 합니다.

1) 환각 현상 및 최신 데이터 학습 부족[161)]

생성형 AI가 만들어낸 결과물이 정확한 것처럼 보이지만 실제로는 거짓인 경우를 '환각(Hallucination) 현상'이라 말합니다. 즉, 생성형 AI의 새로운 콘텐츠 생성 능력은 잘못된 혹은 존재하지 않는 정보도 만들어낼 수도 있다는 특징을 가지고 있습니다. 이러한 환각 현상은 생성형 AI의 신뢰성을 낮추는 원인이 될 수도 있습니다.

아울러 특정 생성형 AI는 최종적으로 학습한 데이터 시점까지의 정보만 가지고 있기에 학습 이후 발생한 사건 혹은 정보에 대해 알지 못하거나 부정확한 정보를 제공할 수 있습니다. 특히 현재 진행 중인 사건, 빠르게 변화하는 정보와 관련해서 정확한 답변을 생성하는 데에

160) https://www.canva.com/

161) 국가정보원 외(2023). 챗GPT등 생성형 AI 활용 보안 가이드라인.

제한적일 수 있습니다. 이는 앞서 언급한 환각 현상의 원인으로 꼽을 수 있습니다.

2) 개인정보 및 민감정보 유출[162)]

2023년 3월 20일, ChatGPT 일부 이용자에게 타인의 채팅 기록이 노출되는 사고가 발생했습니다. 또한, ChatGPT 유료 가입자의 이름, 이메일 주소, 신용카드 번호 등 민감한 정보까지 노출되었을 가능성도 제기되었습니다. ChatGPT를 개발한 OpenAI 측에서는 서비스를 중단하고 해명했으나, 앞으로도 이런 개인정보 침해 관련 문제의 발생 가능성은 배제하지 못할 수밖에 없는 실정입니다.

또한, 생성형 AI 사용이 기하급수적으로 늘어나면서 학교, 회사 업무 등에서도 활발히 사용되고 있습니다. 이때, 기관의 민감정보 유출과 관련하여 국내 기관들은 생성형 AI 사내 금지령을 내리거나 별도의 활동 지침을 안내했습니다.

3) 표절 및 저작권 관련 문제

생성형 AI는 개인 혹은 단체에서 필요한 데이터가 있는 웹 페이지 구조를 분석한 후 모두 그대로 가져오는 '크롤링(Crawling) 방식'과 필요한 정보만 추출한 후 가공하여 제공하는 '스크래핑(Scraping) 방식'을 통해 데이터를 복제하고 수집하여 학습합니다. 이때, 해당 데이터가 저작물이거나 데이터베이스일 경우 이는 저작권 침해 문제로 번질 수 있습니다.[163)]

2022년, 미국 콜로라도 주립 박람회 디지털 아트 부문에서 1위를 차지한 작품이 알고 봤더니 이미지 생성 AI인 'Midjourney(미드저니)'가 그린 것으로 밝혀져 논란이 되었습니다. Midjourney뿐만 아니라 대다수의 이미지 생성 AI가 지금의 그림 실력을 갖추기까지 그간 학습했던 데이터는 누군가의 창작물일 경우가 많습니다. 그렇다면 이미지 생성 AI가 만들어낸 그림의 저작권은 데이터의 바탕이 되는 저자에게 있을까요? 아니면 이미지를 제작한 AI에 있을까요?

생성형 AI의 눈부신 발전은 우리 삶에 윤택한 혜택을 가져다주지만, 이면에는 거듭 생각해 보고 반드시 정비되어야 할 법과 제도도 필요합니다. 이를 위해서는 사용자 개인의 노력도 필요하지만, 사회와 국가에서도 관련 방안을 마련하려고 노력해야 합니다.

---

162) 서울특별시교육청(2023). 생성형 AI 교육자료: ChatGPT 사례 중심으로.

163) 양은영(2023). 생성형 AI의 개발 및 이용에 관한 규제의 필요성 - 대규모 언어모델에 기반한 대화형 인공지능 서비스(LLMs AI)를 중심으로 -. 성균관법학, 35(2), 293-325.

SECTION

2 교육적 활용 사례

1. 생성형 AI 교육적 활용

가. SW · AI 교육의 변화

미래 사회가 급변하고 나날이 기술이 발전하는 현재, 자라나는 학습자를 미래 사회의 핵심 인재로 길러내기 위해서는 학습자뿐만 아니라 교원 또한 관련 소양을 갈고닦아 역량을 함양해야 합니다. 이를 위해 교육부에서는 2024년부터 순차적으로 도입될 2022 개정 교육과정에 디지털 기초소양, 정보 시수 확대 등을 반영했으며, 2025년부터 도입되어 2028년까지 전면 보급될 학습자 1:1 맞춤 피드백을 제공하는 AI 디지털교과서 또한 변화하는 미래 사회에 대응하기 위해 준비된 대책 중 하나입니다. 또한, 학습자에게 효과적으로 AI 관련 교육을 제공하려고 교원 역량 강화 연수도 실시하고 있으며 생성형 AI를 포함한 AI EdTech(에듀테크) 등도 도입 및 적용하고 있습니다.

1) 2022 개정 교육과정[164)]

2024년부터 순차적으로 적용될 2022 개정 교육과정에서 특히 살펴보아야 할 부분은 총론과 교과에 '디지털 기초소양 함양'을 반영하고 있다는 점입니다. 디지털 기초 소양이란, 디지털 관련 지식과 기술에 대한 이해와 윤리 의식을 바탕으로 정보를 수집하고 분석하며 비판적으로 이해할 뿐만 아니라 평가를 통해 새롭게 정보와 지식을 생산하고 활용하는 능력을 일컫습니다. 이를 위해서는 모든 교과 교육에 관련 내용 기준을 마련하고 교실 수업을 개선하며 평가와도 연계해야 합니다.

또한, 2015 개정 교육과정과 비교했을 때 정보교육 시수가 확대되었습니다. 기존 정보교육은 17시간이었으나, 2022 개정 교육과정에서는 실과의 정보영역 시수와 학교 자율시간 등을 활용해 34시간으로 확대 및 편성되었습니다.

164) 경상남도교육청(2023). 미리 준비하는 2022 개정 교육과정(초등학교).

아울러 디지털 기반의 교수·학습도 언급됐습니다. 디지털 기반의 교수·학습이 이루어지기 위해서는 자유롭게 온라인과 오프라인이 연계되어야 합니다. 이를 위해 교육과정이 개선되고 첨단 디지털 인프라를 활용한 다양한 교육방식을 현장에 적용할 수 있도록 지원될 예정입니다.

표 8-6 2022 개정 교육과정 실과 교육과정 변화

	2015 개정 교육과정	2022 개정 교육과정
교과 역량	실천적문제해결능력, 생활자립능력, 관계형성능력	
	기술적문제해결능력, 기술활용능력, 기술적시스템설계능력	기술학적 지식이해능력, 기술적 문제해결능력, 기술적 실천능력
영역	인간 발달과 가족, 가정생활과 안전, 자원관리와 자립, 기술 시스템, 기술 활용	인간 발달과 주도적 삶, 생활환경과 지속가능한 선택, 기술적 문제해결과 혁신, 지속가능한 기술과 융합, 디지털 사회와 인공지능
그 외	– 지속 가능한 미래 대응 : 의식주 생활, 친환경 수송 수단, 로봇 개발 활용 윤리 강화 등 – 디지털 기초소양 함양 강화 : 정보 수업 시수 2배 확대, 초등 실과 영역 중 '디지털 사회와 인공지능'은 중학교 정보 교과와 연계 – 정보화 교육과정 개편 : AI · 빅데이터 등 디지털 혁신 기술 이해 및 활용	

2) AI 디지털교과서

교육부는 2025년부터 수학, 영어, 정보, 국어(특수교육)에 AI 디지털교과서를 우선으로 도입한 후 점차 단계적으로 전 과목에 도입을 목표로 삼겠다고 발표했습니다. AI 디지털교과서는 학습자의 학습을 분석한 후 느린 학습자를 위한 보충학습과 빠른 학습자를 위한 심화학습을 제공하는 등 1:1 개인 맞춤형 학습을 지원합니다. 이뿐만 아니라 특수교육대상자와 장애 교원을 위한 화면해설 및 자막 기능, 다문화 학습자를 위한 번역 기능도 지원할 예정입니다.[165)]

나. 생성형 AI의 교육적 역할

생성형 AI의 교육적 역할은 크게 두 가지 측면으로 나눌 수 있습니다. 첫 번째로는 교사를 지원하는 보조도구(교사의 평가를 도와주는 도구, 수업 보조도구)로써의 역할을 수행할 수

165) 교육부 보도자료(2023). AI 디지털교과서로 1:1 맞춤 교육시대 연다.

있으며, 두 번째로는 학습자들의 학습을 성공적으로 이끌어내기 위한 지원자로서의 역할을 수행할 수 있습니다.

첫 번째, 교사의 평가를 도와주는 도구로 활용한 연구 사례는 다음과 같습니다. 신동광(2023)은 중등 영어 교사들을 대상으로 영어 문항 출제 연수 프로젝트를 중심으로 연구를 시행하였습니다. 이때, AI 기술이 실제 문항 출제에 어떻게 활용될 수 있으며, 어떤 장점이 있는지를 연구하였습니다. 이를 통해 생성형 AI 도구를 활용한 문항 출제의 경우 알고리즘적인 생성을 포함해 평가의 타당성과 신뢰성 면에서 일정 수준을 유지하는 데 크게 기여함을 알 수 있었습니다. 또한, 평가 전문성의 대중화, 출제 시간 단축, 효율적인 비용 개선 등이 가능하며, 학습자 개별 맞춤식 평가는 물론 피드백까지 제공하여 단순한 평가를 넘어 교수학습에 선순환되는 다양한 긍정적인 효과가 있음을 밝혔습니다.[166] Grassini(2023)는 ChatGPT와 같은 생성형 AI가 퀴즈 및 시험 제작, 강의 계획서 작성 등의 수업 보조도구로 활용함으로써 교사의 업무를 지원할 수 있다고 주장하였습니다. 예를 들어 포괄적인 수업 계획 작성, 프레젠테이션 및 기타 교육 리소스를 제작 등을 통해 교사의 일상적인 업무 부담이 줄어 새로운 교수법 도입, 학습자의 개인 맞춤형 학습에 더 많은 시간을 투자할 수 있음을 밝히고 있습니다.[167]

두 번째, 생성형 AI는 학습자들의 성공적인 학습을 위한 지원자의 역할을 수행할 수 있으며, 그 사례들은 다음과 같습니다. 유재진(2023)은 ChatGPT를 활용한 지리교육 연구를 통해 학습자별 맞춤형 학습과 학습자의 참여도 향상, 그리고 수업 접근성 측면에서 이점이 있었음을 밝혔습니다. ChatGPT는 학습자의 개별적 요구와 학습 스타일에 맞는 맞춤형 학습을 제공할 수 있으며, 이를 통해 학습자는 자신의 진도에 맞춰 학습하고 도움이 필요한 영역에 더 집중할 수 있습니다. 특히, 학습자는 대화형 서비스를 통해 언제, 어디서나 ChatGPT를 접근할 수 있어 유연하게 학습할 수 있으며, 대화식 학습 경험은 학습자의 참여를 높일 수 있음을 밝히고 있습니다.[168] Chung Kwan Lo(2023)는 ChatGPT가 학습을 지원하는 가상 튜터의 역할을 할 수 있다고 언급하며, 그 역할을 학습과 평가 두 가지 주요 측면으로 분류해 설명하였습

166) 신동광. (2023). AI 도구를 활용한 중등교사 영어 출제 연수 사례 연구: ChatGPT를 중심으로. 어학연구, 59(1), 21-42.

167) Grassini, S. (2023). Shaping the future of education: exploring the potential and consequences of AI and ChatGPT in educational settings. Education Sciences, 13(7), 692

168) 유재진. (2023). 인공지능을 활용한 지리교육 연구 -ChatGPT 기반 질의 · 응답을 중심으로-. 경관과 지리, 33(1), 162-173.

니다. 학습 측면에서의 역할은 그룹 활동에서 협력적으로 작업할 수 있는 다양한 시나리오를 생성한 후 토론 구조, 실시간 피드백, 개인화된 가이드 등을 제공하여 그룹 토론을 촉진하는 것을 말합니다. 평가 측면에서의 역할은 초기 답변에 추가 질문을 유도하고 학습자가 자신의 지식과 추론 기술을 적용하도록 장려하는 사용법을 말합니다.[169] Montenegro-Rueda 외(2023)는 ChatGPT를 사용하는 것이 학생과 교사 모두의 교수학습 과정에서 큰 교육적 지원이라는 주요 결과를 보여주었고, ChatGPT를 통해 교육성과 동기 부여, 조직 및 효율적인 시간 관리의 개선뿐만 아니라 효과적이고 협력적인 학습 환경의 촉진을 불러일으킬 수 있다는 연구 결과를 제시하였습니다. 해당 연구에 따르면 학습자 ChatGPT를 통해 개별화되고 맞춤화된 학습을 할 수 있으며, 이는 학습자의 동기 부여와 몰입도 향상으로도 이어짐을 말하고 있습니다. 이 과정에서 학생들이 함께 주제를 연구하고 커뮤니케이션 및 팀워크 기술을 개발하여 협업이 촉진될 수도 있습니다.[170] Michel-Villarreal 외(2023)는 ChatGPT의 잠재적 이점과 한계 및 이를 해결하기 위한 방법을 탐구하는 연구를 진행하였습니다. 해당 연구에서는 ChatGPT가 학생 개인별 대화 과정을 시뮬레이션하고 어휘, 문법과 같은 언어 사용에 교정을 제공하여 언어 및 의사소통 능력을 향상시킬 수 있음을 언급하였습니다. 이처럼 ChatGPT를 학습 강화 및 독립적인 학습을 위한 보조 자료로 활용될 수 있으며, 시간과 관계없이 학습을 지원할 수 있어 접근성이 개선될 수 있다고 하였습니다.[171]

다. 생성형 AI 활용 교육 국내외 동향

생성형 AI를 교육에서 활용하기 위한 연구는 국내외에서 활발히 진행되고 있습니다. 국내에서는 시도교육청별로 생성형 AI 관련 가이드라인 및 교육적 활용 사례를 제작 및 보급하여 실제 교육 현장에서 생성형 AI가 사용될 수 있게끔 돕고 있습니다. 또한, 일본, 영국, 호주 등 국가에서도 생성형 AI를 교육에서 사용할 시 주의할 점, 교육 내 활용 방안 등을 제시하고 있습니다.

169) Lo CK. What Is the Impact of ChatGPT on Education? A Rapid Review of the Literature. Education Sciences. 2023; 13(4):410. https://doi.org/10.3390/educsci13040410

170) Montenegro-Rueda M, Fernández-Cerero J, Fernández-Batanero JM, López-Meneses E. Impact of the Implementation of ChatGPT in Education: A Systematic Review. Computers. 2023; 12(8):153. https://doi.org/10.3390/computers12080153

171) Michel-Villarreal R, Vilalta-Perdomo E, Salinas-Navarro DE, Thierry-Aguilera R, Gerardou FS. Challenges and Opportunities of Generative AI for Higher Education as Explained by ChatGPT. Education Sciences. 2023; 13(9):856. https://doi.org/10.3390/educsci13090856

1) 국내

서울특별시교육청에서 제작한 '생성형 AI 교육자료: ChatGPT 사례 중심으로(2023)'[172]는 ChatGPT 같은 생성형 AI 기술의 이해를 돕기 위한 개념 및 원리 설명뿐만 아니라 실제 교육 현장에서 생성형 AI를 어떻게 활용할 수 있는지 관련 사례 및 방안을 언급하고 있습니다.

인천광역시교육청에서 제작한 '모든 교사, 학생의 성장을 돕는 ChatGPT 이해와 교수학습 가이드(2023)[173]'는 ChatGPT 개념 및 생성형 AI의 등장으로 변한 점과 윤리적 문제, 생성형 AI 활용 교수·학습 가이드, 교사와 학생의 ChatGPT 활용 전략 등 ChatGPT의 실질적 이용 방안을 제시하고 있습니다.

충청남도교육청에서 제작한 '대화형 AI 챗봇 활용 도움자료[174]'는 대화형 AI 챗봇의 순기능을 바탕으로 교과 내에서 올바르게 활용하고 역기능은 최소화하는 방안을 안내합니다. 또한, 모든 학생과 교사가 지능정보 융합교육에 참여 및 수업 활동을 할 수 있도록 지원하고자 합니다.

경상북도교육청에서 제작한 '생성형(Generative) AI 활용 길라잡이(2023)[175]'는 생성형 AI 활용 가이드라인 안내 및 초·중등 수업 적용 사례 소개뿐만 아니라 교직원 업무에도 생성형 AI를 활용하여 효율적인 업무 처리 방안 및 불편 사항 개선 사례 등도 소개하고 있습니다.

전라북도교육청에서 제작한 '생성형 AI의 수업 활용 방안(2023)[176]'은 생성형 AI의 특징 및 한계점을 살펴보고, 생성형 AI를 실제 수업에서 어떻게 활용할 수 있는지 알려주고 있습니다. 또한, 생성형 AI를 활용하는 교원으로서 지녀야 할 자세 및 역량도 제시하고 있습니다.

2) 국외[177]

일본에서는 초등학생 스스로 생성형 AI 계정을 생성해 해당 서비스를 이용하는 것은 이용 규약상 적절하지 않다고 보고 있습니다. 따라서 초등 교원은 수업 중 생성형 AI와의 대화 내용을 제시하거나 생성형 AI의 오류를 바로잡을 수 있도록 학습자 스스로 생각할 수 있는 활

172) 서울특별시교육청(2023). 생성형 AI 교육자료: ChatGPT 사례 중심으로.

173) 인천광역시교육청(2023). 모든 교사, 학생의 성장을 돕는 ChatGPT 이해와 교수학습 가이드.

174) 충청남도교육청(2023). 대화형 AI 챗봇 활용 도움자료.

175) 경상북도교육청(2023). 생성형(Generative) AI 활용 길라잡이.

176) 전라북도교육청(2023) 생성형 AI의 수업 활용 방안.

177) 전라북도교육청(2023) 생성형 AI의 수업 활용 방안.

동을 바탕으로 생성형 AI를 수업에 활용합니다.

영국에서는 교육격차 해소를 위한 EdTech(에듀테크) 시범학교 운영 프로그램에 생성형 AI를 지속적으로 활용할 수 있도록 지원하고 있으며, 교육에서 생성형 AI 활용에 대한 가이드라인도 발표했습니다.

호주에서는 생성형 AI의 안전하고 윤리적인 활용을 위해 '히포크라테스 선서'와 비슷한 '타인에게 해를 끼치지 않겠다' 등의 기준 및 규칙을 만들 것이라 발표했습니다. 또한, 빅토리아주, 퀸즐랜드주 등 5개 주에서 부정행위 및 표절 가능성을 제한하기 위해 공립학교에서의 생성형 AI 사용을 금지했습니다.

라. 생성형 AI 활용 과목별 교육사례

교육 분야에서 생성형 AI는 학습을 촉진할 수 있다는 긍정적인 검토와 함께 활용 가능성에 대한 모색이 활발하게 이루어지고 있습니다. 생성형 AI는 학습자의 이해 수준을 분석한 후 개인별 튜터링(Tutoring)을 제공해 개인 맞춤형 적응 학습을 가능하게 하고[178], 학습자와의 대담이나 담화, 내용 전달, 수업 보조, 평가에 있어 도움을 줄 수 있습니다. 따라서 교사와 생성형 AI는 상호 보완적인 관계가 되어 충분히 교육적으로 활용될 수 있습니다.[179] 현재 국어, 영어, 사회, 과학 등 다양한 교과에서 생성형 AI를 활용한 수업 사례를 공유하고 논의하는 관련 연구가 수행되고 있습니다.

1) 국어과 활용 사례

오규설(2023)은 생성형 AI에서 생성된 인공 텍스트의 특성을 검토하고 국어교육에 미칠 영향을 살펴 향후 국어교육의 대응 방안을 논의하였습니다. 해당 연구에서 생성형 AI 사용에 대해 국어교육 분야 대응 방안으로 제시한 것은 다음과 같습니다.

첫 번째, 리터러시의 재개념화입니다. 이는 인간 고유의 리터러시를 지키기 위해 리터러시의 개념을 확장하여 기계 기반 리터러시(Machine-based literacy)로 관점을 넓혀야 함을 말합니다. 기계 기반 리터러시 생성형 AI의 도움을 받아 읽기와 쓰기를 수행하는 능력이며, 생

178) Baidoo-Anu, D., & Owusu Ansah, L. (2023). Education in the era of generative artificial intelligence (AI): Understanding the potential benefits of ChatGPT in promoting teaching and learning. DOI : 10.2139/ssrn.4337484

179) Jeon, J., & Lee, S. (2023). Large language models in education: A focus on the complementary relationship between human teachers and ChatGPT. Education and Information Technologies. DOI : 10.1007/s10639-023-11834-1

성형 AI 서비스를 효율적이고 효과적으로 활용할 수 있는 능력을 포함하는 것입니다. 이를 위해 교육과정 측면에서 기계 기반 리터러시의 개념을 반영해야 하며, 교수학습 방법 측면에서 생성형 AI를 국어교육의 자료, 탐색 도구 등으로 활용해야 합니다.

두 번째, 국어과 평가 활용입니다. 우선 기계 기반 리터러시의 평가가 필요함을 언급하며, 평가 요소로는 생성형 AI에 어떤 프롬프트를 입력하여 텍스트를 생성하는지, 생성된 인공 텍스트를 어떻게 조정하고 자신의 견해를 반영하는지 등이 있습니다. 그리고 생성형 AI를 활용하여 과제를 수행한 후 이를 구두 언어로 설명하는 과정을 평가하는 등에도 적용할 수도 있습니다. 이를 위한 평가 도구 개발에 생성형 AI를 활용하는 것은 평가의 지문, 쓰기 과제의 작문 맥락, 국어 자료의 생성, 다양한 쓰기 상황 요소 등을 생성하는 방안입니다. 또한, 국어과 평가 문항의 정답과 오답지를 생성할 수 있고, 읽기 및 쓰기 평가의 피드백 생성 도구로도 활용할 수도 있습니다. 아울러 자동 채점 도구로 활용해 학생의 모든 과제 과정을 실시간으로 저장하고 채점 엔진에 의해 특이 사항을 기록할 수 있으며 이를 평가 후 피드백할 수 있습니다. 다만 이를 위해서는 규칙 기반의 접근을 혼용할 필요가 있으며 정제된 국어과 평가용 학습 데이터가 구축되어야 합니다. 동시에 생성한 인공 텍스트의 수준을 평가하는 방안이 연구되어야 하며 생성형 AI의 활용에서 핵심적인 프롬프트 엔지니어링에 대한 연구도 필요합니다.[180)]

2) 영어과 활용 사례

신동광(2023)은 AI 도구를 활용한 영어 평가 출제 연수 사례 연구를 통해 생성형 AI를 활용했을 시 문항 출제의 효율성과 교사가 느끼는 만족도가 높다는 것을 확인했으며, 평가의 타당성과 신뢰성 면에서 일정 수준을 유지할 수 있고, 평가 전문성의 대중화와 출제 시간 및 비용면에서 획기적인 개선 사항을 가져올 수 있음을 확인하였습니다. 더불어 AI 도구의 활용으로 학습자 개별 맞춤식 평가와 즉각적인 피드백을 통해 교수학습이 선순환되는 효과가 있음을 확인하였습니다.[181)] 이채욱, 신나민(2023)은 ChatGPT를 활용하여 초등 영어 작문 수업을 설계한 예시를 소개하며, AI 언어 학습 보조도구 활용 수업에서 ChatGPT의 활용 가능성을 탐색하였습니다. 첫 번째, 컴퓨터 매개 의사소통 활동 구현에는 원어민과 같이 정확

180) 오규설. (2023). 생성형 인공지능이 국어교육에 미치는 영향과 대응 방안 - ChatGPT는 국어교육의 도구인가, 위협인가?. 국어교육연구, 82, 143-189.

181) 신동광. (2023). AI 도구를 활용한 중등교사 영어 출제 연수 사례 연구: ChatGPT를 중심으로. 어학연구, 59(1), 21-42.

하고 유창하게 영어를 구사하는 교수자가 필요한데, 그 역할을 ChatGPT가 함으로써 관련 문제를 해결할 수 있다는 가능성을 탐색 및 제시하였습니다. 두 번째, ChatGPT를 활용할 시 영어 수준 격차가 큰 학습자들에게 개인화된 학습 콘텐츠를 제공할 수 있으며, 이를 통해 학습자의 더 높은 학습 동기를 이끌어내는 개별 맞춤형 학습, 학습자 주도적 학습 등이 강화될 수 있음을 확인하였습니다. 세 번째, 기존 번역기 활용 영어 글쓰기 활동 관련된 학습 효과에 대한 선행연구 결과를 지지함과 동시에 ChatGPT와 같은 생성형 AI가 더욱 효과적인 학습 보조도구로써의 잠재성이 있음을 확인하였습니다. ChatGPT를 활용할 시 학습자가 모국어와 영어를 적절하게 사용함으로써 비교적 쉽게 영어 작문의 유창성과 정확성을 발전시킬 수 있었음을 확인하였습니다. 이는 영어 수업에서 ChatGPT와 같은 생성형 AI의 도입과 함께 수업의 설계와 영어 교사의 역할에도 변화가 있어야 함을 시사하고 있습니다. 또한, 해당 연구에서는 영어를 학습할 때 ChatGPT등의 AI 도구를 활용하되 자신의 말과 글로 고쳐서 활용할 수 있게 하는 AI 리터러시를 함양하는 것이 필요하며, 교육 현장에서 ChatGPT 활용은 신속하고 효율적으로 교육 현장의 문제들을 해결할 수 있는 혁신적인 교수 설계가 이루어질 수 있음을 시사하고 있습니다.[182]

3) 사회과 활용 사례

유재진(2023)은 ChatGPT를 활용하여 질의응답 중심의 지리교육 연구를 수행하였습니다. ChatGPT에서 이루어지는 대화의 특성은 꼬리에 꼬리를 무는 과정을 거치기 때문에 지리 교과에서 다루는 지형 형성과 같은 인과관계가 뚜렷한 질문을 이어 나가기에 적합한 면이 있어 원인과 결과로 이어지는 지형 형성 과정을 체계적으로 학습할 수 있다는 장점을 언급하고 있습니다. 이러한 상호작용은 학습자가 ChatGPT에 특정 개념 관련 질문을 하고 도출된 설명에 대해 토론 후 이를 평가하는 학습을 진행함에서 지리적 사고력을 확장할 수 있습니다. 이러한 학습 과정은 완벽하지 못한 ChatGPT의 대답에서 발생할 수 있는 오류를 학습자가 인지하는 것에서 시작됩니다. 그러나 ChatGPT의 오류를 발견하기란 쉽지 않기 때문에 문해력을 기반으로 한 지리적 사고력이 뒷받침되어야 합니다. 해당 연구에 따르면 언어 모델의 특성으로 인해 응답 결과가 객관적이지 못하거나 과학적 사실과 일치하지 않을 수도 있으며, 정보의 편향을 유발할 수도 있으므로 응답을 무분별하게 수용하기보다는 비판적인 관점에서 받아들여야 할 필요가 있음을 언급합니다.[183]

182) 이채욱·신나민, (2023), ChatGPT로 수업 설계하기, 춘계 이러닝 학술대회, pp,119-125

4) 과학과 활용 사례

Daher(2023)는 ChatGPT가 화학 문제를 이해하고 대응하는지 살펴보면서 이는 교육에 어떻게 연계되는지 분석하였습니다. 연구 결과 ChatGPT는 30개의 문제 중 13개를 개념적인 어려움 없이 풀었습니다. 이는 화학 문제를 푸는 데 ChatGPT가 유용하게 사용될 수 있는 도구이며, 학습을 지원하는데 ChatGPT를 사용하는 것이 긍정적인 효과를 불러올 수 있음을 뜻합니다. 다만, ChatGPT를 과학과의 학습에 사용하는데 개념 이해, 분석 능력, 표현, 문제 해결 능력을 향상시키기 위한 개선이 필요하다고 하였습니다.[184)]

변정호, 권용주(2023)는 AI가 대화를 통해 인간과 상호작용한다는 장점을 활용하면 ChatGPT가 과학개념 학습 및 탐구 활동, 실험 보조 역할을 수행할 수 있다고 하였습니다. ChatGPT를 활용할 시 학습자가 실험이나 탐구 활동을 설계하는 과정에서 전문적 정보를 검색하고 확인하는 데 필요한 시간을 절약할 수 있습니다. 또한, 실제 탐구 활동을 수행하기 전, 학습자가 설계한 내용과 ChatGPT의 결과물을 비교함으로써 탐구 설계, 수행, 분석에 대한 자기주도적 검토가 가능하고, 수정 보완을 위한 보조수단으로 ChatGPT를 활용할 수 있음을 주장하였습니다. 아울러 ChatGPT를 탐구 및 실험설계 절차, 안전 사항 및 조치 방법, 실험 재료와 도구 사용법, 결과 분석법 등을 검토하고 확인하는 보조적 수단으로 활용한다면 참고 자료를 탐색하고 선별하는 데 걸리는 시간을 줄이고, 학습자는 전문가의 도움이 없어도 AI의 도움으로 자기주도적으로 탐구 활동이 가능할 수 있습니다.[185)]

마. 생성형 AI 활용 교과 융합 프로젝트 수업 설계 및 실제 적용

위에서 언급한 생성형 AI를 활용한 교과별 선행 연구 및 사례를 살펴보았을 때, 생성형 AI 도구는 학업 성취도 향상에 긍정적인 영향을 준다고 할 수 있습니다. 또한, 생성형 AI의 활용 방법이나 가지고 있는 생성형 AI의 잠재력은 교과별 교육 특성 및 교수학습 방법의 차이로 다르게 나타남을 확인할 수 있었습니다. 따라서 이러한 특성에 맞춰 교과에 맞는 다양한 교수 설계 모형을 개발하고 검증하는 것이 중요하다고 할 수 있습니다.

183) 유재진. (2023). 인공지능을 활용한 지리교육 연구 -ChatGPT 기반 질의·응답을 중심으로-. 경관과 지리, 33(1), 162-173.

184) Daher W, Diab H, Rayan A. Artificial Intelligence Generative Tools and Conceptual Knowledge in Problem Solving in Chemistry. Information. 2023; 14(7):409. https://doi.org/10.3390/info14070409

185) 변정호 and 권용주. (2023). 생성적 인공지능의 교육적 활용 방안 탐색: 생물학습을 위한 ChatGPT 활용을 중심으로. Brain, Digital, & Learning, 13(1), 1-17.

다음은 생성형 AI를 활용한 수업이 학습에 미치는 긍정적 영향을 입증하기 위해 여러 교과목 간 융합 프로젝트 수업 개발 및 적용 사례를 소개하고자 합니다. 이때, 교과 간 연계를 통해 학생이 다양한 학문 영역을 경험하고, AI를 활용하여 문제 해결 능력을 키울 수 있도록 하였습니다. 이는 2022 개정 교육과정에서 강조하는 교과 간 연계와 통합을 반영한 것으로 2022 개정 교육과정에서는 여러 교과에서 배운 내용을 서로 연결하고 통합하여 창의적으로 문제를 해결하는 수업을 통해 깊이 있는 학습이 이루어짐을 목표로 삼고 있습니다.[186)]

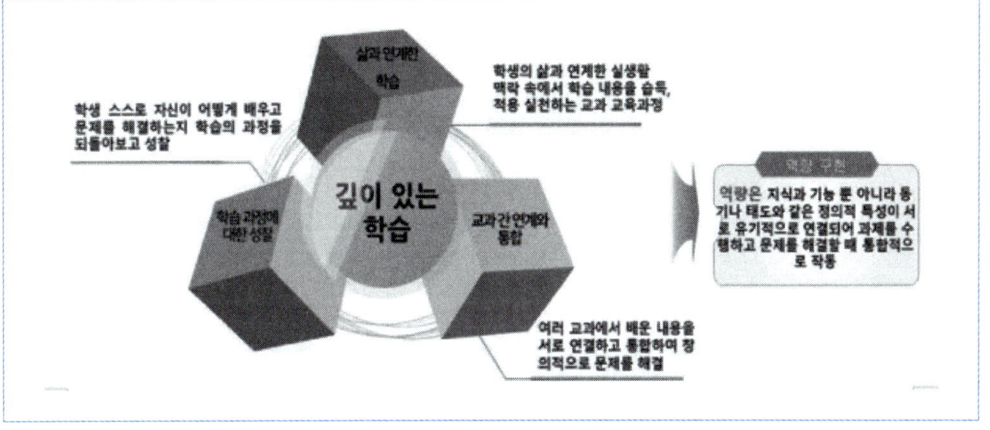

그림 8-1 2022 개정 교육과정 역량 함양을 위한 교과 교육의 강조점[187)]

1) 수업 주제 선정

생성형 AI를 활용한 교과 간 융합 프로젝트 수업은 총 3가지 주제로 개발하였습니다.

첫 번째 프로젝트 수업 주제는 '노벨 엔지니어링(Novel Engineering)'을 활용한 프로젝트 수업입니다. 노벨 엔지니어링은 미국 Tufts대학교의 CEEO(Centerfor Engineering Education and Outreach)에서 시작된 융합 수업 모델로써 소설의 의미를 담고 있는 '노벨(Novel)'과 공학을 뜻하는 '엔지니어링(Engineerting)'이 합쳐진 수업 모델입니다. 노벨엔지니어링 수업 모델은 책(노벨) 속에서 문제 상황을 파악하고, 이 문제 상황을 공학적(엔지니어링)으로 해결하는 일련의 활동을 의미합니다.[188)]

노벨 엔지니어링은 이론을 현실에 적용하여 문제 해결을 돕고, 다양한 교과목을 융합하여

186) 경상남도교육청(2023). 미리 준비하는 2022 개정 교육과정(초등학교).

187) 교육부 보도자료(2023). '2022 개정 교육과정' 총론 주요사항 발표.

188) 송해남 외(2022). 메타버스&챗GPT와 함께하는 노벨 엔지니어링. 광문각출판미디어

여러 시각을 제공할 수 있습니다.[189] 학생은 AI 도구에 관심과 흥미가 낮고, 익숙하지 않으며, AI의 중요성을 인지하고 있지만 나와는 동떨어진 혹은 전문적인 영역의 것으로 생각하는 경향이 강합니다.[190] 따라서 노벨 엔지니어링을 통해 생성형 AI가 실제 삶과 밀접한 관련이 있음을 알도록 접근하면 그 효과성이 훨씬 클 것으로 볼 수 있습니다. 그리고 학생에게 친숙한 이야기책을 선정해 수업을 진행하면 생성형 AI 도구와의 심리적 거리감을 더 줄일 수 있을 것으로 예상할 수 있습니다.

따라서 학습에 대한 흥미와 동기를 높이고, 생성형 AI에 대한 접근성을 높이기 위해 노벨 엔지니어링을 기반으로 생성형 AI를 활용한 스토리텔링 수업을 주제로 선정하였습니다. 도서 선정은 다음 <표8-7>와 같은 기준에 따라 '어린왕자'를 선정하였습니다. 노벨 엔지니어링을 통해 학생이 문제 상황을 해결하면서 스스로 문제해결력을 기를 수 있고, 문제를 해결한 후 성취감, 자아효능감, 보람을 느낄 수 있을 것으로 예상됩니다.

표 8-7 2022 도서 선정 기준

몰입 가능성	융합성	학습자 수준
이야기 속 주인공의 문제 해결에 공감할 수 있는가?	생성형 AI와 융합할 수 있는 문제 상황이 포함되어 있는가?	학습자의 선행 지식이나 수준에 적합한 도서인가?

두 번째 프로젝트 수업의 주제는 생성형 AI를 활용한 연극 수업입니다. 원론적으로 연극은 관객과 같이 호흡하며 육체와 음성을 통해 하나의 인물과 사건을 엮어내는 예술입니다. 또한, 연극적 행동양식은 사람이 가진 유희본능을 충족할 뿐만 아니라 이성적 사고와 감성적 표현의 과정을 반복함으로써 모순과 억압, 심리적 압박과 충동적 욕구에 대한 자기 인식을 도울 수 있습니다.[191] 연극 수업은 학생이 자기주도적으로 연극을 구상하고 공연을 실현하는 것이 중점입니다. 이러한 연극의 본질적인 면모를 통해 알 수 있는 장점을 교육 현장에 활용하기 위해 과거부터 다양한 방법이 논의 및 적용되었지만, 수업자의 입장에서 한계를 느끼게 되는 부분도 존재합니다. 연극은 예술적 소양과 개념, 능력 등이 요구되기에 특히, 초

189) 홍기천, 이우진 and 김세민. (2020). 노벨 엔지니어링이 창의적 문제해결력 향상에 미치는 효과. 산업융합연구, 18(3), 83-89.

190) 김주현 and 문성환. (2021). 노벨엔지니어링을 활용한초등학생 대상의 인공지능 교육프로그램. 한국초등교육, 32(1), 425-440.

191) 박현정 and 김병주. (2013). 교육연극의 교육적 의미 고찰- 교육본위론적 관점을 중심으로. 문화예술교육연구, 8(4), 87-114.

등교육에서는 아동 발달 수준에 따른 이해력 및 기능, 전 교과를 교사가 담당 및 지도해야 하는 교육과정 운영 환경 등에 따라 수업의 결과와 질에 편차가 큰 것은 사실입니다.[192] 이 점에서 생성형 AI를 활용한다면 학생도 교사도 연극 수업에 대한 기능적 한계를 보완할 수 있습니다. 특히 연극의 대본, 소품, 음악 등 기초적인 요소를 생성형 AI로 제작 및 활용한다면 효과적으로 연극 수업이 진행되고, 해당 교과 및 단원에 대한 학습자의 성취 수준 또한 향상될 것으로 기대할 수 있습니다.

따라서, 연극 프로젝트는 학습자가 생성형 AI를 적극 활용하며 흥미를 느끼고 참여하기 위함이며, 초등학교 5~6학년군 국어, 음악, 미술 교육과정을 분석하여 적합한 연극 수업으로 재구성하였습니다. 다음 <표8-8>은 관련 성취 기준을 살펴보면 국어과 2개, 음악과 1개, 미술과 2개를 연계하여 재구성한 연극 수업 속에서 생성형 AI를 활용할 수 있는 방안을 담아내었습니다.

세 번째 프로젝트 수업의 주제는 '생성형 AI를 활용한 발표회'입니다. 이는 학습자가 생성형 AI를 사용하여 자신이 선택한 주제와 관련된 자료를 수집하고, 이를 기반으로 주제 중심의 발표회를 진행하는 것입니다. 학습자는 사회과 교육과정 '세계의 다양한 삶의 모습'을 바탕으로 주제 정하기, 기초 자료 조사, 원고 작성, 활용 매체 선정 및 제작, 발표 방법 익히기 등의 단계를 거쳐 타 학습자 앞에서 발표합니다. 하지만 실제 교육 현장에서는 올바른 정보를 검색하는 학습자가 많지 않다는 문제점이 있습니다.[193] 특히 자료 수집 시에는 한정적인 플랫폼 활용, 수집한 자료의 신뢰성 부족, 불충분한 자료의 양 등으로 학습 및 발표 자료 제작 시에 어려움이 생길 수 있습니다.[194]

따라서 이러한 문제를 보완하기 위해 본 프로젝트는 생성형 AI를 활용하여 다양한 자료를 체계적으로 조사하도록 하며, 조사한 내용을 바탕으로 효과적인 발표 자료를 생성하는 경험을 제공하도록 합니다. 이를 통해 학습자가 주도적으로 문제를 해결하며, 발표력 또한 신장시킬 수 있도록 하였습니다. 해당 프로젝트 수업을 통해 학습자는 자신이 설정한 주제를 기반으로 생성형 AI가 생성하는 발표 자료의 양식 및 내용을 살펴볼 수 있고, 발표 수업에 자신감을 가지고 임할 수 있으리라 기대할 수 있습니다. 또한, 본 프로젝트 수업 설계는 학

192) 신진선 and 조미헌. (2021). 초등학생을 위한 활동중심 인공지능 융합 교육 프로그램 개발 및 적용. 정보교육학회논문지, 25(3), 437-448.

193) 장세지 and 전석주. (2016). 교수학습활동에서 교사들의 앱 활용에 관한 연구. 정보교육학회논문지, 20(1), 1-12.

194) 이승길. (2006). 공공도서관의 초등학생 대상 정보활용교육 실시에 관한 연구. 한국문헌정보학회지, 40(4), 63-83.

습자의 소프트웨어 활용 능력, 정보 검색 능력 등과 같은 기능적 한계 때문에 발표 학습의 기회 및 성공의 경험을 잃지 않도록 함에 초점을 두고자 하였으며, 이를 통해 발표 방법(말하는 속도, 자료 활용 방법, 몸짓 등)을 보다 깊이 탐구하여 본연의 성취 목표를 달성하도록 하였습니다. 다음 표는 프로젝트 수업과 관련하여 사회과 2개, 국어과 2개의 성취 기준을 고려하고 융합해 생성형 AI를 활용한 발표회 수업을 구성하였습니다.

표 8-8 생성형 AI 활용 융합 프로젝트에 연계된 2022 개정 교육과정 5~6학년군 과목별 성취기준195)

종류	교과	성취기준
Project 1 노벨 엔지니어링	국어	[6국03-01] 쓰기는 절차에 따라 의미를 구성하고 표현하는 과정임을 이해하고 글을 쓴다. [6국05-01] 문학은 가치 있는 내용을 언어로 표현하여 아름다움을 느끼게 하는 활동임을 이해하고 문학 활동을 한다.
	실과	[6실04-10] 자료를 입력하고 필요한 처리를 수행한 후 결과를 출력하는 단순한 프로젝트를 설계한다.
	미술	[6미02-03] 다양한 자료를 활용하여 아이디어와 관련된 표현 내용을 구체화할 수 있다. [6미03-04] 다양한 감상 방법(비교 또는 단독 감상, 내용 또는 형식 감상 등)을 알고 활용할 수 있다.
Project 2 연극	국어	[6국05-04] 일상생활의 경험을 이야기나 극의 형식으로 표현한다. [6국05-05] 작품에 대한 이해와 감상을 바탕으로 하여 다른 사람과 적극적으로 소통한다.
	음악	[6음03-01] 음악을 활용하여 가정, 학교, 사회 등의 행사에 참여하고 느낌을 발표한다.
	미술	[6미02-02] 다양한 발상 방법으로 아이디어를 발전시킬 수 있다. [6미02-03] 다양한 자료를 활용하여 아이디어와 관련된 표현 내용을 구체화할 수 있다.
Project 3 발표회	사회	[6사07-03] 세계 주요 기후의 분포와 특성을 파악하고, 이를 바탕으로 하여 기후 환경과 인간 생활 간의 관계를 탐색한다. [6사07-04] 의식주 생활에 특색이 있는 나라나 지역의 사례를 조사하고, 이를 바탕으로 하여 인간 생활에 영향을 미치는 여러 자연적, 인문적 요인을 탐구한다.
	국어	[6국01-04] 자료를 정리하여 말할 내용을 체계적으로 구성한다. [6국01-05] 매체 자료를 활용하여 내용을 효과적으로 발표한다.

195) 교육부 고시 제2022-33호(2022.12.22.). 초·중등학교 교육과정 총론.

2) 생성형 AI 선정

생성형 AI를 활용하여 초등학생을 대상으로 융합 프로젝트 수업을 진행하기에 앞서 수업 도구를 선정할 필요가 있으며 사용한 도구는 다음 <표8-4>와 같습니다.

노벨 엔지니어링을 활용한 수업에서는 문제를 해결하기 위해 그림, 글 형태의 산출물을 만드는 생성형 AI가 필요합니다. 이때 사용한 생성형 AI는 Scribble Diffusion(스크리블 디퓨전)과 ChatGPT 입니다. Scribble Diffusion은 스케치 수준의 그림과 설명을 통해 이미지를 생성할 수 있으며 로그인이 필요 없다는 장점이 있습니다. ChatGPT는 Bard, Wrtn 등 여러 비슷한 텍스트 생성 AI와 비교했을 때, 비교적 맥락을 잘 파악하며, 전체 흐름이 자연스러운 결과물이 출력됩니다. 다만, ChatGPT는 사용 연령 제한 문제가 있어 사전에 보호자동의서를 받고, 교사의 지도하에 사용하도록 안내할 필요가 있습니다.

생성형 AI 활용 연극 수업에서는 사용한 생성형 AI는 ChatGPT, Music Gen(뮤직 젠)을 사용하였고, 협업도구인 Padlet(패들렛)으로 학습자의 의견을 모았습니다. 연극 수업에서 가장 큰 문제는 연극의 대본을 구성하는 것입니다.[196] 이러한 문제점을 해결하기 위해 대본을 작성할 때 간단한 제시어를 통해 짧은 촌극을 구성하도록 지도했으며, 대본의 작성은 ChatGPT를 활용해 생성하도록 하였습니다. 이 과정에서 학생들은 ChatGPT를 활용해 극본의 인물, 배경, 사건 등을 다양하게 변경하고 적용해 자연스럽고 다채로운 이야기를 구성할 수 있습니다. 그 예시로 실제 아이스크림을 판매하는 유명 프랜차이즈 기업에서 생성형 AI를 활용한 사례를 제시하였습니다. 연극의 중요한 요소 중 하나인 음악(노래)은 일반 학급에서 직접 제작하기 어려우며, 음원을 구하는 것 또한 연극을 구성하는 데 제약이 된다고 할 수 있습니다. 이에 Music Gen을 활용해 손쉽게 음악 만드는 활동을 직접 수행하고, 개인 혹은 모둠이 구성한 연극의 상황과 맥락에 어울리는 음악적 요소를 작품에 가미할 수 있습니다. Music Gen은 AI가 다양한 음원을 생성하기 때문에 음악적 지식 없이도 작곡 경험을 할 수 있습니다. 그리고 연극에 필요한 소품 등을 제작하기 위하여 Padlet을 활용해 의견을 수렴하였습니다.

마지막으로 생성형 AI를 활용한 발표회에서는 ChatGPT를 이용하여 발표 자료를 생성하는 'Gamma(감마)'를 사용하였습니다. 일반적으로 검색 엔진을 활용한 자료 검색은 학생들의 발달단계와 정보 검색 능력에 비해 비교적 광범위한 자료를 제공하기 때문에 정보 획득이 어

196) 박찬수. (2019). 학교 연극교육 활성화 방안 연구. 연극교육연구, 35(35), 5-31.

렵다는 문제점이 있습니다. 하지만, Gamma를 활용하면 학생들이 질문을 통해 직접 검색 주제를 입력하고, 그에 따른 결과물을 살펴보며 자신의 자료 검색의 방향과 지향점을 더 쉽게 설정할 수 있습니다. 발표의 주제와 내용이 비교적 구체적인 자료를 필요로 하지 않는다면, ChatGPT 내에서 발표 자료 구성의 전반적인 과정을 완료할 수도 있고, 경우에 따라 Gamma를 활용하여 학생들의 의도에 따라 사진, 그림 등을 검색하여 추가 제작할 수 있습니다.

표 8-9 생성형 AI 도구 분석

도구	내용
ChatGPT	CHAT GPT - OpenAI 플랫폼 회원가입 후 사용 가능 - 무료 또는 유료 구독제로 이용 - 채팅하듯이 챗봇에 질문을 입력하여 사용 사진 출처 : https://chat.openai.com/
Scribble diffusion	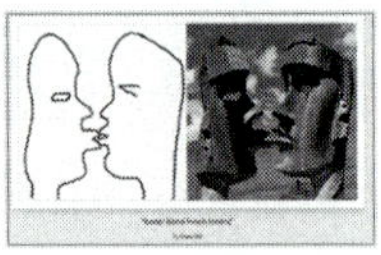 - 딥러닝 기술을 활용하여 낙서를 예술로 만듦 - 마우스를 이용해 그림을 그림 - 이미지를 수정 기능 제공 사진 출처 : https://scribblediffusion.com/
Gamma	 - ChatGPT API를 사용해 PPT 및 문서 제작 - 주제 설정 및 개요 수정 및 편집 가능 - 무료 또는 유료 구독제로 이용 사진 출처 : https://gamma.app/
Padlet	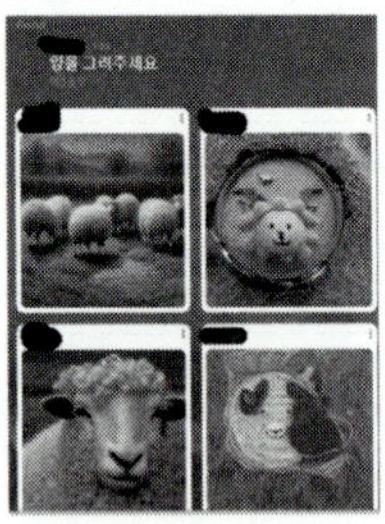 - 가상의 게시판 혹은 벽처럼 사용할 수 있는 온라인 협업 플랫폼 - AI를 활용한 이미지 생성 기능 제공 사진 출처 : https://ko.padlet.com/
Music Gen	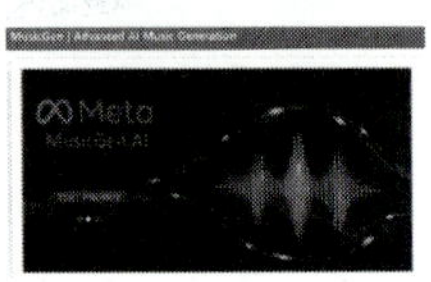 - 음악 샘플과 키워드를 입력하여 음악 생성 - 회원가입 없이 로그인 없이 자유롭게 이용 가능 사진 출처 : https://musicgen.com/

3) 적용 모형 및 수업 절차

생성형 AI를 활용한 수업의 설계는 교수 설계의 대표적인 모형인 ADDIE(Analysis, Design, Development, Implementation, Evaluation)를 기반으로 진행하였습니다. ADDIE 모형은 과정에 초점을 맞춘 교수설계 모형으로 분석, 설계, 개발, 실행, 평가의 5단계로 구분할 수 있습니다. ADDIE 교수설계 모형은 오랜 시간에 걸쳐 여러 분야의 많은 교수 설계자에 의해 정교화되었으며, 이러한 과정을 통해 교수 설계의 일반적 절차로 정립되었습니다. 또한, 대부분의 교수체제 설계모형이 ADDIE 모형을 기반으로 개발되었기 때문에 ADDIE 교수 설계 모형은 교수체제 설계모형의 기초라고 할 수 있습니다.[197] 따라서 본 수업에서는 이러한 점을 착안하여 ADDIE 교수설계 모형의 절차에 따라 교육 프로젝트를 개발하였습니다.

첫째, 분석(Analysis) 단계에서는 생성형 AI로 대표되는 ChatGPT를 활용한 수업과 관련된 문헌 조사 및 선행연구 분석을 통해 수업의 이론적 기반을 마련했습니다. 두 번째, 설계(Design) 단계에서는 생성형 AI 활용 융합 프로젝트를 진행할 교과 및 단원을 선정하고, 관련 성취 기준을 분석합니다. 분석한 성취 기준으로 수업 목표를 설정하고, 실습 활동, 프로젝트 수행 등을 포함한 수업 일정과 수업 내용을 계획하였습니다. 셋째, 개발(Development) 단계에서는 생성형 AI를 선정하고, 학습자가 생성형 AI를 실습할 수 있는 환경을 구축 및 점검과 더불어 교수학습 자료와 콘텐츠도 개발하였습니다. 넷째, 실행(Implementation) 단계에서는 앞서 만든 수업 설계안을 실제 적용하였고, 마지막 평가(Evaluation) 단계에서는 학습자 만족도 및 인터뷰와 교사의 피드백을 통한 본 수업의 장단점을 분석하였습니다. 다음 <표8-10>는 ADDIE 기반 생성형 AI를 활용한 교수학습의 단계별 연구 절차입니다.

197) 박진애. "프로그래밍 에세이 교수법과 평가 시스템 개발 및 그 효과분석." 국내박사학위논문 창원대학교, 2018. 경상남도

표 8-10 생성형 AI 활용 융합 프로젝트 교수학습 연구 절차

단계	내용	세부 내용
분석	이론적 근거 확립	생성형 AI 기반 수업 관련 선행연구 고찰
설계	프로젝트 수업 설계	생성형 AI 프로젝트 수업 목표 및 수업 설계
개발	프로젝트 수업 개발	생성형 AI 기반 융합 프로젝트 수업 개발 (3회기, 총 25차시)
실행	프로젝트 수업 적용	생성형 AI 활용 융합 프로젝트 수업 적용(2개월)
평가	결과 분석 및 결과 논의	생성형 AI 활용 융합 프로젝트 수업이 학습자에게 미치는 영향 논의

1) 노벨 엔지니어링(Novel Engineering) 프로젝트 교수학습 과정

소설 '어린왕자'와 노벨 엔지니어링(Novel Engineering) 기법을 활용해 생성형 AI 융합 프로젝트를 다음과 같이 설계했습니다.

1차시는 프랑스 출신의 작가인 생텍쥐베리를 소개하며, 작가의 실제 비행사 근무 경험과 제2차 세계 대전 당시 프랑스에서 활동하면서 겪은 어려움 및 갈등, 종전 후 작가의 생각, 철학적인 고찰 등을 다룹니다. 이후 작가의 실존적인 이야기를 담은 소설 '어린왕자'를 소개하며 사막에 불시착한 조종사의 이야기를 들려줍니다. 학습자가 스토리텔링을 통해 수업에 대한 흥미와 관심을 높여 능동적으로 수업에 참여할 수 있도록 하였습니다.

2~3차시에는 어린왕자와 첫 만남이 이루어집니다. 소설 속 어린왕자는 조종사에게 양을 그려달라고 부탁합니다. 조종사가 되어 어린왕자의 부탁을 들어주기 위해 학습자는 이미지 생성형 AI인 Scribble Diffusion을 사용하여 양 그림을 그리고, 산출물을 공유문서인 패들렛(Padlet)에 공유합니다.

4~5차시에서는 학습자가 티처블머신(Teachable Machine)을 활용하여 어린왕자가 장미를 찾는 여정을 도와줍니다. 머신러닝 중 지도학습인 이미지 분류 과정을 통해 어린왕자의 여정에서 장미를 찾는 과정을 시각화할 수 있습니다.

6~8차시에서는 어린왕자가 독사에게 물린 후 뒷이야기를 이어서 쓰는 활동입니다. 학습자

는 텍스트 생성형 AI를 활용하여 어린왕자의 뒷이야기를 이어 쓰면서 문학적 상상력을 기르고, 문제해결력뿐만 아니라 감수성 및 창의력도 키울 수 있습니다.

표 8-11 노벨 엔지니어링(Novel Engineering) 프로젝트 교수학습 방안

단계	교수 · 학습 내용		
	차시	활동	세부 활동
책 읽기	1	'어린왕자' 책 소개	– '어린왕자' 작가와 책의 배경을 소개하고 책 읽어주기
문제 인식	2~3	문제상황 직면하기	– 조종사의 입장이 되어보고, 어린왕자를 처음 만나는 상황에서 어린왕자의 부탁 들어주기 – Scribble Diffusion으로 나만의 양을 그려보고 Padlet에 공유하기
문제 해결	4~5	문제해결방법 생각해보기	– 어린왕자가 장미와 그 외의 꽃들을 구분하는 방법에 관해 이야기하기 – 티처블머신을 활용해 머신러닝을 문제 해결하기
이야기 바꾸어 쓰기	6~8	'어린왕자' 뒷이야기 꾸며 쓰기	– ChatGPT로 '어린왕자'의 뒷이야기 꾸며 쓰기

2) 연극 수업 프로젝트 교수학습 과정

연극 프로젝트 1차시에서는 연극의 중요 요소를 알아봅니다. 초등학교 6학년 2학기 국어과 5단원과 연계하여 연극 '배낭을 멘 노인'을 감상한 후 연극의 중요 요소를 파악합니다. 또한 극본을 읽어보고 일반적인 글쓰기와 어떤 점이 비슷하고 다른지 파악하여 다음 차시 학습을 준비하도록 합니다.

2~4차시에서는 학습자가 직접 극본을 제작합니다. 이때 생성형 AI를 활용하여 간단한 '제시어'를 바탕으로 극본을 제작하는 경험을 할 수 있도록 합니다. 비교적 손쉽게 극본을 제작할 수 있음에 학습자는 흥미를 느낄 것이며, 여러 번 반복하여 극본을 제작함으로써 결과물 내 수정 및 보완해야 할 부분을 인지합니다. 추가적인 명령을 통해 AI의 결과물을 학습자 의도에 더욱 알맞도록 정교히 다듬는 경험도 합니다.

5~6차시에서는 선정된 극본에 어울리는 음악 및 배경을 제작합니다. 모둠원과 역할 배분 후 협동하며 다양한 생성형 AI와 플랫폼을(Padlet, MusicGen 등) 사용해 간단한 배경 및 음악

을 제작합니다. 이때, 교사는 연극의 완성도보다는 생성형 AI를 활용하여 배경 및 음악을 제작하는 과정에 의미를 둘 수 있도록 피드백하여 집중도 및 활용성을 높입니다.

7~8차시에는 AI를 활용한 제작물로 연극을 연습하고, 9~10차시에는 직접 무대에서 발표하며 마무리하는 것으로 본 프로젝트를 마무리합니다.

표 8-12 연극 프로젝트 교수학습 방안

단계	교수 · 학습 내용		
	차시	활동	세부 활동
감상 하기	1	연극의 특성 파악	- 연극을 감상하며 연극의 구성 요소와 다양한 특성 파악하기
대본 만들기	2~4	연극 주제 선정 및 대본 작성	- 연극 주제를 선정하고, 선정된 주제를 바탕으로 연극 대본 기획하기 - 각 장면과 필요한 캐릭터 설정하고, 대사 및 지문 작성하기
준비 하기	5~6	제작 및 연출 준비	- 극본을 바탕으로 연극을 위한 제작과 연출 계획하기 - 배경 및 음악 등 시각적, 청각적 요소 준비하기
연습 하기	7~8	리허설 및 수정	- 대사 학습 및 캐릭터의 특성 연기를 살려 연기 연습하기 반복적인 연습 및 개선과 피드백 수용
실연	9~10	연극 공연하기	- 대본과 리허설에서 연습한 것을 바탕으로 연극 공연하기

3) 생성형 AI를 활용한 발표회 프로젝트 교수학습 과정

본 프로젝트는 초등학교 5, 6학년군 사회과 성취기준을 중심으로 수업을 구성한 '생성형 AI를 활용한 발표회'입니다.

1차시에서는 ChatGPT의 특징을 파악합니다. 학습자는 ChatGPT의 신뢰도가 높지 않다는 사실을 파악하며, ChatGPT의 신뢰도를 높이는 방안에 대해 서로 토의합니다.

2~4차시에서는 ChatGPT로 발표 자료를 생성하는 생성형 AI Gamma를 소개한 뒤, Gamma를 활용해 제작한 발표 자료 예시를 살펴봅니다. 이때, 예시자료는 거짓 정보도 포함하여 신뢰성 확보의 중요성을 강조합니다. Gamma를 활용하여 생성한 발표 자료에 신뢰성 확보 방안을 적용하여 부족한 신뢰성 부분을 보완하는 과정을 거칩니다.

5~6차시에서는 학습자가 발표 주제를 선정한 후 직접 Gamma를 활용하여 발표 자료를 생성합니다. 학습자가 주제어를 활용하여 1~2회가량 Gamma를 활용해본 후 주제 발표 자료

를 생성할 수 있도록 교사가 지도합니다. 발표 자료 내 보완이 필요한 부분은 웹 사이트 내에서 검색해 보충합니다.

7차시에서는 발표회를 실시한 후 학습자 상호 간 평가 및 피드백하는 시간을 가집니다. 해당 과정이 끝난 후, 생성형 AI를 활용하여 좋았던 점을 돌아보도록 하여 효과적인 생성형 AI 활용 방법에 대해 토의합니다.

표 8-13 **발표회 프로젝트 교수학습 방안**

단계	교수 · 학습 내용		
	차시	활동	세부 활동
특징 파악	1	ChatGPT 특징 파악	– 생성형 AI의 신뢰도 문제 파악하기 – ChatGPT 신뢰도 높이는 방안 토의하기
자료 제시 및 관찰 탐색	2~4	비판적 읽기	– 사회 6-2-1. 세계의 여러 나라들 플립러닝으로 배우기 – ChatGPT로 만든 발표 자료를 비판적으로 읽으며 신뢰성 확보하기
문제 해결	5~6	ChatGPT 활용 자료 제작	– Gamma와 ChatGPT를 활용해 발표 자료를 제작하기 – 자료의 신뢰성을 확보하고 수정 및 보완하기
피드백 및 정리	7	발표	– Gamma와 ChatGPT로 만든 자료 발표하기

다. 생성형 AI 활용 교원 역량

AI 인디시전(Indecision)이란, 교사가 수업에서 AI를 활용하려고 할 때, AI가 만들어낸 그 결과물을 사용할지 말지 망설이는 현상을 말합니다. 그러나 급변하는 미래사회 속에서 나날이 발전하는 생성형 AI를 사용하지 않을 수는 없는 노릇입니다. 이럴수록 비판적인 성찰과 함께 생성형 AI를 더욱 잘 활용하기 위해 요구되는 역량들을 갖추어야 합니다. 해당 역량들의 영어 단어 앞 글자를 하나씩 따 'PROMPT'라고 합니다. PROMPT 내용은 아래 <표 8-14>와 같습니다.[198]

198) 이시한(2023). GPT 제너레이션 : 챗GPT가 바꿀 우리 인류의 미래. 북모먼트.

표 8-14 교원 생성형 AI 활용 'PROMPT' 역량[199)200)]

역량	설명
Planning&Prospect	– 방향 및 프로세스를 설정하는 기획력 – 생성형 AI에게 구체적으로 지시함으로써 원하는 방향으로 결과물이 도출될 수 있도록 기획
Reconstruction	– 재구성 및 편집으로 의미를 만드는 구성력 – 생성형 AI의 학습력과 인간의 창의력을 결합함. 즉, 생성형 AI의 산출물을 재구성 및 편집하여 원하는 요소(재미, 흥미, 집중 등)를 첨가
Organize	– 의미와 정보를 잇고 통합하는 연결력 – 일상생활 표현에서 은유, 직유를 많이 써보거나 관련 없어 보이는 것을 억지로 연결하는 훈련 필요
Make a question	– 원하는 답을 얻어내는 질문력 – 원하는 결과물을 얻기 위해서는 정확한 질문을 해야함. 핵심 및 맥락을 파악하는 연습과 더불어 어떠한 텍스트든 요약, 정리, 리뷰하는 훈련 필요
Persuasion	– 설득력과 리더십으로 타인 이끎 – 생성형 AI의 산출물에 인간의 관점 및 주장, 가치를 섞어 이를 활용. 비판적으로 따져보는 훈련 필요
Together&Touching	– 공감력과 교감으로 마음 이해 – 생성형 AI 결과물에 교감 및 감정을 덧입히는 재작성 과정이 필요. 인문학적 관점으로 생성형 AI 결과물을 검토, 이해 및 평가

과제

1. 생성형 AI의 개념을 설명하고, 생성형 AI를 텍스트, 이미지, 오디오, 비디오 생성의 4가지 영역으로 나누어 대표적인 프로그램의 예시와 특징을 한 가지씩 서술하시오.

2. 생성형 AI와 관련하여 혁신적인 기술과 함께 대두되고 있는 윤리적 문제와 이를 개선하기 위해 어떤 노력이 필요한지 서술하시오.

3. 생성형 AI 활용 교원 역량 'PROMPT'에 대해 설명하시오.

199) 이시한(2023). GPT 제너레이션 : 챗GPT가 바꿀 우리 인류의 미래. 북모먼트.

200) 전라북도교육청(2023) 생성형 AI의 수업 활용 방안.

Chapter 9

피지컬 AI교육 사례

SECTION

1 피지컬 컴퓨팅의 이해

1. 피지컬 컴퓨팅의 개념과 특징

가. 피지컬 컴퓨팅의 개념

피지컬 컴퓨팅이란 현실 세계의 물리적인 값을 입력받아 컴퓨터 내부에서 적절한 처리 과정을 거친 결과를 현실 세계로 출력하는 시스템을 의미합니다. 피지컬 컴퓨팅은 다음과 같이 구성됩니다.

표 9-1 피지컬 컴퓨팅 구성 요소

종류		기능
입력 장치	센서	주변 환경의 물리적인 값 감지
처리 장치	마이크로 컨트롤러	센서를 통해 입력 받은 현실 세계의 물리적인 값을 처리하여 액츄에이터가 적절히 동작하도록 제어
출력 장치	액츄에이터	마이크로 컨트롤러의 명령에 따라 동작 실행

위와 같은 장치를 바탕으로 하드웨어와 소프트웨어의 유기적인 상호작용이 이루어지는 구조이며 변화무쌍한 현실 세계의 환경에 적합한 시스템을 구성할 수 있다는 점에서 활용 가치가 높습니다.

피지컬 컴퓨팅에 사용되는 마이크로 컨트롤러로는 아두이노, 마이크로비트 등 다양한 보드가 존재합니다. 이 과정에서는 간단한 실습에 용이한 마이크로비트를 활용할 예정입니다.

나. 마이크로비트 구성도

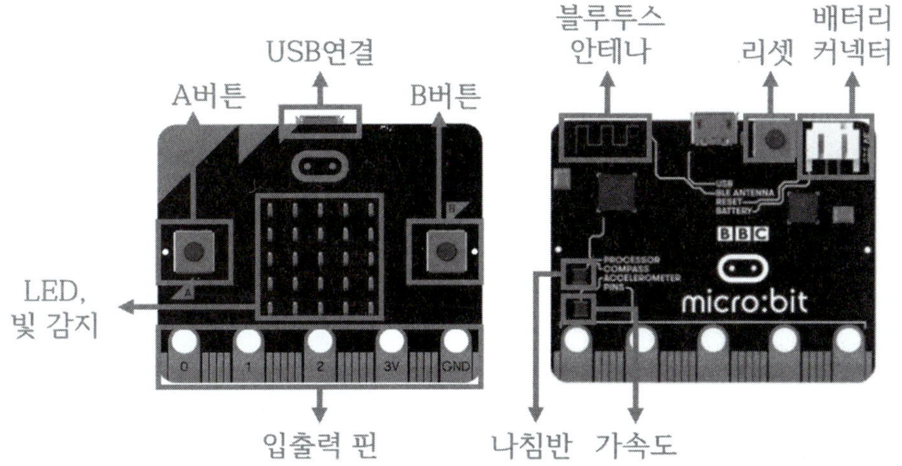

그림 9-1 마이크로비트 구성도

마이크로비트는 위와 같이 구성되어 있으며 전원 및 데이터를 공급받을 수 있는 USB 연결부는 5핀을 지원합니다. 기기 버전은 뒷면 우측 하단에서 확인할 수 있으며 현재 2까지 출시되었습니다.

마이크로비트 v1의 대표적인 입력 장치로는 버튼, 빛 감지 센서, 가속도 센서 등이 있고 출력 장치로는 LED가 있습니다. 입출력 핀에 확장 보드인 엣지를 연결하면 토양의 습도 측정, 충격 여부 감지, 모터 제어, 소리 송출 등도 가능합니다. 블루투스 안테나는 마이크로비트와 스마트폰을 연결할 때 사용됩니다. 마이크로비트 v2는 앞면에 터치 센서, 뒷면에 스피커가 추가된 형태입니다. 마이크로비트 홈페이지(https://microbit.org/ko/get-started/user-guide/overview/)에 접속하면 센서 및 기능 소개 영상을 시청할 수 있습니다.

메이크코드, 엔트리, 스크래치 등을 이용하여 마이크로비트를 제어할 프로그램을 작성할 수 있습니다. 다양한 센서를 활용하고 싶다면 메이크코드를, 인공지능 관련 프로그램을 만들고 싶다면 스크래치를 추천합니다. 엔트리는 UI가 편리하나, 컴퓨터와 기기의 연결이 자주 끊겨 제대로 된 실습을 진행하기 어렵습니다.

다. 실습 준비

마이크로비트를 제어할 프로그램은 메이크코드(https://makecode.microbit.org/#editor)를 통해 작성할 수 있습니다. 다음 절차에 따라 마이크로비트와 PC를 연결해 봅시다.

1) 메이크코드에 접속하기
2) 마이크로비트와 PC를 유선 연결하기
3) 메이크코드에서 우측 상단의 설정 아이콘을 눌러 페어링하기

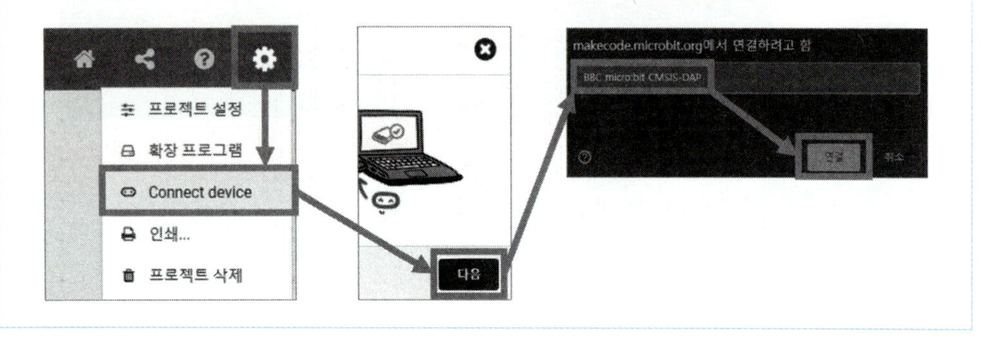

그림 9-2 메이크코드에서의 마이크로비트 페어링

앞으로 메이크코드에서 작성한 프로그램을 마이크로비트로 전송하려면 왼쪽 하단의 [다운로드] 버튼을 누르면 됩니다. 프로그램 수정 후, 실행 결과를 확인하고자 할 때마다 [다운로드] 버튼을 다시 클릭해야 하며 원활한 실습을 위해 케이블과 마이크로비트를 분리하고자 하는 경우에는, 배터리 커넥터를 통해 별도의 외부 전원(건전지)을 공급해야 합니다.

2. 입력 장치를 이용한 데이터 수집과 출력 장치를 이용한 제어

가. 출력 장치 [LED]

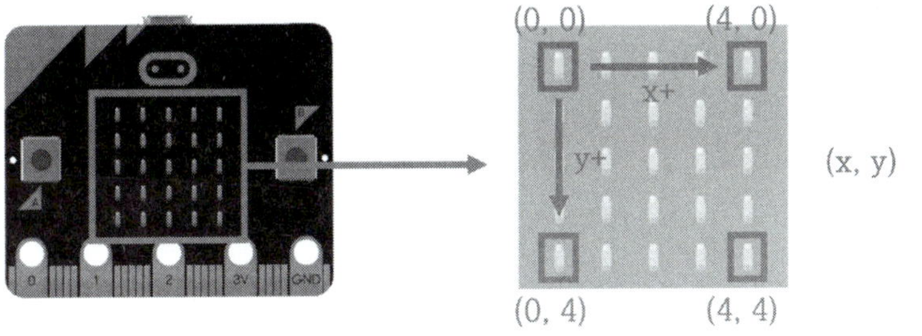

그림 9-3 LED 구성도

마이크로비트의 LED는 위와 같이 가로 5개, 세로 5개, 총 25개로 구성되어 있습니다. 각 LED의 위치를 (x, y)의 순서쌍으로 표현할 경우 좌측 상단은 (0, 0)이 되고 우측 하단은 (4, 4)가 됩니다. 수학 시간에 배운 2차원 좌표평면에서 4사분면을 떠올리되, y의 값이 양수라고 생각하면 기억하기 쉽습니다. LED를 켠 후, 끄는 블록을 사용하지 않으면 계속해서 켠 상태가 유지되니 프로그래밍 시, 이 점을 유의해야 합니다.

1) 특정 LED를 켜는 프로그램 작성하기

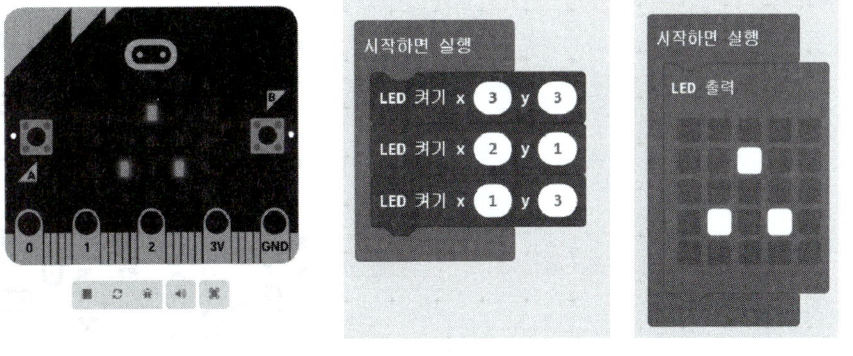

그림 9-4 특정 LED를 켜는 프로그램

LED는 위와 같이 좌표를 입력하거나 LED의 위치를 클릭하는 방법이 있습니다. 전자에 비해 후자가 편리하게 느껴질 수 있으나, 어느 정도 괜찮은 프로그램을 만들고자 한다면 좌표 체계를 외워두고 사용하는 것이 좋습니다.

2) LED를 이용하여 1초 간격으로 두 아이콘을 번갈아 출력하는 프로그램 작성하기

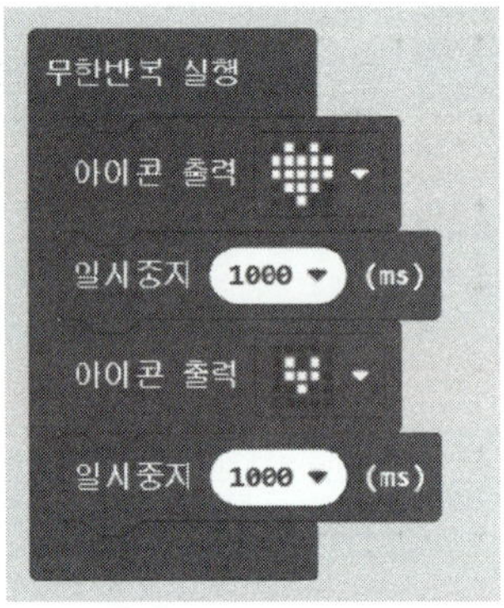

그림 9-5 두 가지 아이콘을 번갈아 출력하는 프로그램

일시중지 단위는 ms 이므로, 1초를 일시정지하기 위해서는 1000ms 로 기록해야 합니다. 실수로 [일시정지] 블록 중 하나를 삭제하면 어떻게 될까요? 두 아이콘 중 하나의 아이콘의 출력 시간이 이전에 비해 훨씬 짧아지게 될 것입니다.

나. 입력 장치 [버튼]

1) A 혹은 B 버튼을 누르면 LED에 0.5초 동안 문자열이 출력되는 프로그램 작성하기

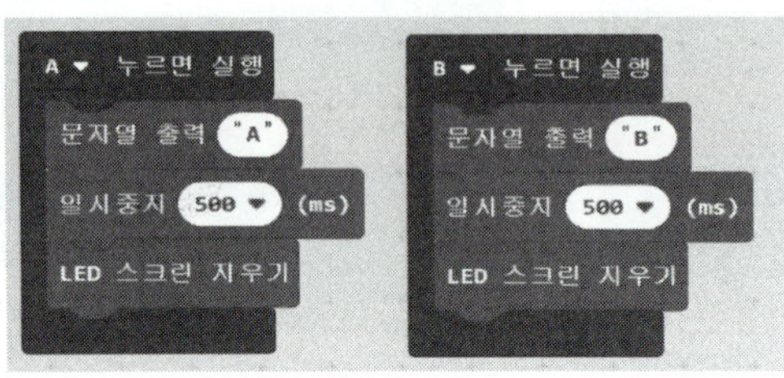

그림 9-6 버튼을 이용하여 문자열을 출력하는 프로그램

위 프로그램에서 [일시중지 500(ms)] 블록이 없으면 어떻게 될까요? 연산 처리 장치가 명령어를 읽고 실행하는 속도가 매우 빠르기 때문에 우리가 출력했던 문자 "A"는 순식간에 사라질 것이며, 이는 우리가 A 버튼을 잘 눌렀는지 확인하기 어려운 문제로 이어질 수 있으므로 LED에 데이터를 출력할 때는 [일시정지] 블록을 적절히 활용하여야 합니다.

2) LED 점이 (2, 2)에서 출발하여 A 버튼을 누르면 위로, B 버튼을 누르면 아래로 이동하도록 하는 프로그램 작성하기

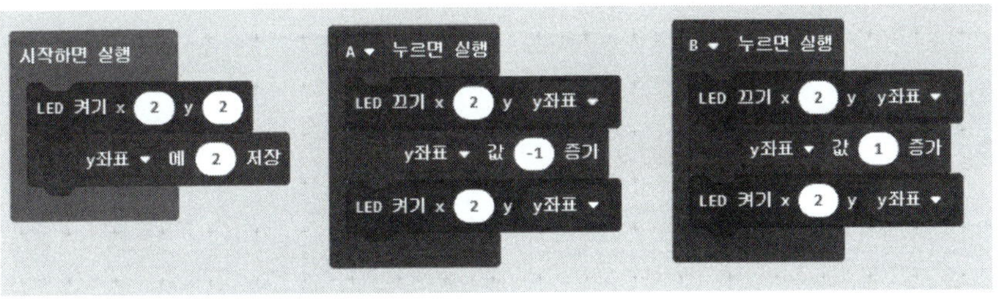

그림 9-7 버튼으로 LED를 제어하는 프로그램

변수 관련 블록은 카테고리에서 [변수]를 누르면 사용할 수 있습니다. [x좌표]와 [y좌표] 블록은 변수 생성 후 사용할 수 있습니다. 위와 같이 프로그래밍을 하게 되면 어느 순간 LED 점이 사라지게 됩니다. 왜 이런 일이 생기는 걸까요? 버튼을 누를 때 마다 x좌표 혹은 y 좌표의 값이 바뀌는 과정에서 이 값이 0보다 작아지거나 4보다 커진다면 유효한 LED 표현 범위를 벗어나기 때문입니다. 위 프로그램을 수정하여 LED 점이 사라지지 않도록 해봅시다.

다. 입력 장치 [빛 감지 센서]

1) 빛 감지 센서를 이용하여 주변의 밝기를 측정하는 프로그램 작성하기

그림 9-8 빛 센서의 값을 출력하는 프로그램

앞에서 언급한 바와 같이 LED를 통해 빛의 세기를 감지할 수 있습니다. 표현 범위는 0~255이며 밝을수록 255에 가깝습니다. 간단한 실습이기 때문에 빛 감지와 LED 출력을 동시에 진행하였으나 이 기능을 동시에 사용하는 것은 권장하지 않습니다. LED 밝기가 빛 감지 센서에 영향을 미칠 수 있기 때문입니다. 주변의 밝기를 측정하고 싶을 경우, 측정하는 동안 LED 사용을 멈추거나 확장 보드를 이용하여 다른 LED 센서를 사용하길 바랍니다.

라. 입력 장치 [가속도 센서]

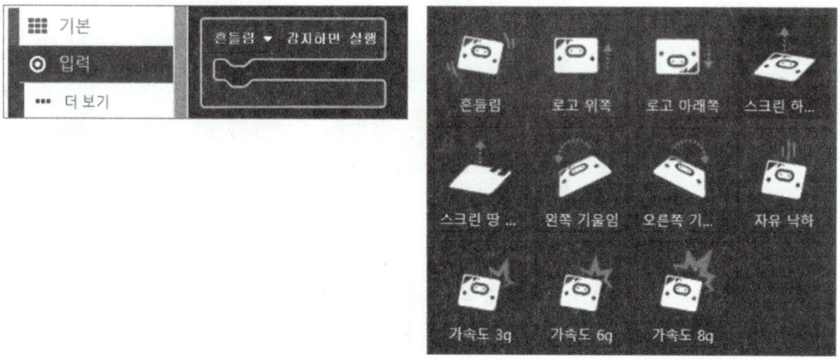

그림 9-9 가속도 관련 블럭

가속도 관련 블록은 카테고리에서 [입력]을 클릭하면 사용할 수 있습니다. 이 블록을 사용하면 마이크로비트가 특정 상태에 놓이게 되었을 때 그에 따른 명령을 내릴 수 있다. 이때, g는 가속도의 크기를 나타냅니다.

1) 가속도 3g가 감지되면 하트 아이콘을 출력하는 프로그램 작성하기

그림 9-10 가속도에 따른 LED 제어

2) 마이크로비트가 향하는 방향으로 화살표를 출력하는 프로그램 작성하기

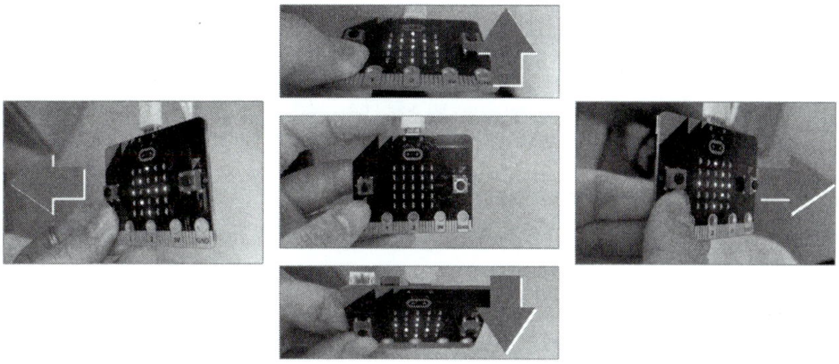

그림 9-11 기울기에 따른 LED 제어

마이크로비트의 위, 아래 구분에 유의하지 않으면 화살표가 제시된 그림과 반대로 출력될 수 있습니다. 마이크로비트의 USB 단자가 하늘을 향하도록 하고 A버튼쪽을 왼손으로, B버튼쪽을 오른손으로 잡은 상태에서 마이크로비트를 움직였을 때 화살표가 그려지도록 합니다.

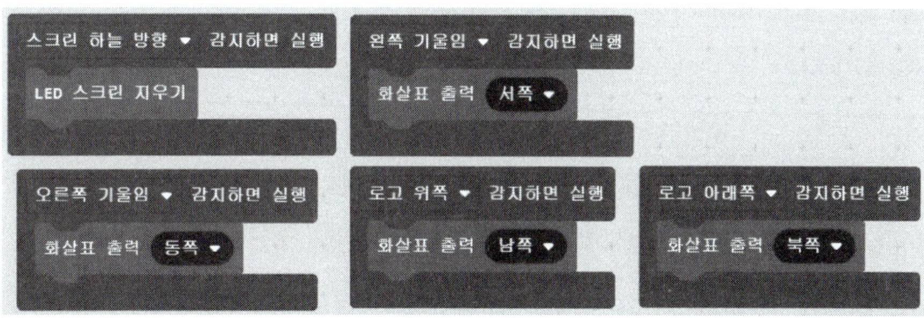

그림 9-12 기울기에 따른 LED 제어 프로그램

3) 흔들림 감지를 활용해 마이크로비트와 가위바위보 하기

마이크로비트가 흔들림을 감지할 때마다 가위, 바위, 보가 무작위로 출력되도록 한다. 무작위(랜덤) 관련 블록은 [계산]탭에서 사용할 수 있습니다.

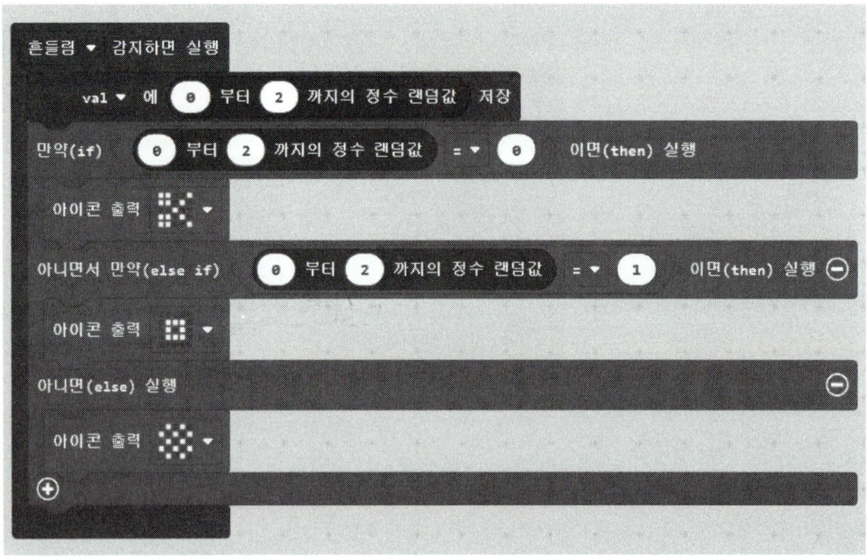

그림 9-13 흔들림 감지에 따른 가위바위보 프로그램

라. [입출력 장치] 라디오 송수신

동일 라디오 그룹 내 마이크로비트 간 데이터 송수신이 가능하며 유효한 그룹 범위는 0~255에 해당하는 정수입니다. 라디오 송수신을 하기 위해서는 2개 이상의 마이크로비트를 필요로 하며, 이 과정에서는 2개의 마이크로비트를 나란히 두고 실습을 진행합니다. 라디오 그룹은 데이터를 주고 받을 마이크로비트끼리 동일하게 설정되어야 하므로 실습을 진행하기 전, 실습생들 간 라디오 그룹 사용에 관한 사전 논의가 필요합니다.

프로그램 다운로드를 마친 후, 컴퓨터와 분리한 마이크로비트에 전원을 공급하기 위해서는 배터리 커넥터에 외부 배터리를 연결하여야 정상 작동이 가능합니다.

1) 왼쪽 마이크로비트에서 A 혹은 B 버튼을 누르면 그에 따라 오른쪽 마이크로비트 LED에 "Left A" 혹은 "Left B"가 출력되는 프로그램 작성하기

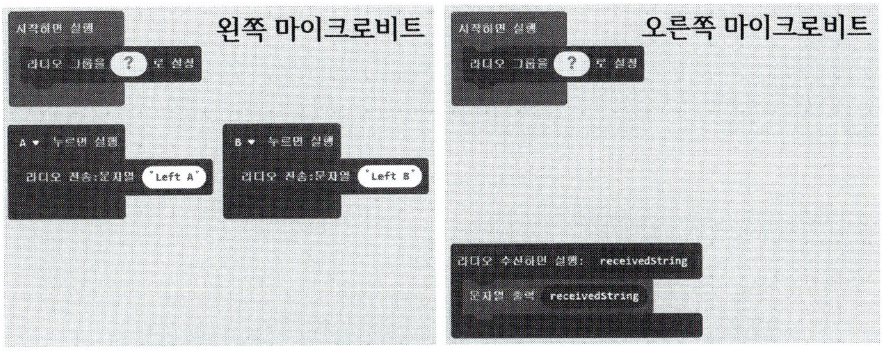

그림 9-14 라디오 통신을 이용한 단방향 통신 프로그램

라디오 그룹은 데이터를 주고받을 마이크로비트끼리 동일하게 설정되어야함에 유의합니다. 라디오를 수신할 때 문자열을 받고자 한다면 [receivedString]을, 숫자를 받고자 한다면 [receivedNumber]를 사용해야 합니다.

2) 두 마이크로비트가 양방향으로 데이터를 송수신하는 프로그램 작성하기

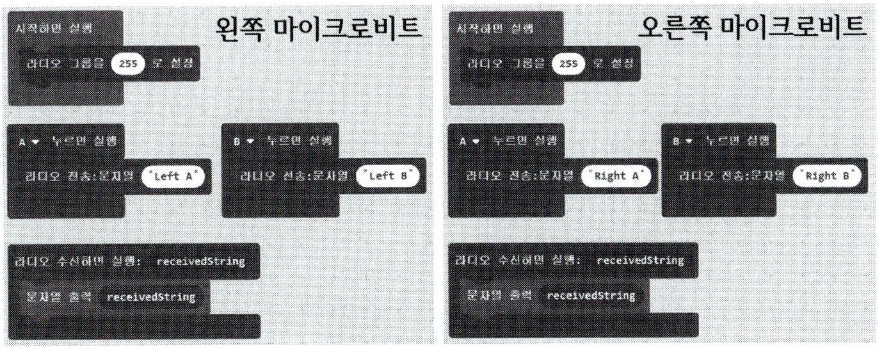

그림 9-15 라디오 통신을 이용한 양방향 통신 프로그램

SECTION 2 피지컬 컴퓨팅 기반 AI 구현

1. 인공지능 비전 센서 '허스키 렌즈'

가. 허스키 렌즈에 대한 이해

그림 9-16 허스키 렌즈

허스키 렌즈(Huskey Lens)는 중국 스타트업인 DFRobot이 2020년 선보인 인공지능(AI) 기반 카메라(AI 비전 센서)로, 인공지능과 이미지 처리 알고리즘을 결합해 개발되어 새로운 물체나 얼굴 등을 지속해서 학습한다는 특징을 갖고 있습니다. 머신러닝 모델이 탑재되어 있어 티처블 머신과 같은 프로그램의 접속 없이도 허스키 렌즈 자체에서 이미지 데이터를 학습시켜 활용할 수 있습니다. 클릭만으로도 새로운 얼굴, 물체, 선, 색상 등을 허스키렌즈가 학습하고 감지할 수 있으며, UART나 12C 포트를 통해 마이크로비트, 라즈베리파이, 라떼 판다, 아두이노 등에 연결하여 복잡한 알고리즘을 사용하지 않고도 간단하게 창의적인 프로그램을 만들 수 있습니다.

허스키렌즈는 크게 가지 기능을 가지고 있는데, 얼굴 인식(Face Recognition), 물체 추척(Object Tracking), 물체 인식(Object Recognition), 라인 추적(Line Tracking), 색상 인식(Color Recognition), 태그 인식(Tag Recognition), 물체 분류(Object Classification)와 새롭

게 추가된 QR코드 인식(QR Recognition), 바코드 인식(Barcode Recognition)과 같은 여러 기능을 갖추고 있습니다. 기본적으로 기능 버튼과 학습 버튼을 통해 조작할 수 있으며, 다른 기능으로 전환할 때는 '기능 버튼'을 왼쪽 혹은 오른쪽으로 돌릴 수 있고, 지정된 이미지를 학습시킬 때는 '학습 버튼'을 누르면 됩니다.

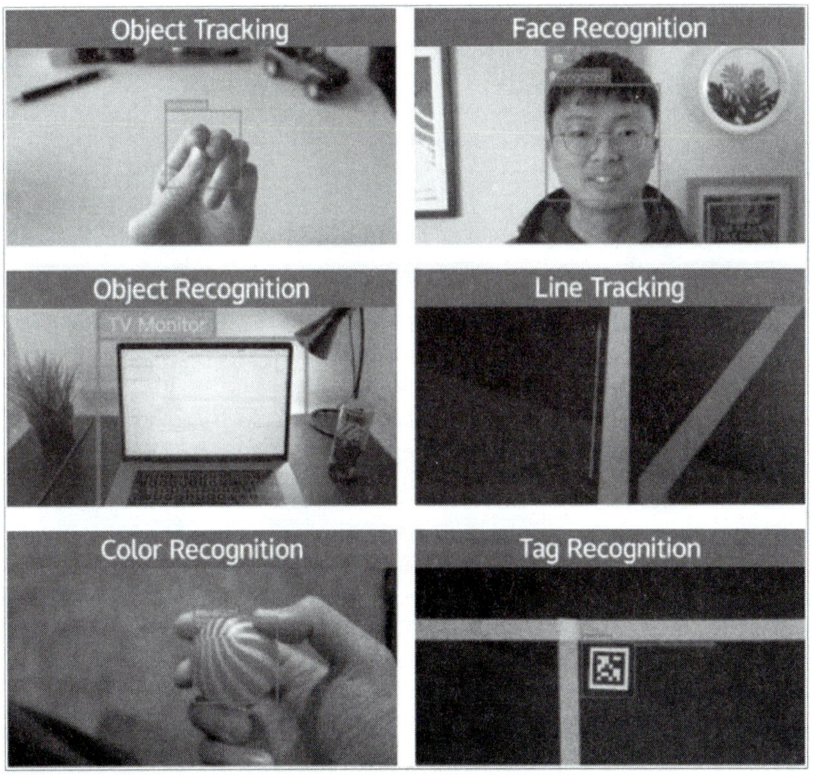

그림 9-17 허스키렌즈 기능 관련 설명

표 9-2 허스키렌즈의 기능

기능	설명
물체 추적	지정된 객체를 학습하고 추적할 수 있음
얼굴 인식	모든 얼굴 윤곽을 감지하고, 학습된 얼굴을 인식 및 추적함
물체 인식	물체를 감지하고 인식하여 추적함. 기본적으로 비행기, 자전거, 버스, 자동차 등이 학습되어 저장되어 있음
선 추적	지정된 컬러 라인을 추적하고 경로를 예측함
색깔 인식	지정된 색깔을 학습, 인식 및 추적할 수 있음

태그 인식	태그를 감지하고 지정된 태그를 학습, 인식, 추적할 수 있음
물체 분류	서로 다른 여러 장의 물체 이미지를 학습한 후, 내장된 머신러닝 알고리즘을 사용해 훈련하여 학습한 물체를 인식하고 ID 번호를 표시함.
QR코드 인식	QR코드를 감지하고 지정된 QR을 학습, 인식, 추적할 수 있음
바코드 인식	바코드를 감지하고 지정된 바코드를 학습, 인식, 추적할 수 있음

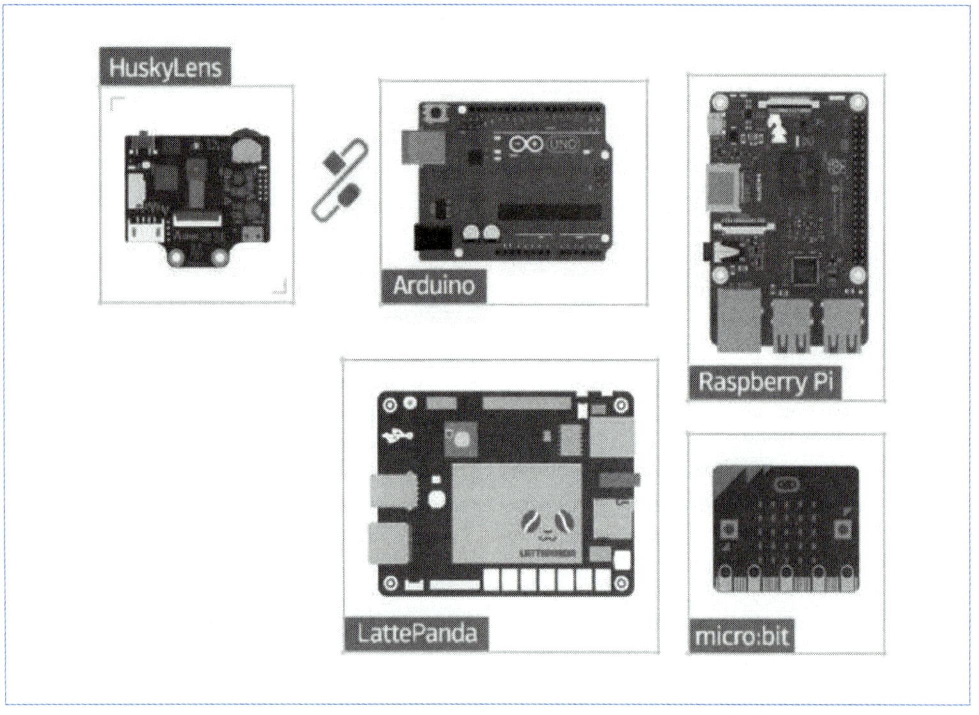

그림 9-18 허스키렌즈 연동 기기

허스키렌즈는 특수 AI칩 Kendryte K210 을 사용합니다. 특수 AI칩 성능은 신경망 알고리즘을 실행할 때 STM32H743보다 1000배나 빨라 빠르게 움직이는 물체도 바로 포착할 수 있습니다. OV2640(200만 화소 카메라)를 사용해 대화형 제스처 명령을 이해하거나 물건을 정리하는데 도움이 되는 작업을 수행할 수 있습니다. 또 3개의 UART 보드 레이트(9600, 115200, 1000000)와 I2C프로토콜을 지원합니다. 프로토콜 자동 검출, 즉 허스키렌즈가 UART와 I2C를 자동전환하는 기능을 지원합니다.

허스키렌즈에는 기능 버튼과 학습 버튼 두 개 버튼이 있습니다. 기능을 전환을 하고 싶으면 '기능 버튼'을 눌러 기능을 변경한다. 개체를 학습하려면 '학습 버튼'을 짧게 누르고, 다른 각

도와 거리에서 지정된 개체를 학습하려면 학습 버튼을 길게 눌러주면 됩니다. 개체를 학습한 적이 있을 때는 학습 버튼을 짧게 눌러 삭제합니다. 기능 버튼을 길게 누르면 현재 기능의 두 번째 레벨 메뉴(매개변수 설정)로 들어가게 됩니다. 왼쪽과 오른쪽 버튼을 짧게 누르면 관련 파라미터를 설정할 수 있습니다.

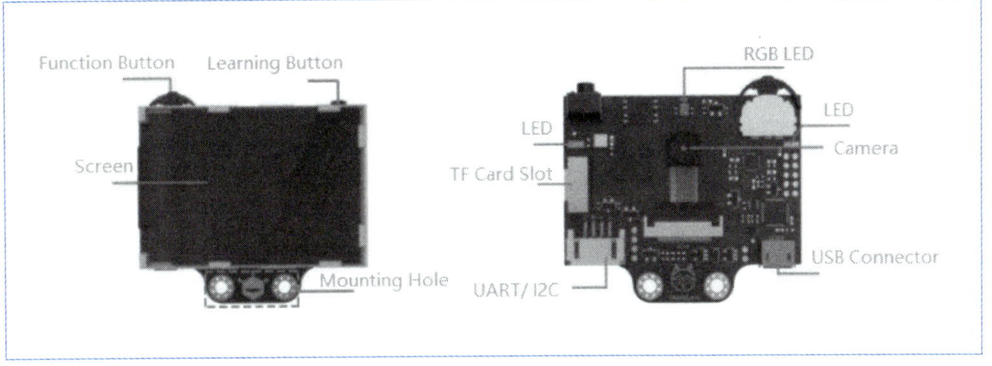

그림 9-19 허스키렌즈 구성요소

2) 허스키 렌즈 연결 방법

[준비물] 마이크로비트, 허스키렌즈, 마이크로비트 확장보드

그림 9-20 허스키렌즈 준비물

① 메이크 코드(https://makecode.microbit.org/) 사이트 접속합니다.

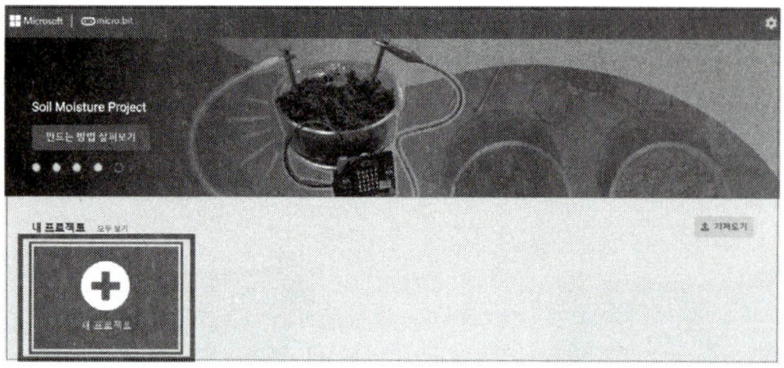

그림 9-21 메이크 코드 사이트 접속하기

② '새 프로젝트' 버튼을 클릭하고, 프로젝트 이름을 작성하고 '생성'버튼을 클릭합니다.

그림 9-22 새 프로젝트 생성하기

③ 여러 탭들 중, '확장' 버튼을 클릭합니다.

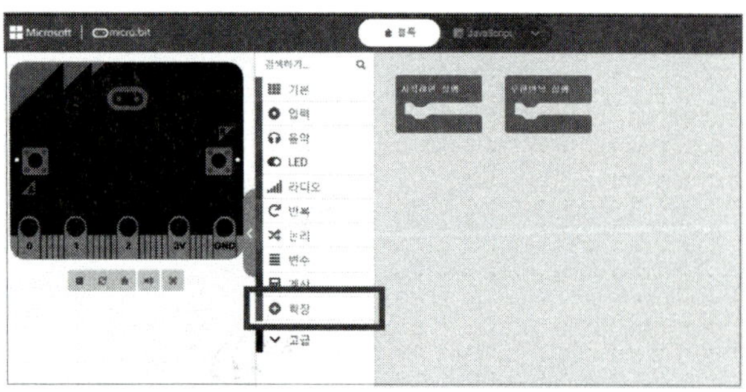

그림 9-23 확장 기능 추가하기

④ 검색창에 ‘huskylens’를 입력합니다.

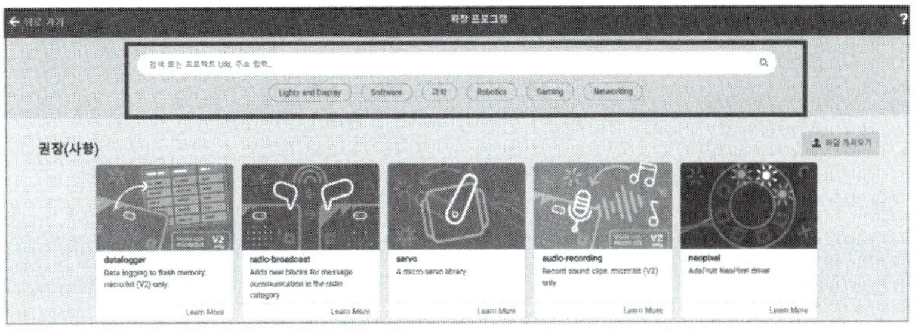

그림 9-24 확장 프로그램 검색하기

⑤ 검색된 허스키렌즈 확장 프로그램을 클릭합니다.

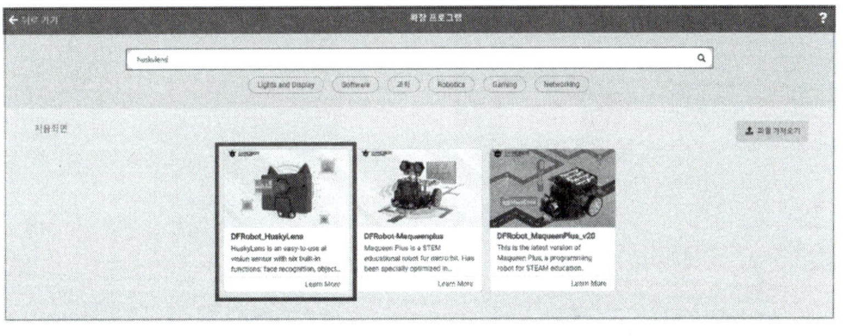

그림 9-25 허스키렌즈 확장 기능 가져오기

⑥ 새롭게 추가된 HuskeyLens 확장 프로그램을 확인합니다.

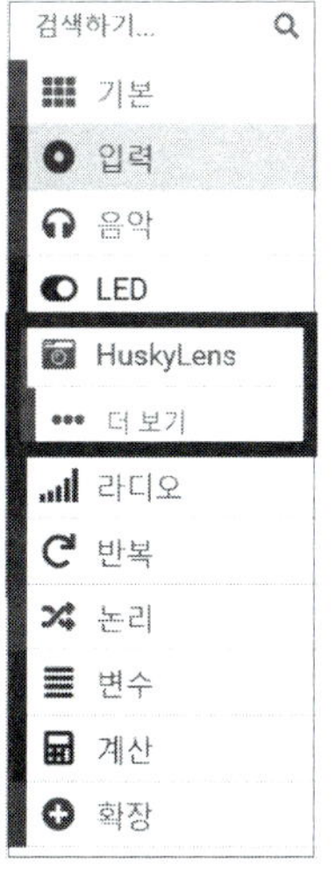

그림 9-26 추가된 허스키렌즈 확장 탭

⑦ 회로도 구성을 위해 확장보드와 마이크로비트를 연결합니다. 허스키 렌즈에 4P 점퍼선을 꽂아주고, 확장보드 I2C 포트 연결을 위해 M/M 점퍼선을 활용하여 확장보드에 연결합니다. 이때, GND는 검은색, VCC는 빨간색, T는 SCL핀(P19), R은 SDA핀(P20)에 연결합니다.

표 9-3 I2C 모드의 4핀 커넥터

Num	Lable	Pin Function	Description
1	T	SDA	Serial 클럭 라인
2	R	SCL	Serial 데이터 라인
3	−	GND	음극 (0V)
4	+	VCC	양극 (3.3 ~ 5.0V)

그림 9-27 허스키렌즈 연결

⑧ HuskyLens 에는 기능 버튼과 학습 버튼의 두 가지 버튼이 있습니다. 이 두 버튼의 기본 작동은 다음과 같습니다.

- 다른 기능으로 전환하기 위해 “기능 버튼”을 왼쪽이나 오른쪽으로 움직입니다.
- “학습 버튼”을 짧게 누르면 지정된 개체를 학습합니다. 반대로 “학습버튼”을 길게 누르면 지정된 각도와 거리에서 객체를 계속 학습할 수 있습니다. HuskyLens 가 이전에 객체를 학습 한 경우 "학습 버튼"을 짧게 눌러 지울 수 있습니다.

• "기능 버튼"을 길게 눌러 현재 기능의 2 단계 메뉴 (파라미터 설정)로 들어갑니다. "기능 버튼"을 누르거나 왼쪽, 오른쪽으로 움직이면서 관련 매개 변수를 설정할 수 있습니다.

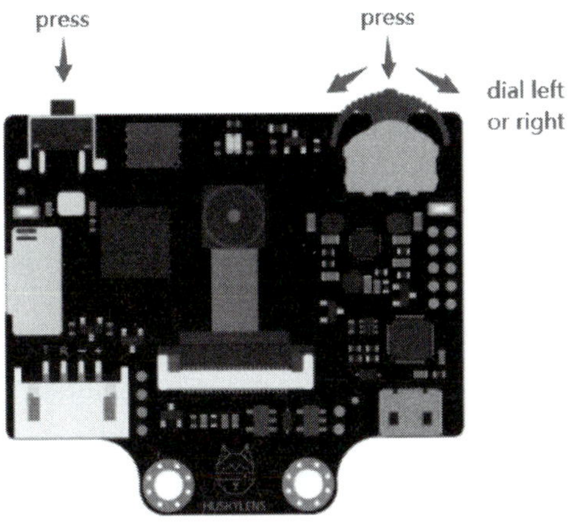

그림 9-28 허스키렌즈 사용법

2. 피지컬 컴퓨팅 제어를 위한 AI 구현 실습(초급)

가. 실습 준비

다양한 센서와 함께 마이크로비트를 제어하고자 한다면 메이크 코드가, 인공지능 모델을 직접 생성하고 이를 활용해 AI을 구현하고자 한다면 스크래치를 사용하는 것이 편리합니다. 이번 실습에서는 머신러닝 모델이 탑재되어 있는 인공지능 비전 센서 '허스키 렌즈' 사용하기에 다음 절차에 따라 메이크 코드를 이용하여 AI을 구현하는 준비를 해봅시다.

1) 메이크 코드(https://makecode.microbit.org/) 사이트에 접속한다.
2) 확장 기능에서 허스키 렌즈 프로그램을 가져온다.
3) 마이크로비트를 확장보드에 연결하고 PC와 페어링한다.
4) 허스키 렌즈를 점퍼선을 활용해 I2C 포트로 연결한다.
5) 마이크로비트와 허스키 렌즈에 전원이 공급되는 것을 확인한다.

나. 얼굴 인식 기능을 활용한 실습

1) 얼굴 인식(Face Recognition) 이해하기

얼굴 인식 기능은 카메라를 활용해 인간이 포함된 이미지나 비디오에서 신원을 인식할 수 있는 생물학적 인식 기술입니다. 얼굴 인식 기능은 크게 얼굴과 다른 사물을 구분하여 얼굴을 식별하는 기능과 인식된 다양한 얼굴 중에서 누구의 얼굴인지 찾고 구별하는 기능으로 나뉩니다. 시스템은 이미지나 비디오를 스캔하여 인간의 얼굴의 특징에 대한 정보를 기반으로 인식합니다. 허스키 렌즈에서는 얼굴을 인식했을 때 박스 형태로 얼굴을 표시하고 학습 버튼을 눌러 얼굴을 구별하여 인식하고 학습할 수 있습니다.

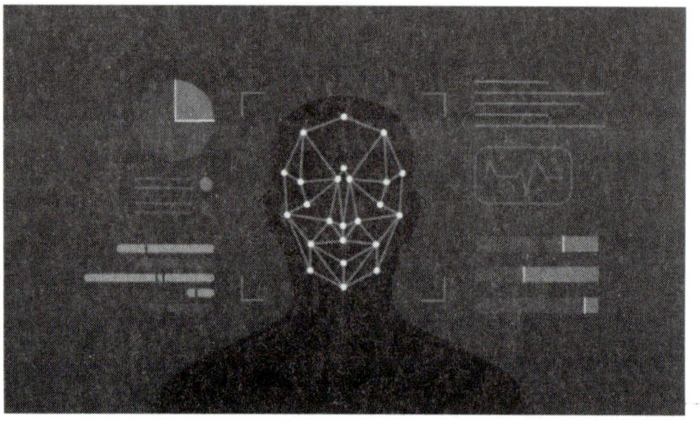

그림 9-29 얼굴 인식(https://www.g2.com/articles/facial-recognition)

2) 허스키 렌즈로 학습한 얼굴을 인식하면 마이크로비트 LED로 웃는 표정을 출력하고, 인식하지 않으면 찡그린 표정을 출력하는 프로그램 작성하기

이번 실습에서는 허스키 렌즈를 활용하여 한 사람의 얼굴을 학습하여 프로그램을 작성하고자 합니다. 허스키 렌즈에서는 다양한 사람의 얼굴을 학습하고 동시에 이를 구별할 수 있으나 학습한 얼굴을 인식했을 때와 인식하지 못했을 때의 두 가지 상황으로 구현하도록 합니다.

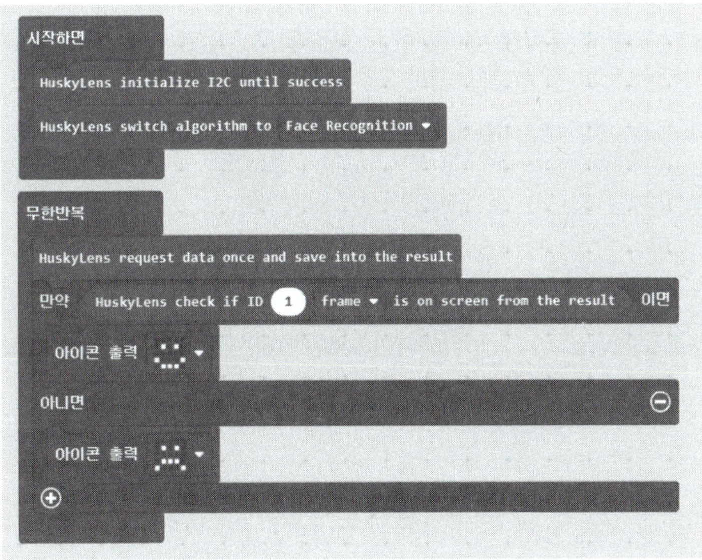

그림 9-30 허스키 렌즈 얼굴 인식 프로그램

[시작하면]의 블록에서는 허스키 렌즈를 연결하고, 기능을 선택하여 사용할 준비를 합니다. 허스키 렌즈와 마이크로비트 간 I2C 통신이 가능하도록 하고, 사용할 알고리즘을 얼굴 인식(Face Recognition)으로 선택합니다.

[무한반복]의 블록에서는 허스키 렌즈에서 인식한 결과를 바탕으로 원하는 데이터를 인식했다면 웃는 얼굴, 인식하지 못했다면 찡그린 얼굴을 출력하도록 합니다. 허스키 렌즈에서 얼굴은 Face:ID1, Face:ID2 등의 형식으로 저장되어 학습할 수 있으며 아직 학습하지 않고 인식하기만 한 얼굴은 Face:ID0으로 표시됩니다. 이번 프로그램에서는 학습한 한 가지의 얼굴이 ID1로 저장되기에 만약 화면에 ID1의 얼굴이 있다면 웃는 얼굴을 출력하도록 프로그램을 작성합니다.

3) 허스키 렌즈의 얼굴 인식 기능을 활용해 얼굴을 학습, 인식하고 결과 확인하기

허스키 렌즈에서 얼굴 인식 기능을 선택 후 이미지나 현실에서 사람들의 얼굴을 비추면 아래 왼쪽의 사진과 같이 Face:ID0의 형식으로 얼굴을 인식합니다. 이때 학습할 한 사람의 얼굴을 비추면서 허스키 렌즈의 학습 버튼을 누르면 아래 가운데 사진과 같이 ID1로 학습되고 색깔이 바뀌며 구별됨을 확인할 수 있습니다. 만약 기존에 학습된 내용을 삭제 후 다시 학습하고자 한다면 얼굴을 인식한 상태에서 기능 버튼을 누르면 'Click again to forget'이라는 문구가 나오며 다시 한번 클릭하면 학습한 내용을 잊고 처음부터 학습이 가능합니다.

그림 9-31 허스키 렌즈 얼굴 인식 및 학습 화면

내가 학습한 올바른 얼굴을 인식하였다면 웃는 얼굴이 마이크로비트 LED에 출력되고, 학습하지 않은 얼굴을 인식하거나 카메라에 아무 얼굴도 인식하지 않은 상태에서는 찡그린 얼굴이 출력되는 것을 확인할 수 있습니다.

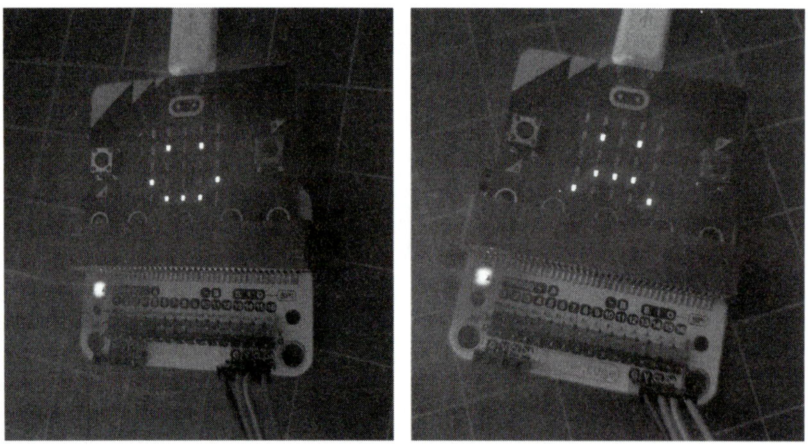

그림 9-32 얼굴 인식 결과에 따른 LED 출력

다. 색깔 인식 기능을 활용한 실습

1) 색깔 인식(Color Recognition) 이해하기

인공지능을 활용한 색깔 인식은 컴퓨터 비전 분야에서 많이 연구되고 활용되는 기술 중 하나입니다. 컴퓨터는 이미지나 비디오에서 비전 기술을 활용하여 색상에 대한 특징을 추출합니다. 이는 이미지의 픽셀값이나 히스토그램 등 다양한 방법으로 수행됩니다. 이렇게 입력된 데이터를 바탕으로 컴퓨터와 인공지능은 색상을 인식하고 분류할 수 있습니다.

2) 허스키 렌즈로 학습한 색깔을 인식하면 마이크로비트 LED와 신호음을 출력하는 신호등 프로그램 작성하기

이번 실습에서는 허스키 렌즈를 활용하여 빨강, 노랑, 초록 세 가지 색깔을 인식하고 그에 따라 다른 LED와 소리를 출력하는 신호등 프로그램을 작성하고자 합니다. 얼굴 인식 실습과는 달리 3가지 색깔을 학습하기에 신호등 색깔을 인식하는 3가지 상황과 아무 색깔도 인식하지 않은 상황, 총 4가지 상황으로 프로그램을 작성하도록 합니다.

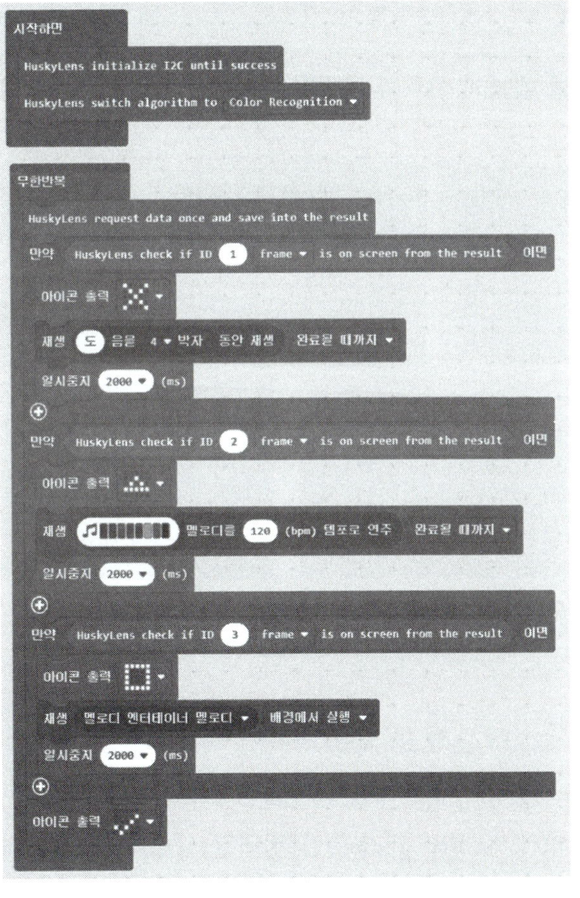

그림 9-33 허스키 렌즈 색깔 인식 신호등 프로그램

[시작하면]의 블록에서는 이전 실습과 같이 허스키 렌즈를 연결하고, 기능을 선택하여 사용할 준비를 합니다.

[무한반복]의 블록에서는 허스키 렌즈에서 학습하고 인식한 결과를 바탕으로 신호등 색깔에 어울리도록 LED와 소리를 출력하도록 합니다. 이번 실습에서는 여러 색깔을 동시에 학습하고 인식하는 다중 학습을 사용합니다. 따라서 ID1에는 신호등 빨간 불, ID2에서는 신호등 노란 불, ID3에서는 신호등 초록 불을 학습하고 인식하도록 합니다. LED는 출발하지 않아야 할 빨간 불에서는 X, 주의하여 지나가야 할 노란 불에서는 △, 안전하게 지나갈 수 있는 초록 불에서는 ▫ 모양을 각각 출력하도록 합니다. 그리고 소리도 각각의 신호와 어울리게 경고음(도 음을 4박자 동안 재생), 주의를 요하는 소리(규칙적인 멜로디 재생), 출발해도 됨을 알리는 소리(경쾌한 멜로디 재생)로 구분하고 허스키 렌즈가 받아들인 데이터를 중복으로 처리하지 않도록 일시중지 2000ms(2초) 블록을 활용하여 프로그램을 작성합니다.

3) 색깔 인식 기능을 활용해 신호등 색깔을 학습 및 인식하고 결과 확인하기

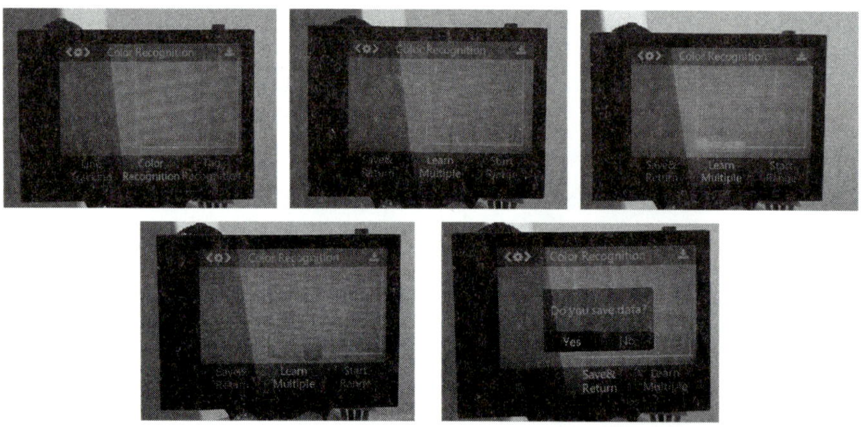

그림 9-34 허스키 렌즈 다중 학습 설정하기

색깔 인식 실습에서는 신호등 빨강, 노랑, 초록 세 가지 색깔을 동시에 학습하고 인식하기 위해서는 다중 학습 기능을 사용할 수 있도록 설정해야 합니다. 설정 방법으로는 그림 좌측 상단부터 색깔 인식(Color Recognition)이 선택된 상태에서 기능 버튼을 길게 누르면 [Save&Return], [Learn Multiple], [Start Range] 등의 세팅 모드를 확인할 수 있습니다. 여기서 [Learn Multiple]에서 기능 버튼을 다시 누른 후 좌우로 움직이며 다중 학습 기능의 사용

유무를 설정 가능합니다. 이후 왼쪽의 [Save&Return]을 선택 후 데이터를 저장하면 색깔 인식 기능에서 여러 색깔을 학습하고 인식할 수 있습니다.

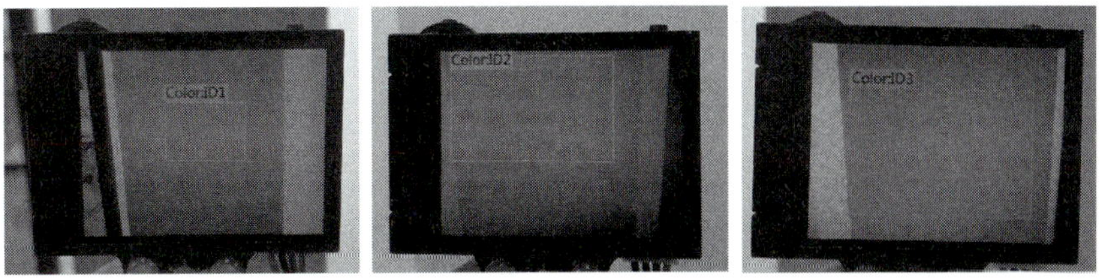

그림 9-35 허스키 렌즈 색깔 인식 및 학습 화면

위의 그림과 같이 빨강, 노랑, 초록 색깔이 각각 Color:ID1, Color:ID2, Color:ID3으로 학습되어 각기 다르게 인식됨을 확인할 수 있습니다. 이번 실습에서는 3가지 색깔만을 인식하였지만, 그 이상으로 다양한 색깔을 인식하고 구별할 수 있습니다.

그림 9-36 색깔 인식 결과에 따른 LED 출력

학습하고 프로그램을 작성한 내용에 따라 빨강, 노랑, 초록 색깔을 인식할 때 각각 다른 LED가 출력됨을 확인할 수 있으며 그림 자료로는 들을 수 없으나 다른 신호음이 울리는 것도 확인할 수 있습니다. 학습한 세 가지 색깔이 인식되지 않은 경우에는 상단에서 보이는 것과 같이 체크 모양이 출력됨을 볼 수 있습니다.

3. 피지컬 컴퓨팅 기반 AI 구현 실습(중급)

가. 분리수거 방법 안내 시스템 만들기

최근 지구의 환경 문제가 심각해지고 있습니다. 이를 해결하는 데에 도움을 줄 수 있는 시스템을 마이크로비트와 허스키 렌즈를 활용하여 작성해 봅시다. 이번 실습에서는 허스키 렌즈의 물체 분류(Object Classification) 기능을 활용해 우리 주변에서 볼 수 있는 재활용품의 종류를 학습하고 이를 인식하도록 합니다. 그리고 마이크로비트 확장보드와 IIC OLED를 사용하여 분리수거 방법을 출력해서 안내할 수 있도록 프로그래밍 해봅시다.

1) 마이크로비트와 확장 보드에서 IIC OLED를 사용할 수 있도록 준비하기

OLED는 디스플레이 출력 장치로 LCD보다 화면이 밝고 응답시간이 빠른 디스플레이입니다. 마이크로비트 LED를 통해서도 문자열을 출력 가능하지만, 즉각적이며 가시성이 높도록 OLED를 활용하여 시스템을 만들어 봅시다.

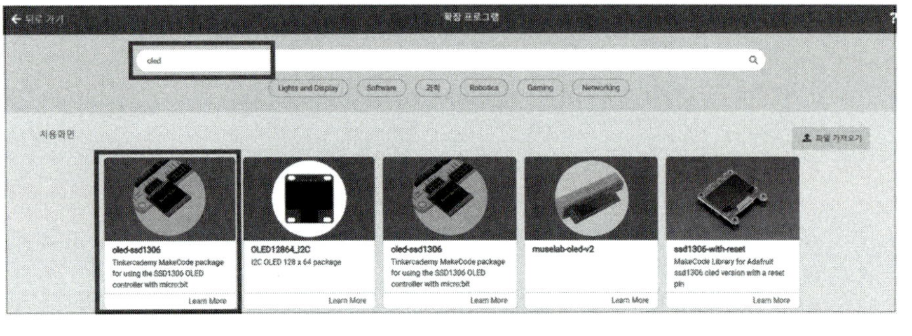

그림 9-37 OLED 확장 기능 추가하기

메이크코드에 접속 후 확장 버튼을 눌러 확장 프로그램 추가 화면으로 들어갑니다. 검색창에 'oled'를 검색하면 다양한 OLED 장치의 확장 기능을 확인할 수 있습니다. 우리는 여기서 'oled-ssd1306'을 선택하여 확장 기능을 추가해 봅시다. 그렇다면 아래와 같은 블록이 추가되는 것을 확인할 수 있습니다.

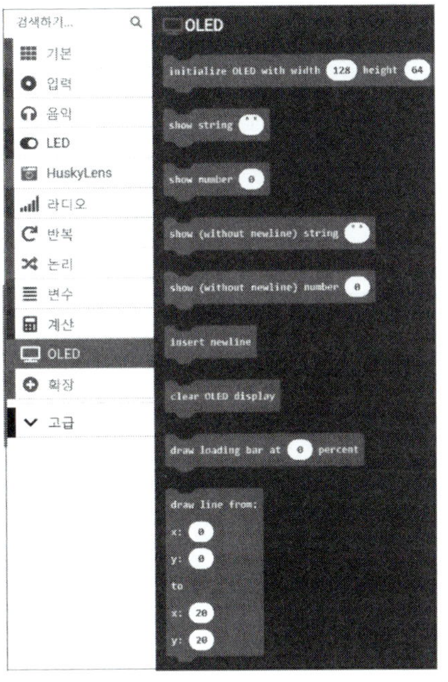

그림 9-38 OLED 확장 기능 블록

2) 재활용품을 인식하면 그에 맞는 분리수거 방법을 알려 주는 프로그램 만들기

일상생활에서 우리가 쉽게 볼 수 있는 재활용품의 종류를 바탕으로 프로그램을 만들어보겠습니다. 아래의 사진과 같이 캔, 우유팩, 종이 3가지의 재활용품을 인식하면, 올바른 분리수거 방법을 OLED를 통해 제시해줄 수 있는 프로그램을 작성해 봅시다.

그림 9-39 분리수거 시스템에 활용하는 재활용품

표 9-4 실습을 위한 OLED 블록 설명

블록	설명
initialize OLED with width 128 height 64	OLED 디스플레이를 128×64 pixel로 설정하고 마이크로비트에 사용가능하도록 준비한다.
show string " " / show number 0	OLED 디스플레이에 문자열 또는 숫자를 표시한다.
clear OLED display	OLED 디스플레이에 표시된 내용을 지운다.

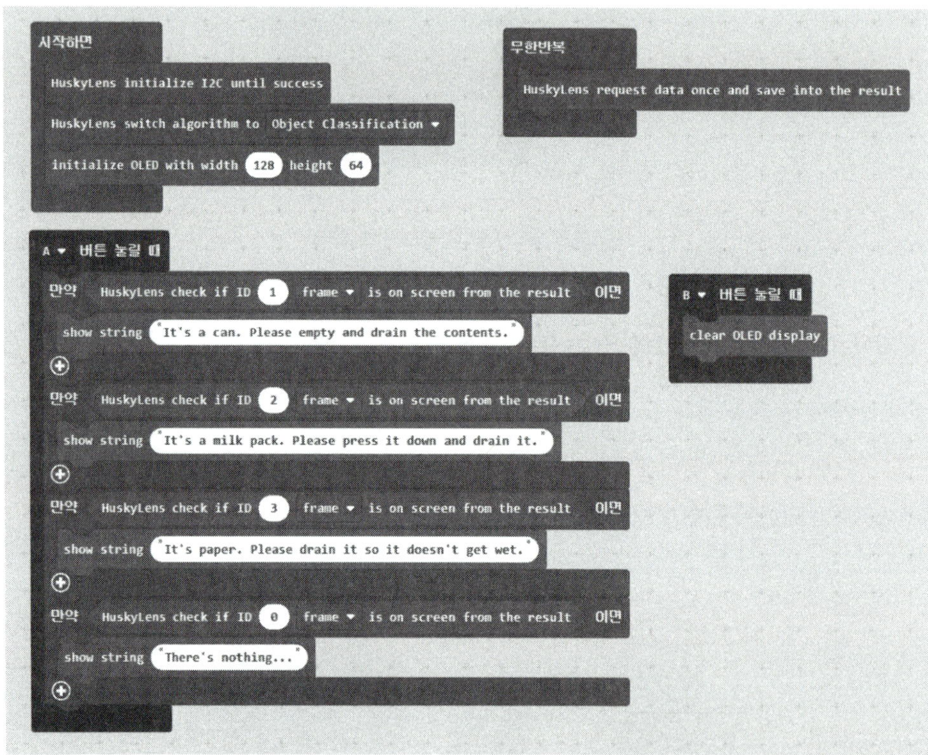

그림 9-40 분리수거 방법 안내 시스템 프로그램

[시작하면], [무한반복] 블록에서 허스키 렌즈의 물체 분류(Object Classification) 기능을 활용할 수 있도록 구성하며 OLED를 설정하고 사용할 수 있게 합니다. 해당 프로그램은 허스키 렌즈로 캔, 우유팩, 종이 3가지 재활용품을 비추었을 때 마이크로비트의 A 버튼을 누르

면 재활용품 종류에 올바른 분리수거 방법을 OLED로 출력하도록 구성되어 있습니다. 따라서 각각 재활용품을 ID1, 2, 3으로 학습하도록 준비하며, 재활용품이 올바르게 인식되지 않은 상황은 ID0으로 정하여 아무것도 없다는 메시지를 출력하도록 합니다. 마이크로비트 B 버튼을 누르면 OLED에 표시된 내용을 지워 인식하고 출력할 내용이 잘 나올 수 있도록 합니다.

3) 마이크로비트와 OLED를 연결하고 허스키 렌즈로 재활용품 학습하기

그림 9-41 허스키 렌즈 물체 분류 학습 화면

위 사진과 같이 OLED를 마이크로비트 확장 보드의 I2C 보드에 연결하도록 합니다. 그리고 각각의 재활용품을 학습하게 되면 ID1, 2, 3으로 인식이 됨을 확인할 수 있으며 아무것도 없는 화면이나 학습하지 않은 사물은 ID0으로 보임을 알 수 있습니다.

4) 분리수거 방법 안내 시스템이 올바르게 작동하는지 확인하기

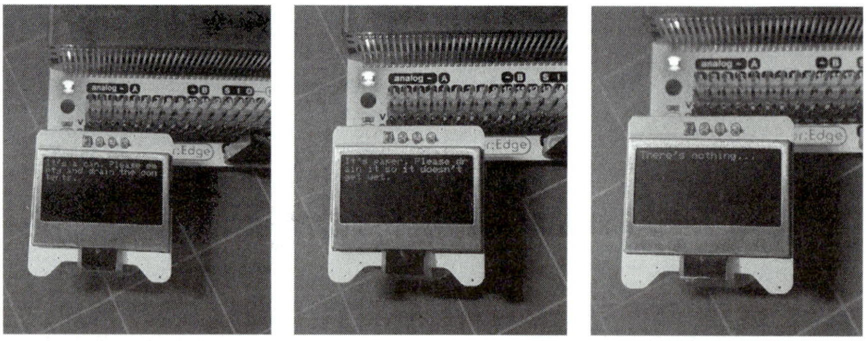

그림 9-42 분리수거 방법 안내 출력 화면

허스키 렌즈로 올바른 분리수거 방법을 알고 싶은 재활용품을 비춰 인식한 후 마이크로비트 A 버튼을 누르면 OLED에 결과물이 출력됨을 확인할 수 있습니다. 프로그램을 작성하는 과정에서 출력할 문자열을 미리 입력해 두었습니다. 좌측, 가운데 사진에서 캔을 인식했을 때 비우고 헹궈 배출해야 하고, 종이를 인식했을 때는 젖지 않도록 주의하며 배출하도록 안내 메시지가 출력됩니다. B 버튼을 눌러 OLED에 표시된 메시지를 지울 수 있으며, 학습하지 않은 물건을 인식하거나 아무것도 없는 화면에서 A 버튼을 누르면 아무것도 없다는 메시지가 출력되며 올바르게 작동됨을 확인할 수 있습니다.

나. 얼굴 인식으로 여는 공동 현관문 시스템 만들기

비밀번호를 입력하여 출입하던 공동 현관문 시스템에 허술한 보안점이 확인되어 얼굴 인식 시스템으로 변경하여 공동 현관문 시스템을 운영하고자 합니다. 시스템 상에 등록된 사용자는 공동 현관문을 출입할 수 있고, 등록되지 않은 사용자는 출입할 수 없도록 시스템을 설계합니다. 허스키 렌즈를 활용하여 사용자의 얼굴을 학습시키고 얼굴을 감지하여 등록 여부에 따라 서보 모터가 동작하도록 시스템을 설계하고 구현해 봅시다.

1) 마이크로비트와 허스키 렌즈를 활용한 공동 현관 시스템 하드웨어 설계하기

공동 현관 시스템을 만들기 위한 준비물로는 다음과 같습니다. 얼굴 이미지, 마이크로비트, 서보 모터, 허스키 렌즈, 배터리팩, 마이크로비트 연결선, 마이크로비트 확장 보드. 하드웨어 설계를 위해 다음의 과정을 순서대로 시행해 봅시다.

① 마이크로비트와 확장 보드를 연결한다.

② 1번 핀에 서보모터를 연결한다.

③ 확장 보드에 허스키 렌즈를 연결한다.

④ 마이크로비트와 허스키 렌즈에 배터리팩으로 전력을 공급한다.

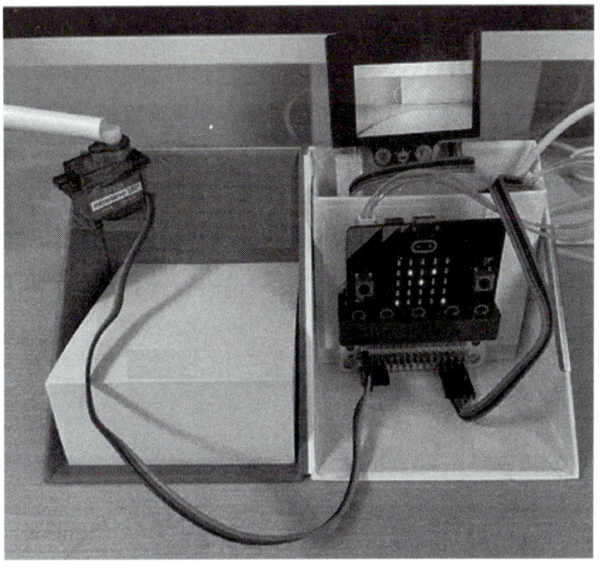

그림 9-43 얼굴 인식 공동 현관문 하드웨어 설계

2) 얼굴 인식 공동 현관 시스템 프로그램 작성하기

허스키 렌즈의 얼굴 인식 기능을 통해 허가된 사용자 이미지를 ID1, 2, 3으로 학습하도록 합니다. 만약 허가된 사용자를 인식한다면 서보 모터의 값을 변경하여 현관문을 열림 상태로 만들며 문이 열리는 모습의 LED 아이콘을 출력하고 다시 닫힘 상태로 서보 모터의 값을 변경합니다. 만약 허가 되지 않은 사용자를 인식한다면 X 표시의 LED 아이콘을 출력하고 서보 모터는 작동하지 않도록 합니다.

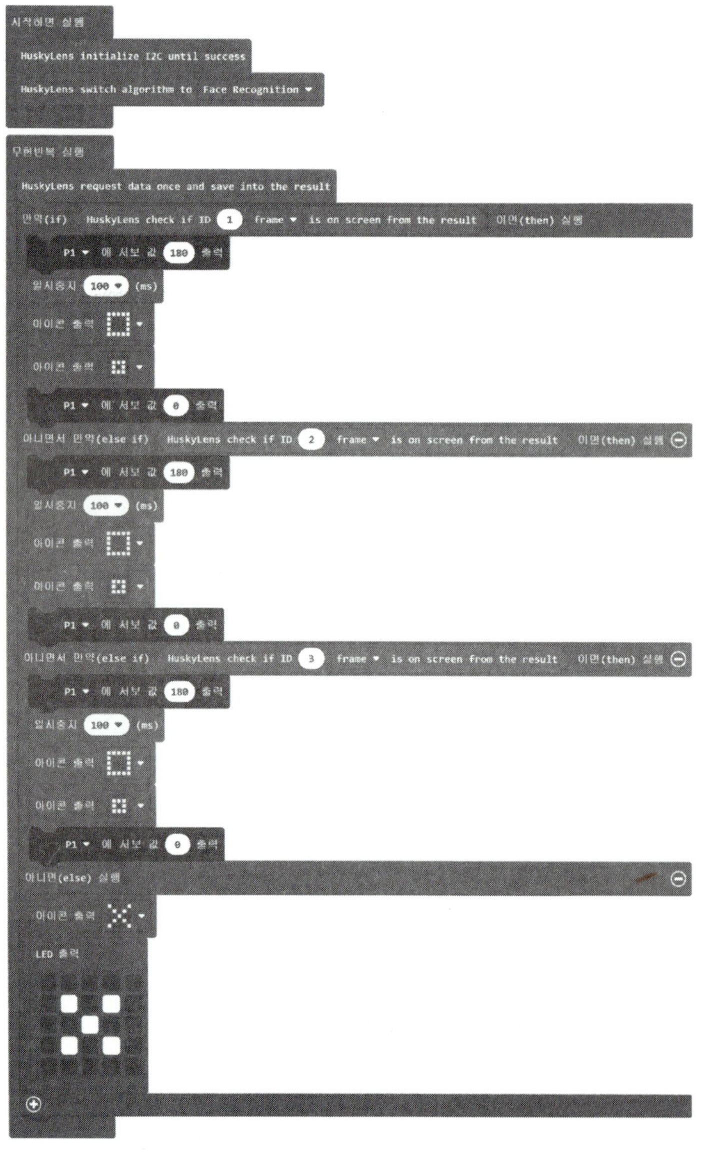

그림 9-44 얼굴 인식 공동 현관문 프로그램

3) 얼굴 인식 공동 현관 시스템 프로그램 작동 확인하기

① 사람이 없는 상태일 경우, 공동 현관문 잠금 상태

사람이 없는 상태일 경우, 마이크로비트에 'X' 표시가 출력되며, 서보모터가 닫힘 상태입니다.

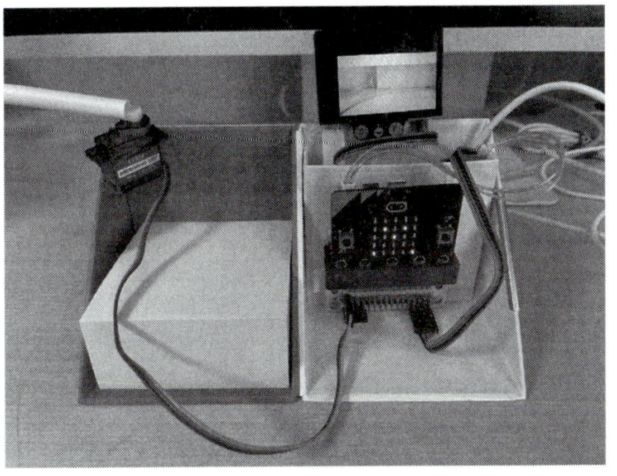

그림 9-45 얼굴 인식 공동 현관문 잠금 상태

② 허가된 사용자의 경우, 공동 현관문 열림 상태

허가된(학습된) 사용자일 경우, 마이크로비트에 'O'표시가 출력되며, 서보모터가 열림 상태로 변합니다.

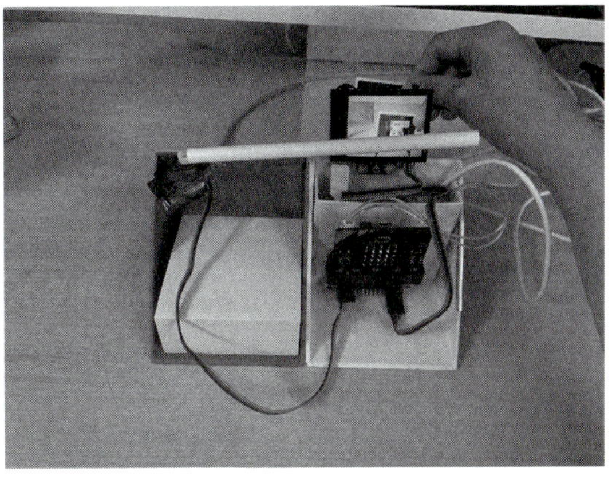

그림 9-46 얼굴 인식 공동 현관문 잠김 상태

③ 허가되지 않은 사용자일 경우, 닫힘 상태

허가 되지 않은 사용자일 경우, 마이크로비트에 'X' 표시가 출력되며 서보모터 역시 동작하지 않아 공동 현관문이 열리지 않습니다.

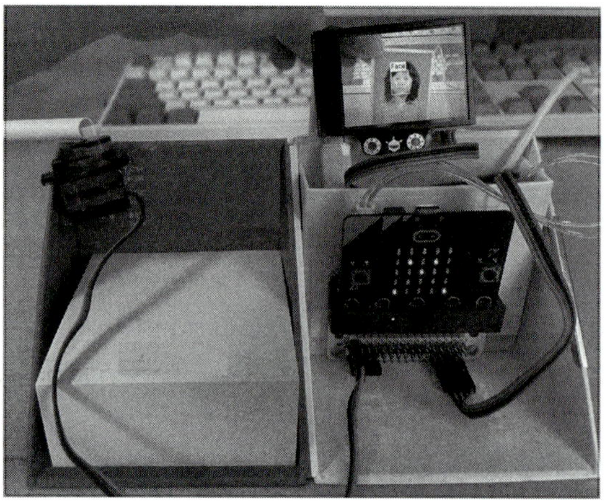

그림 9-47 얼굴 인식 공동 현관문 닫힘 상태

4. 프로젝트 적용 사례

가. '알리바바와 40인의 도둑'을 읽고 스마트 보물 동굴 만들기

알리바바와 40인의 도둑이라는 책에서는 보물을 동굴에 숨겨두는 도둑들의 이야기가 나옵니다. 보물이 숨겨진 동굴은 '열려라 참깨!'라는 암호로 열리게 됩니다. 그러나 보물 동굴은 올바른 암호를 이야기한다면 누구에게나 열린다는 문제가 있습니다. 해당 프로젝트는 허스키렌즈와 마이크로비트의 기능을 활용해 스마트한 보안을 자랑하는 보물 동굴을 만들어보는 프로젝트 내용입니다.

1) 허스키렌즈의 '얼굴 인식'을 활용한 출입구 개폐 기능

이야기 속에서는 암호를 알면 누구나 들어올 수 있습니다. 이러한 문제점을 해결하기 위해 동굴의 주인이 얼굴을 인식했을 때만 문이 열리도록 스마트 보물 동굴의 출입구를 구현해 봅니다.

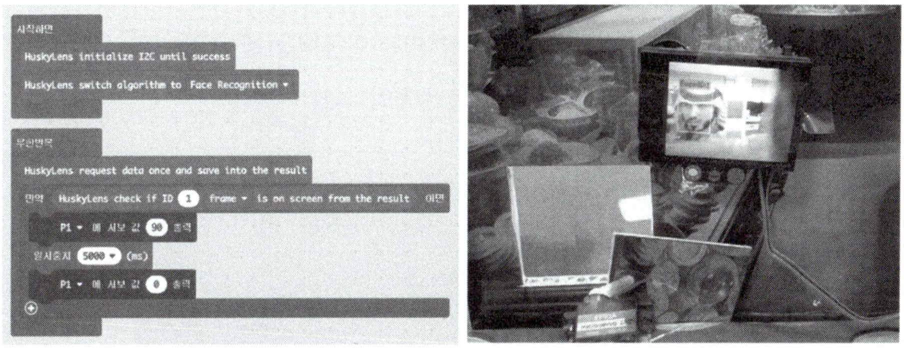

그림 9-48 얼굴 인식을 활용한 출입구를 열고 닫는 기능 구현

2) 마이크로비트와 충돌 센서를 활용한 침입자 경보 기능

허가되지 않은 침입자가 동굴에 들어왔을 경우 만약 특정 지점을 건드린다면 붉은 조명과 경고음이 나오도록 하는 경보 기능을 구현해 봅니다. 이는 마이크로비트와 충돌 센서를 연결해 일정 강도 이상의 충돌을 센서가 감지하면 LED와 소리를 출력하도록 만들 수 있습니다.

그림 9-49 충돌 센서를 활용한 경보 기능 구현

나. 인공지능 관광 열차로 우리 마을 관광 명소 만들기

도서 '황금 사과'에서는 마을의 경계에 있는 황금 사과를 차지하기 위해 마을 사람들은 서로 미워하고 증오하는 문제가 발생하게 됩니다. 우리 마을의 문제를 해결할 수 있는 방안을 고

려해본 결과 황금 사과가 열리는 나무를 우리 마을의 랜드마크로 만들어 사람들이 많이 찾아오도록 하고자 합니다. 황금사과를 구경할 수 있는 인공지능 관광 열차를 만들어 우리 마을을 관광 명소가 될 수 있도록 하는 프로젝트 내용입니다.

그림 9-50 인공지능 관광 열차가 있는 황금 사과 마을

1) 허스키렌즈의 'QR 인식'을 활용한 열차 티켓 인식 기능

우리 마을의 관광 명소를 구경할 수 있는 인공지능 관광 열차를 구현하기 위해 허스키렌즈의 QR 인식 기능을 활용하도록 합니다. 열차에 탑승할 수 있는 티켓의 QR을 허스키렌즈로 학습하고 올바르게 인식했을 때와 올바르지 않은 경우에 각각 다른 LED 아이콘과 소리를 출력하도록 합니다.

그림 9-51 QR 인식을 활용한 열차 티켓 인식

2) 마이크로비트와 마퀸을 활용한 자율 주행 열차

마이크로비트와 연결하여 사용할 수 있는 RC카 모델 마퀸을 활용하여 인공지능 관광 열차가 선을 따라가는 라인트레이싱 기능을 구현해 자율 주행이 가능하도록 합니다. 주행 상황에서 좌우에 있는 적외선센서가 감지한 값에 따라 모터의 속도를 변경하여 구현합니다.

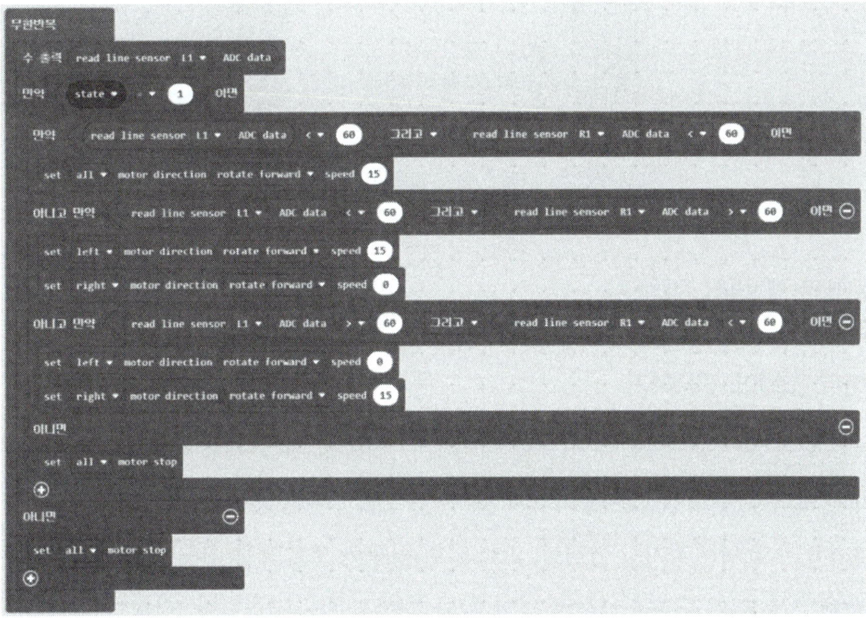

그림 9-52 마퀸을 활용한 자율 주행 열차 코드

3) 허스키렌즈의 '사물 인식'을 활용한 선로 차단기 구현

티켓을 인식하고 라인트레이싱을 활용해 자율 주행을 하고 있는 열차가 도착한 것을 인식하면 자동으로 선로를 열고 닫는 차단기를 구현해 봅니다. 허스키렌즈의 사물 인식 기능을 활용해 렌즈에 보이는 열차의 모습을 학습하도록 하며, 마이크로비트는 확장보드와 결합 후 서보모터를 연결합니다. 그 후 허스키렌즈가 열차를 인식하면 서보모터의 각도를 조절하여 선로 차단기가 작동하도록 만들어 봅니다.

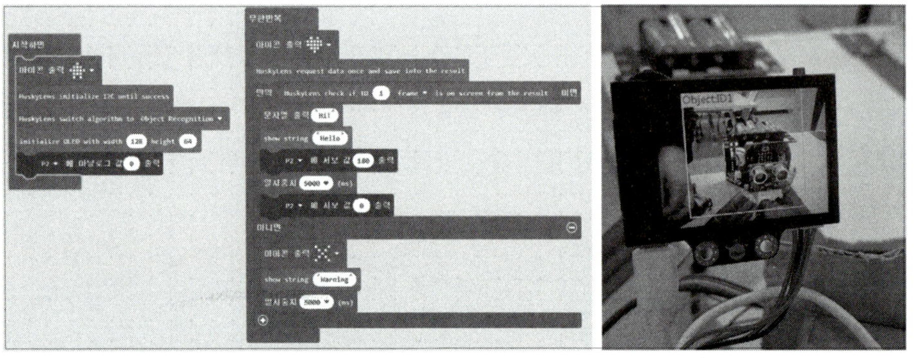

그림 9-53 사물 인식을 활용한 선로 차단기 구현

다. 스마트 휠체어 만들기

1) 스마트 휠체어 구상하기

휠체어를 이용하는 장애인들은 이동할 때 많은 어려움을 겪습니다. 건물 입구에 휠체어 경사로가 설치되지 않아 건물로 들어가지 못하기도 하고, 횡단경사로(옆으로 기울어진 길)를 지나다가 옆으로 넘어지기도 합니다. 또한 급한 경사의 오르막길이나 내리막길에서 무게중심에 의해 뒤로 넘어지거나 앞으로 넘어져 다치는 경우도 있습니다. 휠체어를 탈 때, 급한 경사의 오르막에서는 신체가 뒤로 젖혀지고 내리막에서는 신체가 앞으로 쏠리게 되는데, 이를 방지하여 장애인들도 안전하게 길을 다닐 수 있도록 돕는 휠체어를 설계해 봅시다.

일반적 휠체어의 기능에 사람이 앉은 의자는 오르막, 내리막 상관없이 수평을 유지할 수 있도록 각도를 조절하는 기능을 추가할 수 있습니다. 예를 들어, 10도 경사의 오르막을 갈 때 의자 각도를 10도 내려 수평을 유지하고, 10도 경사의 내리막을 갈 때는 의자의 각도를 10도 올려 수평을 유지합니다. 인공지능이 경사로를 인식하면 그에 따라 휠체어 의자의 각도를 조절하도록 하는 스마트 휠체어를 제작해 봅시다.

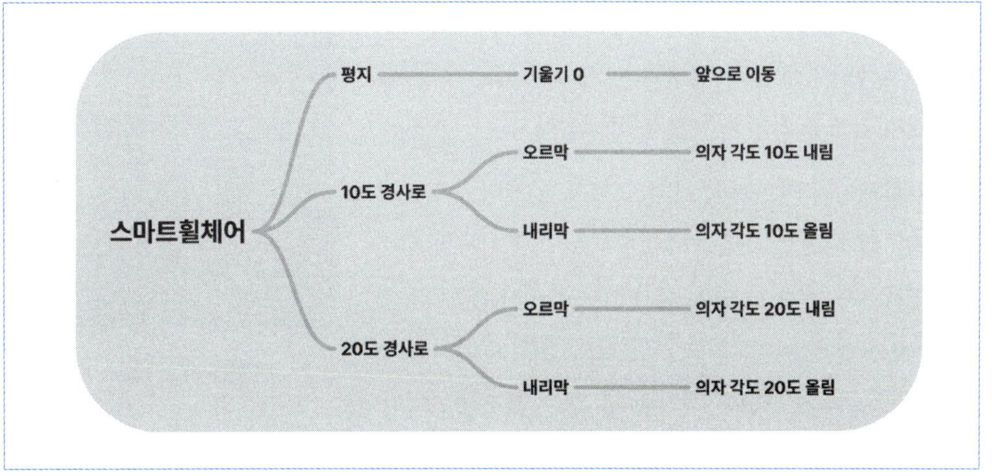

그림 9-54 스마트 휠체어 구상하기

2) 스마트 휠체어 제작 도구 선정

휠체어 형태를 구성하기 위해 LEGO Mindstorm EV3를 활용합니다. EV3는 학생들이 만든 레고 블록에 움직임을 부여할 수 있고, 모터와 초음파센서, 컬러센서, 자이로센서, 터치센서 등이 있어서 다양한 기능을 구현할 수 있다는 장점이 있습니다. 또한 스크래치와 연동이 되어 스크래치의 다양한 기능을 활용할 수 있고, 스크래치와 연동되는 인공지능 프로그램들과도 연결해 사용할 수 있습니다. EV3로 휠체어 형태를 구성하고, 하나의 모터로는 앞으로 나아가는 바퀴에 사용하고 다른 하나의 모터는 경사로에 따라 각도를 조절하는 의자에 사용합니다. 또한 초음파 센서를 활용하여 인공지능 휠체어와 지면 사이의 거리를 측정할 수 있도록 합니다. 이는 경사로의 각도를 파악하는 데 사용됩니다.

그림 9-55 LEGO Mindstorm EV3

스마트 휠체어의 각도를 확인하기 위해 Microbit를 활용합니다. Microbit는 LED 디스플레이 및 광센서, 기울기 센서, 터치센서, 마이크 등 다양한 기능을 제공하고 스크래치나 엔트리, 파이썬과 같은 코딩 프로그램과 연결할

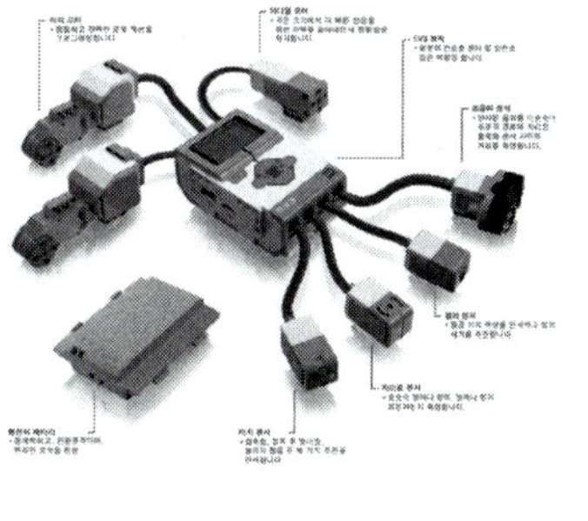

그림 9-56 EV3의 센서

수 있습니다. 여기서 Microbit의 기울기 센서를 활용하여 스마트 휠체어의 각도가 편평할 때와 경사로를 오를 때, 내릴 때의 각도를 확인해 보도록 하겠습니다.

그림 9-57 Micro:bit

스마트 휠체어와 지면과의 거리, 스마트 휠체어의 각도를 확인해서 몇 도의 경사로인지 판단하는 인공지능을 구현하기 위해 Machine Learning for Kids(ML4K)를 활용합니다. ML4k는 이미지, 음성, 텍스트와 같은 데이터 입력을 통해 인공지능 모델을 제작할 수 있는 플랫폼입니다. 다양한 피지컬 컴퓨팅 도구와 연결 가능하고, 스크래치나 파이썬, 앱인벤터 등과 연동이 가능합니다. 각 경사로에서 EV3와 Microbit에서 인식한 값을 텍스트로 입력받아 모델을 학습하면, 스마트 휠체어가 경사로에 진입했을 때 몇 도의 경사로인지 판단할 수 있습니다.

ML4K가 몇 도의 경사로인지 판단을 내리면, 의자의 각도를 조절하라는 명령을 내려야 합니다. 이는 스크래치의 기능을 활용하면 가능합니다. 스크래치는 ML4K와 EV3, Microbit와 모두 연결 가능하며, 블록코딩을 통해 여러 가지 도구의 기능을 모두 사용할 수 있습니다. 따라서 ML4K로 인식한 경사로의 각도에 맞게 EV3 모터를 돌려 의자의 각도를 조절할 수 있도록 코딩할 수 있습니다.

3) 데이터 수집

ML4K 프로젝트를 생성하고, 프로젝트에 데이터를 수집해서 정리합니다. ML4K 프로젝트를 만들 때, 'ADD A VALUE' 버튼을 눌러 각도와 거리값이 인공지능 모델에 입력되도록 합니다.

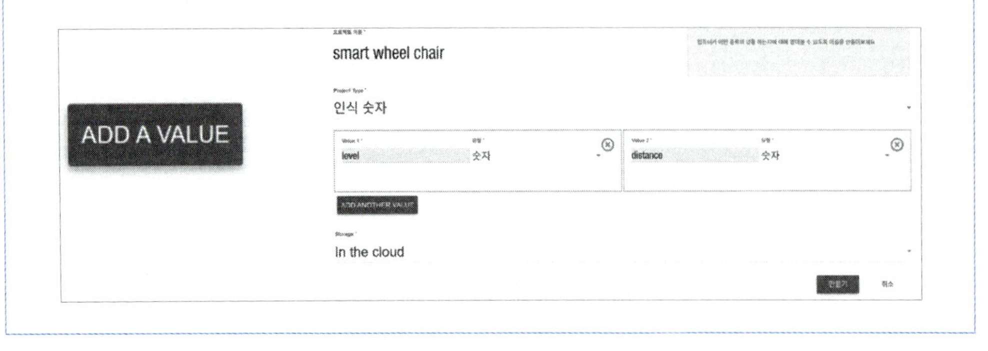

그림 9-58 ML4K 프로젝트 생성하기

10도와 20도 경사로의 데이터를 수집할 데이터 레이블을 만들어 봅시다. 10도 오르막은 '10_up', 10도 내리막은 '10_down', 20도 오르막은 '20_up', 20도 내리막은 '20_down'으로 정하겠습니다.

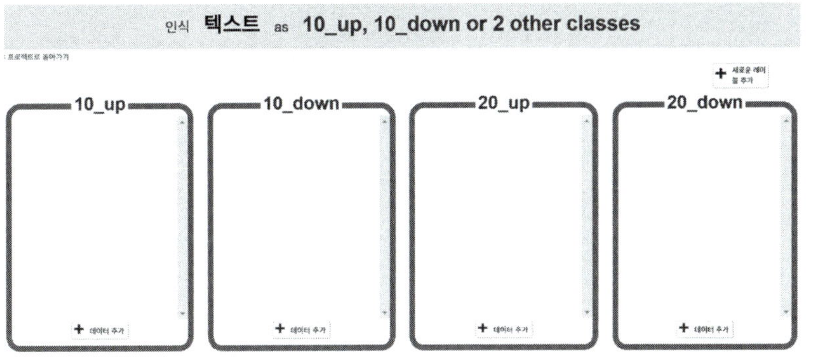

그림 9-59 ML4K 데이터 레이블

ML4K의 '만들기'를 클릭한 후, '스크래치'를 눌러 연결합니다.

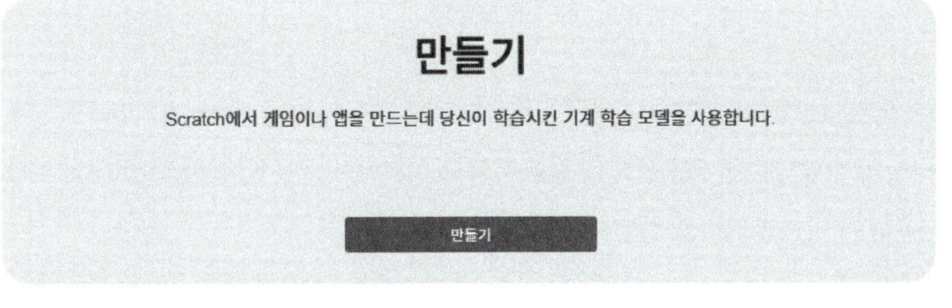

그림 9-60 ML4K의 '만들기'

스크래치의 확장 기능을 활용하여 마이크로비트와 EV3를 연결합니다.

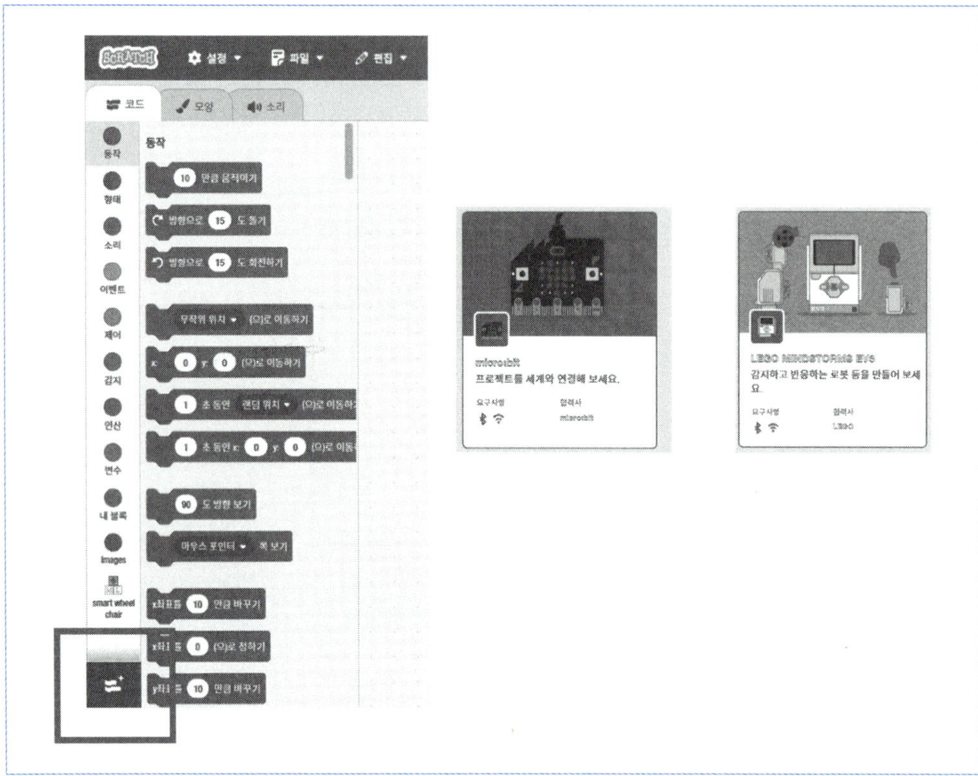

그림 9-61

마이크로비트와 EV3와 같은 피지컬 컴퓨팅 도구를 연동하려면 'Scratch Link'를 설치해야 합니다. 설치가 끝났다면 5핀 선으로 컴퓨터와 마이크로비트를 연결하고 Micro:bit Hex 파일을 다운받아 마이크로비트 폴더에 넣습니다.

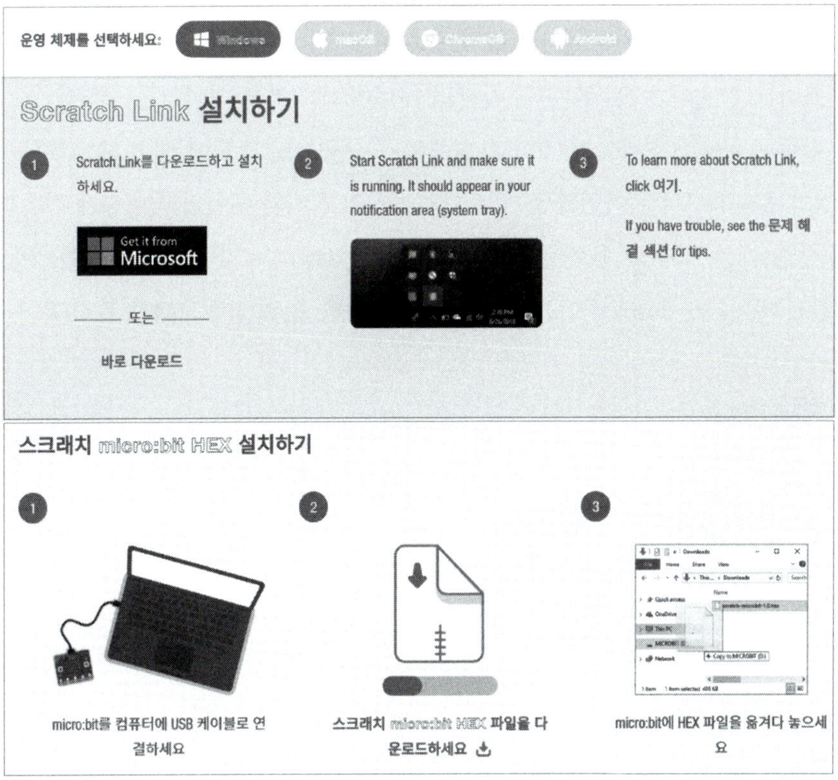

그림 9-62

EV3와 스크래치를 연결해 봅시다. EV3에 와이파이와 블루투스를 켜고, 컴퓨터와 페어링해 봅시다.

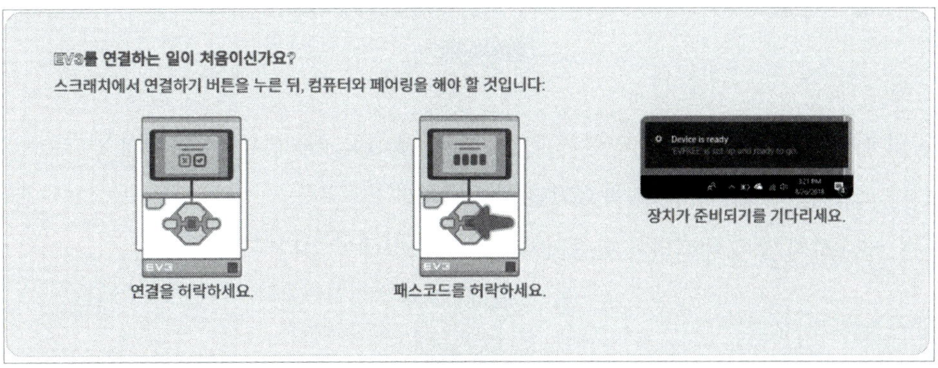

그림 9-63

마이크로비트와 EV3가 스크래치와 연동이 되었다면 의자와 연결된 모터, 바퀴와 연결된 모터를 확인합니다. 여기서는 의자는 A 모터와 연결하고, 바퀴는 C 모터와 연결했습니다. 연결 후 스마트 휠체어가 움직이면서 각각의 데이터 레이블에 데이터를 입력할 수 있도록 코딩해 봅시다. 마이크로비트가 스마트 휠체어가 기울어진 각도에 대한 데이터를 전송하고, , EV3의 초음파센서는 지면과 스마트 휠체어와의 거리를 데이터 레이블에 전송합니다. a 키를 눌렀을 때는 '10_up', b 키를 눌렀을 때는 '10_down', c 키를 눌렀을 때는 '20_up', d 키를 눌렀을 때는 '20_down'레이블에 데이터가 학습될 수 있도록 코딩해 봅시다.

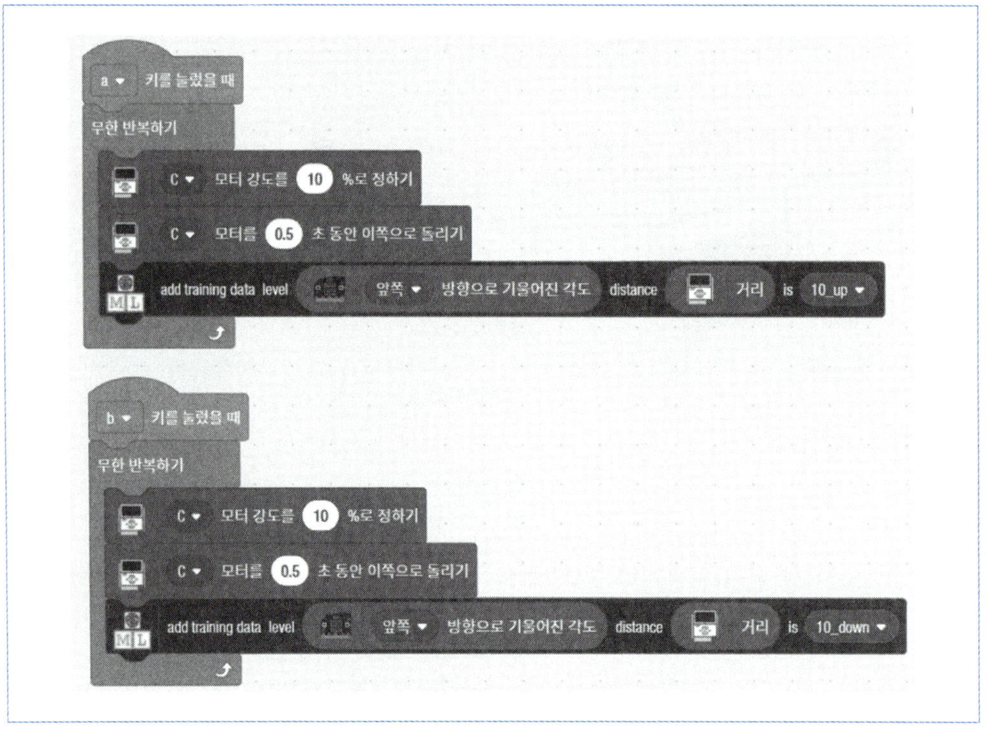

그림 9-64

하나의 레이블에는 최소 30개 이상의 데이터가 필요하고, 데이터는 정확하게 입력되어야 합니다. 정확한 데이터가 많이 학습되면 학습될수록 인공지능 모델의 정확도가 높아집니다. 단, 정확하지 않은 데이터가 학습되지 않도록 조심해야 합니다.

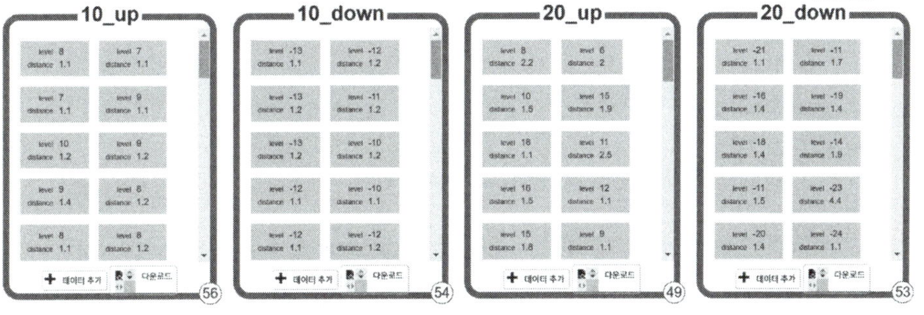

그림 9-65

데이터 입력이 끝났으면 인공지능 모델을 훈련시킵니다. ML4K에서 '학습&평가' 버튼을 눌러 머신러닝 모델을 훈련시킵니다.

그림 9-66

3) 스마트 휠체어 제작하기

인공지능 모델 학습이 끝났다면, 경사로를 인식하여 의자의 각도를 조절하는 스마트 휠체어를 코딩해 봅시다.

먼저, 입력된 데이터의 정확도가 70%가 넘으면 인공지능 휠체어가 작동할 수 있도록 합니다. 그렇지 않으면 인공지능 모델에 데이터를 더 추가하여 정확도를 높입니다.

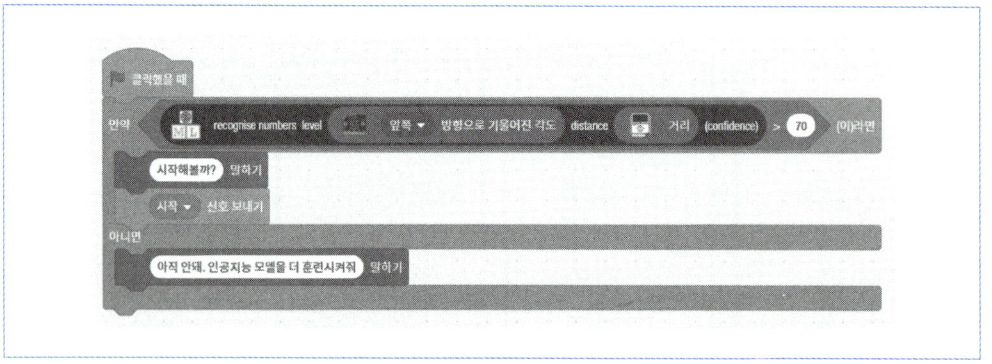

그림 9-67

스마트 휠체어가 기울어진 각도, 지면과의 거리를 바탕으로 몇 도의 경사로에 진입했는지 판단합니다. 그 후, 경사로에 맞게 의자의 각도를 조절합니다.

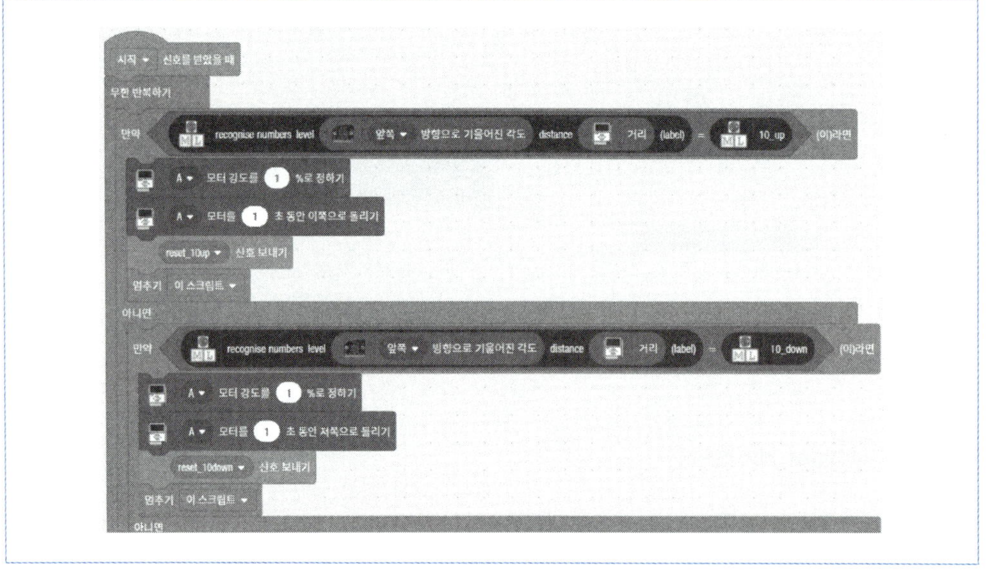

그림 9-68

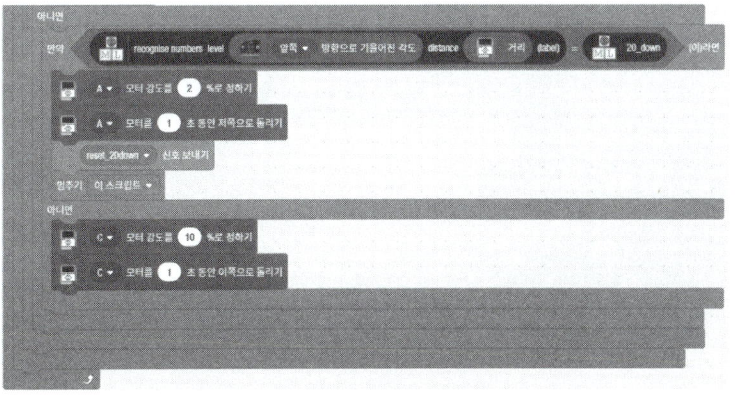

그림 9-69

경사로를 지나고 편평한 바닥이 되면 의자를 원위치 시킨 후, 다시 스마트 휠체어가 움직이며 경사로를 인식할 수 있도록 합니다. 만든 스마트 휠체어의 형태에 따라 편평한 바닥에서의 각도가 다를 수 있으므로, 편평한 지면에서의 스마트 휠체어의 각도를 마이크로비트로 확인한 후 코딩합니다. 여기서는 편평할 때의 각도가 -1, -2여서 다음과 같이 코딩했습니다.

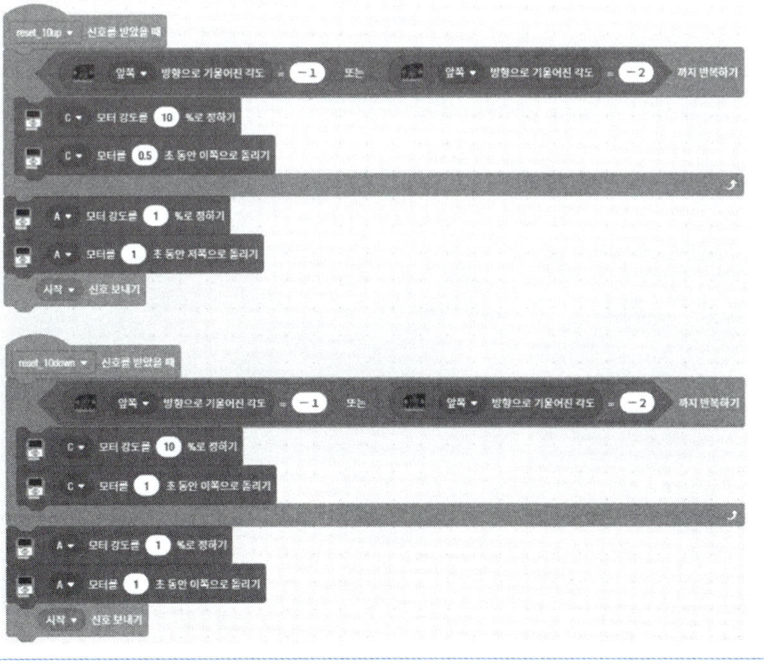

그림 9-70

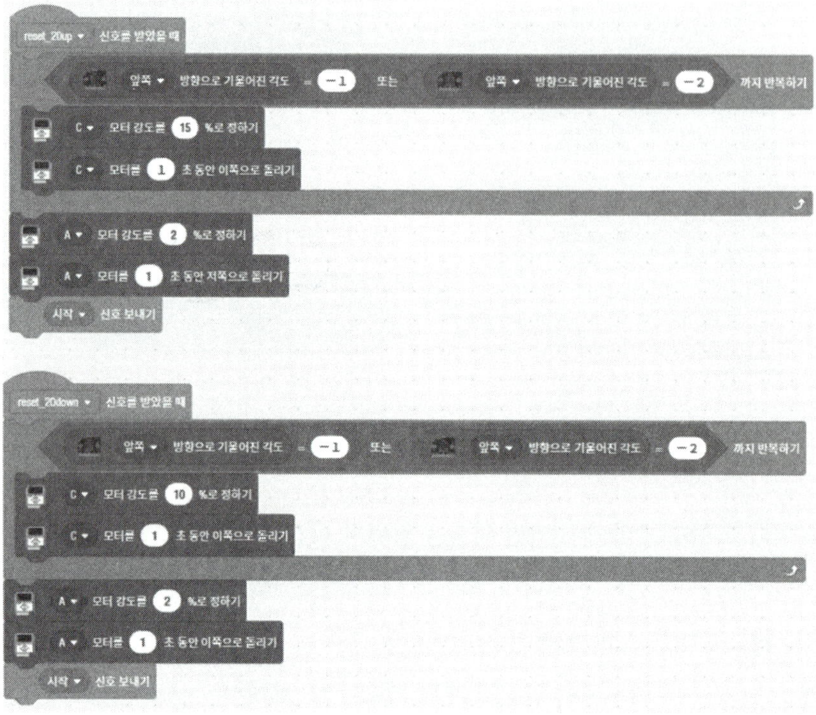

그림 9-71

완성된 스마트 휠체어의 모습입니다. 상황에 맞게 휠체어의 형태를 수정하고, 다양한 기능을 추가해 봅시다.

그림 9-72

SECTION

3 로봇 기반의 AI 구현

1. 컴퓨터 비전 및 음성인식의 원리

가. 컴퓨터 비전의 원리

1) 컴퓨터 비전

컴퓨터 비전이란 컴퓨터 과학의 한 분야로 이미지나 영상과 같은 시각 데이터를 컴퓨터가 입력받아 이해하도록 처리하는 분야입니다. 인간의 시각이 할 수 있는 일을 보조하거나 대체하는 자율적인 시스템을 만드는 것을 목표로 합니다. 퍼즐을 맞추듯이 컴퓨터 신경망은 하나의 이미지를 다루는 많은 조각을 구별하고 가장자리를 식별한 후 이미지의 일부 특성을 추출합니다.

초기의 컴퓨터 비전 기술이 발전하는데 큰 어려움 중 하나는 학습을 진행할 대량의 이미지를 구하는 것이었습니다. 1990년대에 인터넷이 보편화되면서 온라인에서 대량의 이미지를 분석에 사용하게 되었고, 컴퓨터 스스로 이미지 속의 인물을 식별할 수 있게 되었습니다.

2) 컴퓨터 비전의 원리

컴퓨터 비전이 인식하는 이미지는 디지털화된 이미지입니다. 현실의 장면을 디지털 이미지로 변환하기 위해선 이미지 데이터를 수집하여 이미지를 픽셀 단위로 나누고, 이미지 속 핵심 정보를 추출해야 합니다. 이미지 정보에는 각 픽셀마다 위치와 색상 정보를 포함하고 있는데, 각 위치마다 색깔을 RGB(빛의 3원색 빨강, 초록, 파랑) 3가지 색상의 정보를 가지고 있습니다. 이 핵심 정보를 비트로 표현합니다. 컴퓨터 비전은 이렇게 코드화된 이미지의 정보를 바탕으로 패턴을 찾습니다. 이미지들이 가지고 있는 픽셀 정보들 사이의 패턴을 찾는 것입니다.

3) 컴퓨터 비전의 기술

딥러닝과 신경망의 발전은 컴퓨터 비전 분야의 발전 속도를 가속화 하는 계기가 되었고 제한된 영역에서만 활용되던 컴퓨터 비전은 딥러닝의 심층 신경망의 비약적인 발전에 힘입어 그 활용 영역을 점차 확장하고 있습니다.

- 객체 분류(Object Classification) : 이미지 속 객체를 인지하여 그 클래스를 분류해내는 기술로 컴퓨터 비전영역에서 가장 기초적인 응용 분야
- 객체 탐지 및 위치 식별 (Object Detection & Localization) : 이미지 또는 비디오 영상에서 객체를 식별해내는 기술
- 객체 분할(Object Segmentation) : 이미지 및 비디오 영상 프레임 내에서 객체를 따로 분할하여 의미 있는 부분만 분석할 수 있게 하는 기술
- 이미지 캡셔닝(Image captioning) : 이미지의 상황을 텍스트로 설명할 수 있는 기술
- 객체 추적(Object Tracking) : 비디오 영상 내의 객체의 위치 변화를 추적하는 기술로 흔히 포인트 추적(point tracking), 커널 추적(kernel tracking), 실루엣 추적 (silhouette tracking) 등의 방법을 사용
- 행동 분류(Action Classification) : 비디오 영상 내의 객체의 행동(action)을 인식하여 분류하는 기술

4) 컴퓨터 비전의 활용 분야

컴퓨터 비전은 디지털 영상 처리, 물체인식, 인공지능, 기계 학습, 패턴인식에 활용되고 있습니다.

- 얼굴 인식 : 얼굴 인식 기술은 많은 발전을 이룬 컴퓨터 비전의 한 분야이다. 현재 얼굴 인식 기술의 정확도는 99.98%에 이르며, 얼굴 사진을 한 장만 등록해도 0.1초 만에 인식할 수 있다. 얼굴 인식 기술은 얼굴 인증 및 보안 분야에 활용되고 있으며, 카메라나 스마트폰으로 촬영할 때 웃는 얼굴, 눈을 감는 것 등까지 인식하여 촬영이 가능하다.
- 이미지 검색 : 이미지 검색은 스마트폰 카메라로 촬영한 사물의 이름이 무엇인지 알려주거나 비슷한 사물을 찾아준다. 예를 들어 인테리어 사진에서 마음에 드는 조명이 있으면 조명 부분만 검색하여 제품명, 각종 제원, 제조사 등 제품과 관련된 것을 찾을 수 있고, 구매할 수 있는 웹 사이트까지 검색할 수 있다.
- 무인 상점 : 무인 상점은 점원이 없고 운영에 필요한 여러 대의 카메라와 보안, 결제 시

설 등을 갖춘 상점이다. 최근에는 계산대마저도 없는 무인 상점도 등장했다. 이 상점은 전용 앱을 켜고 입장해 원하는 물건을 고른 후 나가기만 하면 된다. 그러면 매장 안의 카메라와 센서가 고객이 고른 상품을 자동으로 인식하고, 전용 앱에 연결된 신용카드로 자동 결제된다.

- 로봇 청소기 : 초기의 로봇 청소기는 단순히 장애물만 인식했지만, 인공지능과 컴퓨터 비전 등의 발달로 카메라 센서가 주변 환경을 사진으로 찍어 집 구조에 대한 정보를 기억하고 환경의 변화를 분석하여 효율적으로 집을 청소한다. 이처럼 로봇이 카메라와 비전 인식 기술을 이용하여 외부 환경을 인식하고 상황을 스스로 판단하여 자율적으로 동작하거나 인간과 상호 작용할 수 있는 에이전트는 비전 기반 로봇이다.
- 지능형 CCTV : 지능형 CCTV를 이용하면 학교나 가정, 거리 등에 안전사고 모니터링 시스템을 구축할 수 있다. 예를 들어 해수욕장에 이 시스템을 구축하면 수영 경계선 침범과 야간 입수자를 실시간으로 모니터링 하여 안전사고를 사전에 방지한다.

5) 컴퓨터 비전의 한계

현실 세계의 3차원 사물은 컴퓨터 비전을 통해 2차원 디지털 이미지로 변환됩니다. 이 과정에서 정보의 손실, 변형, 왜곡이 일어납니다. 사물을 바라보는 방향, 카메라의 렌즈, 사물 주변의 조명, 사물의 배경 등과 같은 다양한 변수가 존재하기 때문입니다. 인간의 입장에서는 이러한 변수들이 크게 문제점으로 작용하지 않습니다. 하지만 컴퓨터 비전은 이러한 변수들로 인해 사물을 제대로 인식하기가 매우 어려울 수 있습니다.

인간은 이미지를 보면서 각 사물들과의 거리를 추측할 수 있습니다. 하지만 컴퓨터 비전은 그렇지 않습니다. 즉 컴퓨터 비전은 거리감이 없습니다. 이러한 문제점 때문에 사물과의 거리를 측정할 수 있는 다양한 센서들을 함께 사용해야 합니다.

현실 세계의 아날로그 장면을 디지털 정보로 변경하기 위해서는 이미지 샘플링(sampling)과 양자화(quatization)가 필수적입니다. 쉽게 말하자면 샘플링은 하나의 이미지를 몇 개의 픽셀로 구성할 것인가에 대한 것이고, 양자화는 하나의 픽셀에 몇 비트의 코드를 부여할 것인가를 결정합니다. 즉 샘플링의 정도를 높여서 한 이미지를 구성하는 픽셀의 수를 높일수록 화질은 좋아집니다. 또한 양자화의 정도를 높여서 픽셀 당 비트수를 높일수록 화질은 좋아집니다. 하지만 샘플링과 양자화의 정도를 높일수록 이미지 용량도 커지기 때문에 무한

정 높일 수는 없습니다. 결국 적당한 정도로 샘플링과 양자화를 할 수 밖에 없는데 이러한 과정에서 본래의 이미지 정보가 손상됩니다. 결국 컴퓨터 비전은 적당한 정도로 손상된 이미지를 가지고 상황을 판단해야하는 한계점을 지닙니다.

나. 음성인식의 원리

1) 음성인식

음성 인식(Speech Recognition)이란 사람이 말하는 음성 언어를 컴퓨터가 해석해 그 내용을 문자 데이터로 전환하는 처리를 말합니다. STT(Speech-to-Text)라고도 합니다. 키보드 대신 문자를 입력하는 방식으로 주목을 받고 있습니다. 로봇, 텔레매틱스 등 음성으로 기기제어, 정보검색이 필요한 경우에 응용됩니다. 대표적인 알고리즘은 HMM(Hidden Markov Model)으로서, 다양한 화자들이 발성한 음성들을 통계적으로 모델링하여 음향모델을 구성하며 말뭉치 수집을 통하여 언어모델을 구성합니다.

2) 음성인식의 원리

(가) 음성인식 단계 : 사람의 음성을 프로그램(또는 소프트웨어)이 이해할 수 있도록 텍스트 형태로 변환하는 STT(Speech to Text)기술을 활용합니다. 주변 소음을 제외한 말소리를 파악한 다음 각 발음과 단어를 인식하고 핵심어와 연결 단어를 인식합니다.

- 음성 신호 : 사람의 소리를 마이크가 받아 전기적 신호로 바뀌는 과정이 필요하다.
- 부호화 : 신호로 바뀌면 1초에 약 50~60번 정도 측정해서 디지털 신호로 변환한다.
- 특징 추출 : 각각의 소리에서 음소를 추출해 어떤 글자에 해당하는지 파악한다.
- 패턴 비교 : 음소의 경우 각각의 소리를 글자로 바꾸기 때문에 '문장'이 되지는 않는다. 따라서 학습 데이터를 활용해 어떤 문장에 해당하는지 파악하는 과정이 필요하다. 아무리 소리가 비슷하다고 하더라도 문장에 적절하지 않은 경우가 있다. 따라서 학습에 활용한 데이터를 검증해 가장 유의미한 문장으로 변환한다.
- 인식 : 소리가 문장 텍스트로 변환이 완료된다.

(나) 자연어 처리 단계 : 컴퓨터가 인간이 의사소통을 위해 사용하는 언어인 자연어 처리 기술(Natural Language Processing)을 활용하여 문장이나 단어를 분석하고 그 의미를 파악합

니다.

자연어 처리 기술은 우리가 일상생활에서 사용하는 언어, 즉 언어를 컴퓨터가 인식할 수 있게 도와주는 기술입니다. 자연어 처리를 사람의 말을 표현한 문장의 의미를 얼마나 잘 파악하였는지를 알 수 있는 과정으로, 형태소 분석, 구문 분석, 의미 분석, 실용 분석의 단계를 거칩니다.

(다) 인식 결과 단계 : 인식된 결과에 따라 가장 최적의 결과를 찾아내 TTS(Text to Speech) 기술을 통해 응답합니다. 컴퓨터가 음성으로 정보를 전달하는 기술인 음성 합성 기술을 활용하여 인식 결과를 전달합니다.

2. 자율주행 자동차

가. 자율주행 자동차란?

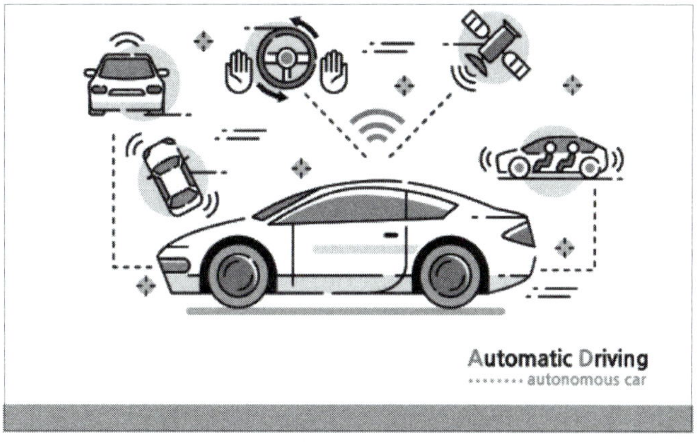

그림 9-73 자율주행 자동차

자율주행 자동차는 운전자 또는 승객의 조작이 없어도 스스로 운행이 가능한 자동차를 말합니다. 아무런 조작이 없이 스스로 운행이 가능하려면 다양한 기술이 필요합니다. 행인, 자동차, 도로 구조물 등 주변 사물을 인식하기 위한 다양한 센서들이 필요하며 운전자의 눈과 같이 주변 환경을 인식하게 됩니다. 위성 위치 확인 시스템(GPS)을 통해서 현재 위치 정보와 도로 교통 정보를 인식하여 운전자가 주의를 기울여 길을 찾아 운전하는 것처럼 스스로 주행 상황을 판단하여 제어하며 운행을 하게 됩니다. 또한 그래픽 처리 장치와 자동차에 장착된 여러 대의 카메라를 통해 주변 이미지를 인식하고 분석하여 표지판, 신호등의 의미를 파악하고, 돌발 상황에 대처하게 됩니다. 현대 사회의 수많은 기술이 집약된 자율주행 자동차는 지금도 계속해서 발전하고 있으며 미래에는 일상적인 모습으로 우리 생활 속으로 다가올 것으로 기대되고 있습니다.

나. 자율주행 기술의 발전

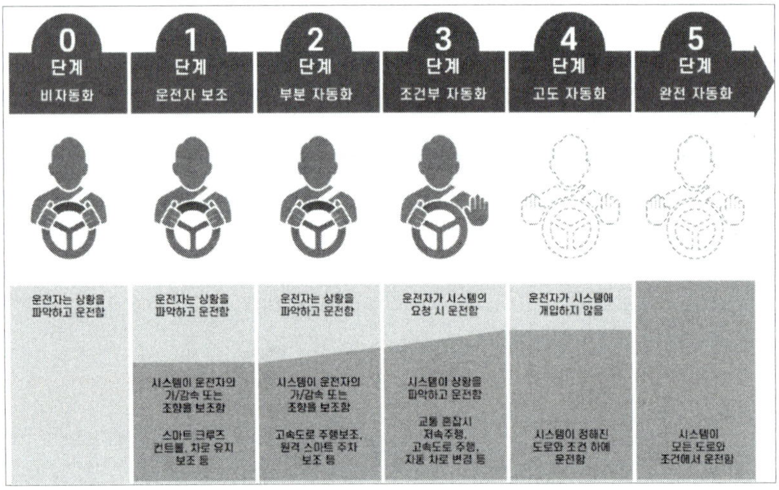

그림 9-74 자율주행 기술의 단계

자율주행 자동차라는 말과 같이 현재에 운전자가 전혀 필요 없는 자동차가 생산되기까지 기술적인 발전 단계가 도달하지는 않았습니다. 그림의 [201]자율주행 기술 단계와 같이 자율주행 기술은 미국자동차공학회(SAE)에서 정의한 것처럼 레벨0부터 레벨5까지 여섯 단계로 구분할 수 있습니다. 어떤 자율주행 기능도 적용되지 않는 레벨0이 있으며 레벨1,2에서는 시스템이 운전자의 속력 조절 및 방향 전환을 지원하는데 그칩니다. 현재 가장 상용화된 단계는 레벨 2로 고속도로에서 주행을 보조해주거나 주차를 보조해주는 등의 기술이 활용되고 있습니다. 고속도로와 같이 특정한 일부 상황에서 자율주행은 가능합니다. 운전자가

201) https://blog.hyundai-transys.com/387

스스로 상황을 파악하고 운전대에서 손을 놓지 않고 지속적으로 주의해야 합니다. 레벨2까지의 단계에서는 사람이 주로 운전을 하고 자율주행 시스템이 보조하는 수준이었다면, 레벨3부터는 주도권을 사람이 아니라 자율주행 시스템이 갖게 됩니다. 그리고 우리가 알고 있는 의미의 자율주행 자동차를 레벨3부터 레벨5까지로 정의하고 있습니다.

다. 자율주행 자동차에 적용된 기술

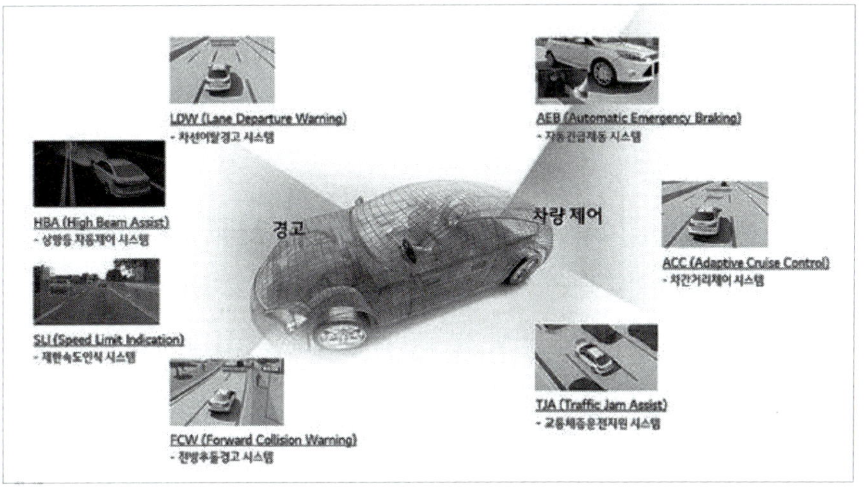

그림 9-75 자율주행 자동차에 적용된 기술

자율주행 자동차에는 올바른 주행을 위한 목적을 달성하도록, 그리고 승객 및 주변 사람들에 대한 안전을 보장하기 위해 다양한 기술이 적용되고 있습니다. 이는 주로 경고, 안전을 위한 목적과 차량을 제어하기 위한 목적의 기술로 나뉩니다.

1) 차선이탈경고 시스템(LDW)

LDW는 차량에 있는 여러 가지 센서와 카메라를 사용해 주행하고 있는 차량 주변의 도로를 모니터링합니다. 이를 바탕으로 운전자가 차선을 지키지 않고 이탈하는 경우를 감지하고 경고음이나 시각적 경고를 제시해 운전자에게 알려주는 역할을 합니다.

2) 상향등 자동제어 시스템(HBA)

HBA는 지능형 전조등을 활용하여 상향등과 하향등을 시스템이 자동으로 제어하도록 합니다. 마찬가지로 센서와 카메라를 활용해 전방에 마주오는 자동차를 감지하면 하향등으로 전환하고 차가 오지 않을 때는 상향등으로 전환해 운전자의 편리한 주행을 보조하는 역할을 합니다.

3) 자동 긴급제동 시스템(AEB)

AEB는 전방에 사고 위협이 감지되는 상황에서 운전자가 대처하기 어려울 때 경고와 함께 스스로 차량을 감속시키거나 긴급 브레이크를 작동하는 장치입니다. 이를 구현하기 위해 다양한 방식이 활용되며 카메라를 활용해서 인식하거나 레이더를 활용해서 인식하는 방식 등이 있습니다.

4) 차간거리제어 시스템(ACC)

최근 대부분 차량에 탑재된 크루즈 기능이 이와 같은 역할을 하며 운전자가 원하는 속도를 설정하면 운전 시 지속적으로 페달을 밟지 않아도 차량이 스스로 일정한 속도로 달리게 됩니다. 그리고 앞에 가던 차량이 정지하여 차량 간에 거리가 줄어들게 되면 자동으로 시스템이 거리를 조절하며 멈출 수 있도록 합니다.

3. 음성인식 기능을 활용한 자율주행 차량 구현

가. 프로그램 개요

최근 자율주행 차량과 더불어 인공지능 기술의 발전으로 친숙하게 활용하는 분야가 있습니다. 바로 '음성인식' 기술입니다. 스마트폰에 포함되어 있는 음성인식 기능은 물론이고 많은 가정에서도 인공지능 스피커를 통해 기술을 활용하고 있습니다.

음성인식 기술은 인간의 말, 음성을 컴퓨터가 이해하고 처리할 수 있도록 변환하는 기술이며 이를 통해 음성을 인식하고 명령을 수행하게 됩니다. 음성인식 기술은 우리 생활에서 많은 편리함을 불러오며, 자율주행 차량과 연계할 때 엄청난 변화를 가져올 것으로 기대되고 있습니다.

이번 실습에서는 아이온(AION) 로봇과 AI 코딩 플랫폼 플랫코(FlatCO)의 AI 음성 말하기 기능을 활용해 자율주행 차량의 음성인식 및 제어 시스템을 구현해 보고자 합니다.

나. 준비물

그림 9-76 음성인식 및 제어 시스템 구현을 위한 준비물

다. 하드웨어 연결

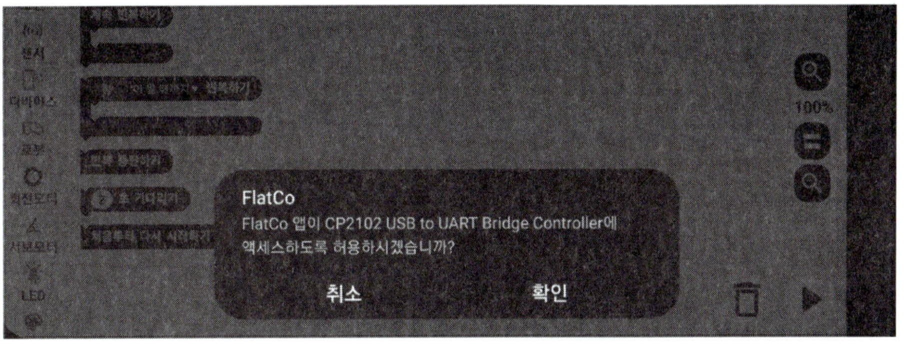

그림 9-77 아이온 로봇과 플랫코 앱 페어링 화면

실습을 진행하기 위해 아이온 로봇과 스마트폰을 페어링해야 합니다. 동봉된 동글과 OTG 케이블을 결합 후 스마트폰 단자에 연결하고, 플랫코 앱을 실행하면 아래와 같은 화면이 나옵니다. 이후 확인을 눌러 엑세스를 허용하고 아이온 로봇의 전원을 켜게 되면 자동으로 페어링 되는 것을 확인할 수 있습니다.

플랫코 앱에서 우측 로봇 모양의 동그라미 아이콘을 누르면 현재 디바이스와 로봇의 상태를 확인할 수 있습니다. 로봇이 페어링 되지 않았을 때는 '해당 아이콘 및 로봇의 전원을 켜 주세요.'라는 메시지가 출력됩니다. 로봇이 페어링되면 디바이스와 더불어 로봇의 상태를 확인할 수 있으며 스마트폰, 태블릿 등 디바이스의 소리, 빛, 자이로센서 값을 볼 수 있고 로봇의 센서값과 잔여 배터리 용량 등을 확인할 수 있습니다.

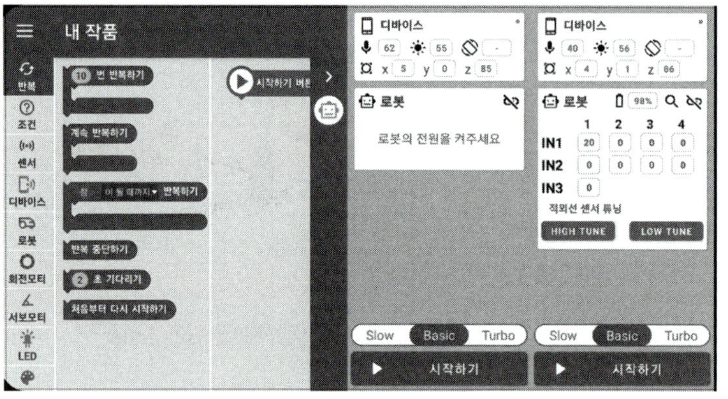

그림 9-78 플랫코 앱에서 디바이스와 로봇 연결 상태 확인

라. 음성 인식 및 제어 시스템 구현하기

1) 플랫코 앱에서 활용 가능한 AI음성 코딩 블록 확인하기

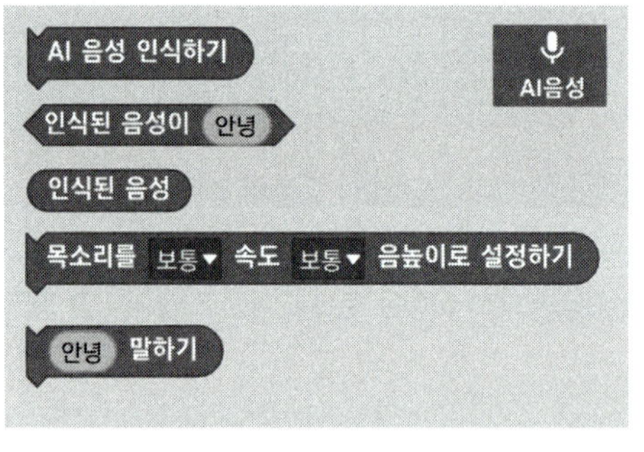

그림 9-79 AI음성 코딩 블록

위의 사진은 플랫코 앱에서 AI음성 기능을 위해 활용할 수 있는 코딩 블록입니다. 'AI 음성 인식하기' 블록을 통해 음성 인식을 시작하고 5초 동안 디바이스를 통해 음성을 인식합니다. '인식된 음성이 (안녕)' 블록은 인식된 음성이 괄호 안의 (안녕)이 맞는지 참, 거짓으로 판단합니다. '인식된 음성'은 인식한 음성을 문자로 변환한 값입니다. 목소리의 속도와 음높이

도 설정이 가능하며 '(안녕) 말하기' 블록을 통해 괄호 안의 (안녕) 문자를 음성으로 말해주며 메시지 창으로도 표시해줍니다.

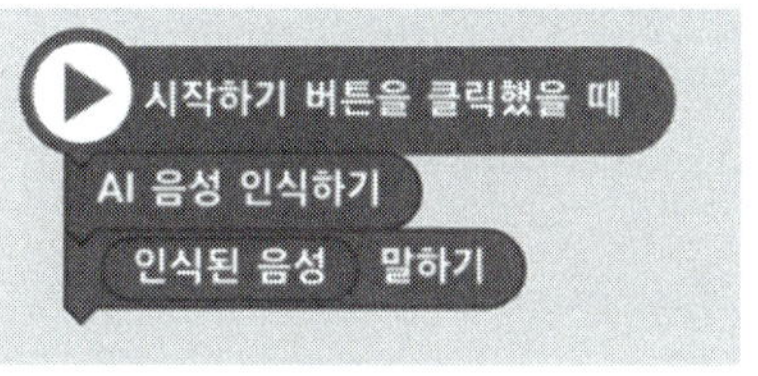

그림 9-80 AI음성 기능 체험을 위한 코드

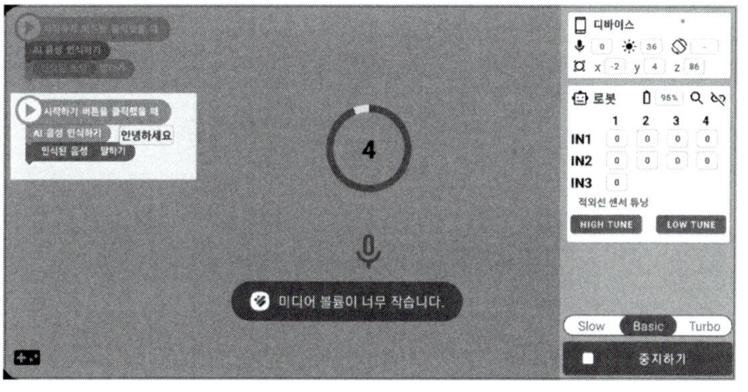

그림 9-81 AI음성 기능 실행 화면

AI음성 기능 작동 확인을 위해 위와 같이 간단한 코드를 작성하여 실행해 봅시다. 시작하기 버튼을 클릭하면 자동으로 음성을 인식하는 화면으로 넘어가며 5초 동안 음성을 인식합니다. 5초가 지나면 '(인식한 음성) 말하기' 블록을 통해서 음성을 디바이스에서 소리로 출력하며 플랫코 앱 화면에서도 메시지로 출력되는 것을 확인할 수 있습니다.

2) AI음성 기능을 활용해 아이온 로봇 조작하기

AI음성 기능을 활용해 아이온을 조작할 수 있는지 간단한 코드를 작성하여 확인해 봅시다. '계속 반복하기' 블록을 통해 AI음성 인식을 실행하고 만약 '안녕'이라는 음성을 인식했다면 아이온 로봇 전면의 LED가 깜빡이고 버저를 울리도록 코딩 후 실행해 봅니다.

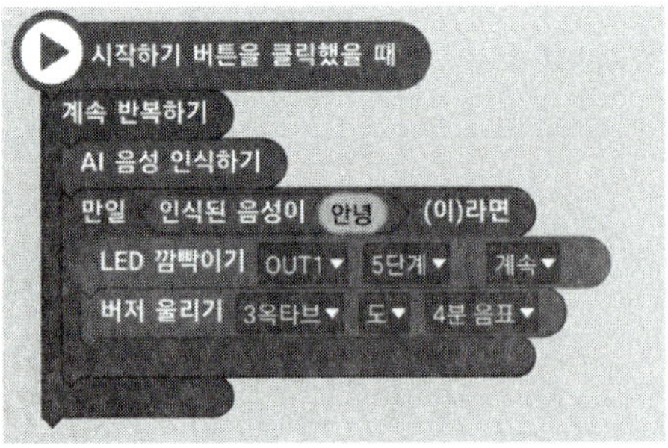

그림 9-82 AI음성 기능으로 아이온 조작을 위한 코드

3) AI음성 기능으로 자율주행 자동차의 음성 인식 및 제어 시스템 구현하기

AI음성 기능을 활용해 자율주행 자동차의 기능을 구현해 봅시다. 플랫코 앱에서 활용 가능한 아이온 로봇의 출력 장치 중 LED, 버저, 모터를 활용해 코드를 작성해보도록 합니다.

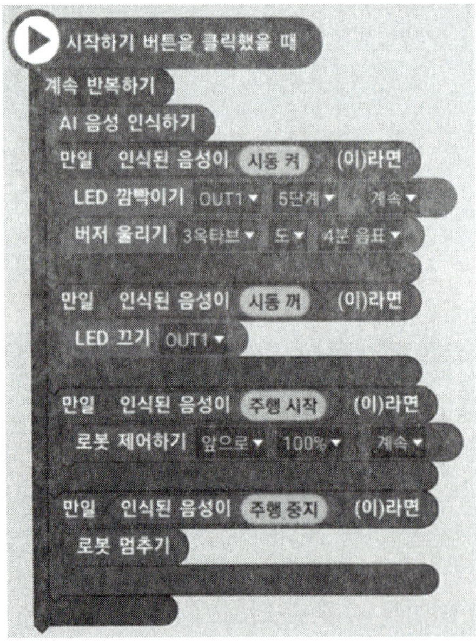

그림 9-83 자율주행 자동차 음성 인식 및 제어 시스템 코드

자율주행 자동차에 있는 사용자의 음성을 인식하고 차량을 제어할 수 있는 시스템을 구현한 코드입니다. 실시간으로 사용자의 명령을 수행할 수 있도록 계속 반복하기 블록을 사용

하도록 하며, '시동 켜'라는 음성을 인식한다면 LED를 깜빡이고 버저를 울리며 시동이 켜도록 하는 명령을 수행합니다. '시동 꺼'라는 음성을 인식한다면 LED를 끄는 방식으로 시동을 끄도록 합니다. '주행 시작'이라는 음성을 인식한다면 로봇이 앞으로 주행하도록 하며, '주행 중지'라는 음성을 인식한다면 로봇을 멈추도록 합니다.

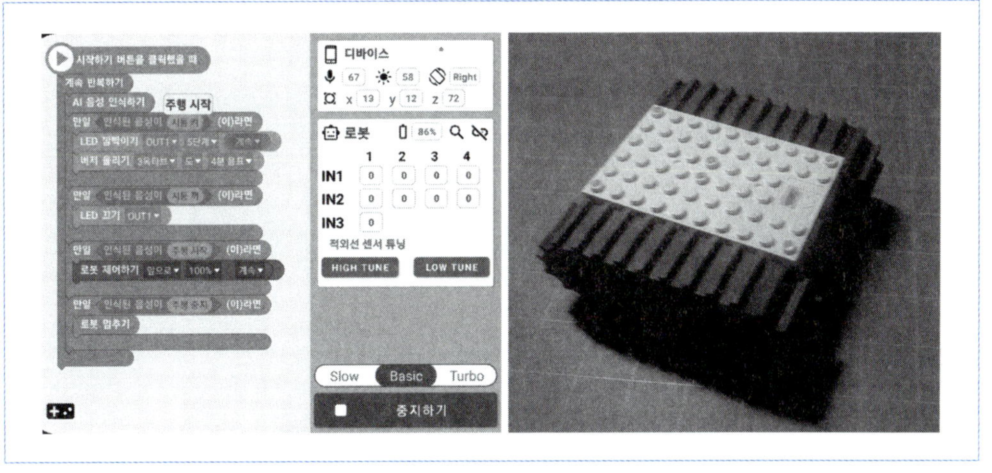

그림 9-84 음성 인식 및 제어 시스템을 통한 주행 모습

코드를 실행 후 '주행 시작'이라고 말을 하고 해당 음성을 올바르게 인식했다면 플랫코 앱의 실행 화면과 같이 주행하는 블록이 선명한 색깔로 표시가 되고 명령을 수행합니다. 그리고 오른쪽과 같이 아이온 로봇이 앞으로 주행하는 것을 확인할 수 있습니다.

4. 자율주행 차량의 차로 유지 보조 시스템 설계

가. 프로그램 개요

자동차 주행에서 가장 중요한 것은 정해진 차선을 지키며 운전하는 것입니다. 이를 위해서 운전자는 주행 중에 항상 시선을 앞과 차선을 향해 주시해야 하며, 손은 핸들을 잡고 있어야 합니다. 이를 편리하게 도와줄 수 있는 시스템이 바로 차로 유지 보조 시스템입니다.

차로 유지 보조 시스템은 주행하고 있는 차로를 유지할 수 있도록 하며, 시스템 작동 시 자동차에 있는 카메라와 센서 등을 활용해 차선을 인식하고 벗어나려 할 때 올바른 경로로 가도록 수정하여 주행합니다. 이는 자율주행 차량의 가장 기본적인 기능 중 하나라고 할 수 있습니다.

이번 실습에서는 아이온 로봇과 내장된 적외선 센서, 플랫코 앱을 활용하여 프로그램을 작성하고, 자율주행 차량의 차로 유지 보조 시스템을 설계해 구현해 보고자 합니다.

나. 준비물

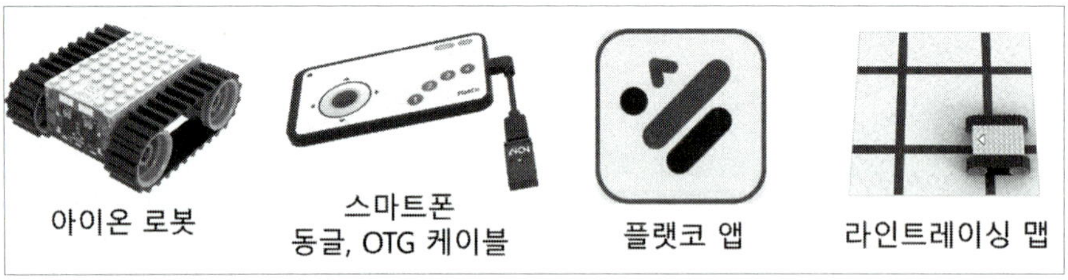

그림 9-85 차로 유지 보조 시스템 구현 준비물

다. 차로 유지 보조 시스템 설계하기

1) 차로 유지 보조 시스템을 구현 원리 이해하기

차로를 올바르게 유지할 수 있도록 도와주는 시스템을 구현하기 위해 적외선 센서를 활용합니다. 적외선센서는 빛의 반사를 이용하며, 센서에서 적외선을 발산한 후 반사되어 들어오는 양을 수치화해서 나타냅니다. 이때 측정되는 센서값을 통해 물체와의 거리가 멀고 가까움을 구별할 수 있으며 반사되는 정도를 통해 흰색, 검은색을 구별할 수 있습니다. 아이온 로봇의 하부에는 적외선 센서 2개가 내장되어 있습니다. 각각의 센서는 발광부, 수광부로 나뉘며 발광부에서는 적외선을 바닥으로 발사하고 수광부는 바닥에서 반사된 적외선을 인식합니다.

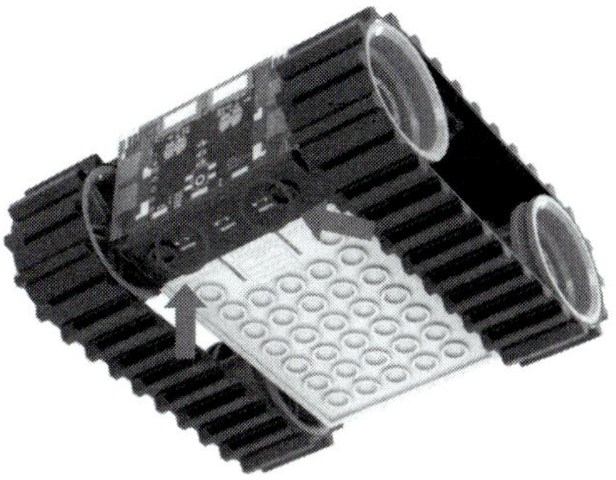

그림 9-86 아이온 로봇의 적외선 센서

2) 적외선 센서 활용 및 주행을 위한 코딩 블록 확인하기

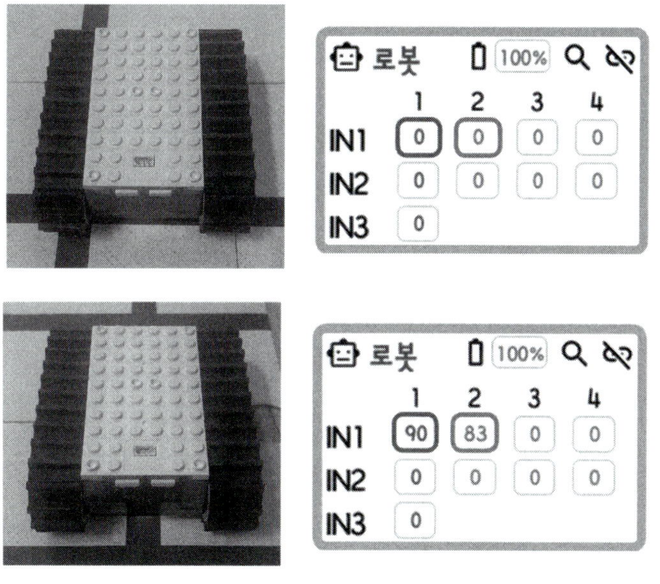

그림 9-87 검은색 선과 하얀색 바닥에서의 적외선 센서값 확인

아이온에 내장된 2개의 적외선 센서를 활용하기 위해서는 적외선 센서값을 확인할 수 있어야 합니다. 2개의 적외선 센서값은 IN1(입력포트 1번)의 1번, 2번 칸에서 확인할 수 있습니다. 위의 사진의 상단과 같이 1, 2번 적외선 센서가 모두 검은색 선 위에 있다면 적외선이 반사되지 않고 수광부에서 인식하지 못해 센서값이 모두 0으로 표기되는 것을 확인할 수 있습

니다. 하단의 사진과 같이 1, 2번 적외선 센서가 하얀색 바닥에 있다면 적외선이 반사되어 수광부에서 인식한 값만큼 센서값이 표기되는 것을 볼 수 있습니다. 이렇게 적외선 센서값을 확인하며 얼마정도의 값을 설정해야 도로의 역할을 하는 검은색 선을 따라갈 수 있는지 결정할 수 있어야 합니다.

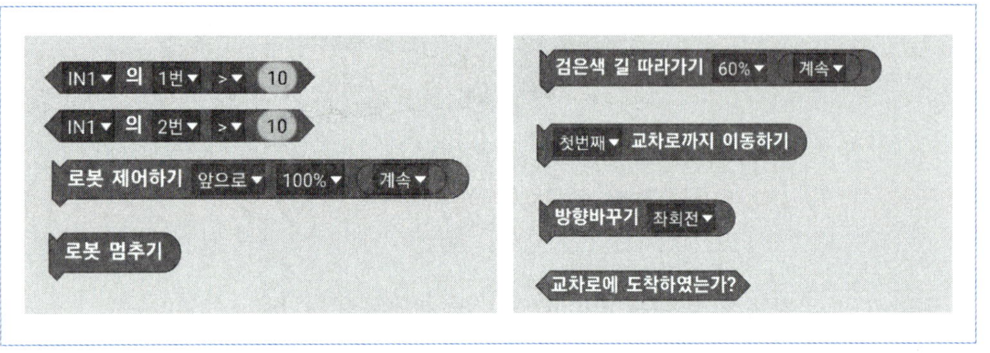

그림 9-88 차로 유지 보조 시스템 구현을 위한 코딩 블록

적외선 센서를 활용한 차로 유지 보조 시스템 구현을 위해 위와 같은 코딩 블록을 활용합니다. 2개의 적외선 센서의 값을 통해서 바르게 도로를 따라 주행하고 있는지 인식하기 때문에 IN1 포트의 1, 2번 센서값의 크고 작음을 판단하는 블록을 활용합니다. 그리고 그에 따라 차량이 주행할 수 있도록 로봇 제어하기와 로봇 멈추기 블록을 사용합니다.

우측은 도로를 따라 주행할 수 있는 라인트레이싱 기능을 바로 활용할 수 있는 블록입니다. '검은색 길 따라가기' 블록을 통해서 센서값으로 판단하여 주행했던 과정을 쉽게 진행할 수 있고, 교차로에서 방향을 바꿀 수 있는 블록까지 활용할 수 있습니다.

3) 차로 유지 보조 시스템을 구현하고 작동해보기

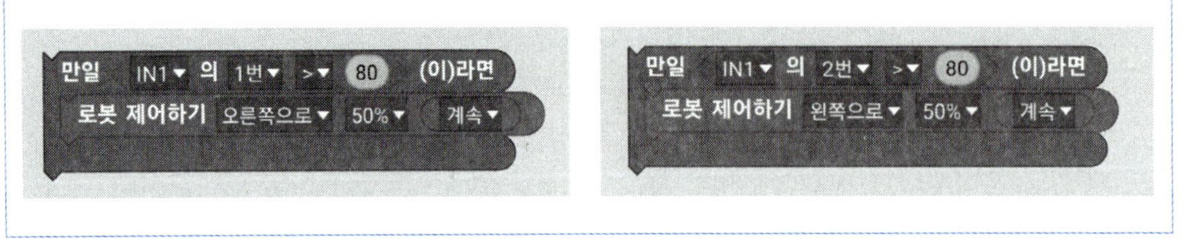

그림 9-89 차로를 유지하며 주행하기 위한 코드

자율주행 차량은 차로 유지 보조 시스템을 통해 차선이 올바르지 않으면 스스로 바로 잡을

수 있어야 하며 아이온 로봇에서 그것은 적외선 센서를 통해 구현됩니다. 먼저 하부 좌우에 달린 1, 2번 적외선 센서값에 따라 로봇이 올바르게 주행하고 있는지, 왼쪽으로 치우쳐졌는지, 오른쪽으로 치우쳐졌는지를 확인할 수 있습니다. 만약 길을 따라 올바르게 주행하지 않고 왼쪽이나 오른쪽으로 치우쳐졌다면 반대 방향으로 주행하여 차체를 바로 잡아야 합니다. 1번 적외선 센서는 주행 방향을 기준으로 볼 때 왼쪽에 위치하고 있습니다. 따라서 왼쪽에 있는 적외선 센서의 값이 일정 수준을 넘으면 검은색 선을 따라 주행하는 것이 아니라 흰색 바닥 위로 주행하는 것이기에 왼쪽으로 방향이 틀어진 상태라고 판단할 수 있습니다. 따라서 오른쪽으로 제어하여 주행할 수 있도록 합니다. 2번 적외선 센서도 오른쪽에 위치하고 있기 때문에 센서값이 커진다면 방향이 오른쪽을 틀어진 상태이므로 왼쪽으로 제어하여 주행할 수 있도록 해야 합니다. 예시 코드에서는 80을 기준 센서값으로 정했으며, 센서값을 다르게 해보며 차선 이탈에 더욱 민감하게 반응하거나 여유롭게 반응하여 바로 잡도록 정할 수 있습니다.

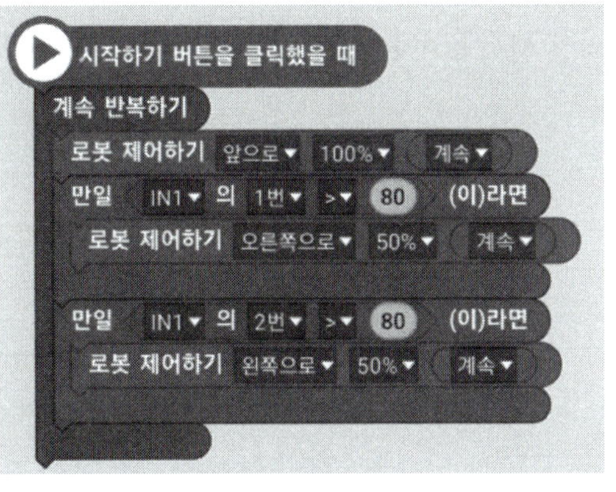

그림 9-90 차로 유지 보조 시스템 구현 코드

위는 차로 유지 보조 시스템을 구현하기 위한 완성된 코드입니다. 먼저 로봇을 앞으로 제어하기 코드를 통해서 차선을 따라서 올바르게 진행할 수 있도록 해야 합니다. 그리고 계속 반복하기 블록을 활용해 실시간으로 변화하는 센서값에 따라 차선을 유지하고 주행하고 있는지를 바로 판단하고 차체를 바로잡을 수 있도록 해야 합니다.

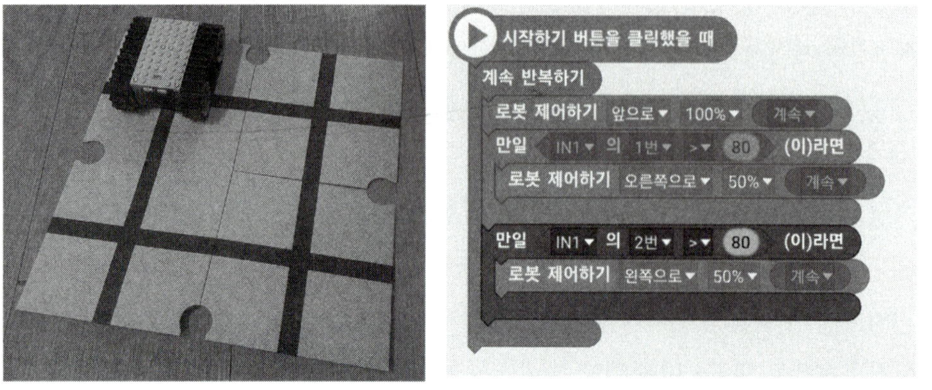

그림 9-91 차로 유지 보조 시스템 실행

위의 사진은 차로 유지 보조 시스템을 실행했을 때의 주행 모습과 코드 진행 모습입니다. 차량은 앞으로 올바르게 진행 중 일정 센서값 이상에 도달했을 때 해당 센서의 위치에 따라 차선 이탈을 감지하고 차체를 고쳐 주행합니다. 오른쪽의 코드 실행 모습에서 볼 수 있듯이 오른쪽에 위치한 2번 적외선 센서 값이 80을 넘어 왼쪽으로 로봇을 제어해 올바른 차로를 유지합니다.

Chapter 10

인공지능 융합 교육

SECTION

1 인공지능 융합교육의 이해

1. 인공지능 융합교육

가. 인공지능 융합교육의 개념

인공지능 융합교육은 말 그대로 인공지능을 국어·수학·사회·과학·예체능 등 타 교과와 융합하여 가르치는 것을 말합니다. 신동훈과 신원섭(2020)은 기존의 융합교육에 인공지능을 활용하거나, 인공지능을 교육 내용이나 방법에 결합함으로써 각 교과교육의 성취기준을 달성할 뿐만 아니라, 인공지능 리터러시를 향상할 수 있는 교육으로 정의하였습니다.[202)]

인공지능 융합교육의 예로 인공지능을 환경과 융합하여 쓰레기를 플라스틱, 캔, 종이 등으로 분류하는 분리수거 인공지능을 만들어 보고 환경을 보호하기 위한 방법과 필요성을 생각해 보는 수업을 구성할 수 있습니다. 또, 도덕과 융합하여 인공지능을 활용한 악성 댓글 차단기를 만들어보거나 모럴 머신을 활용하여 트롤리 딜레마를 체험해 보고 인공지능의 윤리에 대해 생각해보는 수업을 구성할 수 있습니다. 이는 인공지능 융합교육의 개념 이해를 돕기 위한 아주 간단한 예이며 이외에도 학생의 인공지능 소양을 향상하기 위하여 다양한 교과와 인공지능을 융합하여 교육과정과 학습 내용을 재구성할 수 있습니다. 또한 주제를 중심으로 하나의 교과뿐만 아니라 여러 교과와 재구성할 수도 있습니다.

나. 인공지능 융합교육의 필요성

지금까지 융합과 인공지능 융합교육이 무엇인지에 대해 알아보았습니다. 그렇다면 인공지능 융합교육은 왜 필요할까요? 오늘날은 인공지능 기술의 발전으로 인해 우리가 살아가는 사회의 모습에 큰 변화가 일어나고 있습니다. 우리의 생활 속에도 어느새 인공지능은 큰 부분을 차지하고 있습니다. 인공지능 스피커, 자율주행 자동차, 스마트 팜 등 인공지능 기술은 우리의 삶을 보다 편리하게 만들어 줍니다. 앞으로는 모든 산업이 인공지능과 융합 기술을

202) 초등과학교육에서 인공지능의 적용방안 연구(2020)

바탕으로 발전하기 때문에 많은 나라 사이에서 우리의 경쟁력을 갖추기 위해서는 이러한 인공지능을 잘 활용할 수 있는 능력이 중요합니다. 이렇듯 국가적 차원에서 인공지능 기술과 활용에 대한 관심이 높아지면서 국내 및 해외에서 인공지능 교육에 대한 관심도 더불어 높아지고 있습니다. 이를 위해 국가 차원에서 인공지능 교육을 교육과정에 포함시키고 있는 경우도 있습니다. 국내외 인공지능 교육은 다음 <표 10-1>과 같이 정리할 수 있습니다.

표 10-1 국내외 인공지능 교육 현황[203]

국가	세부 내용
중국	– 차세대 AI 발전 계획 발표(2017) – 유치원에서부터 고등학교, 직업교육 연계 AI 교과서 발간
미국	– 'AI 국가 연구 개발 전략' 발표(2016) – AI4K12 이니셔티브, 공동 프로젝트
일본	– 대학 신입생 및 전문계교 학생 AI 기초 교육 실시 – 25만명 대학생 AI 전문 인력으로 육성
한국	– 인공지능 국가전략 발표(2019) – AI 고급 인재 양성 – 교육과정에서 SW 및 AI 학습 강화

이러한 사회 변화 속에서 미래를 대비하는 지식과 역량을 갖춘 인재를 양성하기 위해서 학교에서는 학생들을 대상으로 기초적인 인공지능 소양을 함양할 수 있도록 인공지능 교육을 실시해야 합니다. 인공지능 교육을 효과적으로 하는 방법이 바로 인공지능과 교과를 융합하여 가르치는 인공지능 융합교육입니다. 인공지능 소양을 기르기 위해서는 인공지능에 대한 단편적이고 이론적인 지식 전달 위주의 교육보다 교과와 융합하여 인공지능의 원리를 체험하거나 인공지능의 유용성을 경험해 보는 것이 보다 효과적이라고 할 수 있습니다.

다. 인공지능 융합교육 연구 사례

인공지능 융합교육을 실시하였을 때 구체적으로 어떤 효과가 있는지 실제 교육 현장에서 인공지능 융합교육을 적용한 몇 가지 선행연구 사례를 통해 살펴보겠습니다.

한규정과 안형준(2021)은 영어 교과를 기반으로 하여 미술과 인공지능을 융합한 인공지능 영어 융합교육 프로그램을 개발하여 그 효과성을 검증하였습니다. 엔트리의 인공지능 모델

203) 2019 AI 융합교육 정책자료집(한국과학창의재단, 2019)

중 이미지 인식 모형과 번역 및 읽어주기 기능을 이용하여 의사소통 연습 프로그램을 만들어 보는 수업을 적용한 결과 영어로 물어보거나 답하기 어려워하는 학생도 자신감을 향상하였으며 창의성과 의사소통 능력이 증진되었습니다.

표 10-2 엔트리를 활용한 인공지능 융합교육 사례(한규정, 안형준, 2021)[204)]

차시	학습 내용
1	• 우리 반 친구들이 좋아하는 과일 그림으로 그리고 데이터로 변환하기 – 반 친구들이 좋아하는 과일 조사하기 – 인공지능을 학습시키기 위한 데이터 수집 방법 토의하기 – 어떤 그림을 그릴지 토의하기(21명이 사과, 포도, 딸기 하나씩 나누어 그림) – 그림을 사진으로 촬영하기(스마트패드, 카메라 활용)
2	• 과일 그림을 구분하는 인공지능 모델 만들기 – 21개의 이미지 데이터를 3개의 클래스로 분류하기(apple, grape, strawberry) – 21개 과일 사진 이름 만들고 폴더에 사진 분류하여 저장하기 – 엔트리 인공지능 모델의 이름 정하고 클래스에 데이터 입력하기 – 인공지능 모델 학습 및 결과 확인하기
3	• 번역과 읽어주기 기능 활용 좋아하는 과일 물어보고 답하는 프로그램 코딩하기 – 엔트리 프로그램 화면 구상 및 오브젝트 구현하기 – 질문하는 엔드리봇 코드, 대답하는 엔트리봇 코드 만들기 – 코드 실행하기

이영호(2021)는 교과 융합 및 융합인재교육(STEAM)을 바탕으로 인공지능 관련 교육 내용을 사회, 윤리, 기술적 차원으로 구분한 후 교과의 성취기준과 연계한 15차시 분량의 프로그램을 개발하고 수업에 적용하였습니다. 그 결과 학생들은 인공지능 기술에 대해 긍정적인 태도를 가지게 되었고 창의적 문제 해결력이 신장된 것을 확인할 수 있었습니다. 또한, 인공지능을 주제로 한 융합인재교육(STEAM)에 대한 학생들의 만족도와 흥미, 관심도 유의미하게 향상되었습니다.

204) 한규정 and 안형준. (2021). 초등학교에서의 엔트리를 활용한 인공지능 융합 교육 사례. 창의정보문화연구, 7(4), 197-206.

표 10-3 인공지능 융합 교육 프로그램(이영호, 2021)[205)]

차시	학습 내용
1	인공지능 기술로 인해 변화할 미래 모습
2	인공지능 기술로 인한 직업의 변화
3	인공지능의 발전사와 앞으로의 발전 방향
4	모럴 머신을 통한 인공지능과 윤리의 관계 알기
5	인공지능 바르게 사용하기
6	변화하는 사람과 인공지능 사이의 관계 알고 바람직한 삶의 방향성 탐색하기
7	인공지능과 빅데이터 관계 이해하기
8	인공지능의 지도학습과 비지도학습 이해하기
9	인공지능의 이미지 인식 기능 체험하기
10	인공지능의 동작 인식 기능 체험하기
11-12	블록형 인공지능 프로그래밍 학습하기
13	인공지능 이용한 프로그래밍하기
14	인공지능 모델 개발 및 프로그래밍하기
15	인공지능으로 인한 사회 변화의 삶의 자세 토의하기

이재호와 이승훈(2023)은 학생의 수준을 고려하여 기초-심화-도전-창의 4단계 수준별 에듀테크 활용 융합교육 프로그램을 개발하였으며, 초등학생 840명을 대상으로 적용하여 그 효과성을 검증하였습니다. 에듀테크의 VR, AR, AI를 활용하여 창의·과학, 진로, SW·AI 교육을 융합한 수업을 적용하고 학생 수업 만족도 검사를 시행한 결과, 학습 내용 만족도, 선생님 만족도, SW·AI 효능감 등 전체적인 프로그램 만족도가 기존의 SW·AI 수업에 비해 높아진 것으로 나타났습니다. 이를 통해 에듀테크를 활용하여 학생 개개인의 수준에 맞춘 수업을 실시하였을 때 융합교육의 효과가 크다는 것을 알 수 있습니다.

205) 이영호. (2021). 인공지능 융합 교육 프로그램 개발 및 효과성 분석. 정보교육학회논문지, 25(1), 71-79.

표 10-4 에듀테크 활용 초등 융합 교육 프로그램(이재호, 이승훈, 2023)[206]

단계	주제	학습 내용	비고
기초	달리기 대회	- 미래 세계의 변화, VR활용 탐색(진로) - 달리는 엔트리봇 만들기(엔트리) - 장애물 달리기 게임 만들기	VR + 프로그래밍
심화	축구	- 영화로 보는 AI 세상, AR활용 캐릭터 만들기(진로) - 자동 축구 골대 만들기(엔트리) - 골키퍼봇, 축구봇 만들기	AR + 프로그래밍 + 메이커
도전	큰 공 굴리기	- 인공지능 관련 미래의 내 모습 설계하기(진로) - 출발 AI 수신호 만들기(엔트리 AI 블록) - 컬링 로봇 경기하기(피지컬 컴퓨팅)	프로그래밍 + AI
창의	다 함께 운동회	- 미래를 바꾸는 발명의 힘, 직업 탐색(진로) - 박 터뜨리기 게임 만들기(AI 비디오 인식) - 인공지능 박 터뜨리기 로봇 만들기(피지컬 컴퓨팅)	프로그래밍 + AI + 메이커

김중균과 김경언(2023)은 초등학교 6학년 101명 학생을 대상으로 실과, 국어, 사회, 과학 등 4개의 교과목을 연계하여 프로젝트 수업과 토의·토론 수업방식을 적용한 인공지능 활용 환경 융합 프로그램을 설계하고 학생들에게 적용하였습니다. 이를 바탕으로 환경 교육과 인공지능 활용 교육을 융합한 프로그램 효과성에 대한 분석을 실시한 결과 환경 소양과 인공지능 역량에 긍정적인 효과가 있는것으로 나타났습니다. 또한 환경소양의 하위 역량인 인지적, 정의적, 행동적 영역과 인공지능역량의 하위 역량인 인공지능 이해, 인공지능 활용도 유의한 향상이 나타난 것으로 보아 인공지능 활용 환경 융합 프로그램이 유의미한 효과가 있다는 것을 알 수 있습니다.

206) 이재호 and 이승훈. (2023). 에듀테크 활용 초등 융합 교육 프로그램 개발 및 적용. 창의정보문화연구, 9(3), 163-171.

표 10-5 인공지능을 활용한 교과융합 환경교육 프로그램(김중균, 김경언, 2023)[207)]

단계	주제	학습 내용	비고
1-4	인공지능이란 ?	- 인공지능의 기본 개념 알아보기 - 인공지능의 종류 살펴보기 - 우리 주변의 인공지능 도구 찾아보기 - 인공지능 윤리에 대해 알아보기	실과
5-6	환경 관련 인공지능 도구 체험하기	- 머신러닝에 대해 알아보기 - AI for Oceans 프로그램 살펴보기 - AI for Oceans를 체험하면서 해양 생태계에 대한 문제점 인식하기	실과 과학
7-8	우리 생활에 영향을 주는 환경 문제	- 다양한 환경 문제 조사하기 - 프로젝트 학습의 주제로 어떤 환경문제를 다룰 것인지 토의하기 - 해당 환경문제를 해결하기 위한 방안 조사하기	국어 사회
9-10	다양한 환경문제와 해결 방안	- 우리 모둠에서 조사한 환경문제에 따른 해결방안 정리하기 - 발표자료를 만들기 위한 기본안 논의하기 - 발표자료에 활용할 인공지능 도구 선정하기 (티처블머신, Vrew, 오토드로우, 크롬뮤직랩 등) - 다른 모둠과 공유할 수 있는 발표자료 만들기	국어 과학 실과
11-12	우리가 관심을 가져야 할 환경문제	- 다른 모둠의 발표를 듣고 서로의 의견 보충하기 - 친구들의 의견을 수합한 것을 토대로 우리 모둠의 최종 환경문제와 해결방안 정리하기 - 구글 사이트도구를 이용하여 우리가 관심을 가져야 할 환경문제 공유하기	국어 사회 실과

이외에도 많은 연구자들이 다양한 방법과 측면에서 인공지능을 기존의 교과와 융합하여 교육하고자 하는 시도를 하였으며 그 결과 인공지능 융합교육이 학생들의 창의력, 문제해결력, 교과 역량, SW 및 인공지능 소양 등 다양한 역량에 효과적인 것으로 나타났습니다. 이처럼 인공지능 융합교육에 대해 다양한 연구가 이루어지고 있지만, 앞으로도 지속적으로 교육 현장에서 실질적이고 유용한 인공지능 융합교육이 이루어질 수 있도록 더욱 다양한 교과와 인공지능을 융합한 인공지능 융합교육에 대한 연구를 통해 학생들에게 적용할 수 있는 다양한 프로그램의 개발이 필요합니다. 또한 초등학교 고학년뿐만 아니라 전 학년에서 적용될 수 있는 체계적이고 단계적인 교육 방법에 대한 논의도 필요합니다.

207) 이재호 and 이승훈. (2023). 에듀테크 활용 초등 융합 교육 프로그램 개발 및 적용. 창의정보문화연구, 9(3), 163-171.

라. 인공지능 융합교육에 활용 가능한 체험 프로그램

인공지능을 체험해 봄으로써 인공지능에 대한 흥미를 유발할 수 있는 몇 가지 프로그램들에 대해 소개 하겠습니다. 본 프로그램들은 인공지능이 적용되어 있으며 접근성이 쉽고, 별도의 계정이 없이도 사용할 수 있기 때문에 처음 인공지능을 접하는 학생들을 대상으로 적용하기 편리합니다. 교사는 학생들에게 가르치고자 하는 목적과 주제에 따라 알맞은 프로그램을 선정하여 제시할 수 있습니다.

1) 바다환경을 위한 AI(AI for Oceans)[208]

바다환경을 위한 AI(AI for Oceans)는 code.org에서 제공하는 것으로 머신러닝과 AI의 윤리적 사용에 대해 체험할 수 있는 웹 기반 도구입니다. 한국어를 포함 25개 이상의 언어를 지원하며 머신러닝 및 AI를 처음 접하는 학습자에게 적합한 도구입니다. AI for Oceans는 별도의 다운로드나 계정이 없어도 사용할 수 있기 때문에 접근이 쉽습니다.

AI for Oceans는 학습자가 물고기와 쓰레기를 구분할 수 있도록 분류하는 과정에서 머신러닝의 학습을 체험할 수 있습니다. 또한 그 과정에서 데이터의 중요성과 환경에 대한 윤리 의식에 대해서도 학습할 수 있습니다.

그림 10-1 엔트리 화면

208) https://code.org/oceans

2) 퀵 드로우(Quick Draw)[209)]

퀵 드로우(Quick draw)는 구글(Google AI experiment)에 의해 제작되었으며 머신러닝 인공지능을 체험하기 위한 웹 기반 도구입니다. 퀵 드로우는 머신러닝에 기반하여 사용자가 그리는 그림이 무엇인지를 추측하는 프로그램입니다. 또한 퀵 드로우에서 그리는 그림은 신경망이 학습하여 머신러닝의 데이터로 다시 활용됩니다. 별도의 다운로드나 계정이 필요하지 않아 쉽게 사용할 수 있습니다.

그림 10-2 퀵 드로우(Quick Draw!) 화면

3) 오토 드로우(Auto Draw)[210)]

오토 드로우(Auto Draw)는 구글(Google AI experiment)에 의해 제작되었으며 머신러닝 인공지능을 체험하기 위한 웹 기반 도구입니다. 오토 드로우는 사용자가 그리는 그림을 인식하여 무엇을 그리려는지 추측합니다. 이를 바탕으로 머신러닝과 아티스트의 그림을 결합하여 시각적인 이미지를 빠르게 만들 수 있도록 도와줍니다. 별도의 다운로드나 계정이 필요 없어서 쉽게 사용할 수 있습니다.

자동 그리기 기능 이외에도 자유롭게 그림을 그리는 기능, 텍스트 입력, 색칠하기, 도형 그리기 등의 기능을 추가적으로 제공하여 보다 편리하게 그림을 그릴 수 있습니다.

---

209) https://quickdraw.withgoogle.com

210) https://www.autodraw.com

그림 10-3 오토 드로우(Auto Draw) 화면

4) 세미컨덕터(Semi–Conductor)[211)]

세미컨덕터(Semi-Conductor)는 구글(Google AI experiment)에 의해 제작되었으며 머신러닝 인공지능을 체험하기 위한 웹 기반 도구입니다. 세미컨덕터는 웹 브라우저를 통해 오케스트라를 지휘할 수 있으며 머신러닝이 학습한 음악 데이터를 바탕으로 작동합니다. 웹캠을 통해 사용자 팔의 움직임을 인식하여 오케스트라가 연주하는 음악의 크기, 템포, 악기 등을 조절합니다. 따라서 세미컨덕터를 사용하기 위해서는 카메라 및 스피커 등이 장착된 기기가 필요합니다.

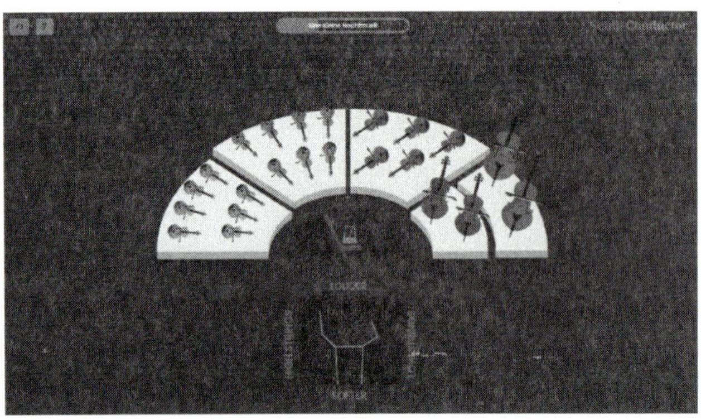

그림 10-4 세미컨덕터(Semi–Conductor) 화면

211) https://semiconductor.withgoogle.com/

5) 두들 바흐(Doodle Bach)[212)]

두들 바흐(Doodle Bach)는 유명 음악가인 세바스티안 바흐를 기념하며 구글(Google)에서 제작한 인공지능 체험 웹 기반 도구입니다. 두들 바흐는 악보에 음을 임의로 추가하면 머신러닝을 바탕으로 바흐 스타일로 화음을 만들어 줍니다. 두들 바흐에 적용되는 머신러닝은 바흐의 306편의 작품을 학습하였으며 이를 분석해서 패턴을 인식하고 멜로디로 화음을 만들어 줍니다. 만든 음악은 다른 사람들과 공유할 수 있으며 음악 파일(midi)로 다운로드도 가능합니다.

그림 10-5 두들 바흐(Doodle Bach) 화면

6) 블롭 오페라(Blob Opera)[213)]

블롭 오페라(Blob Opera)는 구글(Google Arts & Culture)에서 제작한 머신러닝 기반 음악 제작 도구입니다. 블롭 오페라는 웹 기반 도구로 별도의 다운로드가 필요하지 않아 쉽게 접근할 수 있습니다. 블롭 오페라는 4명의 실제 오페라 가수가 16시간 분량의 노래를 녹음한 것을 학습한 머신러닝을 바탕으로 새로운 음악을 연주할 수 있습니다. 사용자는 블롭을 위아래로 드래그하여 음정, 소리 등을 바꿀 수 있습니다. 만든 오페라를 녹화하여 다른 사람들과 공유하는 기능도 제공합니다.

블롭 오페라에서는 기본 블롭 오페라 하우스 배경 외에도 영국 런던, 미국 뉴욕, 멕시코 멕시코시티, 대한민국 서울, 남아프리카 공화국 케이프타운, 프랑스 파리 등 세계 곳곳의 도시에

212) https://www.google.com/doodles/celebrating-johann-sebastian-bach

213) https://artsandculture.google.com/experiment/blob-opera/AAHWrq360NcGbw

블롭을 데려가 각 도시의 민요와 클래식을 부르는 것을 들을 수도 있습니다.

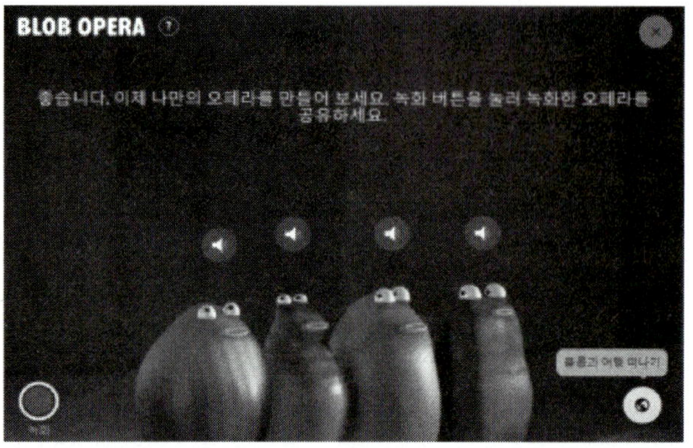

그림 10-6 블롭 오페라(Blob Opera) 화면

7) 씨잉 뮤직(Seeing Music)[214)]

씨잉 뮤직(Seeing Music)은 구글(Google AI experiment)에 의해 제작되었으며 음악을 시각화하여 볼 수 있는 인공지능 체험 웹 기반 도구입니다. 씨잉 뮤직은 마이크를 통해 노래를 부르거나 오디오를 재생할 수 있으며 이러한 소리를 선, 그림, 모양 등으로 시각화 하여 보여 줍니다.

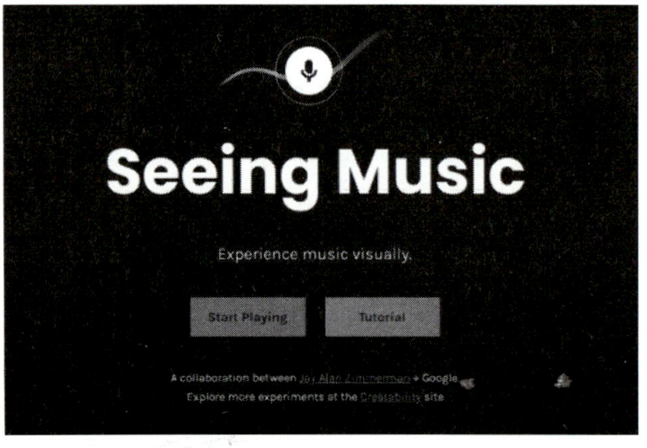

그림 10-7 씨잉 뮤직(Seeing Music) 화면

214) https://experiments.withgoogle.com/seeing-music

8) 크롬 뮤직 랩(Chrome Music Lab)[215)]

크롬 뮤직 랩(Chrome Music Lab)은 구글 크롬(Google Chrome)에서 개발한 음악 예술 교육용 웹 기반 도구입니다. 음악과 기타 교과를 융합하여 체험할 수 있습니다. 별도 다운로드나 계정이 필요 없어 쉽게 접근할 수 있습니다.

Shared piano(다른 사람과 함께 피아노 연주 가능), Song maker(간단한 터치로 음악 작곡), Rhythm(비트 제작), Spectrogram(소리를 스펙토그램으로 나타냄), Sound waves(음계를 누르면 공의 움직임과 선으로 표현됨), Arpeggios(음을 선택하면 아르페지오로 연주), Kandinsky(그림을 그리면 음악으로 표현됨), Voice spinner(녹음된 목소리를 역재생하거나 속도 조절 가능), Harmonics(화음 연주), Paino roll(연주되는 음악의 소리 변경 가능), Oscillators(진동자 소리), Strings(줄과 수학 사이의 관계로 음악 연주), Melody maker(간단한 패턴으로 멜로디 제작), Chords(음으로 시작하는 3도 화음 확인 가능) 등 14가지의 프로그램을 제공합니다.

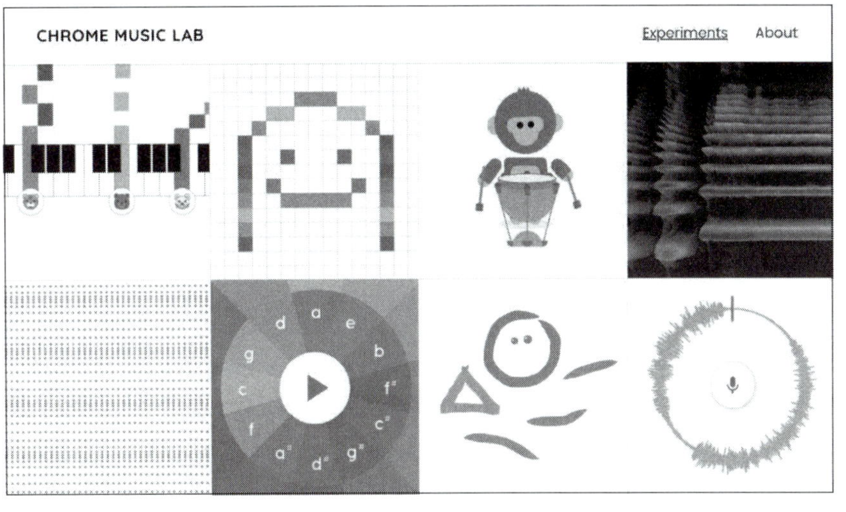

그림 10-8 크롬 뮤직 랩(Chrome Music Lab) 화면

215) https://musiclab.chromeexperiments.com/

SECTION 2

인공지능 융합교육의 사례

1. 지형 분류기 제작하기(지도학습: 분류모델)

본 프로젝트는 우리나라의 지형을 익히기 위하여 사회 교과와 인공지능 프로그래밍을 융합한 수업을 적용한 것입니다. 첫 번째 활동으로 지형과 관련한 이미지 데이터를 수집하여 AI 모델을 제작하고 두 번째 활동으로 엔트리(Entry)의 이미지 인식을 이용하여 지형을 분류하는 프로그램을 제작해 봅시다.

가. AI 모델 만들기

- 활동 목표 : 지형을 분류하는 AI 게임 프로그램 만들기
- 관련 교육과정
  - 5학년 > 1학기 > 사회 > 1. 국토와 우리 생활 > 02. 우리 국토의 자연환경 > 우리나라의 지형 살펴보기
  - 6학년 > 2학기 > 실과 > 4. 소프트웨어와 생활 > 03. 프로그래밍 요소와 구조

1) 데이터 수집 및 데이터 세트 구성하기

본 프로젝트의 목표는 지형을 분류하는 AI 게임 프로그램을 만드는 것이기 때문에 지형을 분류할 수 있는 AI 모델을 만들어야 합니다. 지형을 분류하기 위해 산지, 하천, 평야 등의 지형 이미지 데이터가 필요합니다. 아래의 데이터 수집 및 데이터 세트 구성 방법을 참고하여 프로젝트와 관련된 데이터를 수집하여 봅시다.

※ 데이터 수집하기

기계가 학습을 하기 위해서는 데이터가 필요합니다. 필요한 데이터의 종류가 이미지, 음성, 텍스트 중 어떤 유형인지 파악하고, 알맞은 데이터를 수집합니다.

1. 이미지 데이터 수집

이미지 데이터를 수집할 때 직접 카메라로 촬영할 수도 있지만 예시의 옷 데이터처럼 구하기 쉽지 않은 이미지라면 픽사베이[216], 펙셀즈[217] 등 무료 이미지를 다운로드할 수 있는 사이트를 활용합니다.

2. 음성 데이터 수집

음성 데이터를 수집할 때도 직접 스마트폰의 녹음 기능을 사용해 수집할 수도 있지만 다양한 음성 데이터를 수집하는 일이 생각보다 쉽지 않을 수 있습니다, 이때 프리사운드[218], 벤사운드[219] 등 무료 음원을 다운로드할 수 있는 사이트를 활용합니다.

3. 텍스트 데이터 수집

텍스트 데이터의 경우는 직접 텍스트를 입력하거나 txt, csv 형식의 파일을 업로드하여 데이터를 수집합니다. 우리 말의 경우에는 어미가 풍부하기 때문에 같은 표현이라도 어미를 달리해 텍스트를 입력해야 합니다. 예를 들어 '인사하는 말'을 학습시키기 위해서는 "안녕", "안녕하세요", "안녕하십니까", "안녕하시죠", "반가워", "반가워요", "반갑습니다", "좋은 아침", "좋은 아침이에요", "좋은 아침입니다"처럼 관련된 다양한 어미의 텍스트를 모두 입력하는 것이 보다 정확한 분류를 위해 필요합니다.

※ 데이터 세트 구성

많은 양의 데이터를 보다 효율적으로 관리하기 위해서는 수집한 데이터를 클래스 이름별로 데이터 세트를 마련하는 것이 좋습니다. 예시처럼 동물 이미지 데이터를 개, 고양이, 기린 등 클래스의 이름으로 폴더를 만들고 각 폴더에 수집한 이미지 데이터를 저장합니다. 또는 테스트 데이터와 훈련 데이터를 따로 수집하여 각각 폴더에 저장하고 활용해도 좋습니다.

---

216) 픽사베이, 무료이미지 다운로드 사이트, https://pixabay.com/ko/

217) 펙셀즈, 무료이미지 다운로드 사이트, https://www.pexels.com/ko-kr/

218) 프리사운드, 무료 음원 다운로드 사이트, https://freesound.org/

219) 벤사운드, 무료 음원 다운로드 사이트, https://www.bensound.com/

무료 이미지 다운로드 사이트 등을 이용해 산지, 하천, 평야와 관련된 이미지 데이터를 각각 10장 이상 수집합니다. 그리고 산지 1장, 하천 1장, 평야 1장씩을 더 추가로 수집해 테스트용 이미지로 사용합니다. 충분히 이미지 데이터를 수집했다면 각 지형 데이터를 이름별로 폴더에 정리해 데이터 세트를 구성합니다.

그림 10-9 지형 분류기를 만들기 위한 데이터 수집 및 데이터 세트 마련

2) 인공지능 모델 학습하기

엔트리, AI 코디니, 티처블 머신 등을 활용해 인공지능 모델을 만들어 봅시다. 예시에서는 엔트리를 활용합니다. 엔트리에 접속 후 만들기에 들어간 뒤 블록 카테고리에서 인공지능을 선택합니다. 그리고 [인공지능 모델 학습하기]를 클릭한 뒤 분류: 이미지를 선택합니다.

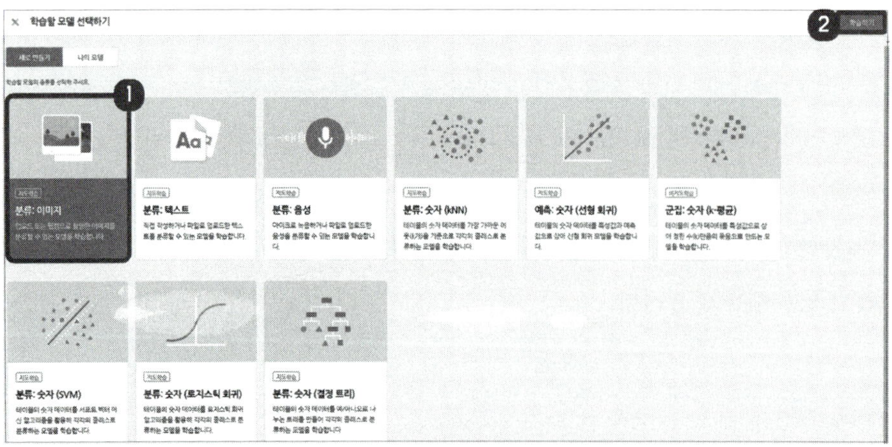

그림 10-10 학습할 모델 선택하기-이미지 학습

인공지능 모델의 이름을 “지형 분류 게임”이라고 입력합니다. 클래스1에는 “산지”, 클래스2에는 “평야”, 클래스3에는 “하천”이라고 입력합니다. 그리고 미리 마련한 데이터 세트에서 이미지 데이터를 불러와 각각 입력하도록 합니다. 입력이 모두 완료되면 학습의 [모델 학습하기]를 클릭합니다. 학습이 완료되면 결과 창에서 제대로 학습이 이루어졌는지 확인합니다. 업로드 또는 직접 카메라 앞에 테스트할 이미지 데이터를 보여줍니다. 예시에서는 89.31%의 정확도로 “산지”로 분류하고 있습니다. 만약 정확도가 너무 낮거나 잘못 분류한다면 데이터를 새로 추가하거나 수정하여 재학습시켜 결과를 확인하고, 결과가 잘 나온다면 [적용하기]를 눌러 지형 분류 AI 모델을 추가하도록 합니다.

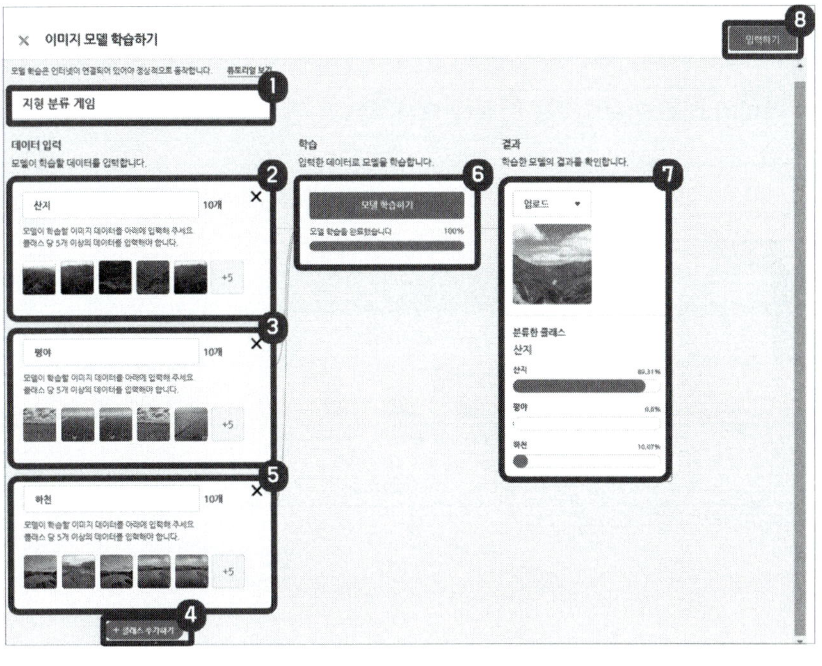

그림 10-11 완성된 이미지 학습 모델 예시

나. 프로그램 구현하기

1) 오브젝트 추가하기

지형을 분류하는 AI 프로그램을 작성하기 위해 기본 오브젝트인 “엔트리봇”은 삭제하고 필요한 오브젝트를 추가합니다. 먼저 ‘나의 공책’ 배경 오브젝트와 ‘소녀(2)’, ‘선생님(3)’

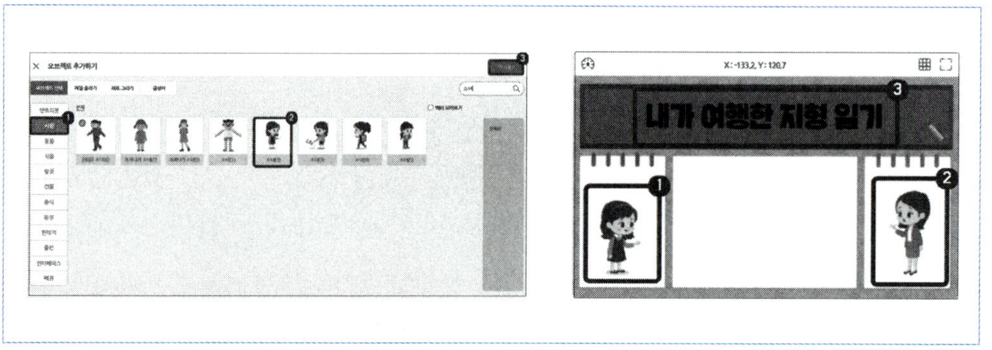

그림 10-12 오브젝트 만들기

오브젝트, '내가 여행한 지형 일기' 글상자 오브젝트를 예시처럼 추가한 뒤 위치시킵니다. 그리고 다시 오브젝트 추가하기를 눌러 파일 올리기 탭에서 테스트용 지형 이미지인 산지, 하천, 평야 이미지 데이터 중 1장을 선택해 오브젝트로 추가합니다.

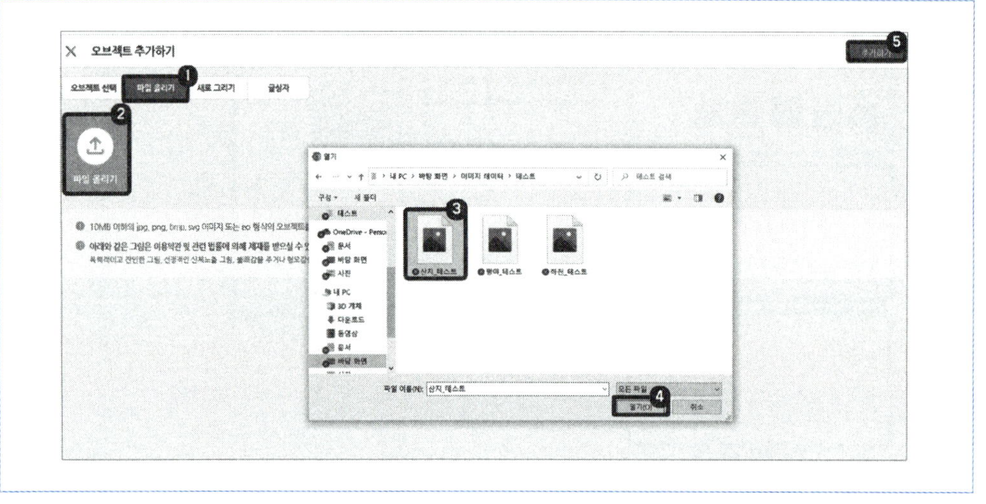

그림 10-13 오브젝트 생성(파일 올리기)

추가한 테스트용 지형 이미지 오브젝트를 선택한 상태에서 블록탭 오른쪽에 있는 모양탭으로 갑니다. 모양탭 아래에 [모양 추가하기] 버튼을 누른 뒤 남은 테스트용 지형 이미지 데이터 2장을 더 추가합니다. 1장은 오브젝트로 추가하고, 남은 2장은 먼저 추가한 오브젝트의 다른 모양으로 추가한 것입니다.

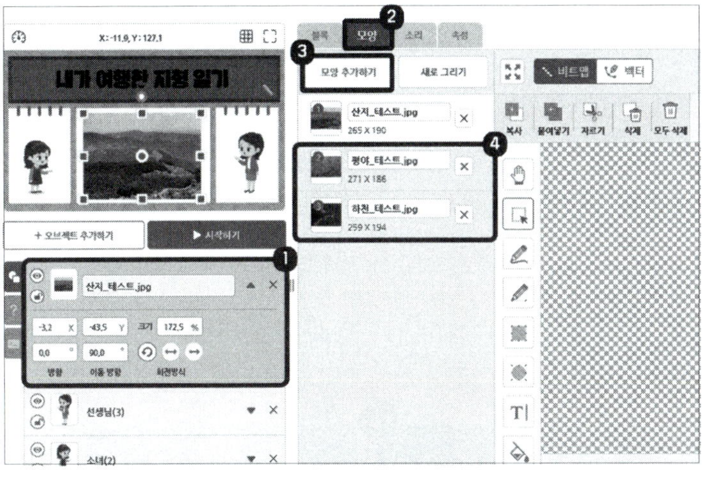

그림 10-14 오브젝트 생성(모양 추가하기)

화면에 보이는 이미지를 깨끗하게 만들어 주고 싶거나 일부 지우고 싶은 부분이 있다면 모양 탭에서 해당 이미지를 선택한 뒤 그림판 상단의 <비트맵>을 클릭합니다. 그리고 지우개를 선택해 배경색과 필요 없는 부분을 지운 뒤 [저장하기] 버튼을 눌러 주면 지형에서 원하는 부분의 이미지만 화면에 가져올 수 있습니다.

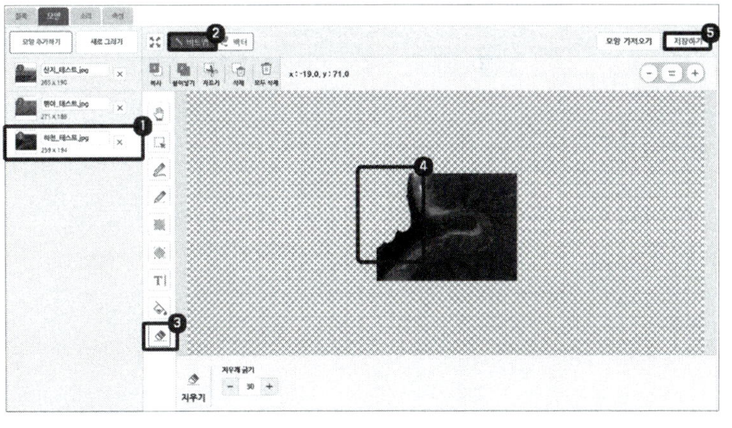

그림 10-15 오브젝트 생성(모양 수정하기)

가져온 이미지를 공책의 가운데 창에 위치시켜 선생님과 학생이 지형을 설명하는 것처럼 표현해 줍니다.

2) 속성 추가하기

지형을 분류하는 AI 프로그램을 작성하기 위해 필요한 속성을 먼저 추가합니다. 속성의 신호를 선택한 뒤 [신호 추가하기] 버튼을 클릭합니다. 신호의 이름을 "지형 보이기"로 저장합니다. 같은 방법으로 신호를 2개 더 추가합니다. 각 신호의 이름은 "질문하기", "지형 바꾸기"입니다. 또한 속성에서 변수를 선택한 뒤 [변수 추가하기] 버튼을 클릭합니다. 변수의 이름은 "점수"로 정해줍니다. 사용자가 지형의 이름을 정확하게 맞혔을 경우 점수를 얻을 수 있습니다.

그림 10-16 신호와 변수 추가하기

3) 코드 작성하기

완성 코드(선생님(3))

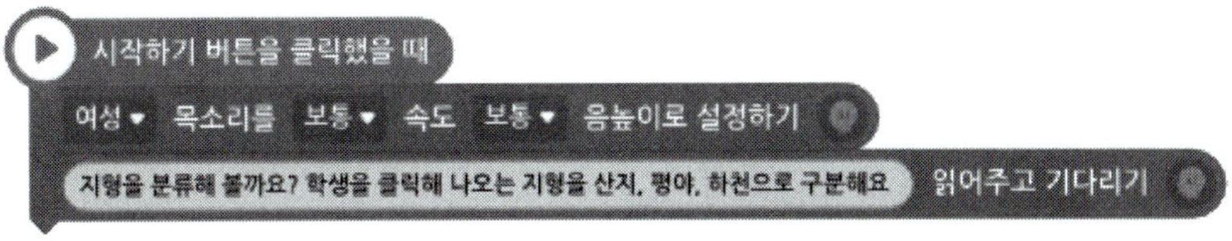

- 선생님(3) 오브젝트
  - 프로그램이 시작되면 여성 목소리 보통 속도, 보통 음높이로 설정하고 "지형을 분류해 볼까요? 학생을 클릭해 나오는 지형을 산지, 평야, 하천으로 구분해요"를 말하도록 인공지능 블록 중 [읽어주기] 블록을 활용해 코드를 작성합니다.

완성 코드(소녀(2))

- 소녀(2) 오브젝트
  - 소녀 오브젝트를 클릭하면 지형 사진이 보이도록 합니다.

완성 코드(테스트 지형 이미지)

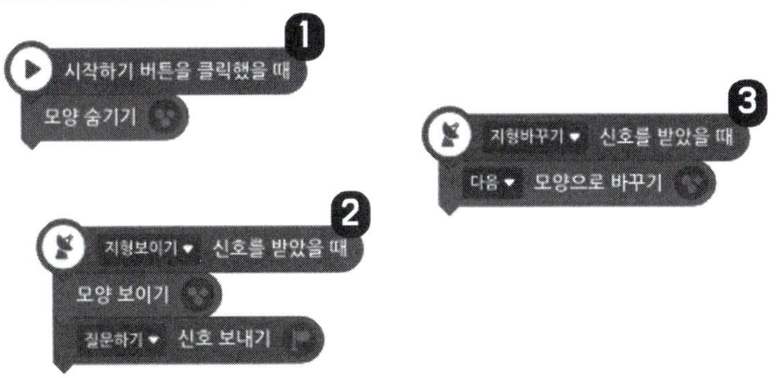

- 테스트용 지형 이미지 오브젝트
  - 프로그램이 시작되면 모양을 숨깁니다.
  - [지형 보이기] 신호를 받으면 모양이 보이고 [질문하기] 신호를 보냅니다.
  - [지형 바꾸기] 신호를 받으면 다음 모양으로 바꿉니다.

완성 코드(선생님(3))

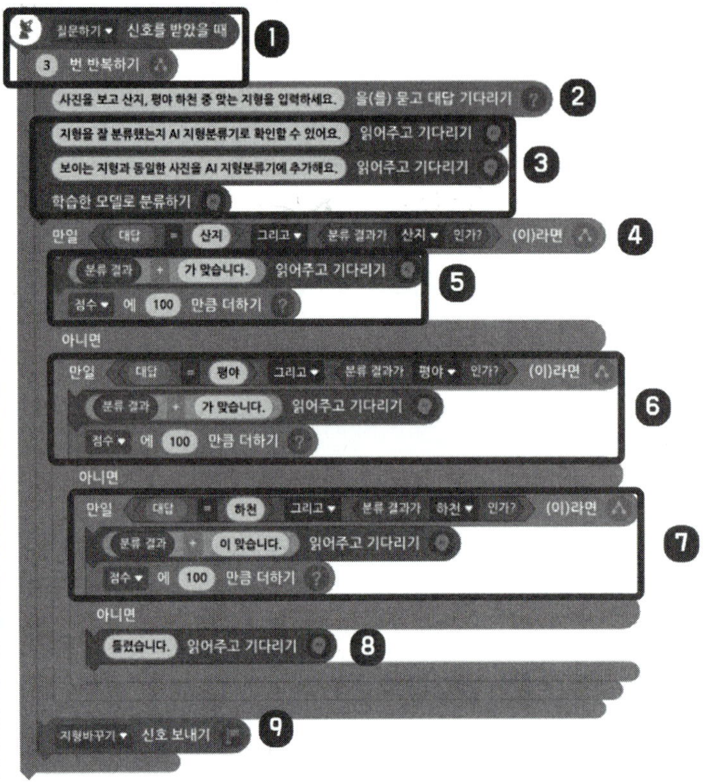

■ 선생님(3) 오브젝트

- [질문하기] 신호를 받으면 화면에 보이는 지형 사진을 보고 사용자가 답을 할 수 있도록 묻고 대답 기다리기 블록을 활용해 "사진을 보고 산지, 평야, 하천 중 맞는 지형을 입력하세요"를 말합니다.
- 대답이 입력되면 [읽어주고 기다리기] 블록을 활용해 "지형을 잘 분류했는지 AI 지형 분류기로 확인할 수 있어요"와 "보이는 암석과 동일한 사진을 AI 지형 분류기에 추가해요"를 입력합니다. 그리고 학습한 모델로 분류하기를 시작합니다.
- 만일 사용자가 입력한 산지, 평야, 하천이고, 분류 결과가 산지가 맞다면 분류 결과가 맞다고 말하고, 점수에 100점을 더하도록 코드를 작성합니다.
- 모두가 아니라면 "틀렸습니다"를 말하도록 합니다.
- 첫 번째 문제가 끝나면 다음 지형 문제로 바꾸기 위해 [(지형 바꾸기) 신호를 보내기] 블록을 연결합니다.
- 이 모든 과정은 총 3번 반복되도록 합니다.

완성 작품 링크 참고 : http://naver.me/xi51Psgw

2. 몸무게 예측하기 프로그래밍(지도학습: 예측모델)

본 프로젝트에서는 무게와 그래프 등 수학 교과와 인공지능 프로그래밍을 융합하여 키에 따라 몸무게를 예측하는 프로그램을 만들어 보겠습니다. 첫 번째 활동으로 키와 몸무게 데이터를 수집하여 AI 예측 모델을 제작하고 두 번째 활동으로 몸무게를 예측하는 프로그램을 제작해 봅시다.

가. AI 모델 만들기

■ 활동 목표 : 키에 따라 몸무게를 예측하는 AI 프로그램 만들기
■ 관련 교육과정
- 6학년 > 2학기 > 수학 > 국정 > 5. 들이와 무게 > 무게를 어림하고 재어 볼까요?
- 6학년 > 1학기 > 수학 > 5. 여러 가지 그래프 > 그래프를 해석해 볼까요?

1) 데이터 수집 및 데이터 세트 구성하기

본 프로젝트의 목표는 키에 따라 몸무게를 예측하는 AI 프로그램을 만드는 것이기 때문에 몸무게를 예측할 수 있는 AI 모델을 만들어야 합니다. 키에 따른 몸무게를 예측할 수 있으려면 키, 몸무게와 같은 숫자 데이터가 필요합니다. 따라서 직접 친구들에게 키와 몸무게를 물어 데이터를 수집하거나 이미 수집되어있는 데이터를 활용합니다. 여기에서는 이미 수집되어 있는 데이터(https://www.youngjin.com/reader/pds/pds.asp)를 활용하여 실습해 보겠습니다. 해당 링크로 들어가 오른쪽 검색창에 "수학"을 검색하면 영진-인공지능, 엔트리 수학을 만나다-몸무게 예측-데이터를 무료로 이용할 수 있습니다.

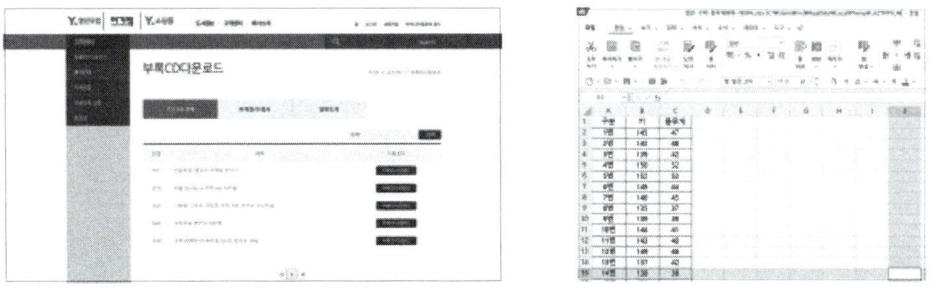

그림 10-17 키와 몸무게 데이터 수집 및 데이터 세트 마련

2) 데이터 불러오기

엔트리에 접속 후 만들기에 들어간 뒤 블록 카테고리에서 데이터분석을 선택합니다. 그리고 [테이블 불러오기]를 클릭한 뒤 "테이블 추가하기"를 선택합니다.

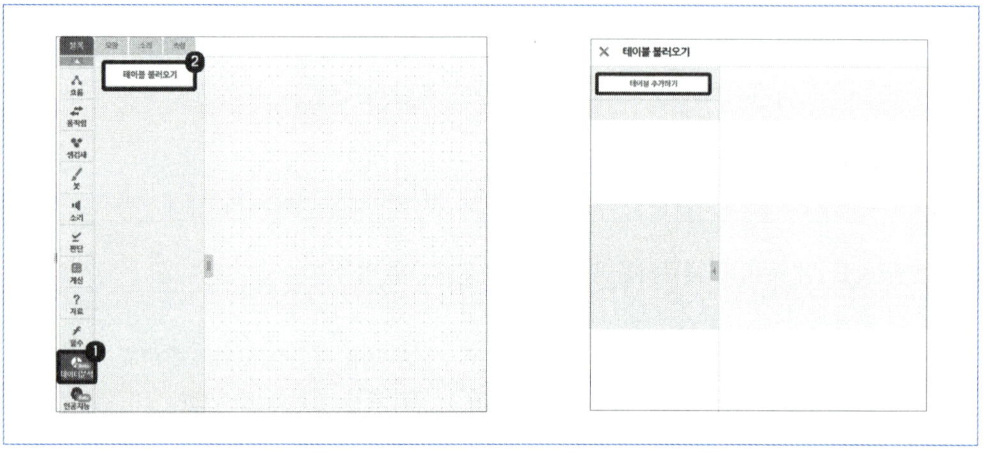

그림 10-18 데이터 테이블 불러오기

보이는 화면에서 <파일 올리기> 탭을 선택하고 파일 선택 버튼을 눌러 이전 활동에서 준비한 몸무게 데이터 파일을 업로드 합니다.

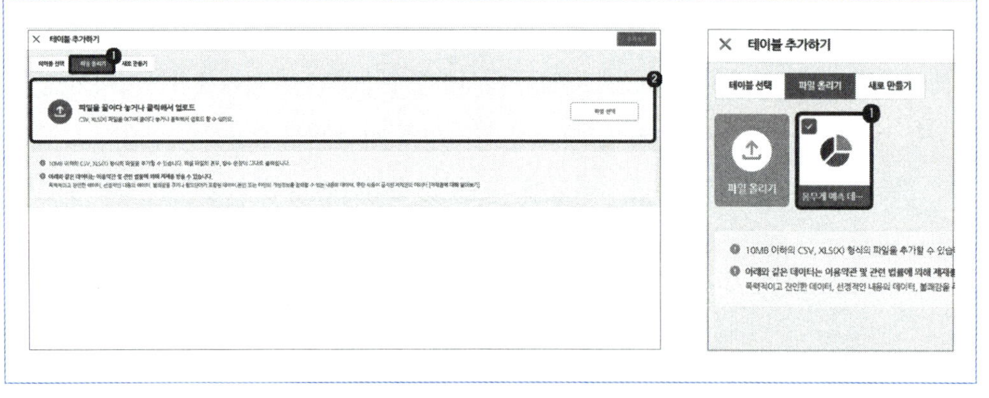

그림 10-19 데이터 테이블 파일 불러오기

업로드한 데이터가 보이면 추가하기를 클릭합니다. 추가된 데이터를 확인한 뒤 적용하기 버튼을 누릅니다.

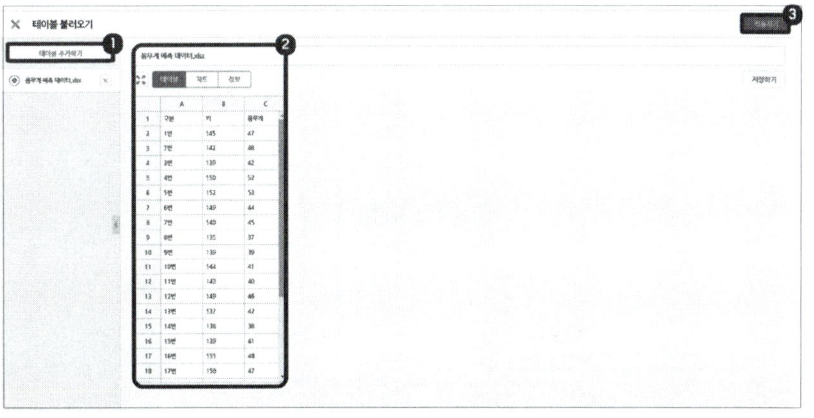

그림 10-20 데이터 테이블 추가하기

3) 인공지능 모델 학습하기

데이터를 추가했다면 <인공지능> 블록 카테고리로 가서 [인공지능 모델 학습하기] 버튼을 클릭합니다. 학습할 모델 선택하기에서 예측:숫자 모델을 선택한 후 학습하기 버튼을 누릅니다.

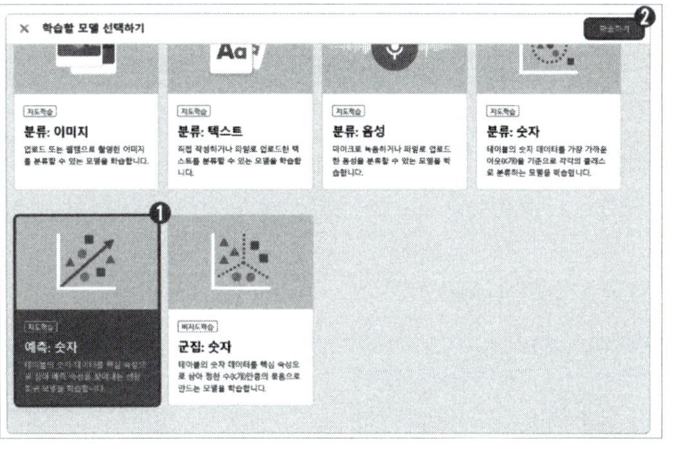

그림 10-21 예측: 숫자 학습 모델 선택하기

모델의 이름을 "몸무게 예측 모델"로 입력한 뒤 업로드한 몸무게 예측 데이터를 선택합니다. 핵심 속성을 (키)로 정하고, 예측 속성을 (몸무게)로 선택한 뒤 학습의 [모델 학습하기]를 클릭합니다. 그러면 오른쪽 결과 창에서 학습한 모델의 결과를 확인할 수 있습니다.

그림 10-22 예측: 숫자 학습 완료 모습

나. 프로그램 구현하기

1) 오브젝트 및 속성 추가하기

몸무게를 예측하는 AI 프로그램을 작성하기 위해 기본 오브젝트인 "엔트리봇"은 삭제하고 필요한 오브젝트를 추가합니다. 먼저 '교실 뒤(3)' 배경과 '컴퓨터하는 엔트리봇' 오브젝트, '몸무게 예측하기' 글상자 오브젝트를 추가해 그림처럼 화면에 배치합니다. 그리고 속성 탭을 클릭해 코드에 필요한 신호를 만들어 줍니다.

그림 10-23 오브젝트 및 신호 추가하기

2) 코드 작성하기

완성 코드(컴퓨터하는 엔트리봇)

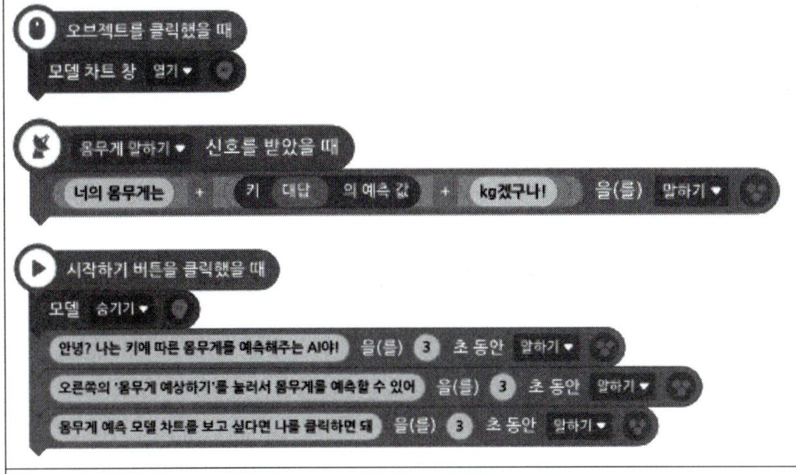

■ '컴퓨터하는 엔트리봇' 오브젝트
- 프로그램이 시작되면 모델을 숨긴 후 말하기 블록을 사용하여 "안녕? 나는 키에 따른 몸무게를 예측해주는 AI야!", "오른쪽의 '몸무게 예상하기'를 눌러서 몸무게를 예측할 수 있어", "몸무게 예측 모델 차트를 보고 싶다면 나를 클릭하면 돼"를 3초간 말하도록 코드를 작성합니다.
- 오브젝트를 클릭했을 때 몸무게 예측 모델 차트 창을 열도록 합니다.
- '몸무게 말하기' 신호를 받으면 말하기 블록, 예측값 블록, 계산 블록을 이용하여 "너의 몸무게는 (대답)의 예측값 kg이겠구나!"를 말하도록 합니다.

완성 코드(컴퓨터하는 엔트리봇)

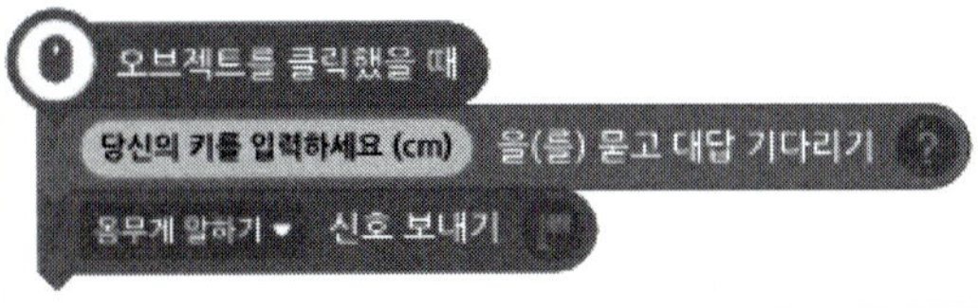

■ 글상자 오브젝트
- 오브젝트를 클릭하면 "당신의 키를 입력하세요 (cm)를 묻고 기다립니다.
- 대답을 입력하면 '몸무게 말하기' 신호를 보내도록 합니다.

완성 작품 링크 참고 : http://naver.me/F7IbDADY

3. 줄넘기 팀 나누기 프로그래밍(비지도학습: 군집모델)

본 프로젝트에서는 무게와 그래프 등 수학 교과와 인공지능 프로그래밍을 융합하여 키에 따라 몸무게를 예측하는 프로그램을 만들어 보겠습니다. 첫 번째 활동으로 키와 몸무게 데이터를 수집하여 AI 예측 모델을 제작하고 두 번째 활동으로 몸무게를 예측하는 프로그램을 제작해 봅시다.

가. AI 모델 만들기 : 줄넘기 팀 나누기(비지도학습의 군집모델)

- 활동 목표 : 줄넘기 개수에 따라 팀을 나누는 AI 프로그램 만들기
- 관련 교육과정
  - 5학년 > 2학기 > 수학 > 국정 > 6. 평균과 가능성 > 평균을 구해볼까요?
  - 6학년 > 1학기 > 수학 > 5. 여러 가지 그래프 > 그래프를 해석해 볼까요?

1) 데이터 수집 및 데이터 세트 구성하기

본 프로젝트의 목표는 줄넘기 개수에 따라 줄넘기 팀을 나누는 AI 프로그램을 만드는 것입니다. 줄넘기 개수 데이터를 군집화하여 학습시킨 AI 모델을 만들어야 하기 때문에 줄넘기 개수 숫자 데이터가 필요합니다. 직접 친구들에게 한달에 줄넘기를 며칠정도 연습하는지, 줄넘기를 몇 개 정도 하고 있는지 직접 물어봐 데이터를 수집하거나 이미 수집되어있는 데이터를 이용합니다.

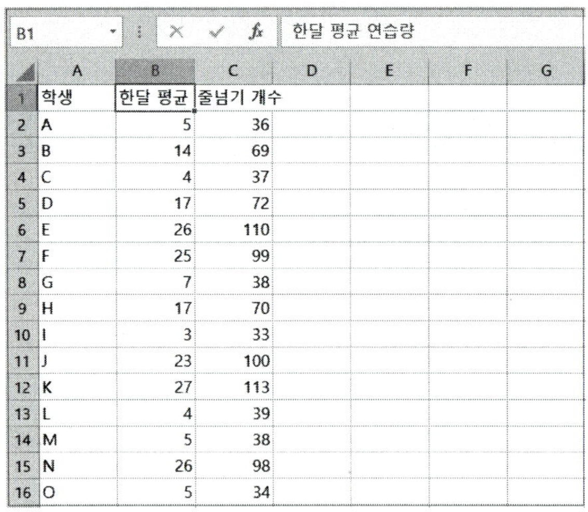
B1 | 한달 평균 연습량

	A	B	C	D	E	F	G
1	학생	한달 평균	줄넘기 개수				
2	A	5	36				
3	B	14	69				
4	C	4	37				
5	D	17	72				
6	E	26	110				
7	F	25	99				
8	G	7	38				
9	H	17	70				
10	I	3	33				
11	J	23	100				
12	K	27	113				
13	L	4	39				
14	M	5	38				
15	N	26	98				
16	O	5	34				

그림 10-24 학생 줄넘기 개수 데이터 세트 마련

2) 데이터 불러오기

엔트리에 접속 후 만들기에 들어간 뒤 블록 카테고리에서 데이터분석을 선택합니다. 그리고 [테이블 불러오기]를 클릭한 뒤 “테이블 추가하기”를 선택합니다.

그림 10-25 새로운 데이터 테이블 추가하기

보이는 화면에서 <파일 올리기> 탭을 선택하고 파일 선택 버튼을 눌러 이전 활동에서 준비한 줄넘기 개수 데이터 파일을 업로드 합니다.

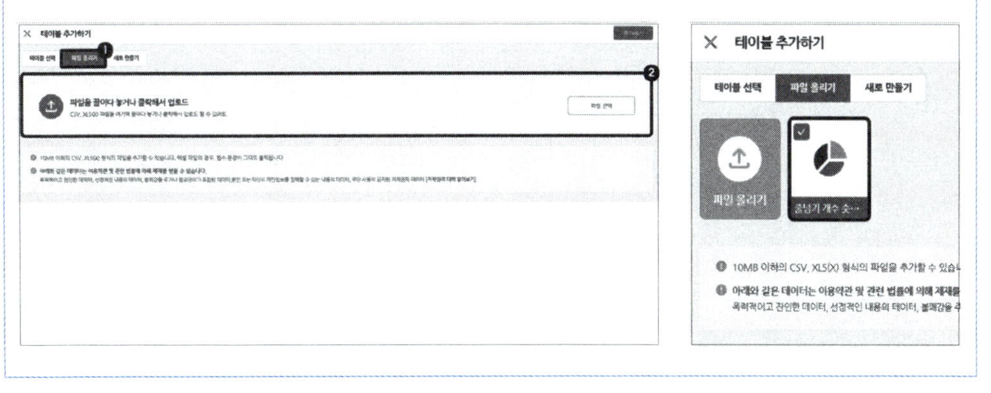

그림 10-26 줄넘기 개수 데이터 파일 업로드하기

업로드한 데이터가 보이면 추가하기를 클릭합니다. 추가된 데이터를 확인한 뒤 적용하기 버튼을 누릅니다.

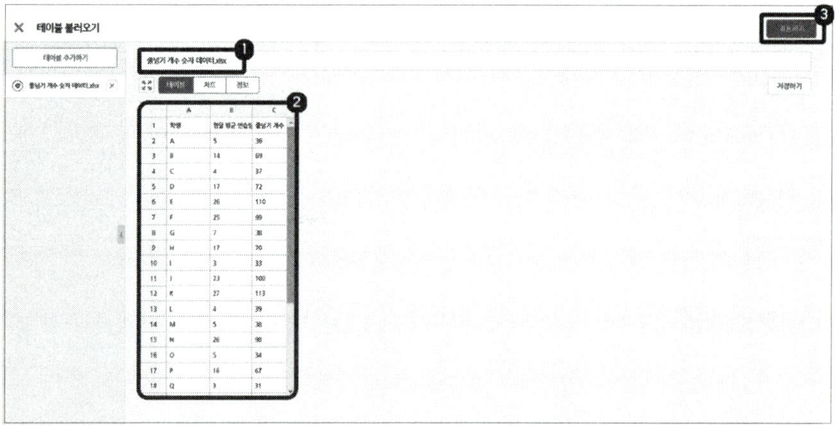

그림 10-27 줄넘기 개수 데이터 파일 업로드 완료 화면

또는 테이블의 데이터를 직접 입력할 수 있습니다. 테이블 입력하기를 클릭한 후 테이블의 이름을 '줄넘기 개수 숫자 데이터'로 정하고, 세로열은 '학생', '한달 평균 연습량', '줄넘기 개수'를, 가로행은 A부터 Z까지를 입력한 후 각 데이터를 입력합니다. 이때 데이터를 골고루 입력해야만 군집형성이 잘 될 수 있습니다.

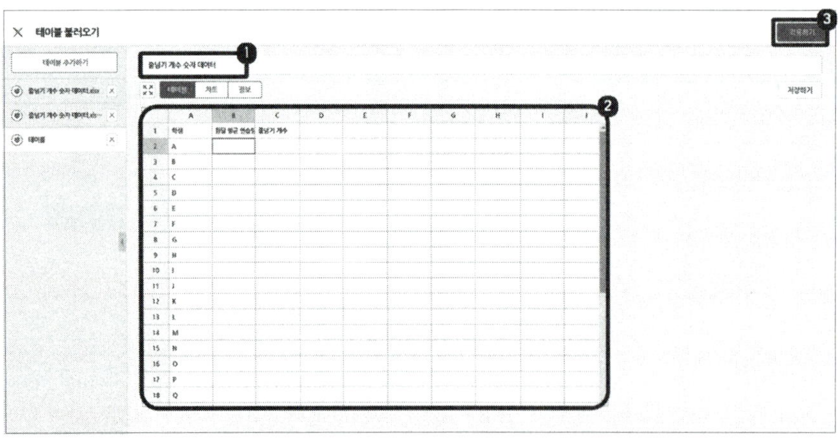

그림 10-28 줄넘기 개수 데이터 직접 입력하기

3) 인공지능 모델 학습하기

데이터를 추가했다면 <인공지능> 블록 카테고리로 가서 [인공지능 모델 학습하기] 버튼을 클릭합니다. 학습할 모델 선택하기에서 군집:숫자 모델을 선택한 후 학습하기 버튼을 누릅니다.

그림 10-29 군집: 숫자 학습 모델 선택하기

모델의 이름을 "줄넘기 팀 나누기"로 입력한 뒤 업로드한 줄넘기 개수 숫자 데이터를 선택합니다. 데이터를 선택하면 해당 테이블의 속성인 (한달 평균 연습량)과 (줄넘기 개수)가 보입니다. 핵심 속성을 (한달 평균 연습량)과 (줄넘기 개수)로 정하고, 군집 개수를 3개로 입력합니다. 군집을 확실하게 구분하기 위해 중심점 기준을 "가장 먼 거리"를 선택하고, 학습의 [모델 학습하기]를 클릭합니다. 그러면 오른쪽 결과 창에서 학습한 모델의 결과를 확인할 수 있습니다.

결과를 살펴보면 군집 1은 한달 평균 연습량이 25.11일, 줄넘기 개수는 105.66으로 가장 연습을 많이 하고 줄넘기를 잘 하는 군집인 것을 알 수 있습니다. 군집 2는 한달 평균 연습량은 4.09일, 줄넘기 개수는 35.36개로 가장 연습량이 적고 줄넘기 개수가 적은 군집임을 알 수 있습니다. 군집 3은 한달 평균 연습량 16.16일, 줄넘기 개수는 71.16개임을 알 수 있습니다. 결과를 확인했다면 [적용하기] 버튼을 클릭합니다.

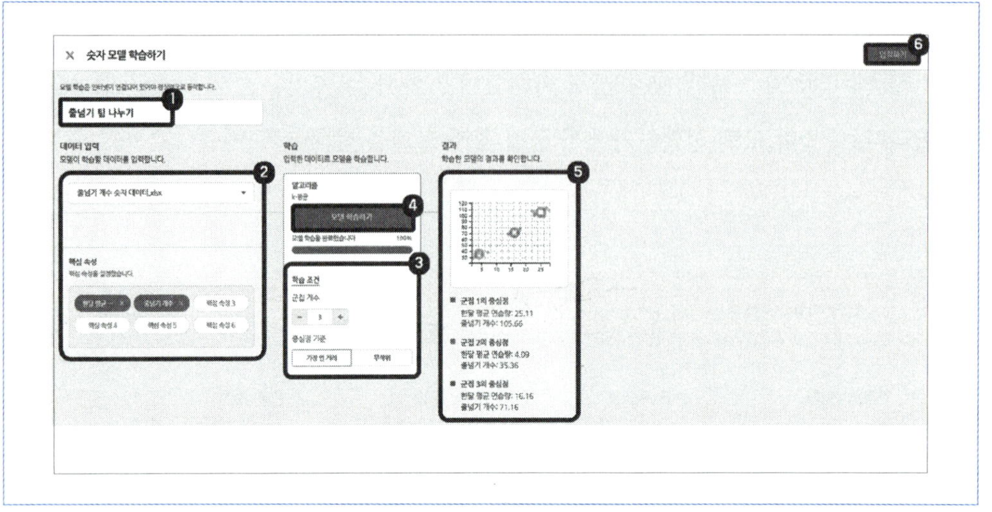

그림 10-30 군집: 숫자 학습 완료 모습

나. 프로그램 구현하기

1) 오브젝트 추가하기

기본 엔트리봇을 삭제하고 '선생님(3)' 오브젝트와 '운동장' 배경, 글상자 오브젝트를 추가하고 글상자에는 '줄넘기 모델 차트창 확인하기'를 입력합니다. 추가한 오브젝트는 그림처럼 화면에 배치합니다. 그리고 속성 탭을 클릭해 코드에 필요한 변수를 만들어 줍니다.

그림 10-31 오브젝트 및 변수 추가 화면

2) 코드 작성하기

완성 코드(컴퓨터하는 엔트리봇)

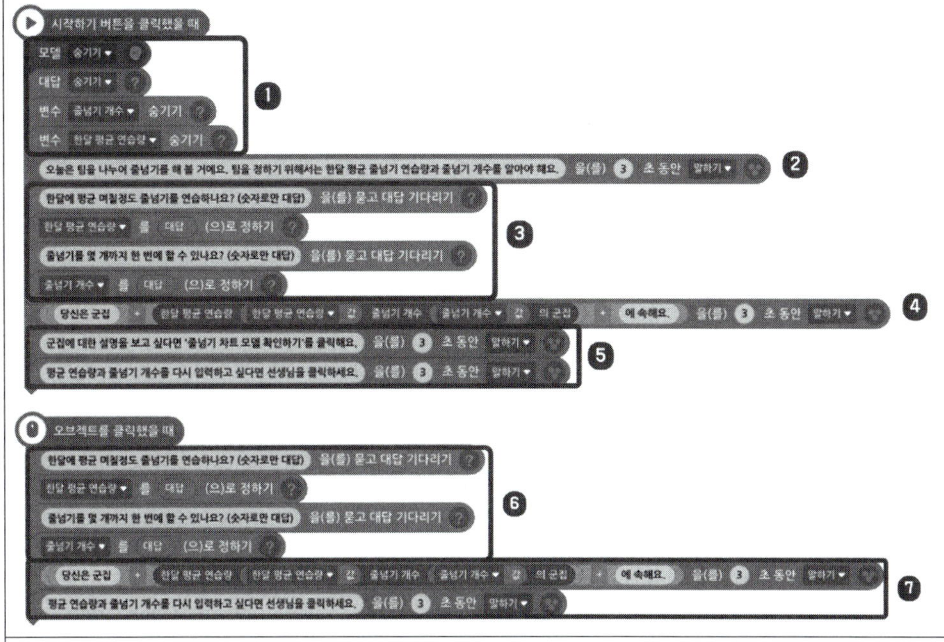

■ 선생님(3) 오브젝트

- 시작하기 버튼을 눌렀을 때 배경, 선생님, 글상자 오브젝트만 보이도록 모델과 대답, 변수들을 숨깁니다.
- 말하기 블록을 사용해 '오늘은 팀을 나누어 줄넘기를 할 거에요. 팀을 정하기 위해서는 한 달 평균 줄넘기 연습량과 줄넘기 개수를 알아야 해요'를 안내합니다.
- 한 달에 평균 며칠 정도 줄넘기를 연습하는지 묻고, 대답한 값을 '한 달 평균 연습량' 변수로 정합니다.
- 줄넘기를 몇 개까지 한 번에 할 수 있는지 줄넘기 개수를 묻고, 대답한 값을 '줄넘기 개수' 변수로 정합니다.
- 사용자가 입력한 줄넘기 한 달 평균 연습량과 줄넘기 개수 대답 값을 바탕으로 군집 1, 2, 3 중 어디에 속하는지를 알려줍니다.
- 군집에 대한 설명을 보고싶다면 '줄넘기 차트 모델 확인하기' 글 상자 오브젝트를, 값을 다시 입력하고 싶다면 '선생님' 오브젝트를 클릭하라고 안내합니다.
- 오브젝트를 클릭했을 때 한달 평균 연습량과 줄넘기 개수를 묻고, 대답한 값을 각각 '한달 평균 연습량'과 '줄넘기 개수' 변수로 정합니다.
- 사용자가 입력한 대답 값을 바탕으로 어느 군집에 속하는지를 알려줍니다.
- 값을 다시 입력하고 싶다면 '선생님' 오브젝트를 클릭하라고 안내합니다.

완성 코드(글상자)

■ '줄넘기 모델 차트 확인하기' 글상자 오브젝트
- 글상자 오브젝트를 클릭했을 때 모델 차트 창을 열어 각 군집의 중심점과 값 분포 등을 확인할 수 있도록 합니다.

완성 작품 링크 참고 : http://naver.me/FfWVJgn8

지금까지 엔트리(Entry)에서 제공하는 인공지능 기술을 응용하여 몇 가지 프로젝트를 프로그래밍하여 보았습니다. 이 말고도 다양한 주제 및 교과와 결합하여 더욱 창의적이고 재미있는 프로그램을 만들 수 있습니다. 지금까지 배운 내용을 바탕으로 다음 장의 양식을 참고로 하여 인공지능을 활용한 실생활 문제 해결 프로젝트를 진행해 봅시다.

4. AI를 활용한 실생활 문제 해결 프로젝트

지금까지 배운 내용을 통해 인공지능을 활용한 실생활 문제 해결 프로젝트를 진행해 봅시다. 아래의 표를 작성하며 생활 속에서 불편했던 점이나 개선이 필요한 문제를 정의해보고, 이를 엔트리의 인공지능 블록을 활용해 해결할 방안을 모색해 봅시다.

<table>
<tr><td colspan="2">프로젝트 주제:</td></tr>
<tr><td>누구에게 어떤 도움을 줄 것인가요?</td><td>어디에 필요한 것인가요?</td></tr>
<tr><td colspan="2">실생활 속의 어떤 문제를 해결할 것인가요?</td></tr>
</table>

어떤 데이터를, 어떻게 학습시킬 것인가요? 어떤 모델을 활용할 것인가요?

제작할 프로그램의 알고리즘을 작성해 보세요.

제작한 프로그램을 현실에서 어떻게 활용할 수 있을까요?

더 좋게 수정하려면 어떤 방법으로 개선해야 할까요?

Chapter 11

인공지능과 TPACK

SECTION

1 TPACK의 개념 및 역사

1. TPACK 도입 배경

학생들에게 교과를 가르치기 위해 교사는 그 교과의 내용을 잘 알아야 합니다. 교과의 내용을 제대로 알지 못한 채 그 교과를 잘 가르치는 교사를 상상하기는 쉽지 않습니다. 교육에 있어서 교과내용지식의 역할에 대한 믿음은 자연스럽게 교과내용지식을 잘 알면 그 교과를 잘 가르칠 수 있다는 생각으로 이어질 수 있습니다. Shulman은 이러한 생각에 물음을 제기하며, 교과의 내용을 잘 아는 것이 교과의 내용을 제대로 교육하는 것으로 필연적으로 연결될 수 있는지에 대해 의문을 품었습니다. 그리고 교사의 전문성은 어디에서 비롯되는 것인지, 교사와 교사가 가르치고자 하는 교과와 관련된 학문에서의 전문가와의 차이점은 무엇인지 진지하게 고민하였습니다(Shulman, 1987). 그러한 고민의 결과 Shulman은 좋은 가르침을 위해서는 내용만 잘 아는 것도, 교육학적 지식만 잘 아는 것도 부족하며, 특정한 내용을 학습자가 이해하기 적절한 방식으로 교육하는, 내용과 교육학적 지식의 통합적 능력, 즉 교수학적 내용지식(Pedagogical Content Knowledge: PCK)의 개념을 제안하였습니다(Shulman, 1986; 1987).[220)]

한편, 4차 산업혁명으로 인한 세상의 빠른 변화는 미래 사회를 살아갈 학생들에게 지금까지와는 완전히 다른 역량을 요구하고 있습니다(하상우, 조헌국, 2022). 특히 우리 사회도 4차 산업혁명과 코로나 팬데믹으로 인해 교육환경의 변화가 앞당겨졌으며, 특히 교사에게는 오프라인 수업 능력 뿐만 아니라 온라인 수업 능력도 중요하게 되었습니다. 이처럼 사회의 변화는 교사에게 필요한 능력의 변화를 요구하고 있고, 점차 교사에게 테크놀로지 활용 능력이 교사가 갖추어야 할 중요한 능력으로 대두됨에 따라 국내에서도 교실에서의 테크놀로지 활용에 대한 여러 연구들이 진행되어 왔습니다.[221)]

220) 김효준, 하상우(2022). 테크놀로지 활용 교수학적 내용지식(TPACK)에 대한 국제 연구 동향 탐색, 학습자중심교과7 교육연구, 22(24), 147-170.

221) 김효준, 하상우(2022). 테크놀로지 활용 교수학적 내용지식(TPACK)에 대한 국제 연구 동향 탐색, 학습자중심교과 교육연구, 22(24), 147-170.

Shulman이 언급한 교사의 전문성으로서의 교수학적 내용지식(PCK)에 더해 최근 교사에게 테크놀로지 활용 능력이 중요하게 부각됨에 따라 최근 테크놀로지 활용 교수학적 내용지식(Technological Pedagogical and Content Knowledge: TPACK)이라는 개념이 새롭게 대두되었습니다. 특히 Mishra와 Koehler(2006)는 그동안 이루어진 교사의 테크놀로지 활용 능력과 관련한 여러 연구들이 교수학적 내용지식(PCK)과 관계없이 독립적으로 수행된 사실에 주목하고, 교수학습내용지식(PCK)과 테크놀로지 지식을 통합적으로 이해하는 것이 중요하다는 것을 인식하였습니다. 이에 그들은 내용 지식(Content Knowledge: CK), 교육학적 지식(Pedagogical Knowledge: PK), 테크놀로지 지식(Technological Knowledge: TK)의 관계를 통합적으로 이해하기 위한 이론적 프레임워크와 함께 TPCK(TPCK, Technological Pedagogical Content Knowledge)의 개념을 제안하여 교육적 현상을 분석 및 계획할 수 있는 개념틀을 제안하였습니다(Mishra & Koehler, 2006). 이 개념이 제안된 초창기에는 TPCK라는 용어가 많이 활용되었지만 이후에는 TPACK라는 용어가 더 많이 활용되었습니다. 그 이유로 TPACK가 TPCK보다 발음이 편리하다는 장점이 있으며, TPACK는 중간에 and라는 접속사가 들어감으로써 TK, PK, CK가 독립적이 아니라 서로 통합적으로 연결되어 있다는 느낌도 주고, 또한 TPACK의 경우 여러 단어들이 나열될 때 마지막 단어 앞에 and를 붙이는 영어 서술 방식과도 부합합니다(Thompson & Mishra, 2007).[222)]

222) 김효준, 하상우(2022). 테크놀로지 활용 교수학적 내용지식(TPACK)에 대한 국제 연구 동향 탐색, 학습자중심교과교육연구, 22(24), 147-170.

2. TPACK의 개념 (2006년~2019년)

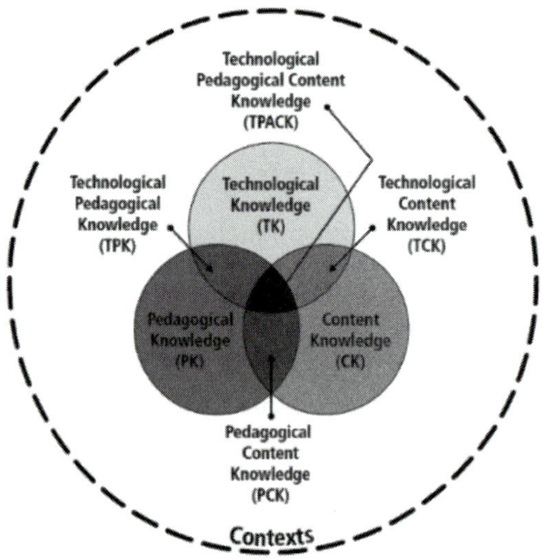

그림 11-1 PACK의 프레임워크(Mishra& Khehler, 2006)

1) 내용 지식(CK; Content Knowledge)

내용 지식이란 가르치는 과목에 대해 교사가 가진 지식을 말합니다. 내용 지식은 개념과 이론, 사고, 조직적 프레임워크, 증거에 대한 지식, 지식 발전을 위한 접근과 실제 등을 포함하며, 분야에 따라서 다양한 양상으로 나타납니다.[223] 예를 들어 중등 수학 교과에서 내용 지식은 중·고등학교 수준의 수학적 개념과 원리, 절차를 알고, 중·고등학교 수준의 수학 문제를 정확하게 해결할 수 있는 지식을 뜻합니다. 또한 수학적 문제를 해결하는 과정과 전략, 귀납적·연역적 추론뿐 아니라 수학 내적 연결성, 수학적 의사소통 등과 같은 특수한 내용 지식도 함께 포함하고 있습니다.[224] 각 교과별로 지식과 탐구의 본성은 다르므로 교사는 학생에게 교과 내용을 가르치는 교과 지식뿐만 아니라 교과 지식의 근본까지 깊이 이해하는 것이 필요합니다. 만약 교사가 내용 지식을 제대로 갖추고 있지 않다면 학생들에게 잘못된 정

223) Koehler, M., & Mishra, P. (2009). What is technological pedagogical content know ledge (TPACK). Contemporary Issues in Technology and Teacher Education. 9(1). 60-70.

224) 장미라(2017), 중학교 수학교사의 테크놀로지 교수학적 내용 지식에 관한 연구, 전남대학교 박사학위 논문

보를 제공하는 등의 문제를 일으킬 수 있습니다. 하지만 내용 지식 그 자체만으로 교사가 가진 지식의 전부라 볼 수는 없습니다.

2) 교수 지식(PK; Pedagogical Knowledge)

교수 지식은 교수학습 방법 및 실제, 과정에 대한 깊이 있는 지식을 의미합니다. 이는 교육적인 목표, 가치, 목적 등을 포함하며, 학생들의 학습, 학급 관리, 수업 설계, 평가 등에 적용될 수 있습니다.[225] 박기철 외(2014)는 교수 지식이 깊은 교사의 경우 학생들이 지식을 어떻게 구성하고 기술을 습득해 가는지, 또한 학생들이 학습에 대한 긍정적인 태도와 습관을 어떻게 발전시키는지 이해하고 있다고 보았습니다. 수준 높은 교수 지식을 갖추기 위해서는 학습에 대한 인지적 이론, 사회적 이론, 그리고 발전적 이론에 대한 이해와 더불어 이를 교실에 적용할 수 있는 능력을 요구합니다.[226] 예를 들어 각 교과에 대한 교수·학습 방법에 대한 지식, 수업을 위한 자료와 교구를 활용할 수 있는 일반적인 교수·학습 방법에 대한 지식, 학급 학생들을 조직하고 관리하는 방법을 아는 학급경영에 대한 방법적 지식, 교과별 다양한 평가 방법을 알고 이를 적용할 수 있는 평가 방법에 대한 지식, 학생 개개인의 행동적·인지적·정의적 특성을 파악하고 이를 활용해 흥미와 동기를 불러일으킬 수 있는 지식 등을 말합니다.

3) 테크놀로지 지식(TK; Technological Knowledge)

테크놀로지는 계속해서 진화하기 때문에 테크놀로지 지식을 쉽게 정의하기란 어렵습니다. 하지만 테크놀로지 지식은 테크놀로지를 활용한 도구나 자원을 교실현장에 적용할 수 있도록 하는 사고 방법이라고 볼 수 있으며, 뒤에서 살펴볼 TPACK 모형에서 테크놀로지 지식은 ICT를 수업상황에 유용하게 사용하는 것을 의미합니다. 테크놀로지 지식은 ICT에 대한 충분한 이해를 바탕으로 테크놀로지를 실제 수업 현장에 적용하고, 지속적인 변화에 적응하는 것을 필요로 합니다.[227] 예를 들어 빔프로젝터나 전자칠판, 데스크탑이나 노트북, 스마트폰 등의 하드웨어에 대한 지식, 영상편집 프로그램이나 한글, 엑셀, 파워포인트와 같은

225) Koehler, M., & Mishra, P. (2009). What is technological pedagogical content know ledge (TPACK). Contemporary Is sues in Technology and Teacher Education. 9(1). 60-70.

226) 박기철, 강성주 (2014). 초· 중등교사의 테크놀로지 교수내용지식(TPACK)에 대한 인지 경로 모형 개발. 교원교육, 3 0(4), 349-375.

227) Koehler, M., & Mishra, P. (2009). What is technological pedagogical content know ledge (TPACK). Contemporary Is sues in Technology and Teacher Education. 9(1). 60-70.

문서 편집 프로그램, 온라인 교육 플랫폼 등의 소프트웨어를 활용할 수 있는 이론적 지식과 이러한 테크놀로지를 사용해 문제를 해결하는 지식도 포함합니다.[228] 즉, 일반적인 테크놀로지의 종류와 유형을 알고, 이를 실행 및 활용할 수 있는 지식, 테크놀로지에 따라 발생할 수 있는 오류를 해결할 수 있는 지식, 새로운 테크놀로지에 대한 민감성을 가지고 이를 실제 수업에 활용할 수 있는 지식 등을 의미합니다.

4) 내용교수지식(PCK; Pedagogical Content Knowledge)

내용교수지식은 Shulman(1986)이 제시한 교육적 지식의 개념과 상통하는 것으로, 교과에서 특정한 내용을 가르치는 데 필요한 교수 지식을 뜻합니다. 다시 말해 각 교과에 대한 지식이 교수 과정에 맞게 변화된다는 의미로, 교육과정, 교수·학습, 교과 평가와 기록 등에 대한 핵심 업무를 모두 포함합니다.[229] 교사가 가르치고자 하는 내용을 효과적으로 전달할 수 있는 다양한 방법으로 수업에 적용하는 교수학습 과정과도 관련이 있습니다. 특히 내용교수지식에서는 다양한 교과 내용에 기반한 지식, 학생들에 대한 사전지식, 교수·학습 전략, 사고의 유연성 등의 결합이 매우 중요합니다. 이러한 내용교수지식은 <표 11-1>처럼 크게 4가지 영역으로 나눌 수 있습니다.

표 11-1 내용교수지식(PCK)의 영역(양미경, 2009)[230]

구분	의미
교과 내용 지식	구문론적 구조, 문법적 구조
일반 교수학적 지식	학습자와 학습, 교실 운영, 교육과정과 학습
내용 교수 지식	교육목표에 대한 개념, 학습자에 대한 지식, 교육과정적 지식, 교수전략에 대한 지식
상황에 대한 지식	학생, 사회, 지역, 학교 환경 및 상황에 대한 지식

일반적으로 학교 현장에서 사용하는 내용교수지식에는 어려운 내용을 쉬운 말로 풀어 설명하는 것이나 나누어서 설명하는 것, 단계적으로 교육을 실천하는 것, 반복하거나 정리해서

228) 이진숙(2021), 테크놀로지 내용-교수역량(TPACK)이 유치원 교사 효능감에 미치는 영향 분석, 이화여자대학교 석사학위 논문

229) Shulman, L. (1986). Those who understand: Knowledge growth in teaching. Educational Researcher, 15(2), 4 14.

230) 양미경(2009), 내용교수 지식(pedagogical content knowledge)'에 대한 선행연구의 한계 및 과제, 교육원리연구 2009, 14(2), 45-64

교육하는 것, 서로 반대되는 개념을 번갈아 사용하며 이해를 돕는 것, 실습을 통해 효과적으로 학습하도록 하는 것, 모델화를 통해 패턴을 익히게 하는 것, 탐구실험 등이 있습니다.

5) 테크놀로지 내용지식(TCK; Technological Content Knowledge)

테크놀로지는 각 학문에 좀 더 다양하고 복잡한 방식으로 작용하며 교수학습 활동에도 다각적인 영향을 끼치고 있습니다. 테크놀로지 내용지식은 테크놀로지와 학습 내용이 상호 영향을 주고받거나 혹은 제약을 하는 관계에 대하여 이해하는 것입니다. 교사는 해당 과목에 대한 내용 뿐만 아니라 그 내용이 어느 특정한 테크놀로지에 적용되었을 때 어떤 방향으로 변화될 것인가에 대하여 깊이 있게 이해하고 있어야 합니다. 더불어, 과목 내용 학습을 위하여 가장 적합하고 효율적인 테크놀로지는 무엇인지, 그리고 테크놀로지와 내용이 서로 어떤 방식으로 영향을 주고 변화시키는지에 대한 이해가 필요합니다.[231] 예를 들어 중등 수학 교과에서 테크놀로지 내용지식을 살펴보면 수학에 대한 개념 및 원리 이해와 테크놀로지, 문제해결과 테크놀로지, 수학적 추론 및 정당화와 테크놀로지, 수학적 의사소통과 테크놀로지, 표상과 테크놀로지, 수학의 가치와 테크놀로지 등을 의미합니다.[232]

6) 테크놀로지 교수지식(TPK; Technological Pedagogical Knowledge)

테크놀로지 교수지식은 어느 특정한 테크놀로지가 특정한 방식으로 사용되었을 때 교수와 학습이 어떻게 변화되는지에 대해 이해하는 지식을 의미합니다. 이를 함양하기 위해서는 테크놀로지의 능력과 한계, 또한 특정 기능이 어떠한 맥락에서 필요한지 등에 대한 전반적인 이해가 필요합니다.[233] 테크놀로지 교수지식이 더욱 부각되는 이유는 대다수의 소프트웨어 프로그램이 교육적인 목적으로 고안되어 있지 않기 때문입니다. 교사는 기존의 소프트웨어 프로그램이 가진 고정된 기능을 교육적 목적을 위해 다양하게 활용할 수 있는 능력을 가져야 합니다. 따라서 테크놀로지 교수지식을 갖추기 위해서 교사는 테크놀로지를 사용할 때 진보적이고 창의적인 탐색을 시도할 수 있어야 합니다.

예를 들어 테크놀로지에 기반한 수업자료에 무엇이 적합한지 파악하고, 테크놀로지를 활용

231) Mishra, P., & Koehler, M. J. (2006), Technological Pedagogical Content Knowledge: A Framework for Integrating Technology in Teacher Knowledge, Teachers College Record, 108-6, 1017-1054.

232) 장미라(2017), 중학교 수학교사의 테크놀로지 교수학적 내용 지식에 관한 연구, 전남대학교 박사학위 논문

233) Koehler, M., & Mishra, P. (2009). What is technological pedagogical content know ledge (TPACK). Contemporary Issues in Technology and Teacher Education. 9(1). 60-70.

한 다양한 교수·학습 방법 및 전략을 지식적인 측면에서 바라보며, 자신이 알고 있는 테크놀로지와 교수·학습 활동과 연계할 수 있는 실행적인 측면에서도 능력을 발휘할 수 있어야 합니다. 또한 일반적인 학생들의 학습법에 도움을 주는 테크놀로지를 활용하는 방법, 교사 자신의 교수법에 도움을 주는 테크놀로지 활용 방법, 테크놀로지를 활용해 학급을 조직하고 관리할 수 있는 능력, 테크놀로지를 활용한 평가 방법의 고안 등을 의미합니다.

7) 테크놀로지 내용교수지식(TPACK)

테크놀로지 내용교수지식(Technological Pedagogical Content Knowledge: TPCK 또는 Technology, Pedagogy, and Content Knowledge: TPACK, 이하 TPACK으로 통일함)이란 '테크놀로지(Technology)', '교수(Pedagogy)', '내용(Content)'이라는 세 가지 요소의 상호작용을 강조하는 지식을 의미합니다. 교사들이 학년별 또는 수준별로 적합한 교육적 테크놀로지를 활용하여 수업을 할 때 갖춰야 하는 지식을 의미합니다.[234)]

신원석 외(2011)는 모든 교사나 과목 또는 교수·학습 방법에 적용할 수 있는 테크놀로지 적용 법은 없다는 점을 역설하면서 좋은 수업을 실천하기 위해서는 내용지식과 교수지식, 테크놀로지 지식을 융합하여 지도해야 한다고 주장하였습니다.[235)]

이다희 외(2018)는 중등 수학 교과에서 수학과 교육과정과 테크놀로지 관련 내용, 그리고 실제 수업을 통합하는 지식, 수학 내용에 대한 학생들의 인지 발달 수준 및 사전 배경 지식에 따라 테크놀로지를 통합하는 지식 등이 필요하다고 보았습니다. 또한 테크놀로지를 통합하여 수학 내용에 대한 학생들의 이해력을 향상시키는 지식이 필요합니다. 이를 위해 수학 내용 지식(CK) 중 문제해결, 표상, 내적 외적 연결성, 창의 융합, 추론, 의사소통에 따라 테크놀로지를 통합하거나 수학 학습에 대한 흥미와 동기 유발을 위해 테크놀로지를 통합합니다. 또한 수학 내용에 따라 테크놀로지를 의미 있게 활용할 수 있는 수업자료를 구안하고, 수학 교수법과 테크놀로지를 통합하는 과정에서의 학급을 조직하고 이를 관리하는 방법, 테크놀로지 활용으로 인한 수학 수업 환경의 변화에 대해 대처하고 수학 평가의 질 향상을 위해 테크놀로지를 활용하는 것과 같은 지식을 모두 포함하는 복합적인 지식을 의미합니

---

234) 이민희 외(2021), 교사의 반성적 사고를 통한 TPACK의 개발에 대한 사례연구: 경력이 다른 두 교사를 중심으로. 이화여자대학교 대학원 석사학위 논문

235) 신원석 외(2011), 예비교사들의 테크놀로지 내용교수지식 변화에 관한 연구: 테크놀로지 활용 교과목을 중심으로, 한국정보교육학회 논문지 제16권 제1호

다.[236]

이상의 내용을 정리하면 다음 <표 11-2>와 같습니다.

표 11-2 TPACK의 7요소 및 정의

요소	정의
TK	기술의 목적과 이용법을 아는 것을 포함하여 다양한 기술에 대한 지식
CK	가르칠 내용을 제대로 이해하고 능수능란하게 설명하는 것
PK	교수 방법들에 대한 이해 (예) 수업계획, 강의실 관리, 차별화, 교수 전략 등
PCK	내용을 잘 가르치기 위해 특정 교수 방법들을 실행하려고 내용 지식과 교수법 지식을 조합하는 것
TCK	내용을 가장 잘 향상시키는 기술 자원을 선택할 수 있기 위해 내용 지식을 다양한 기술에 대한 지식과 통합하는 것
TPK	교수 실천과 방법을 향상시키기 위해 기술의 이용을 강조하는 것
TPACK	어떤 내용이나 스킬을 가장 효율적으로 가르치기 위해 교수 방법, 내용, 기술을 전문적으로 엮어서 모든 지식을 조합하는 것

위에서 언급된 모든 요소들의 상호작용을 통해 발생하는 것에 대한 전반적인 이해라고 볼 수 있습니다.

쉽게 말해 TPACK은 교사가 수업을 할 때 테크놀로지를 활용하여 효과적인 교수·학습이 이루어지도록 하는 것입니다. 이는 테크놀로지를 어떻게 사용할 것인지에 대한 이해, 수업 내용을 구성주의적 방법으로 가르칠 때 필요한 테크놀로지를 사용하는 교육적 방법에 대한 이해, 학습을 저해하는 요인과 학생들이 직면하는 문제들을 테크놀로지가 어떻게 도와줄 수 있는가에 대한 지식, 인식론과 학생의 사전 배경지식에 대한 이해, 테크놀로지가 기존의 지식을 새로운 인식론을 개발하거나 기존의 것을 강화하기 위해 어떻게 사용되는가에 대한 이해 등을 모두 포함합니다.[237]

236) 이다희(2018) 외, 수학교사의 테크놀로지 교수 내용 지식(TPACK) 관점에서 본 수업 실제 분석, 한국학교수학회논문집 제 21 권, 제 4 호

237) 최경식(2021), 실천적 역량 평가를 위한 TPACK 발달에 영향을 미치는 요소 탐색, 교원대학교 박사학위 논문

3. TPACK의 개념 (2019년~)

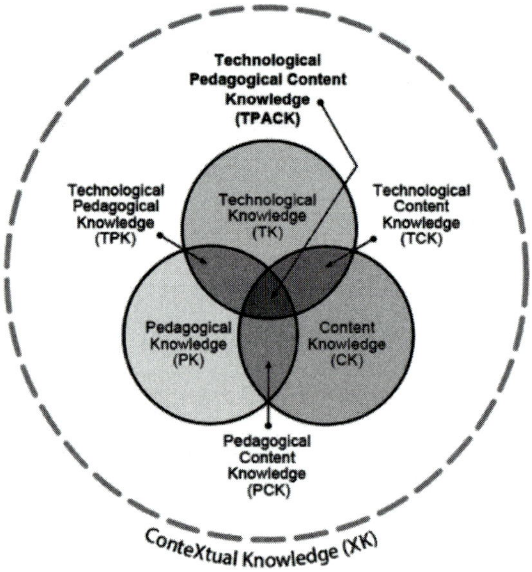

그림 11-2 TPACK의 프레임워트

Mishra와 Kohler[238]는 2006년에 도입된 기술과 교수법 사이 연결을 탐구하는 개념적이고 이론적인 틀인 TPACK 프레임워크가 그것의 적용을 고려하지 않고 단지 기술에만 집중하는것의 한계를 강조했습니다. 그들은 교육세팅에 단순한 기술의 도입이 충분하지 않으며 계획된 결과와 실제 결과 사이의 차이는 TPACK 프레임의 적용을 간과해서 생기는 것이라 보았습니다.

Mishra와 Kohler는 기술과 교육 내용의 연결에 관한 명시적인 논의가 부재하며, 기술과 관련된 문제들과 교육적 맥락에서 그것들의 중요성에 대한 강조가 부족했다는 것을 지적했습니다. 이와 관련하여 TPACK 프레임워크를 반영하고 합리적인 조정을 논의하기 위해 프레임워크의 일부 측면과 그리고 그 발전에 대해서 좀 더 구체적으로 고려해야 한다고 주장했습니다.

238) Christoph Thyssen(2023). From TPACK to DPACK: The "Digitality-Related Pedagogical and Content Knowledge"-Model in STEM-Education

TPACK의 7가지 구조 요소는 종종 높은 상관 관계가 있어 서로 다른 요소 구조에 영향을 초래하기 때문에 일관되지 않은 결과를 초래하기도 합니다. 이는 프레임 워크의 구성과 TPACK의 구성 요소의 활용에 대해 소극적인 태도를 취하게 할 수 있습니다. 따라서 Mishra는 핵심 모델의 7가지 구조 요소를 넘어서는 대체 요소 구조의 조정을 제안했습니다. Mishra는 외부 점선 원의 이름을 바꾸고 리프레임하여 맥락을 나타내는 "맥락적 지식(XK)"으로 재구성하며 핵심적인 중요한 여덟 번째 구성 요소로 추가 지식 영역을 도입했습니다. 더불어 맥락적 지식을 늘리기 위해 노력해야 한다고 주장하였습니다. 맥락적지식(XK)은 교육자가 조직적, 상황적 제약 속에서 교사역량(내용, 교수, 테크놀로지의 통합적 역량)을 발휘하기 위해 필요한 맥락적 지식을 의미하며, 단순히 교사가 교육과정 전달자를 넘어서 창조적 설계자로서 시스템적, 문화적 변화를 이끌어내는 역량을 의미합니다.

4. TPACK의 역사

Koehler(2014)은 TPACK 발달에 대한 선행 연구를 분석하여 다음 <그림11-3>와 같이 TPACK의 발달 경로를 표현하였습니다. PCK에서 TPACK으로의 발달, TPK에서 TPACK으로의 발달, PCK와 TPACK의 동시 발달의 3가지 유형으로 분석하였습니다.[239]

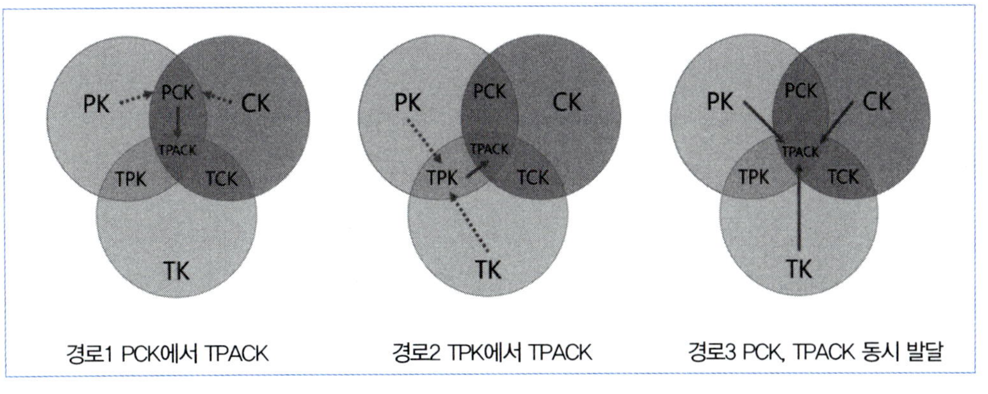

그림 11-3 TPACK의 발달 경로(Koehler, 2014)

239) Koehler, M. J., Mishra, P., Kereluik, K., Shin, T. S., & Graham, C. R. (2014). The Technological Pedagogical Content Knowledge Framework. In J. M. Spector, M. D. Merrill, J. Elen, & M. J. Bishop (Eds.), Handbook of Research on Educational Communications and Technology(pp. 101-111). Springer New York.

첫 번째 TPACK의 발달 경로는 PCK에서 TPACK으로의 발달 유형입니다. 이 유형은 주로 현직 교사의 TPACK을 발달시킬 때 적용할 수 있습니다. 기존에 이미 형성된 PCK에 테크놀로지를 추가적으로 강화시키는 방식으로 생각할 수 있습니다. 가르쳐야 할 내용과 교수방법에 대해서는 이미 전문가이거나 숙달된 교수자들의 경우 새로운 테크놀로지에 대한 부분만 추가적인 교육과 역량 강화 훈련을 통해 TPACK을 강화시킬 수 있습니다.

두 번째 TPACK의 발달 경로는 TPK에서 TPACK으로의 발달 유형입니다. 이 유형은 주로 예비교사의 TPACK을 발달시킬 때 적용할 수 있습니다. 보통 현직 교사에 비해 예비교사가 교과 내용이나 교육학적 지식이 부족하다고 판단하여 예비교사에게 테크놀로지에 대한 지식을 먼저 제시하는 것입니다. 그리고 테크놀로지를 기반으로 TPACK이 발달할 수 있도록 한 유형이라 볼 수 있습니다.

세 번째 TPACK의 발달 경로는 PCK와 TPACK을 동시에 발달시키는 것입니다. 이 유형은 교사가 각 내용 지식에 따라 필요한 테크놀로지의 활용 방법을 교사 스스로 선택하고 익히도록 하는 방법입니다. 이러한 과정에서 교사의 PCK와 TPACK이 동시에 발달할 수 있습니다. 하지만 교사는 교육학적 지식은 물론 내용 지식, 테크놀로지 지식까지 동시에 발달시켜야 하기 때문에 교사가 가진 전문성에 기댈 수밖에 없고, 그 과정에서 인지적인 부하가 발생할 수 있습니다.[240]

이상에서 살펴본 TPACK의 발달 경로는 교사의 TPACK을 발달시키는 교육 프로그램을 만들 때 시사점을 줍니다. TPACK을 발달시키는 경로를 구성할 때 PCK에서 출발해야 할지, 테크놀로지(TPK, TCK)에서 출발해야 하는지 등을 결정할 수 있습니다. 이렇듯 누구를 대상으로 하는지, 그 대상의 수준은 어떠한지에 따라 TPACK 발달 경로는 달라질 수 있고, 이에 대한 충분한 이해를 바탕으로 TPACK 발달 교육 프로그램을 구성해야 합니다. 또한 예비 교사는 TK, PK, CK를 습득하는 과정에 있고 TPK에 치우쳐 TPACK으로 발달하고 있으나, TCK, PCK 등도 함께 고려함으로써 균형있는 TPACK 발달이 되도록 진행할 필요가 있습니다.

240) Brush, T., & Saye, J. (2009). Strategies for preparing preservice social studies teachers to effectively integrate technolog y: Models and practices. Contemporary issues in technology and teacher education, 9(1), 46-59.

5. TPACK의 발달 단계

이상의 논의에서 TPACK의 각 구성 요소간 발달 경로에 대해 살펴보았고, 이어 TPACK이 어떤 단계를 통해 발달해 가는지 살펴보도록 하겠습니다. Niess et al.(2009)은 스프레드시트라는 테크놀로지를 활용해 수학과 교수·학습 과정에서 수학 교사들이 테크놀로지를 통합하는 과정을 관찰하였습니다. 이를 토대로 교사가 특정한 테크놀로지를 교수·학습 과정에 도입할 때 5가지의 발달 단계를 경험한다는 것을 파악하였습니다.

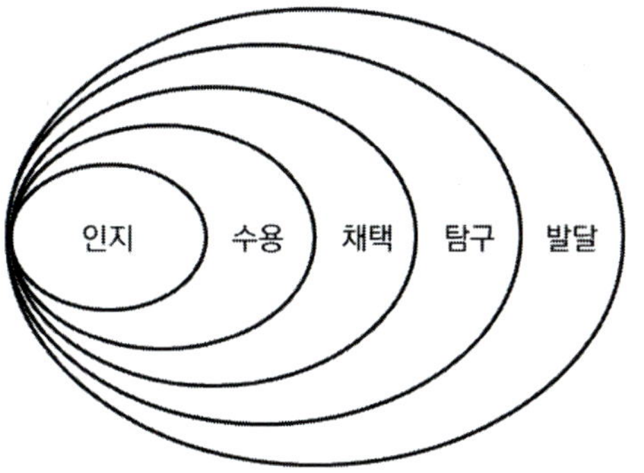

그림 11-4 TPACK의 발달 단계

첫째는 인식(Recognizing) 단계입니다. 교사가 수업에 테크놀로지를 활용할 수 있으며 수업에 테크놀로지를 도입할 수 있다는 것을 인식할 수 있는 단계입니다. 하지만 실제로 교수·학습 상황에 테크놀로지를 도입하지는 못하는 단계라 할 수 있습니다. 둘째는 수용(Accepting) 단계입니다. 교사가 교수·학습 상황에 테크놀로지를 활용하거나 통합하는 것에 대하여 긍정적 또는 부정적 태도를 형성하게 되는 단계입니다. 셋째는 적응(Adapting) 또는 채택단계입니다. 이전 단계에서 테크놀로지를 수업 상황에 통합하거나 활용하는 태도를 형성했다고 해서 무조건적인 채택 또는 거부로 이어지지는 않습니다. 여러 가지 정책이나 상황에 따라 테크놀로지를 채택하는 경우도 있고, 반대의 상황도 있을 수 있습니다. 또한 이전 단계의 태도 형성결과에 따라 혹은 결과와는 별개로 교사가 테크놀로지를 교수·학습에 채택하거나 거부할 수 있습니다. 넷째는 탐구(Exploring) 또는 탐색 단계입니다. 교사가 자신의 수업 상황에 능동적으로 적합한 테크놀로지를 도입하는 단계입니다. 마지막 발달

(Advancing) 단계는 교사가 자신의 수업 상황에 테크놀로지를 도입한 결과를 평가하는 단계입니다. TPACK의 각 발달 단계에 따른 구체적인 설명은 다음 <표 3>와 같습니다.

표 11-3 TPACK의 발달 단계(Niess et al., 2009)

분류	내용
인식	교사가 테크놀로지를 사용할 수 있으며 수업에 도입할 수 있다는 것을 인식하는 단계이나 교수학습에 테크놀로지를 도입하지는 못하는 단계
수용	교사가 테크놀로지를 교수학습에 통합하는 것에 대하여 긍 · 부정적 태도를 형성하는 단계
채택	교사가 테크놀로지를 교수학습에 채택하거나 거부하는 단계
탐구	교사가 능동적으로 알맞은 테크놀로지를 교수학습에 도입하는 단계
발달	교사가 알맞은 테크놀로지를 교수학습에 도입한 결과를 평가하는 단계

이상에서 살펴본 바와 같이 TPACK의 발달 경로에 따른 발달 단계를 도식화한 결과는 다음 <그림 11-5>와 같습니다.

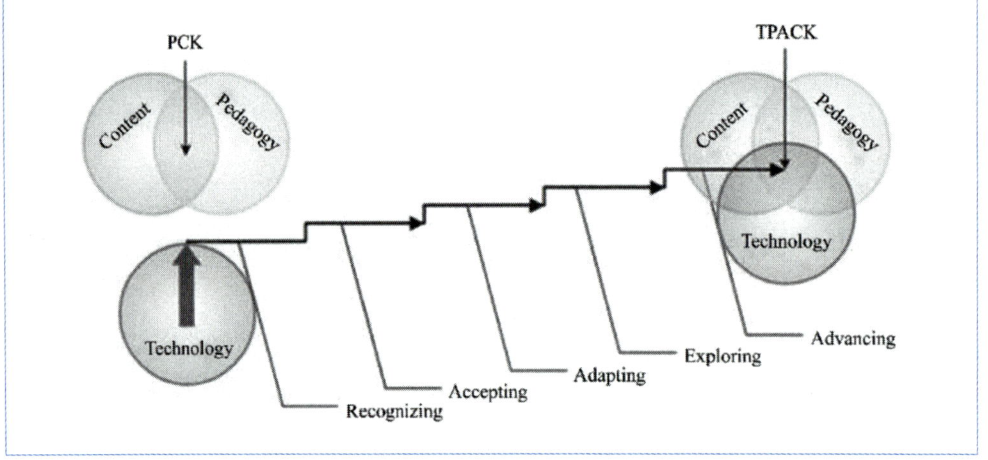

그림 11-5 TPACK의 발달 과정(Niess et al., 2009)

6. TPACK의 측정과 평가

TPACK의 프레임워크는 교사가 수업을 할 때 교실에서 사용하는 테크놀로지 활용에 대한 역량을 측정하고, 이러한 역량을 개발하기 위한 교육 프로그램의 효과성을 확인하는데 있어서 매우 유용한 도구입니다. Koehler, Shin, & Mishra(2011)[241]은 TPACK 관련 연구논문을 분석하여 TPACK을 측정하고 평가에 활용되는 유형들을 5가지로 분류하였습니다.[242]

TPACK을 측정하고 평가하는 첫 번째 방법은 자기 보고기법입니다. 교사가 수업에서의 테크놀로지 활용에 관한 문항들에 스스로의 수준을 직접 평가하는 방법으로 많은 연구에서 이 방법을 사용하였습니다. 두 번째 방법은 개방형 질문지 방법입니다. 교사로서 테크놀로지나 공학적 방법을 활용한 경험을 서술하도록 합니다. 세 번째 방법은 수행 평가 방법으로 특정한 과제를 제시하고, 이를 수업 상황에서 직접 수행함으로서 TPACK을 측정하는 것입니다. 네 번째 방법은 면담으로 구조화된 면담 문항을 활용해 교사들의 TPACK 수준을 측정합니다. 마지막 다섯 번째 방법은 관찰법으로 교사의 교실에서의 수업 장면을 관찰함으로써 TPACK의 정도를 확인합니다. 이러한 방법을 활용해 TPACK을 측정하고 평가하는 대표적인 모델로 Abbitt(2011)[243]이 제시한 TPACK 기반의 평가 모델은 다음 <그림11-6>와 같습니다.

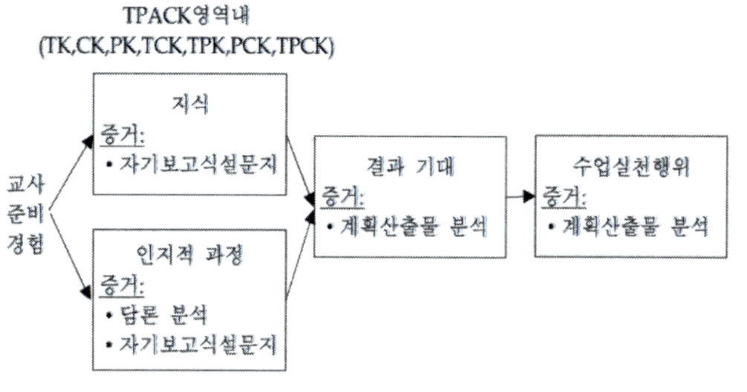

그림 11-6 TPACK 기반 평가(Abbitt, 2011)

241) Koehler, M. J., Shin, T. S., & Mishra, P.(2011). How do we measure TPACK? Let me count the ways. In R. N. Ronau, C. R. Rakes, & M. L. Niess (Eds.), 테크놀로지 교실 통합을 위한 연구도구로서의 TPACK- 21 -Educational technology, teacher knowledge, and classroom impact: A research handbook on frameworks and approaches (pp.16-31). Information Science Reference, Hershey, PA.

242) 김도헌(2017), 테크놀로지 교실 통합을 위한 연구도구로서의 TPACK: 국내 연구동향 분석을 중심으로, 초등교육연구 The Journal of Elementary Education, Vol.30, No.4. pp.1-22.

243) Abbitt, J. T. (2011). Measuring technological pedagogical content knowledge in preservice teacher education: A review of current methods and instruments. Journal of Research on Technology in Education, 43(4), 281-300.

Cavanaugh & Koehler(2014)[244]는 TPACK 프레임워크를 활용해 TPACK을 측정하거나 평가할 때 고려해야 할 타당성 점검 기준을 다음 <표 4>와 같이 제시하였습니다.

표 11-4 TPACK 측정의 7가지 타당성 기준(Cavanaugh & Koehler, 2014)

기준	기술	적용 예시
내용 증거	도구의 내용과 도구가 측정하고자 하는 것과의 관계	연구 질문의 구체화, 구인 모델의 개발, 문항 개발 등
실질적 증거	기존 이론과 가설에 기반을 둔 관찰된 현상에 대한 설명	TPACK 훈련 집단과 비훈련집단간 점수 비교
구조적 증거	구인모델에서 하위 요소의 확증	확증적 요인분석 수행
일반성 증거	개별 문항이 특정 집단이나 상황에 편향되지 않음	TPACK 수준이 비슷하다면 각 문항별로 유사 반응 나타낼 것
외적 증거	같은 구인을 측정하기 위하여 다른 검사가 이루어져도 같은 결과를 산출함	연구 중 관찰과 발견, 타큐멘트 분석과 비교하기
결과적 증거	결과가 사람과 조직에 어떤 영향을 줄지에 대한 고려	발견점을 이해 관계자와 토론
해석 증거	측정 점수의 질적 의미에 관한 소통	척도상의 주요 상항을 설명하는 구인 맵의 제공

위와 같은 근거로 마련한 TPACK 측정 문항은 아래와 같습니다.[245]

표 11-5 TPACK 측정 문항

요인	TPACK 측정 문항
TK	나는 나만의 테크놀로지 문제를 해결하는 방법을 알고 있다. 나는 테크놀로지를 쉽게 배울 수 있다. 나는 중요하고 새로운 테크놀로지를 꾸준히 습득할 수 있다. 나는 자주 테크놀로지를 자기고 놀곤 합니다. 나는 많고 다양한 테크놀로지에 대해 알고 있다. 나는 테크놀로지를 사용하는데 필요한 여러 테크놀로지 능력을 가지고 있다. 나는 다양한 테크놀로지로 일할 수 있는 충분한 기회를 가지고 있다.

244) Cavanagh, R. & Koehler, M. J. (2014). A turn toward specifying validity criteria in the measurement of technological pedagogical content knowledge(TPACK). Journal of Research on Technoogy in Education.

245) Schmidt D A ,Baran E ,Thompson A D ,Mishra P ,Koehler M J ,Shin T S . "Technological Pedagogical Content Knowledge (TPACK): The Development and Validation of an Assessment Instrument for Preservice Teachers" JOURNAL OF RESEARCH ON TECHNOLOGY IN EDUCATION : 123-150.

구분	영역	문항
CK	수학	나는 수학에 대한 충분한 지식을 가지고 있다. 나는 수학적 사고방식을 사용할 수 있다. 나는 수학에 대한 이해와 발전을 위한 다양한 전략을 가지고 있다.
	사회	나는 사회에 대한 충분한 지식을 가지고 있다. 나는 역사적인 사고방식을 사용할 수 있다. 나는 사회에 대한 이해와 발전을 위한 다양한 전략을 가지고 있다.
	과학	나는 과학에 대한 충분한 지식을 가지고 있다. 나는 과학적인 사고방식을 사용할 수 있다. 나는 과학에 대한 이해와 발전을 위한 다양한 전략을 가지고 있다.
	문해력	나는 문해력에 대한 충분한 지식을 가지고 있다. 나는 문학적인 사고방식을 사용할 수 있다. 나는 문학에 대한 이해와 발전을 위한 다양한 전략을 가지고 있다.
PK		나는 교실에서 학생들의 성적을 평가하는 방법을 알고 있다. 나는 학생들이 현재 이해하고 있거나 이해하지 못하는 내용을 바탕으로 교수법을 적용할 수 있다. 나는 다양한 학생들에게 내 수업 스타일을 맞출 수 있다. 나는 학생들의 학습을 다각적으로 평가할 수 있다. 나는 교실 환경에서 다양한 교육 접근 방식을 사용할 수 있다. 나는 학생들이 이해하거나 이해하지 못하는 것에 익숙하다. 나는 교실 관리를 어떻게 해야 하는지 알고 있다.
PCK		나는 학생들의 사고와 수학 학습을 이끌 수 있는 효과적인 교수 접근 방법을 선택할 수 있다. 나는 문해력에서 학생의 사고와 학습을 유도하기 위한 효과적인 교수 접근 방법을 선택할 수 있다. 나는 과학에서 학생의 사고와 학습을 유도하기 위한 효과적인 교수 접근 방법을 선택할 수 있다. 나는 사회에서 학생의 사고와 학습을 유도하기 위한 효과적인 교수 접근 방법을 선택할 수 있다.
TCK		나는 수학을 이해하는데 사용할 수 있는 테크놀로지에 대해 알고 있다. 나는 문학을 이해하는데 사용할 수 있는 테크놀로지에 대해 알고 있다. 나는 과학을 이해하는데 사용할 수 있는 테크놀로지에 대해 알고 있다. 나는 사회를 이해하는데 사용할 수 있는 테크놀로지에 대해 알고 있다.
TPK		나는 수업에 대한 교수 접근 방식을 향상시키는 테크놀로지를 선택할 수 있다. 나는 수업을 위해 학생들의 학습을 향상시키는 테크놀로지를 선택할 수 있다. 나의 교사 교육 프로그램은 내가 교실에서 사용하는 교수법에 테크놀로지가 어떤 영향을 미칠 수 있는 지에 대해 더 깊이 생각하게 만들었다. 나는 교실에서 테크놀로지를 어떻게 사용할 지에 대해 비판적으로 생각하고 있다. 내가 배우고 있는 테크놀로지의 사용을 다양한 교수 활동에 적용할 수 있다.

TPACK	나는 수학, 테크놀로지, 교수 접근 방식을 적절하게 결합하여 수업할 수 있다. 나는 문학, 테크놀로지, 교수 접근 방식을 적절하게 결합하여 수업할 수 있다. 나는 과학, 테크놀로지, 교수 접근 방식을 적절하게 결합하여 수업할 수 있다. 나는 사회, 테크놀로지, 교수 접근 방식을 적절하게 결합하여 수업할 수 있다. 나는 교실에서 내가 가르치는 내용과 방법, 학생들이 배우는 내용을향상시킬 테크놀로지를 선택할 수 있다. 나는 교실에서 수업과정에서 배운 내용, 테크놀로지 및 교수 접근 방식을 결합한 전략을 사용할 수 있다. 나는 학교 및 지역에서 다른 사람들이 콘텐츠, 테크놀로지 및 교수 접근 방식의 사용을 조정할 수 있도록 리더십을 제공할 수 있다. 나는 수업을 위해 콘텐츠를 향상시키는 테크놀로지를 선택할 수 있다.

SECTION

2 TPACK 관련 연구 동향

1. TPACK 국내 연구 동향

교사의 테크놀로지 활용과 관련하여 TPACK 개념이 정립됨에 따라 국내에서도 TPACK에 대한 여러 연구들이 진행되었습니다. 구체적으로 유아교사의 TPACK 평가 척도를 개발한 연구(양옥승, 양유진, 2018), 특수 교사의 TPACK 활용을 탐색한 연구(소효정, 박은혜, 김효진, 2020), 초등 교사의 테크놀로지 활용 실태를 분석한 연구(박지수, 2020), 수학교사의 TPACK 관련 인식을 조사한 연구(이다희, 황우형, 2018)에 이르기까지 그 대상과 내용이 다양한 연구들이 진행되고 있습니다. 또한 예비교사들에게 TPACK를 함양시키기 위한 프로그램 개발에 대한 연구(김성원, 이영준, 2020; 최현종, 이태욱, 2015)와 예비교사들의 TPACK 형성과정을 면밀히 살펴본 연구(김효준, 2021)도 진행되었습니다. 그 외에도 TPACK은 지난 10여 년 동안 국내외적으로 테크놀로지 교실 통합에 관한 교육과 연구에 있어서 유용한 개념적 틀이 되어왔습니다. 국내에서도 비록 짧은 기간이었지만 TPACK에 관련한 연구들이 끊임없이 증가되어 왔습니다.[246)]

박지수(2020)에서는 초등 사회과에서 지도학습을 위한 교사의 테크놀로지 활용 실태를 조사하고, 지도학습을 위한 TPACK 역량을 분석하였습니다. 이에 지도학습을 위한 초등교사들의 테크놀로지에 대한 TPACK 인식을 살펴본 결과, 지도학습을 위한 TPACK과 관련된 지식의 중요도와 실행준비도에 대해서 전체적으로 긍정적인 반응을 보였습니다. 또, IPA 분석결과에 따르면 유지해야 할 영역으로 '지도 읽기'는 TCK, '지도 만들기'는 TPACK, '지도 활용하기'는 TK, TPK가 나타났습니다. 또한 실행준비도가 낮아 개선이 필요하거나 후순위로 분류되는 영역으로 '지도 읽기'는 TK, TPK, TPACK, '지도 만들기'는 TCK, TPK, '지도 활용하기'는 TCK, TPACK으로 나타났습니다. 이러한 결과는 '지도 읽기'와 관련된 지도학습을 위한 테크놀로지의 경우에는 내용적 지식을 수업에 효과적으로 적용할 수 있는

246) 김효준, 하상우(2022). 테크놀로지 활용 교수학적 내용지식(TPACK)에 대한 국제 연구 동향 탐색, 학습자중심교과교육연구, 22(24), 147-170.

교수지식에 대한 연구가 이루어질 필요가 있습니다.[247)]

김성원, 이영준(2020)은 프로그래밍 기반 TPACK 교육 프로그램이 예비 교사의 TPACK에 미치는 효과를 살펴보았습니다. 프로그래밍 기반 TPACK 교육 프로그램은 예비 교사의 TPACK 발달에 효과적이고, 예비 교사의 TPACK 교육에서 테크놀로지 도구의 종류는 TK에 영향을 주지 않았습니다. 반면에 TK와 CK, PK의 상호작용을 통해 형성되는 지식은 프로그래밍을 TPACK의 테크놀로지 도구로 활용하였을 때 효과적이었습니다. 또한 프로그래밍 기반 TPACK 교육 프로그램의 효과를 검증하기 위하여 통제 집단에게 한글, 스프레드시트, 파워포인트와 같은 ICT 도구를 활용한 TPACK 교육 프로그램을 적용하였습니다. 이에 따라 예비 교사의 TPACK 변화를 확인할 수 있었습니다.[248)]

2. TPACK 국외 연구 동향

2004년부터 TPACK를 키워드로 한 연구물이 검색되기 시작하지만 의미있는 양의 연구가 수행되지 못하다가 2010년부터 관련 분야의 연구물이 두 자리수로 생산되기 시작한 후 연구물의 양이 늘어났습니다. 이후 2013년부터 2015년까지 년간 50편 이내 수준의 정체기를 거쳐 2017년부터 100편 이상의 연구물들이 생산되기 시작되어 지금에 이르고 있습니다. 특히 가장 최근인 2021년에는 가장 많은 연구물들이 생산된 것이 눈에 띕니다. 이처럼 TPACK 연구는 2010년대 이후 본격적으로 수행되기 시작하여 최근 국제적인 관심이 높다고 할 수 있습니다.[249)]

Graham(2011)은 TPCK 개념 모델에서의 경계의 모호함을 언급하면서, TPCK를 구성하는 요소들 사이의 경계 문제를 재검토했습니다. Graham(2011)은 TPCK의 테크놀로지 지식(TK)에 주목하여 PCK와 TPCK를 구별하는 중요한 기준인 TK의 정의와 범위가 연구마다

247) 박지수. (2020). 지도학습을 위한 초등교사의 테크놀로지 활용 실태 및 TPACK 분석. 사회과교육, 59(3), 81-101, 10.37561/sse.2020.09.59.3.81

248) 김성원 and 이영준. (2020). 프로그래밍 기반 TPACK 교육 프로그램이 예비 교사의 TPACK에 미치는 효과. 컴퓨터교육학회 논문지, 23(4), 79-89.

249) 김효준, 하상우(2022). 테크놀로지 활용 교수학적 내용지식(TPACK)에 대한 국제 연구 동향 탐색, 학습자중심교과교육연구, 22(24), 147-170.

다르게 정의되고 있음을 지적하였습니다. 이처럼 Archambault와 Barnett(2010)와 Graham(2011)의 연구는 기존 TPCK 개념 모델에 대한 다양한 시각을 제시하면서 TPCK 개념에 대해 보완하고 발전시킬 수 있는 계기를 마련했다는 점에서 의의를 가집니다. 따라서 TPACK 주제와 관련된 연구에서는 TPACK에 대한 다양한 관점을 제시하고 관련 주제 연구의 방향성을 제시하기 위해 이들의 연구를 많이 인용하고 있습니다.[250)]

TPACK 개념에 대한 관점들은 시간이 지남에 따라 좀 더 정교화되고 발전했으며, Voogt et al.(2013)는 TPACK에 관한 문헌 검토를 통해 TPACK 개념의 발전에 따른 다양한 관점들을 다음과 같이 세 가지로 요약하였습니다. 첫째는 TPCK를 확장된 PCK로 보는 관점(Niess 2005; Cox & Graham 2009), 둘째는 내용 지식(CK), 교육학 지식(PK), 테크놀로지 지식(TK)의 세 영역의 지식이 특정 맥락에서 상호작용하면서 TPCK를 형성하게 된다는 관점(Koehler et al., 2007), 셋째는 TPCK를 개발 및 평가될 수 있는 독특하고 고유한 지식 체계로 간주하는 변혁적(transformative) 관점(Angeli & Valanides, 2009)으로 구분하였습니다. 또한, Voogt et al.(2013)는 TK에 대한 다양한 견해를 살펴보면서 '도구적 관점'과 '기능적 관점'에 대한 근본적 논쟁이 있다고 언급하였습니다. 이러한 TPACK 개념에 대한 논의는 TPACK의 실제 사용, 특히 예비교사의 TPACK 개발이 결정되는 방식에 영향을 미치기 때문에(Voogt et al., 2013), 이러한 개념에 대한 폭넓은 논의를 제공한 Voogt et al.(2013)의 연구는 TPACK 관련 주제 연구에서 활발히 인용되고 있습니다.[251)]

3. From TPACK To DPACK

디지털이 교실 내에 깊숙이 스며들수록 교사가 수업을 준비할 때 우리 사회와 일상생활에서 사회문화적 기술 관련 규범 및 관행이 갖는 의미를 살펴보고 학생들에게 이와 관련한 내용을 더 명확히 설명할 필요가 있습니다. 이를 강조하는 이론이 바로 사회 문화 이론입니다. 사회 문화 이론은 학습 과정에서 사회적, 문화적 맥락의 중요성을 강조하는 교육의 관점입

250) 김효준, 하상우(2022). 테크놀로지 활용 교수학적 내용지식(TPACK)에 대한 국제 연구 동향 탐색, 학습자중심교과교육연구, 22(24), 147-170.

251) 김효준, 하상우(2022). 테크놀로지 활용 교수학적 내용지식(TPACK)에 대한 국제 연구 동향 탐색, 학습자중심교과교육연구, 22(24), 147-170.

니다. 이 이론은 기본적으로 러시아 심리학자인 레프 비고츠키(Lev Vygotsky), 에 의해 개발되었으며, 사회적 상호작용과 문화적 관행이 학생들의 인지 발달을 형성하는 데 중요한 역할을 한다는 것을 시사하고 있습니다.

사회 문화 이론은 교사의 교수학습 과정에서의 기술 사용 및 통합을 안내하기 위해 2000년대 초반에 적용된 이론입니다. 사회 문화 이론은 일상생활 속에서의 디지털 전환은 기술 그 자체뿐만 아니라 사회적 환경에도 영향을 받고 있다고 주장합니다. 그리고 디지털 기술의 채택과 사용을 결정하는 사회 문화 이론은 디지털 전환 계획에서 사회적, 문화적 요소와 맥락을 고려하고 디지털 기술의 사용을 가치 있게 여기고 지원하는 문화의 조성을 강조하고 있습니다. 이를 통해 디지털 혁신 계획을 더욱 효과적으로 수행하고 교사와 학생 모두에게 그들이 원하는 기술적 혜택을 제공하고자 합니다.

디지털의 변화는 기존의 지식사회에 새로운 조건과 형태를 가져왔고, 디지털 사회에 적응하기 위한 역량의 중요성이 날로 높아지면서 디지털 역량과 디지털 리터러시에 대한 요구가 증가하였습니다. 일부 국가에서는 디지털 역량과 디지털 리터러시가 서로 밀접하게 연관되어 있어 모호하게 설명되는 경우도 있지만, 디지털 역량은 현 사회에서 사람들이 갖춰야 할 기술로 설명되는 경우가 많습니다. 이에 반해 디지털 리터러시는 컴퓨터, 정보, 미디어 리터러시를 총칭하여 사용되고 있습니다.

사회문화적 맥락에서 디지털 기술의 중요성이 증가하고, 위에 설명된 바와 같이 교육 상황에서 우리는 TPACK 내에 사회문화적 차원을 포함해야 한다는 요구 또한 높아지고 있음을 느낄 수 있습니다. 사회문화적 차원을 고려함으로써 우리는 디지털 역량과 디지털 리터러시를 서로 연결할 수 있습니다. 현재 우리는 기술에 사회 문화라는 용어를 덧붙여 생각하려는 노력을 통해 미디어, 컴퓨터 및 정보 활용 능력을 통해 사회생활에 활용할 수 있는 기술의 연결이 필요하다는 것을 느낄 수 있습니다. 따라서 교육과 학습에서도 이와 같은 디지털 변혁 속에서 디지털, 상징적, 물질적 현실의 융합이 이루어질 수 있도록 해야 합니다. 특히 예비교사는 TPACK을 학습 및 연습할 때 사회문화적 관점을 인정하고 반영해야 합니다.

기존의 T-PACK 모델에 사회문화적 관점을 연계하기 위하여 독일에서 T-PACK을 D-PACK으로 발전시키는데 의미 있는 모델을 제시하고 있습니다. 독일에서는 교육적 관점에서 기술과 사회문화적 발전 사이의 연관성을 체계적으로 고려하기 위해 미디어 사회학, 미디어 이론, 정보학, 학교 실무자 등 다양한 분야의 연구자들이 모여 디지털 세계의 교육과정을 위한 프레임워크 모델인 이른바 프랑크푸르트 트라이앵글 모델을 개발하였습니다. 프랑크푸르트 트라이앵글 모델은 디지털 혁신을 위한 교육에서 기술-미디어 관점, 사회문화적 관점, 상호작용 관점의 세 가지 관점이 중요하다는 점을 강조하고 있습니다.

프랑크푸르트 트라이앵글 모델은 디지털 미디어 및 시스템과 관련된 교육 개념에서 기술, 문화, 사회 간의 상호작용을 고려하는 것이 중요하다는 점을 강조합니다. 이 모델은 학습자가 디지털 사회에 적극적으로 참여하기 위해서는 디지털 미디어 및 시스템의 기술적, 매체적 구조와 기능뿐만 아니라 그것을 사용하는 행동, 결정 및 사회문화적 상호작용도 이해해야 한다고 주장하고 있습니다.

프랑크푸르트 트라이앵글 모델에 따른 디지털 미디어 및 시스템 관련 교육 개념의 궁극적인 목표는 학습자가 세 가지 관점의 맥락에서 디지털 구조와 이와 관련된 현상을 분석, 성찰, 설계할 수 있도록 하는 것입니다. 이러한 기술을 개발함으로써 학습자는 디지털 미디어와 시스템이 개인, 사회, 문화에 미치는 영향을 더 잘 이해하고 판단할 수 있다고 보고 있습니다. 이를 통해 디지털 미디어와 시스템의 정보를 윤리적인 방식으로 사용하고 사회에 유익한 디지털 미디어와 시스템 개발에 기여할 수 있다고 생각합니다.

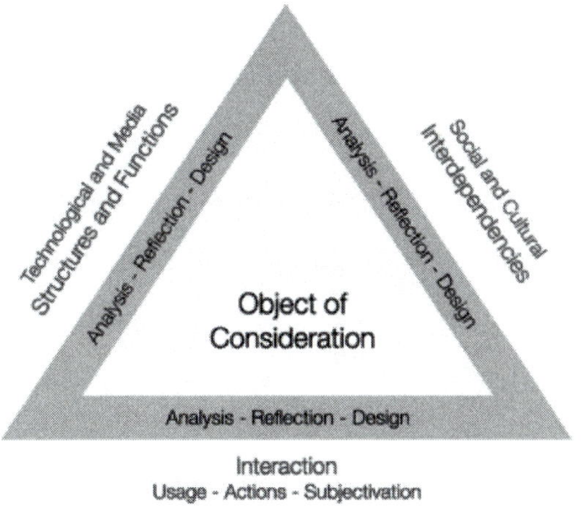

그림 11-7 교육 개념에서 기술, 문화, 사회 간의 상호작용이 이루어지는 형태인 프랑크푸르트 삼각지대

프랑크푸르트 트라이앵글 모델은 TPACK 모델의 연장선상에서 사회문화적 관점을 형성하기 위한 방향성 프레임워크를 제공하며, 더 나아가 DPACK 모델로 이어집니다. DPACK 모

델의 핵심은 디지털 기술과 도구를 효과적으로 사용하여 페다고지적 목표를 달성할 수 있는 능력인 디지털 유창성이라는 개념입니다. 특정 내용 영역 내 기술 통합에 초점을 맞춘 TPACK 모델과 달리 DPACK 모델은 디지털 기술을 사용하여 커뮤니케이션과 협업을 강화하고, 비판적 사고와 문제 해결을 촉진하며, 창의성과 혁신을 촉진하는 등 보다 광범위한 기술과 지식을 포괄하고 있습니다. 즉 DPACK 프레임워크는 기술의 사회문화적 맥락을 더욱 강조하고 있습니다. 여기에는 형평성과 사회 정의 문제를 해결하기 위해 디지털 기술을 사용하는 방법과 기술이 학습에 미치는 영향에 대한 고려 또한 포함되어 있습니다. 이러한 사항을 프레임워크에 통합함으로써 DPACK 모델은 현재 변화하는 교육 환경의 요구 사항에 더 잘 부합하는 총체적인 접근 방식을 제공합니다.

이는 교사가 디지털 기술에 대한 지식을 갖추는 것만으로는 충분하지 않으며, 미디어의 발전과 사회적 결과, 개별적인 사용 형태와 전제 조건에 대한 지식도 필요하다는 것을 의미합니다. 교육은 미디어와 기술의 영향을 받는 사회문화적 맥락, 프레임워크, 역학관계에 포함되어 있으므로 사회문화적 지식에 초점을 맞춘 또 다른 영역을 추가하는 DPACK 모델을 도입함으로써 디지털로 변화된 교육 및 사회에서 기존 TPACK 지식과 다른 관련 지식 영역과의 연결에 주목해야 합니다.

DPACK 프레임워크는 기존의 TPACK 모델을 기반으로 하여 복잡하고 빠르게 진화하는 현대 교육의 요구 사항에 더 적합한 기술 통합에 보다 포괄적인 접근 방식을 제공합니다. 디지털 리터러시와 사회문화적 고려 사항에 더 중점을 두는 DPACK 모델은 교육적 실천의 효과와 영향을 향상시킬 수 있는 잠재력을 가진 기술 통합 분야의 진화를 나타낼 수 있습니다. DPACK 모델은 디지털화 현상이 기술적 측면에만 국한된 것이 아니라 사회적 또는 윤리적 측면에도 영향을 미치며, 이는 CK 및 PK의 각각의 교차점에서 연결된다고 설명합니다. 또 DPACK 모델은 주로 교사의 전문화에 대한 근거 실증적 연구의 이론적인 프레임 워크로서도 사용될 수 있습니다.

SECTION

3 TPACK 교과 적용 사례

1. 도덕과에서의 TPACK

도덕과에서 말하는 TPACK이란 도덕과의 PCK를 바탕으로 사회의 변화에 따라 진보된 테크놀로지 및 매체에 대한 지식이 결합되어 나타나는 지식이라고 할 수 있습니다. 즉, 테크놀로지 및 매체를 수업을 구성하는 중요한 요소로 고려하면서 도덕과에서 달성하고자 하는 목표와 내용, 방법 등에 일치하도록 도덕과 수업을 설계할 수 있는 교사의 지식을 뜻합니다. 표에 제시된 TPACK과 도덕과의 PCK를 비교해 보면 이러한 점을 보다 분명하게 이해할 수 있습니다.

표 11-6 TPACK과 도덕과 PCK 구성요소 비교

<table>
<tr><th>TPACK</th><th>내용</th><th>도덕과 PCK</th><th>내용</th></tr>
<tr><td>주제특수적 표상</td><td>학습자들이 이해할 수 있게 주제와 개념을 테크놀로지를 활용해 제시</td><td>도덕수업 내용을 재구성하는 지식</td><td>학습자가 도덕과의 주제 및 개념을 수용할 수 있도록 재구성하여 제시</td></tr>
<tr><td>교과특수적 활동</td><td>교과의 특수한 교수활동을 테크놀로지에 적용해 제시</td><td rowspan="2">도덕수업 방법을 재구성하는 지식</td><td rowspan="2">수업목표 달성에 도움이 되는 도덕과 모형을 적절하게 재구성하여 제시
주제에 맞는 수업 전략을 적절하게 재구성하여 제시</td></tr>
<tr><td>주제특수적 활동</td><td>테크놀로지를 활용해 주제와 개념에 적절한 교수활동을 제시</td></tr>
<tr><td>상황맥락적지식</td><td>학습자, 학습 상황에 대한 이해</td><td>도덕수업을 준비하는 지식</td><td>학습자 동기와 학습 양식에 대한 이해, 도덕성 발달 수준 등에 대한 이해</td></tr>
</table>

이를 바탕으로 도덕과에서 테크놀로지를 활용해 TPACK의 구성요소를 분석한 결과는 다음과 같습니다.

표 11-7 도덕과에서의 테크놀로지 활용 TPACK 구성요소

하위 구성요소	내용
테크놀로지, 매체를 활용 도덕수업준비지식	테크놀로지 및 매체를 사용해 학생의 특징이나 요구를 분석할 수 있는 지식 학생들을 도덕과 수업에 능동적으로 참여시키고 이를 안정적으로 유지할 수 있는 지식
테크놀로지, 매체를 활용 도덕수업내용 재구성지식	테크놀로지, 매체를 사용해 도덕과에서 중요하게 다루는 개념, 원리를 학생이 수용할 수 있도록 표현할 수 있는 지식
테크놀로지 도덕수업방법 재구성지식	테크놀로지 및 매체를 사용해 도덕과 교수학습 모형이나 전략에 적절하게 적용하고, 달성하고자 하는 목표에 맞게 재구성할 수 있는 지식

이 부분에서 주목할만한 점은 테크놀로지 지식이 단순히 테크놀로지를 사용할 수 있는 능력을 넘어, 수업상황에 제시된 문제를 해결하기 위해 테크놀로지를 사용해 정보를 가공하여 다른 동료 학습자들과 의사소통할 수 있는 능력까지도 포함한다는 점입니다. 즉, TPACK의 구성요소들은 상호작용을 통해 통합되면서 도덕과 수업을 완성해 갈 수 있도록 돕습니다. 도덕과에서의 TPACK은 교사가 테크놀로지 및 매체를 활용하여 도덕과 수업을 설계하고자 하는 신념 체계 또는 도덕과가 추구하는 목표와 도덕과 내용 및 방법에 적합하도록 수업을 설계할 수 있는 지식입니다.

이인태(2015)[252]는 도덕과에서의 TPACK이 교수·학습 자료로도 발현된다고 보았습니다. 즉, 도덕과 교수학습 자료를 설계하고 개발할 때 도덕과의 TPACK을 구성하는 요소들을 고려해야 함을 의미합니다. 도덕과 TPACK에 기반해 교수·학습 자료를 설계하고 활용하는 기준을 살펴보면 첫째는 도덕성의 요소로 도덕과의 교수·학습 자료는 도덕과 수업 내용과의 관계 속에서 학생들의 도덕성을 발달시키기 위해 필요한 요소들을 명확하게 확인하고 이를 활성화할 수 있도록 설계되어야 합니다. 둘째는 방법적인 요소로 도덕과 수업 내용과 학생이 상호작용하는 방식이나 교수·학습 활동이 이루어지는 방식 등을 고려해 교수·학습 자료가 설계되어야 합니다. 셋째는 기술적인 요소로 테크놀로지와 매체의 경우 가능한 개입 수준을 높일 수 있는 방향, 수업 목표 달성에 필요한 다양한 매체가 적절하게 활용될 수 있도록 설계되어야 합니다.[253]

252) 이인태(2015). 도덕적 개념 학습을 위한 협업적 지식생산모델 활용 방안. 도덕윤리과교육,(49), 1-31.

253) 나일주(2010),『교육공학 관련 이론』, 경기: 교육과학사, pp.29-30, pp.121-123

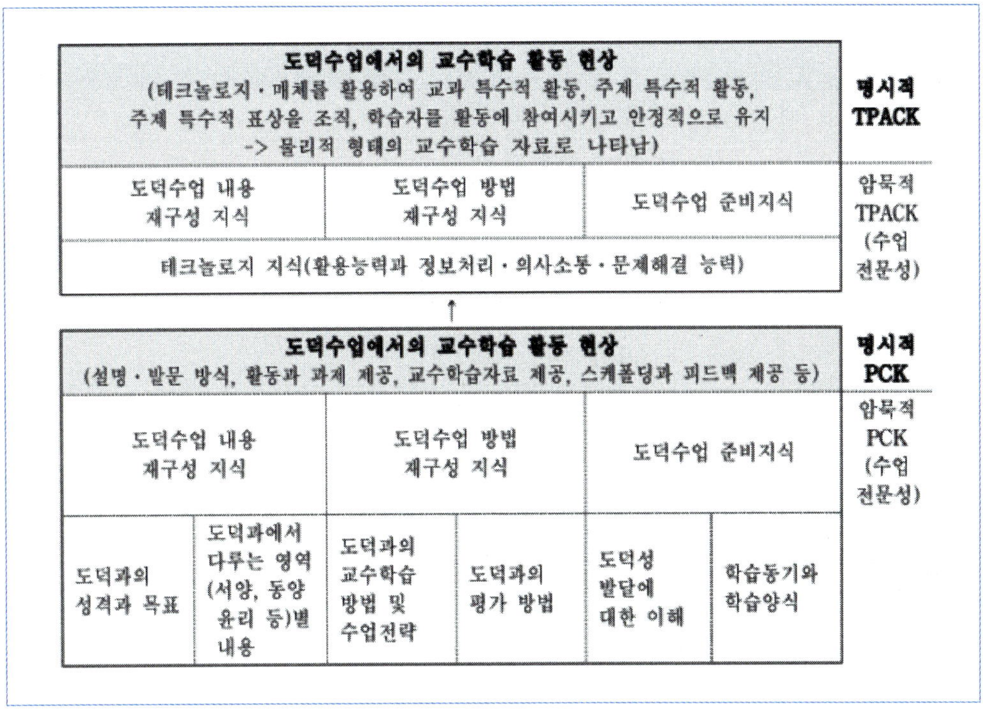

그림 11-8 도덕과 TPACK 개념도

2. 수학과에서의 TPACK

최승현 외(2008)는 우리나라 실정에 맞는 수학 교과에서의 PCK 의미와 구성 요인에 대해 연구하였습니다. 수학 교과에서의 PCK를 교사가 수학 교과 지식과 수학 교수 경험을 통해 발전시켜 나가는 것으로 보고, 단위 수업 시간에 배워야 할 수학 내용을 학습자가 이해할 수 있는 방식으로 가르치는 방법에 대한 지식으로 보았습니다.[254] 수학과 PCK의 세부 요인은 다음과 같습니다.

254) 최승현, 황혜정(2008). 수학과 내용 교수 지식(PCK)의 의미 및 분석틀 개발에 관한 연구. 한국학교수학회논문집, 11(4), 569-593.

표 11-8 수학과 PCK 세부 요인

수학과 PCK 요인		
교수 방법 및 평가	인지	특정 학습목표 설정
		수학 문제해결 전략
		수학적 사고력 신장방법
		평가의 목적과 방법
	정의	가치판단 및 태도변화
		교사의 수업진행방법
		교사의 교실행동 변화진단
학생 이해	인지	학습자의 인지 수준
		학습자의 오개념 및 난개념파악
	정의	학습자의 동기 및 감정상태
		주요학습방법
		수학학습에 대한 신념
		학습자 행동변화진단
수업 상황	인지	수업자료 재구성
	정의	학교 및 학급 분위기, 집단의 크기와 특성, 시간분배

이에 대한 내용을 바탕으로 도식화한 결과는 아래의 그림과 같습니다. 수학과에서도 마찬가지로 시대의 변화에 따른 테크놀로지의 활용이 필요해지자 수학 교사가 갖춰야 할 TPACK의 구성 요인을 다음과 같이 정의하였습니다.[255]

255) 장미라(2017), 중학교 수학 교사의 테크놀로지 교수학적 내용 지식에 관한 연구, 전남대학교 박사학위 논문

수업에서 교사의 대화, 행동, 수업자료 등으로 표상되는 PCK

↑

수학과 PCK의 1차적 기저
1. 교사 자신의 신념을 포함한 메타지식
2. 교사 자신의 수업내용에 관련된 지식
3. 교사 수업진행 상태(활동)에 대한 모니터, 평가, 관리에 대한 지식

↑

수학과 PCK를 구성하는 기초 지식영역

그림 11-9 수학과 PCK의 요인과 정의 도식화

표 11-9 수학 교과의 TPACK 요인

TPACK	정의	수학과 예시
TK	여러 가지 테크놀로지 지식, 테크놀로지 활용 방법	ICT, 컴퓨터, 주변 장치, 소프트웨어 등에 대한 지식
PK	학습자의 학습, 교수·학습 방법, 교육이론, 평가방법, 수업관리, 수업안 설계 등에 대한 지식	학습자의 수학 학습에 대한 지식, 문제기반 학습법을 활용한 수업 방법, 수학과 수업안 개발, 수학과 수업 관리 등
CK	수학과 학문에 대한 실질적 지식, 학교 수학 지식, 수학과 지식의 본질에 대한 지식	수학과의 주요 사실이나 개념, 이론 등에 관한 지식
PCK	학습자가 수학의 내용을 알도록 하기 위해 수학적 내용 지식을 표현하고 전략을 사용할 수 있는 방법에 대한 지식	수학의 내용을 가르치기 위해 유추를 활용하는 방법에 대한 지식
TPK	일반적인 교육적 전략에 테크놀로지를 통합하는 방법에 대한 지식	컴퓨터 등의 디지털 기기를 활용한 협동학습에 대한 지식, 테크놀로지를 활용해 자기주도적 학습을 실천하는데 필요한 지식
TCK	학습자가 테크놀로지를 활용해 수학의 개념을 학습할 수 있도록 하는 지식 수학의 구체적인 내용을 표현할 수 있는 지식	엑셀, 지오지브라, SPSS 등을 활용할 수 있는 지식
TPACK	여러 가지 테크놀로지를 활용해 수학과 내용을 가르칠 수 있고, 지식의 구성을 쉽게 할 수 있는 방법에 대한 지식	기하에 대한 학습자의 이해를 돕기 위해 테크놀로지를 활용하고, 자기주도적으로 학습을 할 수 있는 방법에 대한 지식

3. 과학과에서의 TPACK

고동국 외(2021)는 초등 과학과 교육과정의 생명 영역 중 '우리 몸의 구조와 기능' 단원을 중심으로 TPACK 기반의 융합인재교육 프로그램을 개발하여 적용하였습니다.[256] 수업을 설계하기 위해 Mishra and Koehler (2009)가 제시한 TPACK의 구성 요인에 따라 다음과 같이 정리하였습니다.

표 11-10 과학과에서의 TPACK 기반 교육 프로그램 설계

요인	세부 내용
TK	디지털 디바이스를 활용한 정보 탐색 기술 3D 모델링, 프린팅기술
PK	문제해결 기반학습, 조사탐구학습, 협력학습, 토의/토론학습, 과학 글쓰기
CK	배설 기관의 생김새와 하는 일, 배설의 의미
PCK	조사탐구를 통해 배설의 의미와 기관의 생김새와 기능 이해하기 이해를 바탕으로 협동, 토의/토론 학습을 통해 문제를 해결하기 배운 내용을 과학 글쓰기로 정리 및 공유하기
TPK	디지털 디바이스를 활용하여 조사탐구 활동하기 3D 프린터을 활용해 제시된 문제를 해결하고 결과물 제작하기
TCK	디지털 디바이스를 사용해 배설 기관의 생김새와 기능 알기 배설 기관의 생김새와 기능을 알고 3D 프린터를 사용하여 모형 제작하기
TPACK	배설 기관의 위치와 생김새를 알기 토의/토론, 협동학습을 통해 내용 정리 후 3D로 모델링하기 3D 프린터를 사용해 문제해결 및 산출물 제작하기

그 내용을 살펴보면 내용 지식으로서 CK는 과학과 교육과정에서 제시하고 있는 내용입니다. 우리 몸의 구조와 기능 단원 중 차시 학습 주제와 관련있는 배설의 의미와 배설 기관이 하는 일, 생김새, 위치 등과 같이 관련 내용 지식을 포함하고 있습니다. 교육학 지식은 PK는 과학과 교육과정을 재구성하는데 따른 전체적인 교육 프로그램을 어떻게 진행할 것인지에 대한 교수·학습 방법과 관련된 지식입니다. 이 연구에서는 융합인재교육인 STEAM에 대한 지식, 각 차시별 수업 전략으로 사용되고 있는 협동 학습, 토의/토론 학습, 조사탐구학습, 과

256) 고동욱 외(2021), TPACK 기반 융합프로그램 개발 및 적용, '우리 몸의 구조와 기능' 단원 중 배설 기관을 중심으로, 초등과학교육 제40권 제4호, pp. 443~459.

학 글쓰기 등을 적절하게 활용하고 있습니다.

또한 테크놀로지 지식으로서 TK로는 조사탐구 학습을 수행하는데 필요한 디지털 디바이스를 활용한 정보 검색 및 정리 기술, 결과물을 만들어내기 위한 3D 모델링 및 프린팅과 관련된 테크놀로지를 활용하고 있습니다. 교수내용지식으로서 PCK를 살펴보면 조사탐구 학습을 실행하며 학습 주제와 관련된 개념을 이해하고, 토의/토론 활동을 통해 주어진 문제를 해결합니다. 그리고 문제를 해결한 결과물을 과학 글쓰기를 통해 정리하여 발표함으로써 동료들과 공유하도록 합니다. 테크놀로지 내용 지식으로서 TCK를 살펴보면 디지털 디바이스를 활용하여 수업에서 알아야 할 내용을 이해하고, 3D 프린터를 활용해 결과물인 모형을 제작합니다.

다음으로 테크놀로지 교육학 지식인 TPK를 살펴보면 디지털 디바이스를 사용하여 조사탐구 활동하기, 3D 프린터를 사용해 문제를 해결하고, 결과물을 완성하기 등으로 정리할 수 있습니다. 마지막으로 테크놀로지 교수내용지식인 TPACK을 살펴보면 디지털 디바이스를 사용하여 조사탐구 활동을 실행하고, 이를 통해 수업의 내용과 관련된 핵심 개념이나 사실을 이해하는 것, 학습 주제와 관련된 이해를 토대로 동료와의 협동, 토의/토론 활동을 실천함으로써 전체 의견을 정리하고 이를 3D 프린터로 모델링 하기 등으로 요약할 수 있습니다.

SECTION

4 AI-TPACK 융합교육 모델

테크놀로지의 발전이 교육에 영향을 미치면서 교사들이 다양한 ICT 도구들을 활용하게 되었고 기존의 교육보다 효과적인 학습을 촉진시킬 수 있다는 점에서 ICT 도구를 테크놀로지 지식으로 보는 TPACK이 점차 확대되었습니다.[257] 그러나 ICT 도구는 그 도구가 가진 기능 내에서 주로 학습자의 결과물을 공유하거나 학습 내용을 시각적으로 보기 좋게 표현하는 등 학습을 보조하는 수준으로 활용되는 한계가 있습니다. 인공지능은 ICT 도구가 가진 이러한 제한점을 극복하여 학습자의 깊이 있는 이해를 촉진시키는 데에 직접 영향을 미칠 수 있습니다. 더 나아가 학습자가 인공지능을 활용하여 문제 해결 역량을 함양할 수도 있습니다. 이는 테크놀로지로서의 인공지능이 기존의 테크놀로지에 비해 효과적인 교수학습에 많은 가능성을 갖는다는 것을 의미합니다. 인공지능은 사람의 지능이 하던 일을 대신할 수 있기 때문에 학습자가 자신의 속도에 맞게 학습 경로를 재설정하여 학습의 개별화를 지원한다는 점에서 학습자의 사고를 확장하여 깊은 이해를 촉진할 수 있다는 장점이 있습니다. 또한 학습자가 직접 인공지능을 통해 교과의 문제를 해결하는 활동에 참여할 때 문제의 원인을 밝히고 해결 방안을 탐색하여 인공지능이 해결하도록 하는 과정에서 교과 지식에 대한 깊은 이해뿐만 아니라 지식을 활용한 문제 해결 능력과 탐구 능력 등의 학습 효과를 향상시킬 수 있습니다.

하지만 인공지능은 TPACK 관점에서는 하나의 TK로 인식되기도 하지만 또 다른 하나의 학문 분야로서 교과 내용학에 해당되기도 합니다. 인공지능은 분명 TK로서 학습자의 학습 향상을 촉진할 수 있다는 특징이 있는 반면, 지식의 깊이와 너비가 기존의 테크놀로지와는 다르므로 수업에 통합하기에 어려움이 존재합니다. 인공지능이 하나의 교과 내용학의 성격을 가진다는 특징은 예비 교사의 TPACK 발달 경로가 주로 TPK에서 TPACK으로 발달한다는 것과 일치하지 않습니다. 인공지능이 교과 내용학에서 테크놀로지로서 역할을 할 수 있도록 전이가 필요하다는 것을 의미합니다. 따라서 인공지능을 테크놀로지로 통합하는 경험을 제공할 때 접근 방법을 달리할 필요가 있습니다. 따라서 효과적인 교수학습을 위해 테

257) 최정원, 전수진, 김성애, 박정호. (2022). 예비 교사의 인공지능 융합 수업 전문성 함양을 위한 AI-TPACK 모델 설계. 컴퓨터교육학회 논문지, 25(2), 79-89.

크놀로지로서 인공지능과 교과 내용학, 교육학이 의미있게 통합된 형태가 되도록 하는 과정이 필요합니다.

한편 교사의 수업 운영은 전문성을 지녀야 한다는 인식이 자리잡으면서 교사의 수업 전문성을 함양하기 위한 다양한 시도들이 이루어지고 있습니다. 이를 위해 학교 현장 교사를 위한 전통적인 방식으로서의 장학뿐만 아니라 전국, 시도교육청 단위로 이루어지는 다양한 연수들은 점차 체계를 갖추게 되었고 더욱 활성화되고 있습니다. 하지만 이에 비해 예비 교사는 아직 진로가 결정되지 않은 단계이기도 하면서 동시에 교사가 될 준비를 하는 단계라는 특징으로 인해 가장 기초인 교과 내용학과 교육학에 대한 내실을 다지는 것에 집중하는 경향이 있습니다. 그러나 사회의 변화는 인재상을 변화시키며 이는 곧 교육의 변화를 의미하기도 합니다. 따라서 교사는 사회의 변화에 민감하게 반응하고 교수학습 방법과 전략을 지속적으로 개발하고 발전시켜나갈 수 있어야 하므로 예비 교사 시기부터 이러한 교육이 이루어질 필요가 있습니다. 교육부의 과학·수학·정보·융합교육 종합계획에 따르면 인공지능을 곧 교육 현장에 본격적으로 도입할 것이며, 예비 교사가 융합교육 역량을 갖출 수 있도록 교육과정을 개발 및 운영할 것을 발표하였습니다. 이는 예비 교사 시기부터 AI 융합 수업 전문성을 함양할 필요가 있다는 것을 보여주고 있습니다. TPACK 함양 수업에 참여한 예비 교사들은 TPACK이 교수학습에 있어 중요한 역량임을 인식하고 있으나 실천 수준이나 실행도는 낮은 특징을 보이므로, TPACK에 대한 지식이 잘 구조화되어 있지 않은 경우는 TPACK을 함양하려는 시도가 있었다 하더라도 목표에 도달하지 못하는 경우가 있습니다. 더불어 TPACK을 함양하기 위해서는 예비 교사가 TPACK이 무엇인지 이해하고 수업 시연을 관찰하여 스스로 수업을 실천한 후 반성하는 과정을 통해서 교사의 TPACK을 함양하는 것이 필요합니다. 인공지능 또한 단순히 배우는 것에서 끝을 낼 것이 아니라 습득한 인공지능을 수업에 통합하도록 실천력을 높일 수 있어야 합니다. 따라서 AI를 테크놀로지로서 TPACK을 함양하기 위한 실천을 강조해야 합니다.

1. AI-TPACK 모델 소개

학습자의 학습 효과를 향상시키기 위한 일환으로 예비 교사가 인공지능을 융합한 의미있는 수업을 원활히 운영할 수 있도록 예비 교사의 수업 전문성 함양을 위한 AI-TPACK 모델을 개발하였습니다. 이 모델은 기존의 예비 교사의 수업 전문성 함양을 위한 TPACK 모델을 분석한 후 개선점을 반영하고 인공지능의 특성을 고려하여 개발하였으며, 전문가의 검토 및 협의회를 거쳐 최종 완성되었습니다.

AI-TPACK 모델은 기존의 TPACK 모델을 기반으로 테크놀로지, 교과 교육학, 교육학을 통합한 지식을 바탕으로 예비 교사의 수업 전문성을 함양하고자 하였습니다. 교과 내용학의 성격을 갖는 인공지능을 테크놀로지로 전환하는 과정을 반영한 것이 특징입니다. 인공지능을 수업에 도입함으로써 학습자의 깊은 이해를 유도하고 탐구 역량 및 문제 해결 역량을 강화할 수 있도록 하였습니다. 예비 교사의 수업 전문성 함양을 위한 활동이 보다 효과적일 수 있도록 교수자의 과업과 예비 교사의 과업을 구체화 하였습니다. 예비 교사가 교수자의 TPACK 수업을 관찰하는 것 뿐만 아니라 수업에 참여할 수 있는 기회를 부여하여 예비 교사의 수업 전문성 함양의 효과를 극대화 할 수 있도록 하였습니다.

인공지능의 경우 교과 내용학으로서의 깊이와 범위를 갖는 특성이 있습니다. 이러한 특성이 잘 드러날 수 있도록 별도의 단계로 인공지능을 학습할 수 있어야 한다는 전문가 의견을 반영하여 인공지능을 이해(Understanding of AI)하는 활동을 추가하여 '인공지능 이해 - TPACK 이해 - TPACK 수업 관찰 및 참여 - TPACK 수업 설계 및 실천 - TPACK 수업 평가 및 반영'이라는 5개 활동으로 완성하였습니다. 또한 교수자와 예비 교사의 과업을 보다 구체화하기 위하여 상세 과업을 추가적으로 제시하였습니다.

첫 번째, '인공지능 이해' 활동에서는 인공지능의 개념과 원리를 이해하고 인공지능 모델을 생성하는 방법을 파악한 후 다양한 문제 해결에 인공지능 모델을 활용하는 활동을 합니다. 이 과정에서 예비 교사들은 인공지능에 익숙해짐과 동시에 인공지능을 활용하면 어떤 문제 해결에 효과적인지 익히게 됩니다.

두 번째, 'TPACK 이해' 활동에서 교수자는 TPACK의 개념과 원리, 테크놀로지로서 인공지능의 가능성에 대해 안내합니다. 예비 교사는 교수자의 설명을 듣고 TPACK의 개념과 이론에 대해 논의하는 과정에서 자신의 교과 수업을 위한 TPACK의 필요성과 중요성을 깨닫도록 하였습니다. 또한 테크놀로지로서 인공지능이 교과에 왜 통합될 필요가 있는지에 대해 학습자의 깊은 이해를 유도하고 사고력을 함양할 수 있다는 관점을 바탕으로 설명할 수 있도록 하였으며, 교과 수업에 인공지능을 통합하는 방법을 깨닫는 활동을 하게 됩니다.

세 번째, 'TPACK 수업 관찰 및 경험' 활동에서 교수자는 인공지능을 통합한 의미있는 TPACK 수업을 구성하는 방법과 과정을 설명합니다. 학습자가 이해하기 어려워하는 내용이거나 복잡한 내용이어서 개별화 학습을 지향해야 하는 경우, 인공지능을 통합한 TPACK 수업 구성이 가치있는 역할을 할 수 있다는 것을 안내해야 합니다. 예비 교사가 효과적인 TPACK 수업을 구성하고 운영할 수 있으려면 교수자의 TPACK 수업을 관찰하는 것만으로는 역부족일 수 있습니다. 학습자를 가르치는 교수자의 관점이 주로 부각되어나 학습자의 관점을 고려하기 어렵기 때문입니다. 따라서 교수자의 TPACK 수업에 학습자의 관점으로 직접 참여함으로써 학습자의 수준과 반응, 수업 전략 등을 고려한 TPACK 수업을 구성할 수 있도록 해야 합니다. 이 활동에서 교수자는 상황에 따라 우수한 TPACK 수업 사례를 소개함으로써 예비 교사의 TPACK에 대한 이해와 AI를 통합하는 수업에 대한 관심을 향상시킬 수 있습니다. 우수한 TPACK 수업 사례는 필수적인 것은 아니며 선택적인 활동에 속합니다.

이 활동에서 예비 교사는 교수자의 수업에 직접 참여함으로써 학습자의 관점을 이해함과 동시에 교수자의 수업을 관찰함으로써 왜 인공지능을 활용하고 어떤 방식으로 인공지능을 통합했는지, 어떤 과정을 거쳐 TPACK 수업을 구성했는지 등을 파악할 수 있어야 합니다.

네 번째, 'TPACK 수업 설계 및 실천' 활동에서 교수자는 인공지능을 통합한 의미있는 TPACK 수업을 구성하는 주제를 제안함으로써 학습자의 적극적인 참여를 이끌어내고 예비 교사들이 TPACK 수업을 설계하고 실천하는 과정을 촉진할 수 있어야 합니다. 예비 교사는 인공지능을 통합한 TPACK 수업을 설계하고 실천하며, 이 과정은 비디오로 녹화하여 마지막 활동에서 자기 평가를 하는데 활용하게 됩니다. 이 활동에서 교수자가 제안한 다양한 TPACK 수업 주제 이외에 스스로 주제를 구성해보는 경험을 할 수 있습니다.

다섯 번째, 'TPACK 수업 평가 및 반영' 활동에서 교수자가 예비 교사의 TPACK 수업에 대한 피드백을 제공합니다. 교수자는 교가 교육학 지식, 교육과정이나 TPACK 수업 구성에 대한 이해도가 높고 수업 분석에 대한 시야가 넓으므로 예비 교사에게 도움이 될만한 피드백을 제공할 수 있다는 장점을 갖습니다. 이때 예비 교사는 스스로 자신의 수업과 동료의 수업을 평가하고 교수자와 동료의 평가 내용을 살핀 후 자신의 수업에 반영할 수 있습니다.

	Understanding of AI	Understanding of TPACK	Observations and experiences of TPACK lesson	Design and practice TPACK lesson	Evaluating and reflecting TPACK lesson
Instructor' task	• AI concept and principles • Generating AI model • Problem solving from generating AI	• Introducing TPACK concepts and theories • Introducing AI as a technology	• Introducing process of meaningful TPACK lesson construction • Practice of TPACK lesson (participation of pre-service teachers) • [Option] Introducing outstanding TPACK lesson	• Leading derivation of TPACK lesson topics intergrating AI • Leading design and practice process of TPACK lesson	• Feedback on practice of TPACK lesson
Pre-service teachers' task		• Discussing TPACK concepts and theories • Identifying AI as a technology - Necessity of AI - Guidence of deep understanding - Skill enhancement - How to use AI as a technology	• Participation of Instructor' s practice - Understanding of Learner' s Perspective • Observation of Instructor' s practice - Why and how AI is used - How to construct TPACK lesson	• Design of TPACK lesson • Implement of TPACK lesson (recording video) • [Option] Selecting free topic on TPACK lesson	• Self-evaluation of TPACK lesson • [Option] Peer-evaluation of TPACK lesson • Reflecting feedback from instructor and peers to improve teaching professionalism

그림 11-10 AI-TPACK model for cultivating pre-service teachers' teaching professionalism

과제

1. TPACK의 발달 단계를 5단계로 나누어 설명하시오.

2. TPACK을 측정하거나 평가할 때 고려해야 할 타당성 점검 기준 중 '외적 증거'가 무엇인지를 적용 예시와 함께 서술하시오.

3. 수학 교과에서 TPACK의 정의를 수학과 예시와 함께 서술하시오.

Chapter 12

인공지능 융합수업

SECTION

1 인공지능 활용 융합 수업의 설계

AI 활용 융합 수업은 인공지능을 수업의 도구와 매체로 활용합니다. 즉, 인공지능 기술을 교육의 문제 해결에 사용하거나 교과목 학습 효율성 향상을 위해 인공지능을 활용하는 것입니다. 구체적으로, 영어 교과에서 듣기·말하기 영역의 학습 효과를 높이기 위해 '펭톡'이라는 AI 플랫폼 도구를 활용할 수 있습니다. 따라서 교사는 인공지능 활용 능력을 포함하여 각 교과 교육체계 내에서 AI를 어떻게 활용할 것인지에 대한 고민이 필요합니다.

AI 활용 융합 수업 설계를 체계적으로 구성하기 위한 과정을 단계적으로 알아보겠습니다.

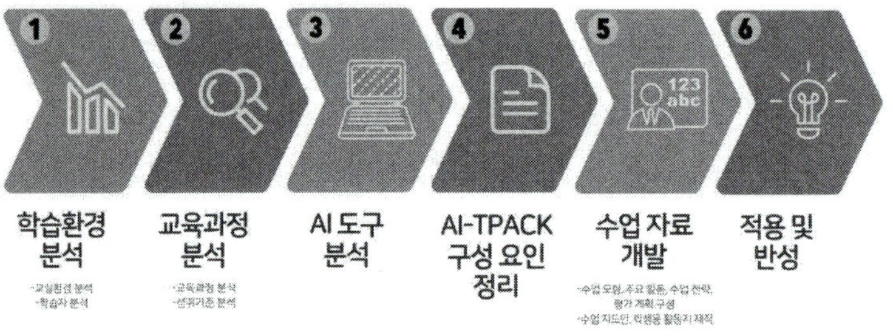

그림 12-1 AI 활용 융합 수업 6단계

1. 수업 설계의 단계

가. AI 융합 수업 설계

1) 학습 환경 분석(1단계)

첫 번째로는 교실 환경 분석과 학습자 분석이 이루어집니다. '교실 환경 분석'은 학급 구성이 어떻게 이루어져 있는지, 어떤 교육 기자재를 활용하여 융합 수업을 진행할 수 있는지에 대한 분석으로 볼 수 있습니다. '학습자 분석'은 교사의 수업을 듣는 학생의 심리적인 요소, 학생의 특성, 학습 동기, 발달 단계 등을 분석합니다. 첫 단계에서 학습 환경 분석을 해야 하는 이유는 노트북 또는 태블릿처럼 AI를 활용할 수 있는 교육 도구들이 무선인터넷을 필요로 하는 경우가 많기 때문입니다. 수업에 필요한 기자재 확보가 이루어지지 않은 경우나, 무선 인터넷 이용이 불가능한 학습 환경이라면 수업을 원활히 진행하기 어렵습니다. 또한 학습자가 학습을 위한 다양한 매체를 사용할 수 있는 테크놀로지 사용 능력이 되지 않는다면 AI 융합 수업의 효과를 보기 어렵습니다. 다음은 학습 환경 분석을 위해 점검할 수 있는 내용을 표로 정리한 것입니다.

학습 환경 분석 개요			
학년		학생 수	남00/여00
교실 환경 분석(수업을 할 수 있는 시설 분석)	수업 장소	일반 교실 / 특별실(과학실 등) / 체육관 등 교실의 특성 분석	
	ICT 기자재 확보량	ICT 기자재(노트북, 스마트기기 등)는 얼마나 확보할 수 있는지 작성	
	Wifi 연결 여부	Wifi연결 여부 및 네트워크 이름, 비밀번호 확인	
학습자 분석	교과 학습 수준	학생들의 학습 능력은 평균적으로 어느 정도이며, 그 편차는 어느 정도인지 작성	
	학습 동기	인공지능 수업 관련 흥미 및 동기 분석하여 작성	
	AI도구 사용능력	학생들의 ICT 활용 수준은 평균적으로 어느 정도이며, 그 편차는 어느 정도인지 작성	
	성향	개인별, 학급 전체적 성향 분석하여 작성	

2) 교육과정 분석(2단계)

우리는 인공지능 교과를 전문적으로 다루는 것이 아니라 타 교과에서 인공지능을 융합하여 수업을 설계하는 것이 목적이므로 본격적인 각 교과의 교육과정에서 인공지능 융합 요소를 분석하는 것이 선행되어야 합니다.[258] 그리고 각 교과, 그리고 교과 단원마다 추구하는 교육 목표를 인지하고, 이에 도달하기 위해 활용할 수 있는 인공지능 도구를 선택하는 것이 중요합니다. 구체적으로, 각 과목의 단원 목표, 차시, 관련 역량을 살펴보는 것 모두 해당 단계에서 이루어집니다. 2022 개정 교육과정 총론에 나타난 역량을 바탕으로 각 교과목의 특성에 맞게 역량들이 반영되어 있습니다. 다음은 2022 개정 교육과정 총론에 나타난 핵심 역량을 표로 정리한 것입니다.

---

258) 인공지능(AI) 교과 융합 수업 설계를 위한 AI-TPACK 모델 기반 초등 예비교사 교육 프로그램 개발, 2023, 박찬솔 외

그림 12-2 2022 개정 교육과정 총론 핵심역량

수업할 과목과 단원 및 차시를 정했다면 교육과정 내 성취 기준을 분석합니다. 각 교과의 성취 기준을 알기 위해서는 교육부 사이트 내 정보·법령 탭에서 '[교육부 고시 제2022-33호] 초중등학교 교육과정 총론 및 각론 고시'를 참고할 수 있습니다.

인공지능을 교과에 활용한다는 것은 그 교과의 성취 기준 달성을 위한 도구로 활용한다는 것이기 때문에, 이를 위해 교과에서 사용하는 주요 자료, 정보, 지식을 입력 데이터로 사용할 수 있습니다. 활용된 결과는 해당 교과에 활용하기 쉽도록 시각화하거나 조작 가능한 인터페이스로 서비스하는 과정을 추가해 적용할 수 있습니다.

각 교과는 그 교과에서 핵심으로 다루는 주요 키워드가 있습니다. 그 키워드가 교과에서 사용하는 자료, 정보, 그리고 지식, 즉 입력 데이터가 됩니다. 예를 들어 국어는 언어 정보, 수학은 수 정보, 음악은 청각 정보, 미술은 시각 정보 등이 각 교과 교육에서의 주요 키워드가 됩니다.[259]

---

259) AI사고를 위한 인공지능 교육, 성안당, 한성관 외

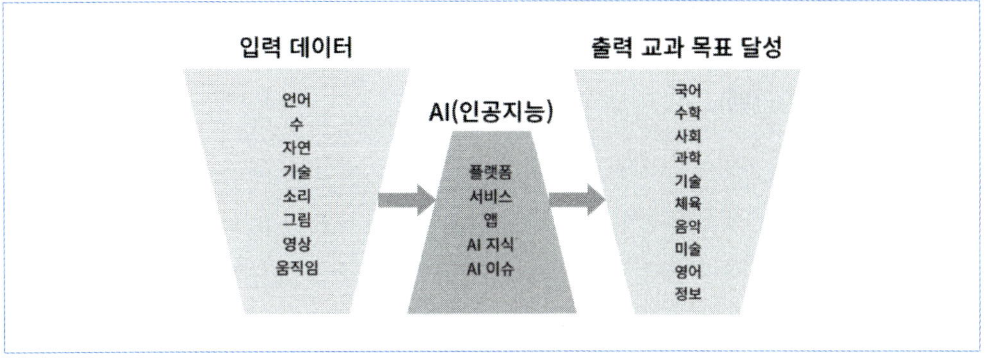

그림 12-3 AI 융합 수업 설계 개관

먼저 도달하고자 하는 성취 기준이 입출력이 가능한 문제인지 판단합니다. 성취 기준에서 입력 데이터 요소인 주요 자료, 정보, 지식을 찾습니다. 다음으로 출력 산출물인 성취 기준 달성과 교과 목표 달성으로 이어질 수 있는 조건을 충족하는 AI 도구를 선택합니다. 예를 들어 사회과에서 추구하는 핵심 역량 중 '비판적 사고력', '문제 해결력 및 의사 결정력'을 신장하고자 할 때, 해당 역량을 신장할 수 있는 성취 기준을 탐색해 봅니다. 아래의 성취 기준을 예시로 분석해 보겠습니다.

> [6사01-04] 우리나라 자연재해의 종류 및 대책을 탐색하고, 그와 관련된 생활 안전 수칙을 실천하는 태도를 지킨다.

[6사01-04]의 성취 기준에서는 황사, 가뭄과 홍수, 폭염, 태풍, 폭설과 한파 등 우리나라에서 자주 발생하는 자연재해 종류와 대책을 탐색하고 그에 따른 안전 수칙 준수의 생활화가 이루어지는 것을 목표로 한다는 점을 알 수 있습니다.

우리나라에서 자주 발생하는 자연재해의 종류 및 피해상을 알기 위해 여러 가지 뉴스, 신문 기사 자료를 참고할 수 있습니다. 뉴스나 기사에서의 자연재해 종류 언급 빈도에 따라 우리나라에서 자주 발생하는 자연재해가 무엇인지 파악할 수 있기 때문입니다. 자연 재해 발생 빈도 또는 종류에 관련한 데이터 시각화 자료를 살펴보는 것도 가능합니다. 자연 재해의 피해를 줄이기 위한 대책을 알고, 자연재해와 관련된 생활 안전 수칙을 실천하기 위한 방안을 찾기 위해 인공지능 도구로 생성형 AI를 사용할 수 있는 점도 떠올릴 수 있습니다. 따라서 이러한 도구를 통해 [6사01-04]의 성취기준에 도달했다면 출력 교과 목표에 도달하였다고 볼 수 있습니다.

3) AI 도구 분석(3단계)

교육과정을 분석했다면 해당 성취 기준을 효과적으로 도달할 수 있는 AI 도구를 분석합니다. AI 도구는 교사의 교수 활동이나 학생의 학습 활동에 도움을 줍니다. 교수 활동에 도움을 주는 경우라면 교사의 테크놀로지 지식(TK)으로 소화할 수 있는 도구여야 하며, 학습 활동에 도움을 주는 경우에는 학습하게 될 학생이 다룰 수 있는 도구여야 합니다. 또한, 교과 목표 달성을 위해 사용하는 인공지능 도구가 '목적'이 아닌 '수단'으로서의 역할을 한다는 점도 염두에 두어야 합니다. 인공지능 도구를 선택하기에 앞서 고려해야 할 몇 가지 질문을 함께 살펴보겠습니다.

1	AI 도구를 선정하기 전 어떤 학습 목표를 달성하고자 하는지가 명확하게 설정되었는가?
2	선정한 AI 도구가 성취기준을 달성하는 데 교육적 가치가 있는가?
3	AI도구가 목적이 아닌 수단으로서의 역할을 하는가?
4	학생들의 학습 성과를 추적하고 개별적인 피드백이 가능한가?
5	학생의 개인 정보를 보호할 수 있는 안전한 도구인가?

사회과 성취기준의 예시를 이어 들어보겠습니다. 사회 현상과 문제를 파악하기 위해서는 지식과 정보를 분석하는 능력을 극대화할 수 있어야 하는데, 이 때 빅데이터를 활용할 수 있습니다. 우리나라에서 발생하는 자연재해의 종류를 파악하기 위해서는 여러 가지 뉴스, 신문기사 자료를 참고할 수 있으며 이를 시각화할 수 있는 AI도구로 빅카인즈(BIGKinds)를 활용할 수 있습니다. 빅카인즈(BIGKinds)는 한국언론진흥재단이 운영하는 뉴스 기사 빅데이터 분석 사이트입니다. 54개의 언론사에서 발행한 기사, 사진 파일 등을 모두 수집하여 뉴스 카테고리를 자동으로 분류하고, 뉴스 내 핵심 키워드를 추출하여 표준화합니다. 그리고 추출한 기사에서 문구와 단어의 중요도에 따라 글자의 색상이나 크기를 변경하여 시각화 자료로 나타낼 수 있습니다. 별도의 프로그래밍 작업 없이 간단하게 키워드를 입력하고 설정값을 달리 해 주는 것만으로도 데이터 분석이 가능하여 뉴스기사 빅데이터 수집 및 분석 시에 유용하게 활용이 가능합니다.

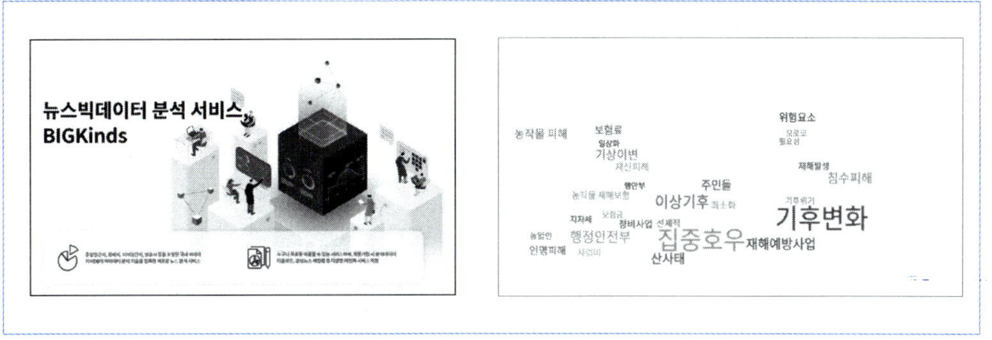

그림 12-4 빅카인즈(BIGKinds)[260]

또한 자연재해를 방지하기 위한 대책을 알아보기 위해 생성형 AI를 활용할 수 있습니다. 학생들이 사용 가능한 플랫폼인 '뤼튼'을 이용하여 질문하고, 뤼튼의 답변에 따라 자연재해 대책 방안을 정리해 볼 수 있습니다. 뤼튼은 국내 기업인 뤼튼 테크놀로지스에서 개발하고, 네이버 Hyper CLOVAX와 챗GPT 및 구글의 인공지능 언어 모델을 도입하여 한국어에 특화된 다양한 기능들을 제공하고 있습니다. 그래서, 한국어로 글쓰기에서는 가장 앞선 인공지능 서비스라는 장점이 있으며, 압도적인 양의 생성 데이터와 사용자의 요구를 분석해 한국 문화에 더욱 최적화된 결과물을 만들어 낸다는 장점이 있습니다.[261] 또한 뤼튼은 이미지 생성도 가능하기 때문에 실천 의지를 강화하기 위한 포스터 만들기 활동도 가능합니다. 이처럼 성취기준 도달을 위해서는 한 가지 또는 그 이상의 AI도구를 이용할 수도 있습니다.

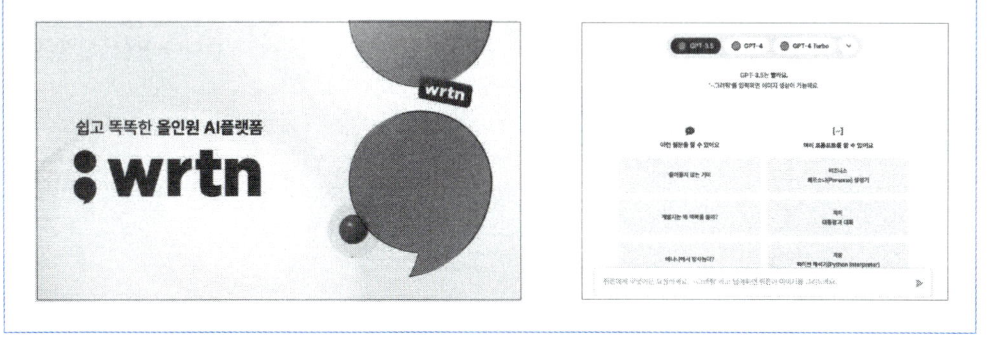

그림 12-5 뤼튼[262]

260) 빅카인즈 www.bigkinds.or.kr

261) https://blog.naver.com/tyche3835/223300691168

262) 뤼튼 wrtn.ai

4) AI-TPACK 구성 요인 정리(4단계)

4단계에서는 수업에 적용할 AI-TPACK 구성 요인을 정리합니다. PCK(교육학 내용 지식), TCK(테크놀로지 내용 지식), TPK(테크놀로지 교육학 지식)를 차례로 정리한 후, 이 내용을 바탕으로 TPACK을 정리할 수 있습니다. AI-TPACK 구성 요인 정리를 위한 표는 다음과 같습니다.

AI-TPACK 구성 요인 정리	
AI 융합 주제	• 우리나라에서 발생하는 자연재해의 종류 및 대책 탐색하기
CK (내용학 지식)	• 우리나라 자연재해의 종류 • 자연재해의 피해를 줄이기 위한 대책
PK (교육학 지식)	• 문제해결학습모형 • 조사학습
TK (테크놀로지 지식)	• 스마트기기를 활용한 정보 검색 기술 • 빅데이터 기반 AI플랫폼(빅카인즈) 활용 기술 • 생성형 AI(뤼튼) 활용 기술
PCK (교육학 내용 지식)	• 조사학습을 통해 우리나라에서 발생하는 자연재해의 종류 탐색하기 • 문제해결학습모형을 통해 자연재해의 대책을 탐색하고 생활 안전 수칙 실천하기
TCK (테크놀로지 내용 지식)	• 스마트기기를 활용하여 빅카인즈로 우리나라에서 발생하는 자연재해의 종류 조사하기 • 뤼튼으로 자연재해 방지 대책과 안전수칙 알아보기
TPK (테크놀로지 교육학 지식)	• 스마트기기를 활용하여 조사 활동하기 • 빅카인즈와 뤼튼으로 자연재해의 종류 및 대책, 생활 안전 수칙 탐구하기
TPACK	• 조사학습을 통해 스마트기기에서 빅카인즈를 활용하여 우리나라에서 발생하는 자연재해의 종류 탐색하기 • 문제해결학습모형을 적용하여 뤼튼으로 자연재해 방지 대책과 안전수칙 알아보고 실천하기

5) 수업 자료 개발(5단계)

가) 수업 모형, 주요 활동, 수업 전략 구성

수업 방법 설계를 위해서는 수업 모형, 주요 활동, 수업 전략, 평가 계획 등을 구성할 수 있어야 합니다. 이미 많은 학자들이 다양한 수업 모형과 교수 전략을 개발하고, 개발해 오고 있습니다. 각 수업 모형 및 전략은 장단점을 가지고 있으므로 앞선 단계에서 분석한 학습자의 특성과 교실 환경, 그리고 학습 주제에 해당하는 교과 내용을 고려하여 수업 방법을 설계할 수 있어야 합니다. 따라서 검증된 모형 중 내가 하고자 하는 수업을 가장 효과적으로 진행할 수 있는 모형을 찾아보고, 학습 상황에 맞추어 재구성하는 역량이 필요합니다. 과목별 대표적인 모형 몇 가지를 함께 살펴보겠습니다.

교과목	모형
국어	직접교수모형, 문제해결학습모형, 창의성계발학습모형, 지식탐구학습모형
수학	개념 모형, 원리 탐구 학습 모형, 귀납 추론 학습 모형, 문제 해결 학습 모형
사회	개념학습모형, 탐구학습모형, 문제해결학습모형, 의사결정학습모형
과학	발견 학습 모형, 개념 변화 학습 모형, 경험 학습 모형, 순환 학습 모형
영어	문법 번역식 교수법, 직접 교수법, 청화식 교수법, 전신 반응 교수법

사회과에서 살펴본 성취 기준에서는 학생이 생활 속 발생하는 자연재해에 관한 정보를 조사하고, 대처 방안 및 실천 방안을 탐색하는 과정이므로 여러 가지 모형 중 '문제 해결 학습 모형'이 적합하다는 것을 알 수 있습니다. 2,3,4단계에 대한 분석이 모두 끝났다면 아래의 표로 정리하여 나타낼 수 있습니다.

학습 주제, 교수학습모형 및 활동 선정, AI도구 분석			
교과		학년	
핵심역량	해당 과목 또는 차시에서 기르고자 하는 핵심 역량 기재		
성취기준	교과 성취 기준에서 입력 데이터 또는 출력 산출물을 요구하는 키워드를 찾을 수 있는 것으로 선정		
교수학습모형 선정과 이유	학습 목표 도달에 적합한 과목별 교수학습모형 선정 및 이유 기재		
AI 도구 선정과 이유			
AI 도구 활용으로 얻을 수 있는 효과			
AI 도구 활용 시 고려해야 할 점	위에서 언급한 질문을 반영하여 내용 기재		
성취기준 도달과 AI 도구와의 관계			
AI 융합 주제	교과 학습목표와 AI도구를 융합한 주제 선정		
이 AI 융합 주제를 선정한 이유			

나) 수업 자료 개발

4단계에서 정리한 AI-TPACK 구성 요인을 활용하여 수업 지도안, 교사용 지도 자료, 학생용 활동지 등 구체적으로 수업을 설계하고 자료를 제작합니다.

<table>
<tr><td colspan="2">학습 주제</td><td colspan="2">우리나라 자연재해의 종류 및 대책을 탐색하고 생활 안전 수칙 실천하기</td></tr>
<tr><td colspan="2">성취 기준</td><td colspan="2">[6사01-04] 우리나라 자연재해의 종류 및 대책을 탐색하고, 그와 관련된 생활 안전 수칙을 실천하는 태도를 지닌다.</td></tr>
<tr><td colspan="2">학습 목표</td><td colspan="2">우리나라 자연재해의 종류 및 대책을 탐색하고 생활 안전 수칙 실천할 수 있다.</td></tr>
<tr><td colspan="2">핵심 역량</td><td colspan="2">문제해결력 및 의사결정력, 비판적 사고력</td></tr>
<tr><td colspan="2">교수 · 학습 자료</td><td colspan="2">교과서, 스마트기기(노트북), 무선인터넷(Wi-Fi)</td></tr>
<tr><td colspan="2">교수학습모형</td><td colspan="2">문제해결학습모형</td></tr>
<tr><td colspan="2">활용 AI 도구</td><td colspan="2">빅카인즈, 뤼튼</td></tr>
<tr><td>단계
(시간)</td><td>학습
요소</td><td>활동</td><td>자료(☆) 및
유의점(※)</td></tr>
<tr><td>문제
확인</td><td>동기
유발

학습
목표
확인

학습
활동
안내</td><td>◎ 동기유발 및 전시학습 상기
- 다음 뉴스를 보고 어떤 상황인지 이야기해 봅시다.
• 많은 비로 인해 건물이 물에 잠긴 상황입니다.
◎ 학습목표 확인하기
[우리나라 자연재해의 종류 및 대책을 탐색하고 생활 안전 수칙을 실천해 봅시다.]
◎ 학습활동 확인하기
- [활동1] 빅카인즈로 우리나라 자연재해 조사하기
- [활동2] 도와줘! 뤼튼
- [활동3] 실천하자! 생활 안전 수칙</td><td>☆자연재해 뉴스</td></tr>
<tr><td>문제
발생
원인
파악</td><td>활동1</td><td>- [활동1] 빅카인즈로 우리나라 자연재해 조사하기
◎ 빅카인즈 플랫폼 알아보기
- 빅카인즈로 최근 1년사이의 우리나라 자연재해 조사하기
- 자연재해 키워드가 가장 많이 등장한 월 조사하기
◎ 우리나라 자연재해의 종류 시각화하기
- 최근 1년 많이 발생한 자연재해 시각화하기</td><td></td></tr>
<tr><td>문제
해결
방안
탐색

문제</td><td>활동2</td><td>- [활동2] 도와줘! 뤼튼
◎ 뤼튼에게 자연재해 방지 대책 질문하기
- 뤼튼 답변 활동지에 정리하기
◎ 뤼튼에게 자연재해 예방 생활 안전 수칙 질문하기
- 뤼튼 답변 활동지에 정리하기</td><td>※신뢰할 수 있는 답변인지 비판적으로 생각하여 정리하도록 지도한다.</td></tr>
</table>

해결 방안 결정			
문제 해결 방안 실천	활동3 정리	– [활동3] 실천하자! 생활 안전 수칙 ◎ 뤼튼 답변 정리를 바탕으로 나만의 생활 안전 수칙 발표하기 ◎ 다음 차시 예고 및 정리	

6) 적용 및 반성(6단계)

수업의 진행도 중요하지만, 평가 또한 중요합니다. 학생들이 수업에 참여하고 난 후 변화가 없다면 잘 이루어진 수업으로 볼 수 없기 때문입니다. 적용 및 평가를 통해서 발전된 수업의 방향으로 나아가기 위해 장점을 강화하고 문제점을 보완해야 합니다. 간단한 형태의 질문에서 시작하여 구체적인 답변을 요하는 평가 도구까지 다양한 평가 도구를 활용할 수 있습니다. 예를 들어 아래의 질문에 답을 해보는 것이 자신이 적용한 수업에 대해 반성해 보는 시간이 될 수 있습니다.

적용 및 수업 평가, 반성
학생들이 목표한 성취 수준에 도달하였는가?
학습의 난이도는 적정하였는가?
계획한 수업 시간은 모자라거나 남지 않았는가?
계획한 수업 방법(모형)은 의도한 대로 적용되었는가?
인공지능 도구는 학습에 도움이 되었는가?
학습의 난이도는 적정하였는가?
학생들의 학습 태도는 바람직하였는가?

SECTION

2 인공지능 융합 수업 사례 (1) 실과

1. 학습 프로그램 개관

1) 학습 주제

교과, 학년군 및 단원	실과, 5~6학년군, 발명과 로봇
성취기준	[6실03-02] 발명사고기법과 기술적 문제해결 과정을 이해하고, 다양한 재료를 활용하여 생활 속 문제를 해결할 수 있는 창의적인 제품을 구상하고 만들어 봄으로써 실천적 태도를 갖는다.
AI 융합 주제	인공지능 빅데이터를 활용한 발명 기법 적용으로 창의적인 물건 구상하기

인류 문명은 경험으로 알게 된 지식을 이용하여 창의적인 산출물을 만들어 생활하는 과정에서 진화해 왔을 뿐만 아니라 과학 기술의 발달에 의하여 끊임없이 발전해 왔습니다. 이에 따라 문제 해결 능력, 비판적 사고력, 의사 결정 능력, 창의력, 기술 활용 능력 등이 요구되고 있습니다. 따라서 다양한 실천적 경험을 통하여 기술적 지식, 태도, 기능을 함양하여, 미래 사회를 살아갈 다양한 역량을 갖추어야 합니다.

발명과 문제 해결을 지도할 때에는 발명 기법의 지식을 바탕으로 일상생활에서 사용하는 물건 속 발명 이유, 편리해진 점을 살펴보는 것이 도움이 됩니다. 기존 생활용품의 장단점을 파악하고 창의적인 물건을 만드는 과정에서 AI도구인 '썸트렌드'를 활용할 수 있습니다. 해당 플랫폼은 키워드를 검색했을 때, 부정어와 긍정어를 구분하여 제시해 주는 기능을 가지고 있어 학생들이 생활용품의 불편한 점과 개선점을 빠르게 파악하여 창의적인 아이디어를 제시할 수 있는데 도움을 줍니다.

2) 수업 방법 및 AI 도구 설계

이 수업에서 학생은 생활하면서 사용하는 물건에서 불편을 느꼈던 사례를 떠올려보고 개선하고 싶은 물건을 선택합니다. 물건을 선택한 이후에는 발명 기법을 적용하기에 앞서 불편한 점이나 개선하고 싶은 점을 찾게 되는데, 이 때 '썸트렌드'의 긍정어, 부정어 기능을 활용할 수 있습니다. AI 도구로 선택한 '썸트렌드'는 빅데이터를 기반으로 하여, 각종 인터넷 사이트에서 사용자의 언급량, 연관어, 긍·부정어를 분석해주는 서비스 플랫폼입니다. 긍·부정 분석 기능에서는 속성을 설정할 수 있어 학생이 원하는 창의적인 물건을 제작하는데 도움이 됩니다. 해결해야 할 문제를 이해하고 연구와 개발 및 실현의 단계를 거치므로 기술적 문제 해결 과정 모형을 적용하였습니다.

3) AI-TPACK 구성 요인 정리

이상의 내용에서 AI-TPACK의 구성 요인을 정리하면 다음과 같습니다.

CK (내용학 지식)	• 발명 기법을 적용하여 창의적인 물건 구상하기
PK (교육학 지식)	• 기술적 문제 해결 과정 모형
TK (테크놀로지 지식)	• 스마트기기(컴퓨터)를 통한 AI 도구 활용 기술
PCK (교육학 내용 지식)	• 기술적 문제 해결 과정을 통해 창의적인 물건 구상하기
TCK (테크놀로지 내용 지식)	• 스마트기기(컴퓨터)를 통한 AI 도구 활용 기술을 이용하여 창의적인 물건 구상하기
TPK (테크놀로지 교육학 지식)	• 스마트기기(컴퓨터)를 통한 AI 도구 활용으로 기술적 문제 해결 능력 함양하기
TPACK	• 기술적 문제 해결 과정을 통해 스마트기기(컴퓨터)로 AI 도구를 활용하여 창의적인 물건 구상하기

2. 학습 프로그램 세부 내용 살펴보기

1) 교수 · 학습 과정안

학습 주제	인공지능 빅데이터를 활용한 발명 기법 적용으로 창의적인 물건 구상하기
성취 기준	[6실03-02] 발명사고기법과 기술적 문제해결 과정을 이해하고, 다양한 재료를 활용하여 생활 속 문제를 해결할 수 있는 창의적인 제품을 구상하고 만들어 봄으로써 실천적 태도를 갖는다.
학습 목표	발명 기법을 적용하여 창의적인 물건을 구상할 수 있다.

<table>
<tr><td colspan="2">핵심 역량</td><td colspan="2">기술적 문제 해결 능력, 기술 활용 능력</td></tr>
<tr><td colspan="2">교수 · 학습 자료</td><td colspan="2">스마트기기(컴퓨터), 무선인터넷(Wi-Fi), 발명 아이디어를 구상하기 위한 발명 노트, 활동지(도면)</td></tr>
<tr><td colspan="2">교수학습모형</td><td colspan="2">기술적 문제 해결 학습 모형</td></tr>
<tr><td colspan="2">활용 AI 도구</td><td colspan="2">트렌드썸</td></tr>
<tr><td>단계
(시간)</td><td>학습
요소</td><td>활동</td><td>자료(☆) 및
유의점(※)</td></tr>
<tr><td>문제
이해
하기
(5)</td><td>동기
유발

학습
목표
확인

학습
활동
안내</td><td>◎ 동기유발 및 전시학습 상기
- 지난 시간에 배운 발명 기법을 떠올려 봅시다.
◎ 학습목표 확인하기
발명 기법을 적용하여 창의적인 물건을 구상해 봅시다.
◎ 학습활동 확인하기
- [활동1] 문제 이해하기
- [활동2] 연구와 개발하기
- [활동3] 실현하기</td><td>☆ PPT</td></tr>
<tr><td>연구와
개발
하기
(15)</td><td>활동1</td><td>[활동1] 문제 이해하기
◎ 관심 있는 물건 선택하기
- 생활하면서 사용하는 물건 중에서 불편을 느꼈던 경험을 떠올리고 개선하고 싶은 물건 선택하기
◎ 불편한 점이나 개선하고 싶은 점 찾기
- 썸트렌드에 관심 있는 물건 키워드 검색하여 긍 · 부정어 찾기
- 긍 · 부정어 분석을 통해 선택한 물건의 불편한 점이나 개선하고 싶은 점 찾아 정리하기</td><td>☆ PPT, 노트, 태블릿PC, 인터넷 접속 환경</td></tr>
<tr><td rowspan="2">실현
하기
(20)</td><td>활동2</td><td>[활동2] 연구와 개발하기
◎ 다양한 발상 방법으로 다양한 상상하기
- 연상하기, 용도나 장소 바꾸기, 결합하기, 재료 바꾸기, 분해하기 등의 방법을 사용하여 상상해본다.
◎ 아이디어 평가 및 선정하기
구체화된 아이디어의 장점과 단점을 생각하여 평가하고 아이디어를 선정한다.</td><td>☆ 활동지(도면)</td></tr>
<tr><td>활동3</td><td>[활동3] 실현하기
◎ 선정된 아이디어를 간단히 도면에 그려보기</td><td></td></tr>
<tr><td>정리</td><td>학습
내용
정리 및</td><td>◎ 학습 내용 정리하기
- 간단한 도면으로 그린 아이디어를 설명하여 발명 이유, 편리해진 점, 적용된 발명 기법을 발표하며 배운 내용을 정리한다.</td><td></td></tr>
</table>

	차시 예고	◎ 차시 예고하기 - 다음 시간 학습 주제를 안내한다.	

2) 세부 활동 내용

[활동1] 문제 이해하기

이 활동은 기술적 문제 해결 과정의 첫 단계로서, 관심 있는 물건을 선택하고 불편한 점이나 개선점을 찾는 활동을 진행합니다. 가장 먼저 생활하면서 사용하는 물건에서 불편을 느꼈던 사례 및 경험을 떠올려 보고 개선하고 싶은 물건을 선택합니다. 해당 활동에서는 교사가 사물의 종류 및 범주를 정해주거나, 또는 학생이 생각나는 사물의 이름을 여러 개 적어보고 이 중에서 마음에 드는 사물을 고르는 활동부터 시작할 수 있습니다.

사물을 정하고 나면 그 사물의 불편한 점이나 개선하고 싶은 점을 탐색해야 합니다. 개인이 불편한 점을 고려할 수 있지만, 모든 사람이 겪는 불편함을 해소하는 데 도움을 줄 수 있는 아이디어를 얻기 위해 AI도구 '썸트렌드'의 긍·부정어 분석을 활용합니다. 예를 들어 개선하고 싶은 물건이 '우산'이라고 가정한 후 썸트렌드에 검색한 결과를 살펴보겠습니다.

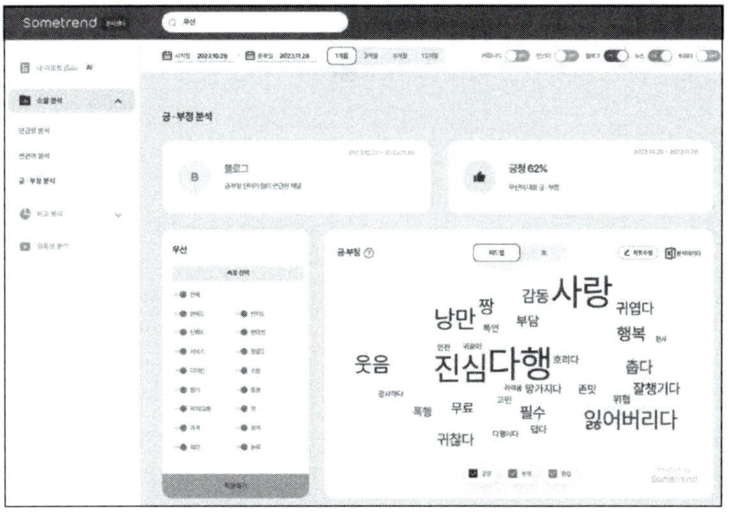

그림 12-6 썸트렌드에 '우산'을 검색한 결과

부정어 키워드 중 위협, 잃어버리다 등을 살펴볼 수 있습니다. 이러한 불편한 점을 바탕으로 개선하고자 하는 아이디어를 학생들이 스스로 떠올릴 수 있습니다.

[활동2] 연구와 개발하기

이 활동은 앞선 단계의 활동에서 발견한 물건의 불편한 점 및 개선점을 아이디어로 구상 및 구체화 하는 부분입니다. 여러 가지 발명 기법에 따른 질문을 스스로 만들어 보면서 다양한 발명 기법을 적용하여 아이디어를 구상할 수 있습니다. 구체화된 아이디어의 장점과 단점을 생각하며 아이디어를 평가하고 선정합니다.

[활동3] 실현하기

앞선 활동들은 도면을 그리기 위한 준비 단계로 볼 수 있습니다. 학생들은 선정한 아이디어를 간단하게 도면에 그려볼 수 있습니다. 구상한 아이디어를 그림으로 표현해 볼 수 있는 기회를 제공하며 그림으로 표현이 어려운 부분에는 글로 설명할 수 있도록 안내합니다. 이 때 발명 노트를 활용하여 학생들의 아이디어를 시각화하고, 기록할 수 있습니다. 본 융합 수업에서 아이디어 시각화를 어려워하는 경우에는 AI 그림 도구를 활용하여 스케치 활동을 대체하거나 더욱 심화하여 수행할 수도 있습니다. 스케치와 같은 간단한 그림 활동으로도 자신의 생각을 잘 표현하지 못하는 학생에게는 AI가 대신 그려준 그림이 많은 참고가 될 수 있기 때문입니다. 이 때 추가로 활용 가능한 AI 도구는 'DeepAI'입니다. 하나의 문장을 입력해도 최대 4가지의 서로 다른 구도와 스타일의 그림을 그려주기 때문에 아이디어를 구체화하는 다양한 방법을 참고하는 데에 도움이 될 수 있습니다.

SECTION

3 인공지능 융합 수업 사례 (2) 국어

1. 학습 프로그램 개관

1) 학습 주제

교과, 학년군 및 단원	국어, 5~6학년군, 관용 표현을 활용해요
성취기준	[6국04-03]고유어와 관용 표현의 쓰임과 가치를 이해하고 상황에 맞게 표현한다.
AI 융합 주제	AI 그림 그리기 도구로 속담 사전 만들기

본 수업의 목적은 관용 표현 지도로 관용어구, 속담 등이 담긴 글이나 담화를 대상으로 삼아 관용 표현에 대한 이해 능력을 향상 시키고 관용 표현을 활용하는 능력을 신장하도록 하는 것입니다.

이 단원의 활동으로 학생들은 속담과 속담에 담긴 뜻을 이해하고, 속담을 활용해 자신의 생각과 느낌을 효과적으로 표현하는 방법을 학습합니다. 학생들이 관용 표현을 적절하게 활용해 자신의 생각을 효과적으로 말할 수 있고, 이를 실제로 점검하기 위한 활동으로 AI 그림 그리기 도구인 '오토드로우'를 활용합니다. 해당 단원에서 함양하고자 하는 역량이 '의사소통 역량'이므로 여러 가지 관용 표현을 이해하고 자신의 의도에 맞게 국어 생활에서 적절하게 활용할 수 있는 능력을 향상할 수 있습니다. 관용 표현에는 문화가 반영되어 있다는 점을 확인하고, 관용 표현은 옛날부터 활용해 온 말인 동시에 현재도 활용하고 변화하는 살아 있는 말이라는 사실을 느끼게 하며, 옛 사람들의 언어 사용 방법과 지혜를 즐겁게 익히고 발전시킬 수 있도록 합니다. 해당 차시는 미술과의 표현 영역에서 시각 이미지도 함께 융합 및 재구성하여 지도할 수 있습니다.

2) 수업 방법 및 AI 도구 설계

이 수업에서 학생은 관용 표현을 알고, 자신이 학습한 관용 표현을 시각 이미지로 표현하기 위한 방법을 고민합니다. 그리고 단어나 어구를 효과적인 이미지로 나타내기 위해 다양한 방법으로 새롭게 생각한 후, 그 결과를 활동지나 도화지에 직접 표현해 봅니다.

AI 그림 도구로 선택한 '오토드로우'는 창조적 도구로, 머신러닝을 적용하여 자동모드에서 사용자가 그린 그림이 무엇인지 관련 이미지를 화면 상단에 표시해 사용자가 그렸던 것에 가까운 그림을 선택하고, 색상과 텍스트도 넣을 수 있습니다.

3) AI-TPACK 구성 요인 정리

이상의 내용에서 AI-TPACK의 구성 요인을 정리하면 다음과 같습니다.

구성 요인	내용
CK (내용학 지식)	• 관용 표현을 이해하고 상황에 맞게 표현하기
PK (교육학 지식)	• 문제 해결 학습 모형
TK (테크놀로지 지식)	• AI 그림 도구를 활용한 이미지 표현 기술
PCK (교육학 내용 지식)	• 문제 해결 학습 모형으로 관용 표현을 이해하고 표현하기
TCK (테크놀로지 내용 지식)	• AI 그림 도구로 시각 이미지를 만들어 관용 표현 표현하기
TPK (테크놀로지 교육학 지식)	• AI 그림 도구를 활용하여 관용 표현을 이해하고 표현하기
TPACK	• 문제 해결 학습 모형을 적용하여 AI 그림 도구로 관용 표현을 이해하고 상황에 맞게 표현하기

2. 학습 프로그램 세부 내용 살펴보기

1) 교수 · 학습 과정안

학습 주제		AI 그림 그리기 도구로 속담 사전 만들기	
성취 기준		[6국04-03]고유어와 관용 표현의 쓰임과 가치를 이해하고 상황에 맞게 표현한다.	
학습 목표		여러 가지 관용 표현의 뜻을 이해하고 속담 사전을 만들 수 있다.	
핵심 역량		의사소통 역량	
교수 · 학습 자료		스마트기기(컴퓨터), 무선인터넷(Wi-Fi)	
교수학습모형		문제 해결 학습 모형	
AI 활용도구		오토드로우, 패들렛	
단계 (시간)	학습 요소	활동	자료(☆) 및 유의점(※)
문제 확인 하기 (5)	동기 유발 학습 목표 활동 안내	◎ 동기유발 및 전시학습 상기 - 우리가 학습한 속담을 떠올려봅시다. - 시각 이미지란 무엇일까요? ◎ 학습목표 확인하기 여러 가지 관용 표현의 뜻을 이해하고 속담 사전을 만들어 봅시다. ◎ 학습활동 확인하기 - [활동1] 관용 표현의 뜻 파악하기 - [활동2] 관용 표현을 AI 도구로 표현해 보기 - [활동3] 패들렛으로 완성 작품 공유하기	☆ PPT
문제 해결 방법 찾기 (15)	활동1	[활동1] 관용 표현의 뜻 파악하기 ◎ 여러 가지 관용 표현 알아보기 - 여러 가지 관용 표현 알아보고 뜻 파악하기 ◎ 생활 속에서 사용되는 속담 찾기 - 동물, 말(언어), 날씨, 음식 등과 관련한 속담 찾기 ◎ 관용 표현을 그림으로 표현할 방법 생각하기 - 마음에 드는 관용 표현을 선택하고 표현할 수 있는 핵심 소재 정하기 - (예시) 낮 말은 새가 듣고 밤 말은 쥐가 듣는다.	☆PPT, 활동지
문제 해결 하기 (20)	활동2	[활동2] 관용 표현을 AI 도구로 표현해 보기 ◎ 오토드로우를 활용하여 관용 표현 표현하기	☆ 컴퓨터, TV 또는 전자칠판, 인터넷 접속 환경

일반화 하기 (30)	활동3	[활동3] 패들렛으로 완성 작품 공유하기 ◎ 친구들과 패들렛으로 완성 작품 공유하기 ◎ 댓글로 친구들이 표현한 관용 표현 맞혀보기	☆패들렛
학습 내용 정리 하기 (10)	종합 및 재검토	◎ 자신의 작품 점검하기 - 결과물을 살펴보고 의도한 표현과 친구들의 생각이 같은지 점검한다. ◎ 차시 예고하기 - 다음 시간 학습 주제를 안내한다.	

2) 세부 활동 내용

[활동1] 관용 표현의 뜻 파악하기

해당 수업은 관용 표현을 학습하는 8차시 중 마지막 차시로, 자신이 학습한 관용 표현을 활용하고 나타내는 과정에 속합니다. 속담을 사용해 자기 생각을 말하는 방법을 떠올리고, 특정 주제와 관련 있는 속담을 찾는 활동을 진행합니다.

[활동2] 관용 표현을 AI 도구로 표현해 보기

자신이 선정한 탐구 대상을 바탕으로 속담을 찾아봅니다. 친구들과 공유하고자 하는 속담을 선택하여 오토드로우로 표현합니다. 특정 이미지를 표현할 수도 있고, 하나의 장면으로 나타낼 수도 있습니다. 오토드로우는 학생들이 그림을 다 그리지 않아도 빅데이터에 기반하여 이미지를 나타내주므로, 표현 시간을 줄일 수 있다는 장점이 있습니다. 또한 같은 속담이더라도 선택 이미지에 따라 표현 방법이 달라질 수 있기 때문에 학생 개개인의 창의성을 살펴보는 기회가 됩니다.

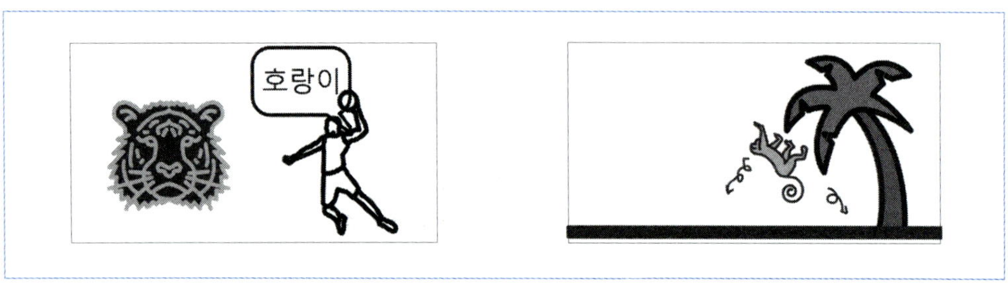

그림 12-7 오토드로우로 그린 속담 이미지 예시

[활동3] 패들렛으로 완성 작품 공유하기

결과물을 함께 공유하고 하나의 속담 사전을 완성합니다. 클라우드 서비스인 패들렛 플랫폼 활용으로 개별 작품을 학급 전체가 감상할 수 있도록 합니다. 추가 활동으로 학생 작품을 보고 속담을 맞혀보는 활동을 진행할 수 있습니다. 속담 사전과 관련한 탐구 대상은 학생들의 생활에서 고치거나 더 길렀으면 하는 도덕적 가치나 행동과 관련한 속담을 선정하도록 교사가 지도할 필요가 있습니다.

과제

AI 융합 수업 설계 중 5단계 <수업 자료 개발>을 표로 정리해 보시오.(다음 성취 기준을 자유롭게 활용)

> [6사01-04] 우리나라 자연재해의 종류 및 대책을 탐색하고, 그와 관련된 생활 안전 수칙을 실천하는 태도를 지킨다.

학습 주제, 교수학습모형 및 활동 선정, AI도구 분석			
교과		학년	
핵심역량			
성취기준			
교수학습모형 선정과 이유			
AI 도구 선정과 이유			
AI 도구 활용으로 얻을 수 있는 효과			
AI 도구 활용 시 고려해야 할 점			
성취기준 도달과 AI 도구와의 관계			
AI 융합 주제			
이 AI 융합 주제를 선정한 이유			